普通高等教育“十五”国家级规划教材

# 制革化学与工艺学(下册)

## (第二版)

主　编　单志华
副主编　陈　慧　罗建勋　周建飞

科学出版社
北　京

## 内 容 简 介

本书是我国高等学校轻化工程专业皮革方向“十五”国家级规划教材。随着材料、设备的进步以及环境对制革要求的提高，为了适应现代教学方式，本书在第一版的基础上对原有的工艺过程及理论介绍进行了较多的修正改进，尤其是对典型工艺一章进行了重编。主要内容有染整前准备、复鞣、皮革的染色、坯革的加脂、坯革的干燥与整理、坯革的涂饰、典型制革产品染整工艺。书中包含了制革铬鞣的基本理论、主干流程及操作基础，突出工艺中需要掌握的理论、操作原理，注入当前国内外制革过程中关键的工艺流程、技术操作、材料特征、设备功能的表达。

本书可作为高等学校轻化工程专业制革方向的本科教学用书，或者从事制革方向研究的专业人员的参考用书。

**图书在版编目（CIP）数据**

制革化学与工艺学・下册 / 单志华主编．—2 版．—北京：科学出版社，2017.3

普通高等教育“十五”国家级规划教材

ISBN 978-7-03-052385-3

Ⅰ. ①制… Ⅱ. ①单… Ⅲ. ①制革化学-高等学校-教材 ②制革-工艺学-高等学校-教材 Ⅳ. ①TS5

中国版本图书馆 CIP 数据核字（2017）第 054706 号

责任编辑：赵晓霞 / 责任校对：何艳萍
责任印制：张 伟 / 封面设计：迷底书装

科 学 出 版 社 出版
北京东黄城根北街 16 号
邮政编码：100717
http://www.sciencep.com

北京九州迅驰传媒文化有限公司 印刷

科学出版社发行 各地新华书店经销

*

2005 年 5 月第 一 版 开本：787 × 1092 1/16
2017 年 3 月第 二 版 印张：21
2023 年 7 月第九次印刷 字数：515 000

**定价：68.00 元**

（如有印装质量问题，我社负责调换）

# 第二版前言

皮革工业是自然可再生资源利用的行业之一，皮革商品是与人们生活很近的物品，发展至今的皮革也已成为天天被使用和穿着但又不时被批评和限制的状况。因此，高品质、高效益及清洁化已成为皮革行业可持续发展的唯一途径。自“六五”以来，我国完成了大量的科技攻关与开发项目；建立了多个国家部省及地方研发平台；运行多个轻工技术与工程、皮革化学与工程、生物质化学与工程博士点、硕士点，培养了大批专业技术人员并获得了大量国内外先进技术成果。然而，千百年来从不间断的传统工业要进行革命性的改造并非易事。要解决制革工业可持续发展的命题，需要与时俱进地进行探索。

制革工艺是多学科知识的融合和应用。20 世纪 80 年代后，先进的材料及皮革制造技术的引进与开发，推动了制革技术及工业生产迅速发展。制革理论与技术也随之从实践进入了课堂，成为在课堂上进行教授、培养制革工艺师重要的方式。

皮革的染整是皮革制造的后半段，鉴于铬鞣坯革的特征，需要在完成鞣制后的基础上进行复鞣、染色、加脂、干整理、涂饰等一系列处理，使坯革变成具有理想的感官特征、物理机械性能及特定使用价值的成革。染整工艺过程教学涉及理论知识及操作方式的表达。因此，学习皮革染整化学及工艺学需要将物理化学知识、工艺过程操作相结合，身临其境才能获得良好的认知。

本书以近年来现代制革理论认识、先进材料、设备及技术操作为基础，对 2005 年版《制革化学与工艺学(下册)》进行了必要的修正。本书以铬鞣坯革后加工工艺流程为主，从坯革染整各工序前状态、染整的材料及操作条件参数三个层面进行表述。本书保持了“皮革染整”课程教学的独立性，也保持了“皮革准备与鞣制”的连贯性。

本书共分为 7 章，由单志华教授担任主编，陈慧、罗建勋、周建飞三位副教授(博士)为副主编。前言、绪言、第 1 章、第 2 章由单志华改编；第 5 章由李波改编；第 3 章由陈慧改编；第 4 章由周建飞改编；第 6 章由罗建勋改编；第 7 章由朗盛公司、德美亭江公司、德赛尔公司、徐州鸿丰公司，以及汪纪力、晏南、丁学兵、曾少余、陈治军、张碧仙、邓鹏、陆春山、杨欣、王剑、范贵军、邝勇等工程师提供资料，陈慧改编。全书由单志华统稿。

随着清洁技术及产品市场准入要求的提高，新材料与新工艺不胜枚举，教材编写与教学要求必然难以完全吻合，不足之处必然存在，内容需要在实践中不断修正补充。

编　者

2016 年 12 月 9 日于四川大学生物质与皮革工程系

# 第一版前言

皮革行业是一个可再生资源利用的行业，是长存的、可持续的行业。皮革产品发展至今，已成为天天被使用或穿着的随身商品、少量的军工品和部分其他工业的必需品。然而，因为排污量大，皮革工业发展处于不时地被批评和受限制的状态。高品质、高效益及清洁化已成为进行皮革行业区域性转移的动力还是促进皮革行业技术进步的动力的两选其一的命题。事实上，目前在我国皮革行业作为轻工业支柱产业(尤其是农牧山区)之一，其发展与技术进步是必然的。国家自“六五”以来进行了大量的科技攻关和“863”计划的实施，以及各省部相应的重大、重点技术项目的投入。国家皮革化学与工程重点学科、国家皮革工程专业实验室、教育部皮革化学与工程重点实验室、博士点及博士后流动站等的建立，都是为了皮革行业科技进步的目的。规划建立制革生产区、贸易区，采用集约化生产、集中治理的手段也正是为了促进皮革行业的生产发展。学好制革基本理论、掌握现代制革方法，是最终用高新技术改造古老传统制革产业的必要途径。

皮革的染整是皮革制造的后半段工艺，是在完成鞣制后坯革的基础上进行复鞣、染色、加脂、干燥与整理、涂饰等一系列处理，使坯革变成具有理想的感官特征、化学性质、物理机械性能及特定使用价值的成革。染整过程涉及多学科的知识以及皮革化学与工程特有的工程化理论与技术原理。学习皮革染整化学及工艺学是学习如何将物理化学理论知识、精湛的操作技巧和新颖的艺术观念三者有机、自然地相结合的过程，也是学习从事皮革工业科研及生产必备的专业基础知识的过程。

本书继《制革化学与工艺学》(上册)的内容，以完成铬鞣后坯革的后加工主干工艺流程为主，从皮革染整的物理化学原理及技术操作的层面进行介绍。鉴于现代企业制革生产的特征，本书保持了与《制革化学与工艺学》(上册)在工艺流程上的连贯性进行全课程教学，同时也能够单独进行“皮革染整化学与工艺学”课程教学。本书共分 7 章，由四川大学生物质与皮革工程系、教育部皮革化学与工程重点实验室(四川大学)的单志华任主编，但卫华为副主编，彭必雨、辛中印为委员。前言，第 1 章，第 2 章，第 5 章第 2 节，第 6 章第 8 节部分内容、第 10 节由单志华编著；第 3 章，第 4 章由彭必雨编著；第 5 章第 1、3 节，第 7 章由但卫华编著；第 6 章 1～7 节、第 8 节部分内容、第 9 节由辛中印编著。第 1～5 章，第 6 章部分由单志华审校；第 7 章由彭必雨审校；第 6 章第 10 节由汪纪力审校。

本书可作为轻化工程专业本科教学参考书，也可作为从事制革工业工程技术人员的参考书。

单志华

2005 年 3 月

# 目　　录

# 绪　　言

在皮革工业发展的历史长河中，能够在世界范围内统一认可且规范流程的皮革制造技术归因于铬鞣的发明及应用是无可厚非的。无论从皮革制造的科学与工程技术上，还是在皮革工业生产及产品发展的规模上，都被集中浓缩在铬鞣制革出现的 100 多年间。铬鞣发明后迅速在世界范围内推广，一个多世纪以来在世界范围内占有绝对的优势。铬鞣革的稳定性、可继续加工性、产品使用性及皮革商品普适性的最大化已被作为技术经济整体一个不可分割的部分。铬鞣革制造中主干工艺流程及加工原理造就了一系列相关化学材料的开发与应用，如专用加工机械的制造与操作，皮革商品设计与裁制的工业化科学与技术领域的形成，丰富与补充了人们的生活和社会发展需求，形形色色的铬鞣皮革商品无处不在，见图 0-1。

真皮鞋靴

真皮汽车装饰

防水透气鞋靴

真皮皮件与服装

真皮沙发

真皮油封与油垫

图 0-1　铬鞣皮革商品

随着世界工业的发展，产品制作的精细化与商品的高档化成为社会发展的必然。皮革产品制造已从原料至最终的商品被分为若干皮革制造及商品制造过程，其中，皮革制造中较为明显的、独立的过程有原皮保存、准备过程、鞣制过程、染整过程和涂饰过程。

本书以铬鞣坯革为原料制的坯革为起点，将坯革的后继加工并最终实现成品的过程分为三个阶段共 6 章进行描述。

湿态染整：主要包括坯革的机械修饰后进入水溶液中化学处理工艺流程，如回湿、复鞣、中和、染色、加脂等，描述这些工序中染整材料应用与坯革的理化变化的理论与技术范畴。

干态染整：主要包括湿态整理后坯革的脱水并在干态或半干态下的加工工艺流程，如干燥、做软、平整、增尺、修面等，描述这些工序的作用和坯革形态转变的技术范畴。

涂饰整理：主要包括坯革进行表面遮盖与表观形态整理的工艺流程，如涂饰、出纹、出光、定型等，描述工序中涂饰材料应用与坯革的遮盖美化整饰、成革品质确定的技术范畴。

# 第 1 章　染整前准备
# （PREPARATION OF CRUST LEATHER）

制革从原料皮投入生产开始就向着最终产品的感官及预定的理化指标进行设计安排、操作加工。经过准备工段、鞣制工段处理后，完成了由生皮至革的转变，成为坯革。铬鞣坯革称为蓝湿革、蓝坯革（wet blue，crust leather）。在进入染整工段前，了解被加工的坯革特征，做一些必要的准备，对产品染整加工的顺利完成及保障最终质量起着至关重要的作用。无论是自制还是外购的坯革原料，制革生产厂家都应对坯革品质的了解及染整前准备加以重视。由此，染整前准备工作可以分为：①了解坯革的来源及特征，根据最终成革品质要求做出相关的评价；②设计适应坯革性状的工艺方案，使坯革品质特征转变为成革要求；③综合企业的技术水平、化工材料、设备条件等，定量组织生产。

## 1.1　坯革的物理化学特征

坯革是由生皮制成的，是具有革的一般性质的被加工物。生皮通过鞣制作用后其物理化学特征发生了变化，这种变化称为鞣制效应。鞣制效应的最典型的表征是使坯革具有较生皮更高的耐湿热稳定能力。不同的鞣剂鞣法过程会出现不同程度的结果，鞣制效应除了使皮耐湿热稳定能力增加外，还应该兼有以下共性特征：①相对于生皮，坯革的浸水、浸酸（或浸碱）膨胀度减小，干燥后收缩减少；②湿态下耐酶、抗菌作用能力加强；③黏滞性下降，可机械加工性提高（片、削、磨等操作）；④通透性增加，水及化学物质在坯革内的可迁移能力增强。

上述共性特征显示强弱，通常用来鉴别鞣剂鞣性强弱或鞣制的程度。同时，也是研究与考察鞣剂良莠的简单方法。

### 1.1.1　坯革的收缩温度

生皮经鞣剂鞣制后，耐湿热稳定性显著提高，这是由于鞣剂对胶原纤维组织进行了化学物理改性后使之抵抗外界作用的能力增强。一种简单的表示是鞣制后的革耐水煮能力增强，见表 1-1。未经鞣制的生皮煮沸 10h 后仅存<10%的残留皮质，而经铬鞣后则仅溶解掉 1%～2%的皮质。可见一种良好的鞣剂可使生皮完全改变耐湿热性能。当然在实际的科研及生产中，最准确的方法是通过 $T_s$ 来表示鞣后革的耐湿热稳定性。这种坯革的 $T_s$ 测试也可用于表征各种鞣剂在特定条件下的鞣制能力，见表 1-2。

**表 1-1　鞣制作用与煮沸 10h 后的不溶皮质**

| 样品 | 不溶皮质/% | 样品 | 不溶皮质/% |
|---|---|---|---|
| 裸皮 | 0～10 | 铬鞣革 | 98～99 |
| 植鞣革 | 60～92 | 油鞣革 | 80 |
| 醛鞣革 | 80～85 | | |

**表 1-2　一些鞣剂鞣制后的 $T_s$ 变化**

| 革样所用鞣剂 | $T_s$升高/℃ | 革样所用鞣剂 | $T_s$升高/℃ |
|---|---|---|---|
| 碱式硫酸铬 | ≥35 | 硫酸铝 | 0～10 |
| 碱式氯化铬 | ≥35 | 碱式硫酸铝 | 10～20 |
| 二浴法铬鞣 | ≥35 | 芳族合成鞣剂 | 0～22 |
| 植物鞣剂 | ≥24 | 脂族树脂鞣剂 | 0～30 |
| 甲醛 | ≥20 | 聚偏磷酸钠 | 0～5 |
| 硫酸锆 | ≥25 | 不饱和鱼油 | 2～5 |

革的收缩是一个复杂的物理化学过程。当革受热收缩后，在微观上，胶原纤维束及胶原分子链间的化学键及它们的结构在空间相对位置发生改变(构型与构象转变)；在宏观上，表现为革的体积发生了收缩及其在物理机械性、感官上发生改变。值得指出的是，在实际测试中，我们得到宏观的 $T_s$ 是一个值，而从微观的角度看，胶原结构局部的非均性及鞣剂分布结合的非均性导致真正的收缩温度是一个范围，即从开始收缩到完成是一个温度区间。以加热生皮为例，加热的温度未达到胶原的 $T_s$ 时，生皮的外观保持不变，实际内部结构已经开始变化。从图 1-1 看出，中性裸皮的 $T_s$ 虽为 65℃，但在准备过程中不允许将它们加热到 40℃以上，因为这样会使裸皮的质量受到一定的损害。同样，尽管铬鞣革的收缩温度为 110℃以上，但当加热至 100℃时，内应力已开始发生变化。只有当加热温度达到 $T_s$ 后，胶原突然发生宏观的剧烈收缩，证明这时支撑组织结构的力已被大量破坏，皮纤维蛋白质的理化性质发生突变。发生收缩后，皮的物理力学性能、化学反应性能难以恢复到变性前的性状。从胶原纤维在水中加热时应力的变化也能了解到这一点。

另外，受热变性的温度范围还受作用时间影响。一种 $T_s$ 为 100℃以上的铬鞣革，当在 50℃下受湿热 6 天后，其 $T_s$ 尽管下降 3～5℃，但其强度已有大幅度下降，表示革内的结构已明显发生变化。植鞣革的 $T_s$ 在 80℃以上，当长时间在 50℃湿热下存放，也会使强度及其他品质受到损坏导致其失去价值。其他鞣剂鞣得的革也是如此，如有机醛植结合鞣，完成鞣制后的 $T_s$ 为 90℃，在 50℃下存放 30 天，$T_s$ 可下降 15～20℃，强度也降低 20%。

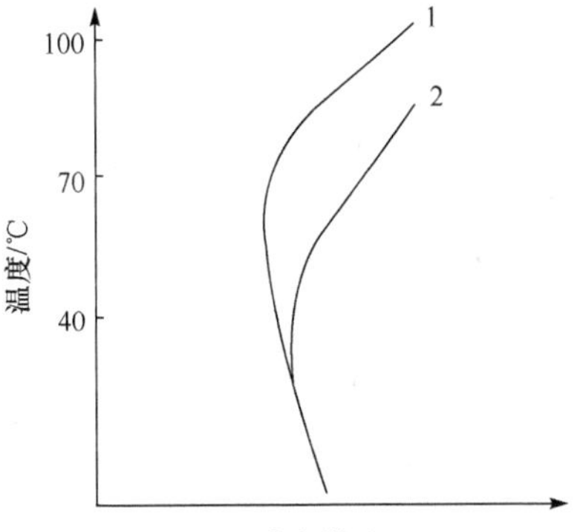

图 1-1　胶原纤维加热时的应力变化
1. 生皮；2. 碱皮、软化、浸酸皮

坯革 $T_s$ 的高低与后继可加工性有密切的关系。在磨削工序中，较低的 $T_s$ 会使坯革因刀/沙与革面接触摩擦生热而收缩变性。这种情况在磨革过程中当坯革水分含量较高，砂纸(布)用久、进刀量大及供料速度慢时尤为明显。在较高温度的贴板、真空干燥过程，坯革在复鞣、加脂染色等加工中受多种材料及 pH 影响，造成革面或局部受损。虽然轻微的变性并不能影响主要感官，但在后继的整饰加工、制品的制造中可能造成难以挽回的损失。

### 1.1.2　坯革的回弹性

坯革的回弹性与坯革的可加工性相关。虽然 $T_s$ 可以考证一种鞣剂鞣革的能力，还可判断生皮变成“熟革”的程度，但是坯革的回弹性也是判断坯革加工可行性的另一类重要指标，表现为坯革的压缩变形、伸缩恢复能力。

鞣制效应反映在坯革的物性上的重要指标是坯革抵抗外力压缩形变后的回弹能力。当坯革受到高强度的挤压后，如机械加工的挤水、片皮、削匀，转鼓加工中多种受力，坯革发生形变。这种形变的特征与不同鞣剂鞣制有关。坯革受挤压后的脱水性及胶原纤维束之间的黏合力与压缩变形及恢复能力直接相关。这种恢复能力又可分无水时恢复及回水后恢复，坯革恢复能力的差别会造成工艺加工及产品质量的变化。对 3 种鞣剂鞣制的坯革进行测试，结果见表 1-3。表中的样品均是通过正常鞣剂鞣法完成后存放 24h，进行相同压力下的压缩变形测试，压缩后 24h 考察自然恢复，以及再投入水中 2h 后考察恢复。

**表 1-3 鞣后湿皮的挤压变形**(相对比较)

| 样品 | 可压缩变形 | 恢复回弹 |
|---|---|---|
| 酸裸皮 | 大 | 差 |
| 20%栲胶鞣革 | 小 | 较差 |
| 5%甲醛鞣革 | 较小 | 较好 |
| 6%铬粉鞣革 | 较大 | 好 |

表 1-3 中表明裸皮经压缩后形变最大，存放 24h 后浸水的可恢复性好，醛鞣革浸水的可恢复性也好。这证明它们在挤压后纤维的黏结影响小。植鞣革及铬鞣革抗挤压后自然恢复形变力强，这些坯革在挤压后承受片削加工时厚度易控，转鼓加工效果好。

### 1.1.3 坯革的强度

坯革的物理力学强度是其可加工性及成革品质的重要指标。表达成革的强度项目很多，通常按成品皮革的使用性能设定项目类别及相应的指标值。作为在加工过程中的坯革，没有定量的物理力学性能的表征。事实上，坯革作为生产线上的在制品，其物理力学性能与成品革之间存在较大的不定因素，但这些指标能够作为后继加工方式方法及最终成品质量的重要参考。就抗张强度(用 MPa 表示)及撕裂强度(用 N/mm 表示)而言，两种强度关联紧密。本节将从撕裂强度来讨论制造中坯革的强度意义所在。

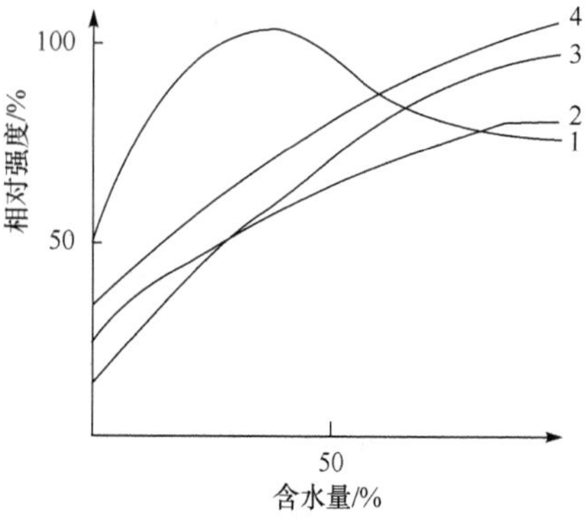


图 1-2 含水量与裸皮及革的强度

1. 生皮；2. 铬鞣革；3. 植鞣革；4. 醛鞣革

制革中皮与革的强度随加工工序的延续而降低。就制革中的化学处理而言，准备工段使强度迅速降低，经鞣制后的坯革虽仍低于生皮强度，但有所增加，这种由鞣制引起的强度变化又因鞣剂的品种、用量及坯革的含水量不同而异，一种定性实验研究表明，生皮经鞣制后坯革的强度变化见图 1-2。由图可见，在干态时，未鞣生皮强度最大，生皮与鞣后强度次序为：生皮>醛鞣革>铬鞣革>植鞣革；湿态时有：醛鞣革>植鞣革>铬鞣革>生皮。

抗张强度大小与单位面积胶原纤维束数量直接

相关，干态时生皮与醛鞣的纤维间距离最短，强度大，湿态充水生皮内缺乏交联使强度最低。由此，也可得到一个重要的信息，不同的坯革或不同的含水量需要考虑机械操作中的加工力度。

### 1.1.4　坯革的吸水性

坯革的吸水性是染整加工的必要基础。裸皮与革的区别在于革内已结合大量的鞣剂，因此它们应有不同的吸水特征，在平衡湿度与相同蒸气压下对比看，革的吸水能力略低于裸皮的吸水能力，见图 1-3。如果将未鞣裸皮、铬鞣革及植鞣革放入水中，先以相同的干重计，可以得到最大吸水度为(22℃)：鞣前软化皮 100%；铬鞣坯革 80%；植鞣坯革 60%。

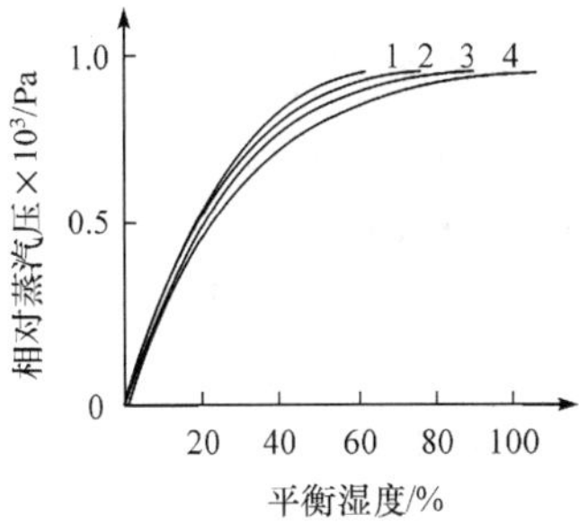


图 1-3　皮革对水分的吸着
1. 植鞣；2. 铬鞣；3. 铁鞣；4. 裸皮

坯革与裸皮之间的吸水差异并非全由膨胀造成。鞣剂本身结合水的能力均低于胶原纤维，鞣剂的进入减弱了皮胶原与水的亲和力，或者说是“封闭”了部分胶原对水的亲和基团。当坯革逐渐失去水分，革内鞣剂与胶原纤维结合增加，原来分散的微细纤维之间也黏合成一体，难以分开，使水的渗透膨胀及结合力均下降，坯革的吸水性大大降低。这种失水胶原纤维束不能均匀或理想地与后继加入的材料进行作用，使坯革理化性的改善产生困难，并最终导致产品质量下降。

### 1.1.5　坯革受酸、碱、盐、酶作用

鞣制后的革抗膨胀能力大大加强。从生皮胶原的化学性质可知，当生皮在水中受一定浓度的酸(盐酸、硫酸、甲酸等)、碱(氢氧化钠、氢氧化钾、氢氧化钙等)、某些膨胀盐(如硫氰化钾或氯化钡等)作用后会膨胀充水。作为革的特征之一，与生皮的明显区别是鞣制后的坯革对酸、碱、盐溶液作用膨胀度大大减小。简单的定性实验结果见表 1-4。

**表 1-4　干坯革化酸、碱、盐溶液中的增量**

| 溶液(22℃，24h) | 裸皮/% | Δ$w$(植鞣革)/% | Δ$w$(铬鞣革)/% | Δ$w$(醛鞣革)/% | Δ$w$(油鞣革)/% |
|---|---|---|---|---|---|
| 0.1mol/L HCl | 100 | <25 | <15 | <25 | <25 |
| 0.1mol/L NaOH | 100 | <35 | <20 | <15 | <15 |
| 1mol/L KSCN | 100 | <25 | <15 | <25 | <35 |

可以看到，在静态下，鞣制后的革相对裸皮膨胀均不超过 35%。当然要定量表示还应与鞣剂的用量、鞣法及坯革的厚度相关。对不同鞣剂鞣制的坯革而言，抵抗酸、碱、盐的膨胀取决于鞣剂本身的抵抗能力。植鞣革的耐酸碱能力均较弱，相对易膨胀。铬鞣革的耐碱能力较弱。醛鞣革的耐酸与膨胀盐的能力较弱。值得注意的是，当坯革在酸、碱、盐的溶液内长期放置或升温时，这种抵抗力还会因胶原纤维本身的变性而进一步减弱。

鞣制革的耐酶及霉能力取决于鞣剂的种类。研究发现，在湿态、40℃、pH 5.9、40min，裸

皮与坯革抵抗胰酶的能力有以下顺序：铬鞣>醛鞣>植鞣>裸皮，各自的抵抗能力随鞣剂的用量增加而增加。不过，这种顺序对霉菌作用而言就有所不同。裸皮自然最弱，其次是植鞣坯革，再者是铬鞣坯革。抵抗霉菌能力最强的是醛鞣坯革。在温度适合时，植鞣坯革、铬鞣坯革受霉菌作用先在革面上产生霉斑，造成色花，然后强度降低。成品革使用时，汗液及霉菌同时作用，则铬鞣坯革最先损坏，其次是植鞣坯革，而醛鞣坯革却显示出特有的优点。

### 1.1.6 坯革的化学反应性

鞣制的革仍然保留着胶原蛋白的两性特征。制革的鞣剂鞣法的根基是建立在胶原纤维的两性电解质及其与鞣剂进行交联结合的基础上。尽管鞣剂进入皮胶原纤维之间使裸皮的理化性质发生质的改变形成了革，但仍不能改变以胶原纤维为基础所构成的两性特征。因此，等电点(pI)的概念及其在鞣后的湿态加工过程中反映出的特点仍是技术控制的重点，即裸皮是具有特定反应活性的两性电解质，坯革同样是具有特定反应活性的两性电解质。

近代研究表明，铬(Ⅲ)、铁(Ⅲ)、铝(Ⅲ)鞣剂与胶原纤维结合的官能团相似，即以羧基结合为主，在皮胶原内，鞣剂以 3 种主要形式存在：①以聚合体或单离子形式多点结合在皮胶原纤维间；②以聚合体或单离子形式单点结合在皮胶原纤维间；③以聚合体或单离子形式游离或沉积在皮胶原纤维间。

革内的鞣剂可以因环境条件继续改变存在形式。上述三种存在形式均可以再进行自行水解、配聚或与外界配体配合作用。铬(Ⅲ)、铁(Ⅲ)、铝(Ⅲ)鞣剂鞣革表现在对多种阴离子水溶物或有机配体有很好的亲和能力。因此，这些坯革不能随意与染料、加脂剂、复鞣剂、栲胶直接接触，以免坯革被污染或改变性质。这些无机鞣剂鞣制的坯革的反应活性随鞣剂含量多少不定，随着存放时间、存放温度及含水量不同而异。

对铬鞣坯革而言，存放时间长，含水量下降，反应能力降低。这种反应能力降低，即表示鞣制趋于“完善”，坯革内铬盐失去活性。这时对后继湿加工会造成两个不利结果：一是坯革对水的吸收回软及材料加入后结合困难；二是一旦铬盐失去反应活性，使纤维定型难以再改变，对调整最终成革的感官指标有影响。这种结果对其他无机鞣剂，如锆(Ⅳ)盐、钛(Ⅳ)盐鞣制也有类似的表现。

植鞣坯革及芳酚合成鞣坯革也具有良好的反应活性，表现在它们与金属阳离子的作用上，尤其是能发生颜色变化的产物反应。弱键鞣制使得这种反应活性不因时间变化而变。只要有水分存在，反应即可进行。因此，这些鞣剂鞣制的坯革在保存及机械加工时，管理要求尤为严格。

醛鞣坯革及油鞣坯革的反应活性主要表现在胶原纤维羧基基团上。当鞣制完成后有大量的羧基被“游离”出来，这类基团对具有鞣性的金属阳离子有很好的亲和力。因此，对一些金属阳离子含量有要求的革制造，要严格控制，如机械加工、放置场地及用水。

## 1.2 铬鞣坯革的准备

由于经济、环境、技术等诸多因素影响，现代制革工业中将生皮制成坯革、又由坯革制成成革分别由不同企业完成的现象日益增加，因此坯革作为制革厂的“原料”已具有普遍意义，即使同一企业内的生产线设计安排，也会将坯革作为染整等后继加工的原料处理。

### 1.2.1　坯革的组批

坯革的组批也称为分类，是制革厂调整最终产品结构、制定制造工艺及技术和实施生产的重要操作。由于原料皮在投入生产前带有毛、表皮及干皮的皮身未伸展开等因素，不易察觉皮面及皮身的残次情况，在准备车间及鞣制车间的处理中又常易出现技术、管理及皮坯内在的不良状态等，因此许多未能发现的或因前加工产生的缺陷几乎均在坯革上表现出来。当铬鞣坯革作为原料时，还因存放、保存、运输的环境变化而产生新的缺陷，这也必然使其出现批次的差异。

1) 色调深浅

纯铬鞣湿态坯革的色调为均匀的湖蓝色。在实际生产中，下面一些因素将会使坯革色调发生变化：①水质问题；②鞣前处理方式；③鞣制过程非铬材料的加入；④铬鞣提碱速度及最终 pH；⑤铬鞣剂用量。

坯革深浅的不同表现出坯革性质上的差异。深浅不一对白色革或浅色革制造有色调的影响；表面过鞣或过高的鞣后 pH 造成色深则对成革的柔软、延伸及粒面强度有一定的影响。这些差异需要在染整前进行判断，并采取合适的组批与操作给予解决。

2) 表面色花

坯革的色花是革面上存在着不同色泽的斑痕。这些斑痕可以是原皮最初质量造成的，也可以是前加工中产生的。在鞣前加工中出现下列情况将产生色花：①酸碱酶引起的不均匀作用；②铬鞣提碱不均；③蓝坯存放产生铬迹；④粒面伤残；⑤粒面沾污。即使没有操作的因素，也会因原皮存在的结构部位差导致化工材料作用的差异，最终出现非均质结果。

3) 革身状态

坯革的革身状态是决定染整工艺及影响成革质量的主要因素。坯革的粒面除色泽差异外，还表现在粒面的伤残、粗细、皱折上。这些状态对最终成品的感官影响极大，要求在生产产品品种上进行区分，如对生产全粒面、半粒面(轻修面)、修面或绒面(反绒或正绒)各有不同的坯革要求。

革身的特征，如松紧、厚薄、强度，使坯革在生产加工和成革利用等级上受到限制。对某些品种而言，坯革的软硬、松紧也会影响其最终的质量。

各种坯革除上述差异外，还存在面积大小、破损情况、鞣透程度等差异。有时，工厂的生产条件、产品生产的经济效益也作为组批的依据之一。

### 1.2.2　坯革的存放

铬鞣剂缓慢结合使铬鞣后存放(或静置)成为一个重要的操作。铬鞣后坯革的存放有利于铬在皮内进一步均匀分布，也利于与皮胶原结合而固定，使铬的利用率增加。当然，不恰当的存放也会造成坯革乃至成革质量的不良结果。这种存放包括两个方面的条件。

(1) 存放时间影响铬鞣效果与皮革质量。坯革在存放过程中，革内铬继续水解使反应活性发生变化。由于存放时间不足，鞣性发挥不够，坯革抗挤压、抗洗能力不够，导致后继湿态工序中流失铬较多。若存放时间过长，随着存放中水分的失去，胶原纤维与铬各自之间或相互之间结合增加而使坯革变硬，难以回软，影响后继材料的吸收质量。即使保持水分，也会因水解平衡导致铬盐“钝化”而失去活性。

(2)存放过程影响铬鞣效果与皮革质量。存放过程包括存放环境与存放状态。存放环境影响：暴露在空气中，表面的油脂、化工材料及污垢受氧化、$CO_2$作用及表面脱水硬化使坯革粒面变质。气温较高时会长霉、变色、强度下降。气温较低时，坯革表面的中性盐结晶严重，粒面纤维断裂，造成松面，影响成革的感官。存放状态影响：表现在坯革存放时的平整伸展程度。不平整存放造成凹处积液使粒面出现色花。折叠与皱缩的存放将使革身上出现难以消除的折痕(死折)与不良的伸缩率。前加工相同的坯革会因存放过程的差异而需要进行染整过程的调整。除了购入的蓝湿革外，自己生产的坯革的正常存放时间要求24h以上，若需要延长时间，在保证正常存放状态的前提下，保湿、防热、防冻、防霉等措施必不可少。

### 1.2.3 挤水、片皮、削匀、磨革、称量

1)挤水

挤水操作是控制切削精度的重要工序。经过静置一段时间的坯革还含有较多甚至分布不均的水分。过多水分的存在不仅增加将要进行的机械切削的操作难度，也影响切削的精度。坯革原料存在部位差，导致松软的部位含水多，相对增厚多。若以相同厚度整张片削加工，干燥后的成革厚度差就明显出现。为此应尽可能减少水分至分布相同，则可获得干燥的、有整张均匀厚度的皮革。简单用存放或挂晾除水的方法不仅延长了生产周期也难以达到目的。较好的方法是采用挤水操作。挤水操作在挤水机上进行，见图1-4。

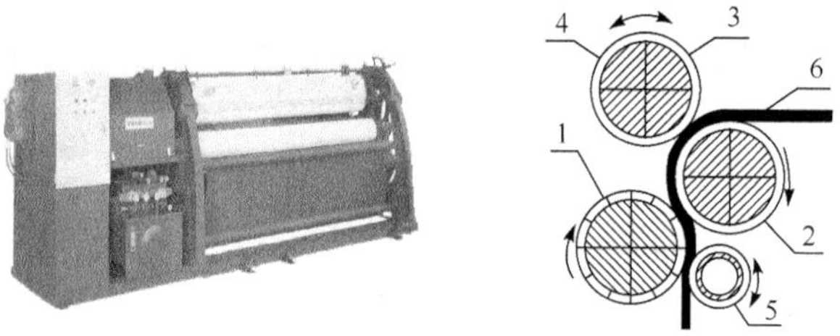


图1-4 挤水伸展机

1. 伸展刀辊；2. 下挤水辊；3. 上挤水辊；4. 吸水毛毡套；5. 供料辊；6. 革

单纯的挤水方式常常会出现死折。一种改进的挤水方法是采用挤水伸展机，在挤压辊后加一伸展刀辊，将挤过的坯革伸开。使用这种机器时要调整得当，否则更多的是只挤不伸或伸而不挤。操作不合理或坯革状态的不理想也会产生折痕或挤破。对于挤出的折痕可立即用手工拉开或入鼓摔匀消去，否则给后继片削带来困难，大批量生产尤其应注意。

当坯革的pH偏低、静置时间不够、坯革厚度极不均匀、坯革表面油脂含量过多、机器调整不良时往往会出现挤水操作效果不良，要求根据起因进行解决。

2)片皮

片皮操作的目的在于调整坯革的厚度以满足成革的要求。采用剖层机片层操作，对坯革的片层要求用精密剖层机(图1-5)。用剖层机片层后的坯革厚度常常被控制在比削匀要求的厚度稍厚一些(由机械状况及操作技术决定)。片层操作要求十分严格，一方面，在操作中人为或机器出现的片痕、挖伤、片洞及厚薄不均不仅影响最终成品的质量，也影响得革率，因此要求片前严格把关。另一方面，来自坯革的影响因素有含水量、含水的均匀性、平整度、折痕及伤残(破洞、凹坑、刀痕等)。对某些伤残可以采用片前填补，如用面粉、革屑或高岭土

等，并在其中混合一些黏合剂以防止伤残加重或片洞。为此，正确的操作方法、调整机器处于正常的工作状态及仔细检查坯革状态均不可轻视。

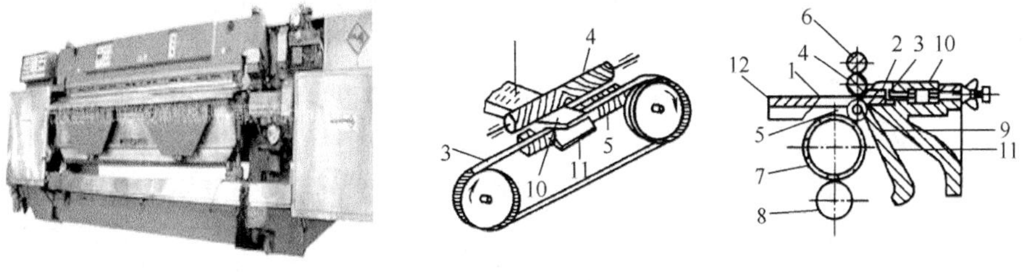


图 1-5　剖层机及其工作原理

1. 坯革；2. 压刀板；3. 带刀；4. 花辊；5. 环辊；6. 压辊；7. 胶辊；8. 支撑辊；9. 环辊导板；10. 上层板；11. 下层板；12. 工作台

3)削匀

削匀操作是决定成革厚度最关键的操作，是获得得革率、张幅完整性的重要工序。作为一种对坯革厚度较精确调整的工序，操作在削匀机上进行。通常将带有粒面坯革进行肉面切削，故又称削里(也有削面操作)。坯革的厚度由刚性辊与刀辊刀片之间的间隙决定。削匀机有宽窄工作口之分。通常，宽工作口的削匀机为自动供料，生产效率高，可整张坯革一刀连续削出，接刀痕少。窄工作口削匀机为手动供料，可进行局部削匀，对部位差大的坯革尤为有利。削匀机及其工作原理见图 1-6。

图 1-6　削匀机及其工作原理

1. 磨刀砂轮；2. 刀辊；3. 传输辊；4. 坯革；5. 供料辊；6. 刷辊

坯革是一种弹性、塑性、韧性及黏性兼而有之的特殊材料。坯革的这些性能更多地受皮种、准备处理、鞣法及水分含量支配；这些性能也是在坯革削匀操作中出现削洞、撕破、削焦、跳刀、粘辊等缺陷的起因。为了防止或减少削匀中缺陷的发生，需要从三个方面进行控制。

坯革状况：水分含量是否合适(40%～50%为宜)、是否均匀；坯革是否有死折、硬心或软又黏；撕裂强度是否达到要求。

操作过程：一次性吃刀量不宜太大，供料速度合适并均匀，坯革能良好地展开，革面匀净。

机器调整：刀片锋利，刀片、刀辊及整机固定良好，适时更换刀片等。

削匀坯革的厚度应根据成革要求及后继加工操作的过程和坯革部位差因素进行确定。一般说来应考虑以下因素：①坯革复鞣、填充、加脂增厚的情况，以及熨压、滚压、绷伸、干磨削减厚的加工；②坯革组织紧实及分布状况、网状层厚度。

以削代磨也是削匀操作的特殊功能，是指在绒面革的制造中起绒面经过削后不再磨而直接起绒。这是对绒要求不高的绒面革常常采用的方法。以削代磨对准备工段、鞣制状况以及设备条件要求配合程度较高。较小的刀痕、跳刀都会影响最终产品的质量。

4)磨革

蓝湿坯革的磨革是绒面革制造的专门加工操作。磨革工序可以分为干磨与湿磨，在磨革机上进行操作，湿磨机见图 1-7。从坯革的可磨性讲，干态易磨，湿态不易磨。从工艺加工而言，磨湿革简易，磨后易充水进入后继工序操作。干态磨革需要先干燥、磨革，再充水、染色加脂。加工服装且对革的品质有影响。湿态磨革对磨革机、砂纸及坯革的要求较高，如磨革刀辊的冷却，砂纸要求在湿革下保证磨削能力，防止积热使坯革表面过热变性。由此，湿磨操作对坯革要求有：①尽可能降低含水并均匀(含水为 35%～40%为佳)；②较高的收缩温度($T_s$)并均匀；③革面少含油脂减少滑动；④革身厚度均匀。

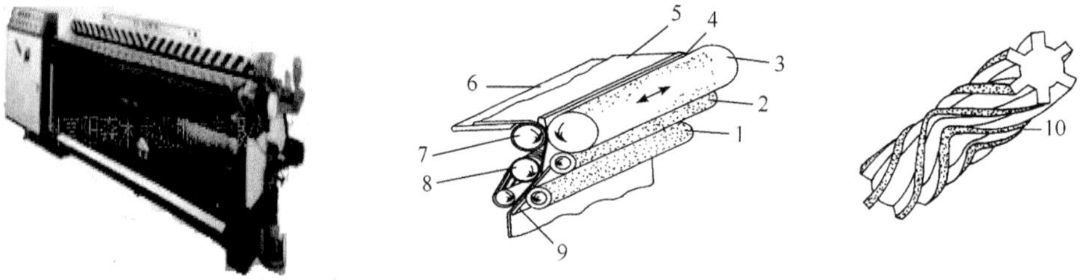


图 1-7　湿磨机及工作机构

1. 扫灰辊；2. 刷辊；3. 磨革辊；4. 压革嘴；5. 革；6. 工作台；7. 供料辊；8. 传送带；9. 滑板；10. 湿磨辊

5)称量

称量操作是后继工序中用水、材料及批量的依据。作为必不可少的工序，在称得坯革质量后，可根据实际情况(坯革的水分含量)在坯革质量上增加不同的质量分数作为坯革质量基数。

### 1.2.4　回软与漂洗

回软与漂洗是使坯革有效恢复后继化学物理功能的准备工作。经过存放及机械加工的铬鞣坯革有以下特征：①革内的水分大量流失，坯革纤维的化学物理黏结增强，纤维间空间减小；②其中的铬盐进一步水解沉积或未结合铬盐迁出，滞留在表面；③鞣前及水带入坯革内及表面的中性盐、脂肪、有机物、无机盐析出沉积增加；④因存放及片、削、磨后表面的沾污增加。

可以说，坯革的回软漂洗与生皮的浸水漂洗操作具有类似的重要性。综合物理及化学的原因，可将漂洗目的归纳如下：①充入游离水，以利于后继材料渗入；②溶出中性盐，打开弱键，提高坯革活性；③洗脱不溶提碱物残余、游离鞣剂及其沉积；④清洗坯革非鞣剂渗出及析出物、外沾污物。

根据上述漂洗的作用或目的，可选用不同的材料进行漂洗回软操作，这些材料包括专用漂洗回软助剂及通用工业化学品，分别简述如下。

(1)酸性材料。甲酸、乙酸、草酸等作为常用漂洗回软材料。这些普通的酸类可以增加多种金属盐的溶解度；打开原有胶原碱性基与其他材料的氢键结合并用酸质子封闭；阻止过渡金属离子的水解沉淀。但是酸漂洗对铬盐的鞣制是有影响的，不同的酸及用量可漂走不同结合及数量的铬盐，过度的漂洗使鞣制效果降低，图 1-8 表示用各种酸可洗脱坯革内铬盐的量。由图可见，脱铬的酸并非与人们认为的强弱相关，而是与铬阳离子作用强弱排列相类，这在酸漂洗时值得注意。

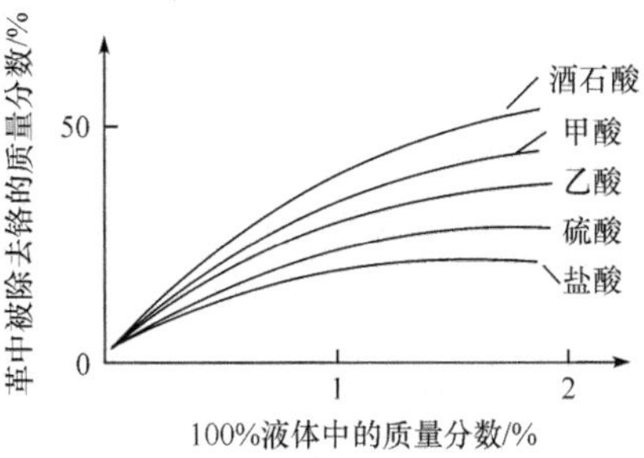


图 1-8　漂洗用酸与革中 Cr 的洗脱

(2) 表面活性剂。浸水回软剂可以是非离子表面活性、阴离子表面活性剂或它们的混合构成。表面活性剂不仅可以降低表面张力，使水快速浸润及渗入，也可以分散油脂及沉淀物，尤其是去除革面的皂类增强革的亲水性。研究表明，用纯水、非离子表面活性剂及阴离子表面活性剂对含水 30%的坯革在 30℃进行浸水回软，25min 前坯革在纯水中增量略多，然后在阴离子表面活性剂中增量趋前，40min 后非离子表面活性剂开始显示了优越性，见图 1-9。这种回水的过程还受温度、pH 及浸水剂渗透的影响，导致结果有所不同。坯革专用浸水回软剂很少，尤其在产品说明书上应指明坯革浸水回软作用。需要根据耐电解质、润湿性、脱脂能力进行选用。

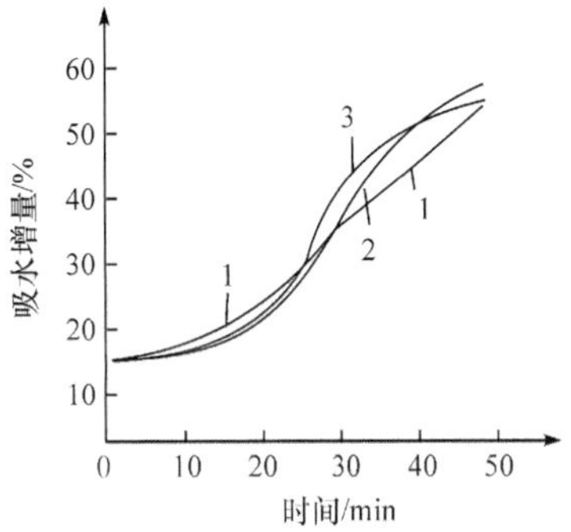


图 1-9　浸水剂类型与坯革增重
1. 纯水；2. 非离子；3. 阴离子

(3) 辅助型芳族合成鞣剂。这类合成鞣剂作用与酸类似，具有漂洗回软功能。目的是分散坯革表面过多的鞣剂，取代与氨基结合的盐，形成一种清洁、均匀并且有缓冲能力的界面。经过这类合成鞣剂作用后，可使坯革表面结合的鞣剂及水退出。

(4) 树脂鞣剂。共聚物树脂鞣剂漂洗多用于浅色革或白色革制造。常用的是小分子酸性丙烯酸树脂，用这类树脂漂白的原理主要在于与强力脱除或掩蔽革面的铬盐作用，具有浅色或钝化坯革表面活性。

(5) 蛋白酶。采用蛋白酶的回软是一种软革制造可选方法。蛋白酶通过水解部分起黏结作用的皮垢及一些纤维蛋白使坯革表面疏松而充水。不同于鞣前的酶软化工序的是：一方面蛋白酶本身是一种蛋白质，坯革中具有活性的鞣剂可使蛋白酶失活；另一方面，坯革是已被鞣剂作用后交联变性的胶原蛋白，具有抗蛋白酶的作用。因此从理论上讲，坯革受酶的作用要先解决上述两个方面的问题，降低铬鞣剂的量及钝化铬盐活性。前者要求减少表面鞣剂，后者要求使铬盐水解或退洗恢复部分胶原蛋白结构。事实上，用蛋白酶回软不仅要求酶用量大，而且需要较长的时间。即便如此，回软也多限于轻微的表面疏松作用。处理时可根据坯革可创造的条件 pH 的不同，选用酸性酶或中性酶，回软时酸性酶作用 pH 一般为 4.0～6.0，中性酶作用 pH 为 6.5～7.5。过低或过高的 pH 会不适合酶作用或不适铬鞣坯革质量。

### 1.2.5　常见回软漂洗工艺

为了简化工艺，对坯革的漂洗往往采用多种材料同时作用而缩短处理时间。同浴使用材料要求是互不影响各自功能的发挥。表 1-5 为漂洗参考举例。

**表 1-5　漂洗参考举例**(用量按蓝湿革重计)

| 例 | 工序 | 材料 | 用量/% | 温度/℃ | 时间/min | 说明 |
|---|---|---|---|---|---|---|
| 漂洗回软① | 回软 | 水 | 100～200 | 35～40 | 60 | 甲酸 1∶10 稀释，完成后排液 |
| | | 甲酸(85%) | 0.3～0.4 | | | |
| | | 有机回湿剂 | 0.3～0.5 | | | |
| | 水洗 | 水 | 200 | 45 | 10 | 完成后排液 |
| | 软化 | 水 | 100 | 35 | 120～240 | 完成后排液 |
| | | 酸性蛋白酶 | 0.5～1.0 | | | |
| | | 助剂 | 0.5 | | | |
| 漂洗回软② | 回软 | 水 | 150～200 | 35～40 | 60 | 浴液 pH 4.0～4.2 完成后排液 |
| | | 甲酸(85%) | 0.2 | | | |
| | | 无机盐回湿剂 | 0.5 | | | |
| 漂洗回软③ | 回软 | 水 | 150～200 | 35～40 | 60 | 1∶10 溶解，完成后排液 |
| | | 草酸 | 0.2～0.3 | | | |
| | | 有机回湿剂 | 0.3～0.5 | | | |
| | 漂白 | 水 | 100～150 | 35～40 | 30 | 完成后排液 |
| | | 丙烯酸树脂 | 2.0 | | | |

表 1-5 中，漂洗回软①为常用的方法，对坯革起回软清洗作用或脱脂后排液除去多余的酸，补充酸性酶软化可根据坯革表面疏松，增加软度及后继材料渗透性。

漂洗回软②也是常用方法，无机盐回软剂起铬盐稳定作用。

漂洗回软③主要用于表面漂白，用于制造白色革、浅色革或匀染要求高的产品。

**思考题**

(1) 正常的铬鞣坯革应该有哪些基本特征？

(2) 坯革可能出现哪些物理缺陷和化学缺陷？

(3) 组批的目的是什么？

(4) 如何判断回软漂洗是否正常？

# 1.3　中　　和

## 1.3.1　铬鞣后坯革中的酸及盐

中和是为了后继工艺要求而调节 pH 的工序。中和的存在与否依工艺特点而定，如在铬鞣后进行染色加脂前需要提高 pH 而进行中和。一般而言，制革的中和只是单纯地调节革的 pH。但是，随着中和用化工材料的差别，中和工序增加了一些其他的作用，影响坯革的性质。

铬鞣后期通常被提碱至 pH 3.8～4.1。在坯革存放过程中，铬配合物继续水解使革内 pH 降低至 3.6～3.9，甚至更低(由提碱操作及存放时间决定)。经过浸酸及硫酸铬的鞣制，坯革内含有游离及结合的酸。若用 4%～6%(以碱皮计)、碱度为 33%的硫酸铬鞣剂鞣制，即使经过水洗，坯革内要达到 pH 6.0 左右，仍需要中和 0.7%～1.5%的酸。此外，坯革内还存在着因浸酸和铬鞣的提碱留下的、以游离的或与坯革结合的中性盐(盐酸盐及硫酸盐)，这些酸或盐对后继一些材料的进入起阻碍作用，需要被除去。

### 1.3.2 中和的作用

中和作用需要考虑鞣剂鞣法与后继工序要求的平衡。在铬鞣法的铬复鞣后，中和的作用有以下几个方面需要考虑。

(1)除去革内的部分酸。铬复鞣完成时 pH 4.0，若后继复鞣工序要求 pH≥5.0，则需要采用碱进行中和或去酸提高 pH。

(2)改变坯革的电荷。复鞣随着酸及中性盐的水洗，铬鞣坯革的等电点升高(pI≥6.0)，低于等电点的坯革在水溶液中显示出较强的阳电性，能阻止后继阴离子材料渗入革内。中和材料中的阴电荷部分进入或靠近坯革中的铬阳离子，获得掩蔽作用，使坯革正电荷降低。

(3)增进铬鞣剂与胶原的结合。铬与胶原反应通过延长时间、升温或提高 pH 能加速使反应达到平衡。实际生产中三种方法均被采用。浸酸的胶原等电点 pI 在 4.5～5.0，中和使羧基离解更有利于铬离子结合，也导致铬离子水解配聚而滞留在坯革内。实验证明，中和前水洗溶液中含铬量可达 200mg/L，相同条件中和后浴液含铬量约 20mg/L。

(4)减弱坯革中铬的反应活性。随中和 pH 提高，铬盐水解加剧，铬离子的配位点钝化($OH^-$进入)，甚至出现退鞣及析出氢氧化铬的现象。由于铬离子水解，坯革内外阳电性降低，因此后继阴离子材料的吸收、结合能力下降。

### 1.3.3 中和材料的选用

中和材料需要依据坯革的化学与物理状态、后继工序要求及可操作性三个方面确定。实际生产中，为了协调这三个方面的平衡，一些 pH≥4.5、相对分子质量、低缓冲性能良好的化学物质可选用为中和材料。其中又可根据中和材料品种及用量获得不同的中和效果。

为了简化对中和工序的三个方面的平衡考虑，假设中和前铬复鞣坯革的 pH 定为 4.0±0.1，实际生产中中和的 pH 为 4.5～6.5，如果将这一范围分成 4.5～5.4 和 5.5～6.5 两个区间，则前一区间可称为低 pH 中和，后一区间可称为高 pH 中和，由此进行分别讨论。

(1)低 pH 中和。中和 pH 在 4.5～5.4 多用于紧实或厚型的坯革制造。理由：①较低的中和 pH 可保留较多的铬活性，有利于后继材料的牢固结合，获得紧实的成革；②较低的中和 pH 可以减缓铬鞣水解，从而获得较长时间的反应作用，有益于厚革的中和。低 pH 中和多采用甲酸钙、甲酸钠、乙酸钠等较低缓冲 pH 材料。这些材料中有较小的分子结构，能快速达到很好的中和渗透度，在较短的时间内使厚型的坯革达到完全中和，而分子较大的乙酸钠则会表现出中和深度不足。尽管低 pH 中和材料一般不会造成因中和 pH 过高而产生过度水解，但不能随意提高中和 pH。而且，大量使用低 pH 中和材料会造成铬鞣剂深度掩蔽，从而失去继续反应的活性且中和过度。低 pH 中和可用溴甲酚绿检查坯革切口截面，随中和 pH 升高由黄绿色变为蓝绿色或蓝色，变色点在 pH 4.6～

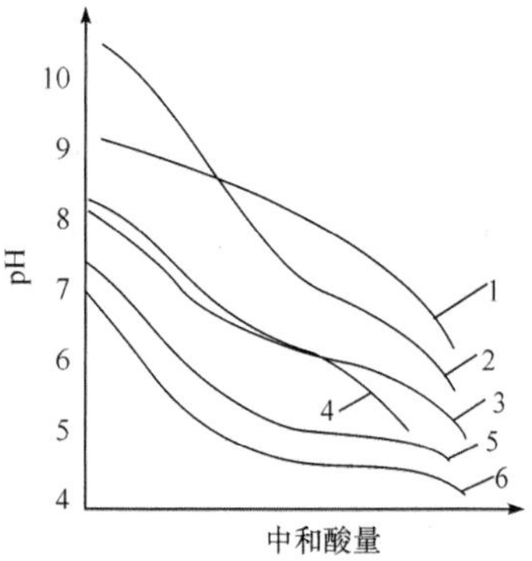


图 1-10　一些盐与酸作用后坯革 pH 变化

1. 硼酸钠；2. 碳酸钠；3. 碳酸氢铵；4. 碳酸氢钠；5. 乙酸钠；6. 甲酸钠

4.8。一些材料中的 pH 见图 1-10。

(2)高 pH 中和。中和后坯革 pH 在 5.5～6.5，多用于软革和较薄的坯革中和。中和 pH 较高，去酸脱盐及水解铬离子程度高，成革最终松软。此外，由于高 pH 中和时间较短，又常作为表面中和时使用，以保持成革有良好的软性兼弹性的感官。高 pH 中和时常采用碳酸氢钠和碳酸氢铵，前者中和强烈，后者相对缓和。这两种盐溶液的 pH 较高，在中和时单纯与酸作用，中和速度快，易出现不均匀中和或表面过度中和。例如，用小苏打中和铬鞣革时，革内各层的 pH 变化如图 1-11 所示。

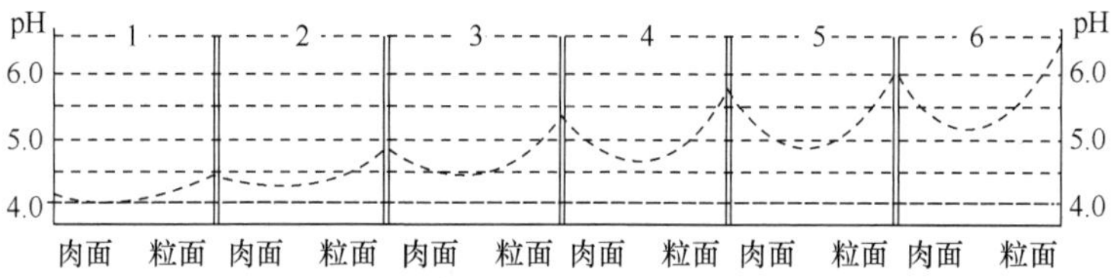


图 1-11　用小苏打中和铬鞣革 20min 后革内 pH 分布

$NaHCO_3$用量(湿革量计)：1. 0；2. 0.5%；3. 1.0%；4. 1.5%；5. 2.0%；6. 2.5%

由图可见，当小苏打用量增加时，尽管革中心的 pH 有所增加，但革面与革心之间的 pH 差距增大。因此，单靠小苏打中和使坯革内外有均匀的 pH 是不适合的。除非要求成革粒面松弛而革心紧实时才能采用。亚硫酸钠、硫代硫酸钠及硼酸钠也可达到高 pH 中和，但较高的用量会造成过度中和，而少量短时间中和后坯革表松内紧。用亚硫酸钠及硫代硫酸钠中和后坯革色泽较浅。高 pH 中和后的坯革切口截面可以用甲基红检查，由红色转变成黄色，变色点 pH 在 5.5～5.7。

在多数情况下，为了达到在较短时间内深度中和而粒面又有较好的疏通性能，可以将低 pH 中和材料与高 pH 中和材料混合使用，如甲酸钠(或乙酸钠)与碳酸氢钠(或碳酸氢铵)混合使用。如果用乙酸钠代替甲酸钠，对厚型革的深度中和效果不及甲酸钠。当然，这种混合材料的中和效果应按它们的相对用量比例决定。

中和复鞣剂是具有良好缓冲能力并能稳定坯革结构的材料，简称中和剂，是现代制革技术中一种重要的专用材料。根据铬鞣坯革的特征及单独使用碱性盐中和的不足，可采用中和剂中和。通常，这种中和剂是由有机酸盐及辅助型合成鞣剂复配而成。其主要的优点在于能对坯革进行快而均匀的中和，并除去游离铬及铬斑。这些中和剂在一定的 pH 范围内有较好的缓冲能力，如图 1-12 所示，能掩蔽坯革的阳电性并保护坯革中铬盐的反应活力，有利于被后继材料通过取代反应而结合，这对制造紧实粒面的革有利。其中，缓冲区对保证生产质量的稳定性

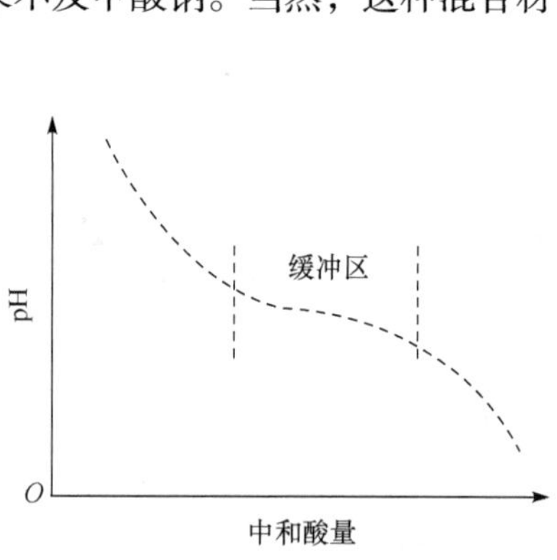


图 1-12　中和剂与酸作用后 pH 的变化

有重要意义。市场上不同牌号的中和剂具有不同的缓冲宽度及缓冲 pH，需要根据工艺要求进行选择。作为专用材料，中和剂往往兼有一些辅助功能，如中和深度、匀染效果、分散能力、粒面紧实性、耐光性等，需要考虑后选用。

### 1.3.4　铬坯革中和后的特征

中和后铬坯革感官与内质均产生了变化，与铬鞣提碱不同的是更高的 pH 会导致铬盐水解、洗脱。除坯革的感官产生一些变化外，坯革的内在质量也同时产生变化，继而影响后继加工甚至成革质量。

经过中和及水洗后，通常可除去坯革原有的和中和产生的中性盐、铬盐内界的中性盐、硫酸根(约 1/3 被除去)。当然，这种硫酸根除去的数量与铬鞣或铬复鞣及中和条件有关。不过没有明确地研究表明这类硫酸根除去是否对后继材料的进入及成革质量有关联，但铬离子的水解与硫酸根的除去对坯革的性能变化可以被表征，如坯革中和后坯革的吸水性及 $T_s$ 变化见图 1-13。

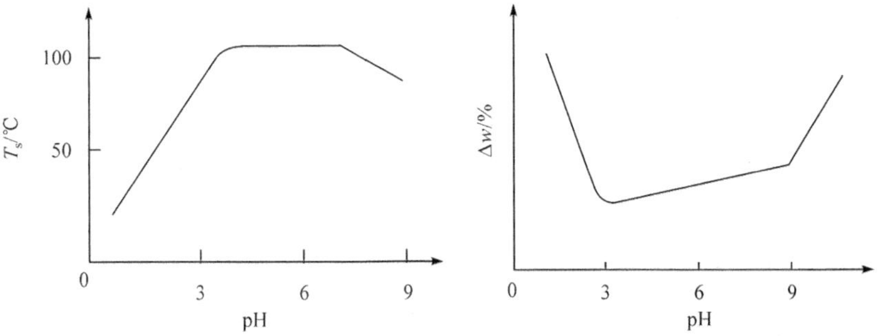


图 1-13　坯革 pH 与 $T_s$ 及吸水增量的关系

由图 1-13 可见，当铬鞣革的 pH 在 4.5～6.5 时，$T_s$ 基本稳定，大于 6.5 后，$T_s$ 开始下降。可以解释为，第一阶段，随 pH 上升，铬盐水解与羧基配合力增加，结果鞣制效应提高。第二阶段，铬盐水解继续加剧，$OH^-$ 由替代配位的水及硫酸根发展至替代胶原的配体羧基，退鞣增加，两种结合与退鞣共存，使 $T_s$ 变化较小。第三阶段，从 pH 6.0 起，退鞣及水解过度，使 $T_s$ 下降。当然，由于铬盐水解平衡速度慢，图 1-13 中不能保证是平衡条件下的反应，只能定性地给予解释。实际曲线与坯革内在及中和过程的时间相关。坯革的吸水增量与 pH 变化也有三个阶段，第一阶段中随着提碱水解进行，铬离子结合增加，胶原脱水迅速增加，pH 还在等电点附近，坯革吸水量下降。在第二阶段，水解与结合同时增加，pH 距胶原的等电点渐远，吸水量也随之渐增。达到第三阶段时，水解剧增，距等电点远，吸水量急剧增加，这也意味着铬鞣效应迅速降低，退鞣明显，出现电荷膨胀。工艺中的中和 pH 在第一阶段内，随 pH 上升，坯革吸水量增加，对后期材料的进入来说是有利的，同时也表示坯革的结构开始松弛。

### 1.3.5　中和操作

铬鞣坯革中和操作在铬鞣或铬复鞣后。因此，在铬鞣或铬复鞣后、有机复鞣剂复鞣及染色加脂前，将 pH 调整至相接使用材料要求的状况，是铬鞣坯革染整的必须操作。其实，当两种材料相接使用时，要求升高或降低 pH 的操作也可当作是一种中和，同样也可用中和的作用来考虑，但在矿物鞣剂鞣革中不称为中和操作。值得指出的是，这种中和应放在水洗后以防游离的鞣剂迅速碱化，引起表面鞣制过度或水解物沉淀吸附在表面，从而影响色泽、手感及后继材料的进入。如果铬鞣中采用了钙镁的氧化物或碳酸盐进行提碱，则更应加强中和前的漂洗，以免皂类物水解导致粒面的疏水及填塞。

中和的温度需要考虑前处理材料的承受范围。温度高，中和快，表面作用强。铬复鞣后中和一般在 30～35℃下进行。温度升高，铬鞣坯革粒面色泽较深暗且粒纹较粗。对一些对温度更为敏感的材料，使用时需要降低温度中和。

中和的时间需要根据中和程度确定。对坯革的中和时间由短至长可以获得表面中和、深度中和、透彻中和及过度中和。因此，实际应用时还需考虑坯革状态、后继材料渗透与结合、成革品质、中和材料、转鼓的装载量、液比大小、机械作用强弱等。下面列举（表 1-6）几个中和操作工艺（以下工艺用料以削匀革重计，坯革经过削匀、漂洗后进行中和）。

**表 1-6　按成革特征要求的铬鞣坯革中和举例**

| 成革特征 | 材料 | 用量/% | 温度/℃ | 时间/min | 说明 |
|---|---|---|---|---|---|
| 服装革 | 水 | 150 | | | 单层厚度：0.6～1.0mm，完成 pH 5.5～6.0，排液 |
| | 甲/乙酸钠 | 1.5 | 35 | 40 | |
| | 碳酸氢钠/铵 | 1.4/1.7 | | | |
| 软面革 | 水 | 150 | | | 单层厚度：1.0～1.2mm，完成 pH 5.0～5.4，排液 |
| | 甲酸钠 | 1.0 | 35 | 60 | |
| | 中和剂（含固计） | 2.0 | | | |
| | 碳酸氢钠 | 0.5 | | | |
| 面革 | 水 | 150 | | | 单层厚度：1.2～1.5mm，完成 pH 4.5～5.0，排液 |
| | 甲酸钠 | 2.0 | 32 | 120 | |
| | 中和剂（含固计） | 2.0 | | | |

第一种方案适合于各种薄型软革，是简单的高 pH 中和（pH 为 5.5～6.0），用碳酸盐的用量调整 pH，其中甲酸钠或乙酸钠起一定的缓和作用。后两种方案为低 pH 中和，中和复鞣剂起分散、匀染及改善粒面的作用，甲酸钠起深度中和并加快中和速度的作用。

一些中性及弱碱性的阴离子树脂和综合型合成鞣剂既能直接用于坯革的复鞣，同时还有一定的中和作用，有良好的饱满作用，但通常情况下少用。应根据成革要求适当选用。

## 思考题

（1）染整前应做哪些准备工作？目的是什么？

（2）高 pH 中和与低 pH 中和有什么区别？

（3）可以直接用水中和吗？

（4）试述中透彻和与高 pH 中和的区别。

## 1.4　本章参考资料阅读

1)阅读有关制革工艺学资料

出版书：制革工艺专著及相关教材。

出版期刊:《中国皮革》、《皮革科学与工程》、*World Leather*、*JALCA*、*JSLTC*。

其他参考资料：皮革化学品公司产品说明书。

2)查询电子资料

查询关键词：铬鞣；坯革；存放；挤水；削匀；漂洗；组批；中和；回湿；中和剂；润湿剂。

# 第2章 复　　鞣
# (RETANNING)

不同的鞣剂及鞣法为最终的成革提供了各自主要的物理化学性能。然而，按照现代制革的理论与实践，无论是成革的品种或质量，还是生产经营，一种或一次单独的鞣剂鞣革的效果往往不易满足制革生产者的加工或消费者的使用要求。为解决这些问题，复鞣从产生至今，半个世纪以来已经显示出重要的理论价值。在制革工艺流程中，作为一个工序，“复鞣”拥有最多种类及品牌的配套材料。复鞣几乎已经成为现代制革工艺中不可缺少的一环。

## 2.1　复鞣的基本特征

1)增加主鞣的效果

为使主鞣剂能分布及作用均匀、结合增加、排出减少，实践证明分次或多次使用同一鞣剂比一次性使用更为有效，尤其对初鞣坯革进行剖层，削匀后的再鞣显得更为必要。

2)赋予革特定的性能

通过一些复鞣剂的复鞣，坯革会具有理想的后继可加工性能，如可染性、可磨性、成型性等。或者使成革获得一些特有的感官性能和使用性能，如弹性、丰满性、特殊的粒面状态等。

3)弥补坯革的缺陷

由原料皮之间张与张、批与批及同一张皮的部位之间的差别所引起的不均匀性，前处理工艺平衡不当或工艺平衡的要求，单独鞣剂或鞣法所不能达到的质量要求，都可以通过复鞣来弥补和改善。

4)增加得革率

通过复鞣增加革的厚度或提高边腹部的紧实丰满性，增加整张革的得革率或使用率。通过复鞣缩小张与张、批与批的品质差别，提高生产批的等级率。

5)增加工艺复杂性及成本

因为复鞣目的，复鞣材料品种的增加，复鞣工艺的变化，复鞣剂对坯革的物化性影响等，增加了后继工艺的复杂性及成革感官上的可变性，所以生产效益降低、生产难度增加。

## 2.2　复鞣与填充

复鞣与填充具有互为兼顾的特征。在多数情况下，复鞣与填充往往是“你中有我，我中有你”，相互包含，没有明显的区分。从字面上看，复鞣总是代表着某种化学行为，填充则代表物理作用。因此，复鞣兼顾填充，反之则不可能。在实际工艺生产中，由于目的上常具有相同性而不予区分，只是在使用条件上要求不同，因为复鞣剂的功能与其使用条件、位置及使用目的有关。

对铬鞣坯革而言，复鞣剂更多地不会要求其鞣性，而是要求鞣性以外的功能。但是，复鞣剂的鞣性差别可以反映出复鞣后的不同效果。

填充与复鞣存在功能上的差别。单纯的填充在于解决坯革空松的缺陷。填充效果通常只是一个填充剂用量的问题。当坯革仅仅采用填充材料解决成革的感官如丰满、延弹是无法达到的。

没有鞣性就无法形成成革结构的稳定性。即通过填充剂获得的感官往往是表面现象，成革难以承受机械作用(揉搓、曲挠及拉伸等)。与坯革没有结合或极弱结合的材料，如蛋白质多肽基、多聚糖基、高分子蜡基，可以在一定程度上将空松进行填充。对一些鞣剂而言，如铬鞣剂、铝鞣剂及醛鞣剂等，对坯革进行处理不能认为是填充，因为它们无法大量使用填充剂来解决坯革空松的缺陷。

在现代制革中，填充与复鞣的区别需要根据工艺的目的，如成本的核算、废水的排放及成革风格上的需要进行理解或解释。

复鞣剂是一些能与胶原或坯革作用而产生鞣制效应的材料。广义地说，凡是能进入生皮组织，使皮的稳定性有所提高，又不能用简单方法萃取出来的材料可称为鞣剂或复鞣剂。

在复鞣剂的分类中，按鞣性可分为：鞣剂，替代型鞣剂，综合(混合)型鞣剂，辅助型鞣剂。按化学构成可分为：无机鞣剂，有机鞣剂，无机有机结合鞣剂。按习惯可分为：矿物鞣剂，植物鞣剂，醛鞣剂，合成鞣剂，树脂(聚合物)鞣剂。其中在合成鞣剂与树脂鞣剂之间又用它们的结构单元特征进行命名，如酚醛鞣剂、脲醛鞣剂、丙烯酸树脂鞣剂等。

随着品种的增加，一种实用性较强的功能复鞣剂已逐渐被制革工厂接受，如白色革复鞣剂、中和复鞣剂、加脂复鞣剂、防水复鞣剂、助染复鞣剂等。

总之，在实际生产中，无论是复鞣还是填充，坯革状况、材料的功能特点及操作条件是三个相互关联的、应该综合考虑的问题：什么样的坯革(状况)应选用什么样的材料；什么样的材料可达到目标(功能)；在什么样的操作条件下(pH、温度、机械作用等)获得最好的效果。

**思考题**

(1)简述铬鞣革复鞣与填充的必要性及原因

(2)叙述填充与复鞣存在于功能上的差别。

# 2.3 矿物鞣剂复鞣

## 2.3.1 铬盐复鞣

一次完成铬鞣虽可达到满意的 $T_s$，获得铬鞣革的必要特征，但从被鞣的坯革直接染色加脂制备成产品看，诸多性能还没有实现。这可以从两个方面进行解释。

按 1∶1 化学计量，天然的胶原分子侧链羧基完全与铬(Ⅲ)结合，则每 100g 绝干胶原可结合铬(Ⅲ)>10%，加上鞣前处理中水解产生的羧基、胶原中其他的结合基团、铬盐的配聚可使平均每个羧基结合多于 1 个铬(Ⅲ)，理论上铬(Ⅲ)结合量应远高于 10%。按照工艺中碱度质量计，鞣革用 10%的硫酸铬(33%碱度，含 25% $Cr_2O_3$)，即使全部被吸收也只用了约理论结合量的 50%，而实际仅有<30%的胶原羧基被结合。

由于胶原纤维结构分散是有限的，许多铬(Ⅲ)不能很好地触及羧基；此外，铬(Ⅲ)是一种惰性反应物，对有限的温度、时间及机械作用也不可能使铬(Ⅲ)与胶原作用达到完全的化学平衡。从坯革状况考虑，不均匀的组织结构一次鞣制不能使铬(Ⅲ)分布均匀。各部位铬(Ⅲ)的结合不同，物理化学性质也有差异。蓝湿坯革的片削加工因铬鞣不均性在厚度上有所显现。因此，为了均化铬鞣或者提高产品品质，铬复鞣已成为铬鞣皮革制造过程中的必要工序。

铬是主鞣剂，也是特殊的复鞣剂。通过铬复鞣后，在革内铬含量增加及铬鞣剂分布均匀性增加的同时，也得到以下两个特点。

(1)铬鞣革特征更突出。在工艺条件下，铬与胶原结合速度较慢，结合量及均匀性也不够理想。铬鞣后往往是肉面结合多，粒面次之，皮心部最少。在蓝坯革的存放及片削后进行铬复鞣，无论是内部还是新的表面均可获得补充。有些工厂为了减少和节省铬的用量或由于工艺平衡的需要，初鞣与复鞣有不同的比例，如 3/7、4/6、5/5、6/4、7/3 等，因此坯革的铬鞣特征会更突出。

(2)坯革反应活性增加。坯革中铬含量增加，一方面，坯革的稳定性加强，溶液中显示阳电性增加，结合阴电荷及接受配合的能力增加；坯革内铬含量增加也使坯革对后继阴离子材料的均匀渗透造成影响。另一方面，铬盐渗透与结合平衡表明单独用铬盐解决松面或部位差是不行的，铬盐无法用作填充材料。但铬盐复鞣能使胶原纤维的疏松成型性进一步提高。在绒面革制造中，单独用铬盐复鞣后磨绒不易均匀，在坯革松软的革身得不到短而细的绒毛。然而，坯革疏松部位与大量的铬盐结合，给阴离子复鞣剂增加结合机会使均匀并富有弹性的细绒可以在“铬复鞣-有机复鞣”后获得。

铬复鞣需要较初鞣更强烈的条件。铬复鞣可采用制革专用各类型铬复合鞣剂，如高碱度、低碱度、高吸收、高含铬等复合鞣剂。这些铬鞣剂可根据成革的要求而定。初鞣的渗透与结合平衡表明，继续复鞣需要改变平衡条件才能有效。这些条件包括：①增加初鞣与复鞣的间隔时间；②用复鞣的铬盐通常较初鞣时更高或至少相等的碱度；③设置较初鞣时更高的温度(坯革耐热稳定性较浸酸皮高)；④提碱终端 pH 较初鞣时高。

实际应用的铬复鞣中有以下两个基本参数需要关注。

铬的用量——若主鞣用铬较少，坯革鞣透度不足，铬分布达不到均匀要求。此外，需要根据后继的填充、复鞣、加脂、染色轻重程度要求，确定复鞣用铬量。当前，低铬排放也被作为重要依据。

复鞣时间——由于复鞣条件的设置，可以使复铬总时间较初鞣少。首先，要达到良好的水解及有效的结合需要进行温度与 pH 补偿。其次，铬鞣剂本身的品质如溶解性、水解特征都是影响因素。此外，机械作用也需要被考虑在内。

铬复鞣的基本工艺见表 2-1(按削匀坯革质量计)。

表 2-1 黄牛沙发革铬复鞣举例

<table>
<tr><th>操作</th><th>材料</th><th>用量/%</th><th>温度/℃</th><th>时间/min</th><th>pH</th><th>说明</th></tr>
<tr><td rowspan="3">铬复鞣</td><td>水</td><td>150</td><td rowspan="5">40</td><td rowspan="3">120</td><td rowspan="3">～3.2</td><td rowspan="3">铬粉：25% $Cr_2O_3$，$B$=40%</td></tr>
<tr><td>加脂剂</td><td>1</td></tr>
<tr><td>铬粉(B=33%)</td><td>4</td></tr>
<tr><td rowspan="2">提碱</td><td>甲酸钠</td><td>1.0</td><td>30</td><td rowspan="2">～4.0</td><td rowspan="2">转 120min 后停转，结合 10h，排液</td></tr>
<tr><td>小苏打<br>或提碱剂</td><td>0.5</td><td>120</td></tr>
</table>

### 2.3.2 非铬金属盐复鞣

用 Al(Ⅲ)、Zr(Ⅳ)、Ti(Ⅳ)、Fe(Ⅲ)、稀土等单独或复合金属盐进行的复鞣，常用于特殊的鞣法或某些特定的要求，如用某些有机鞣剂鞣制后用以提高坯革的热稳定性或改善电性。在铬鞣剂主鞣后一般不用其他金属盐作复鞣，这是因为用 Al(Ⅲ)复鞣会给坯革表面带来较强的、难以掩蔽的阳电荷，从而阻止后期阴离子材料的进入。有时在制造绒面革时，用少量的 Al(Ⅲ)、Zr(Ⅳ)、Ti(Ⅳ)复鞣以改善坯革表面的紧实状态使之可磨性增加，但工艺操作的不稳定因素增加，需要从工艺平衡及技术管理严格把关。否则这些金属离子较快的反应速率及不稳定的水解特征会造成一些不利的结果，如表面油腻、色花等。Zr(Ⅳ)、Ti(Ⅳ)由于极易水解并能生成大分子聚合物或氢氧化物沉淀，在坯革表面形成空间障碍而影响其他材料的渗透。目前市场上有 Zr(Ⅳ)盐鞣剂商品，在制革中多用于白色革或防水革的表面处理。多金属复合鞣剂，如 Cr(Ⅲ)-Al(Ⅲ)、Cr(Ⅲ)-Al(Ⅲ)-Zr(Ⅳ)、Cr(Ⅲ)-Zr(Ⅳ)等，在鞣剂制造时须先调整各离子比例以满足复鞣要求。多金属鞣剂兼有各金属盐鞣革的特点，由于非铬金属离子的水解性及反应活性不及铬盐稳定，鉴于后继操作条件的一致性，必将淡化一些非铬金属离子的作用特点，只是组成略有区别。然而，在相同的用量下，重金属鞣剂用量增加，成革在等体积下密度及质量增加，革的丰满性、伸缩能力受到影响，尤其对轻飘型、汽车革及包件革制品不太合适。此外，多种多价金属离子共存对成革的稳定性还有待于探索。

## 2.4 栲胶(植物鞣剂)的复鞣

### 2.4.1 栲胶复鞣特征

利用植物鞣剂源于中古时期植物的皮、果、叶、根的利用，至 1794 年开始利用植物提取出的具有鞣性的有机多酚类混合物经过亚硫酸化处理制成粉状材料，称为栲胶。植物鞣剂是皮革制造的重要鞣剂，也是最常用的复鞣剂。

有机酚类鞣剂是包括天然植物多酚及合成的酚类聚合物。通常由天然植物多酚为主的鞣剂称为植物鞣剂或栲胶，而合成的酚类聚合物则作为芳族合成鞣剂进行讨论。然而，无论是天然的还是合成的酚类，它们均以相似的方式与皮或革作用。合成酚类产品从替代天然栲胶开始，最终以数量及功能上超越天然栲胶而广泛用于制革。但是，就传统习惯、栲胶的功能及价格而言，在现今的轻革主鞣或复鞣中，天然植物栲胶产品仍被认为是不可或缺的材料。从前述复鞣的目的及意义来讲，植物鞣剂作为复鞣剂或填充材料往往是指：在主鞣剂使用矿物鞣剂或醛等其他非植鞣类材料后皮革产品的感官指标要求饱满、坚挺、塑性增加的理想复鞣材料。

植物鞣剂用于铬革复鞣的作用：与植物鞣剂主鞣时面临着渗透与结合的平衡类似，小分子鞣质或非鞣质有利于大分子鞣质的快速渗透、扩散、结合与收敛。只是当植物鞣剂作为铬鞣坯革的复鞣时，作用的坯革在化学与物理特性方面与生皮大有区别，鞣质的特征及复鞣前坯革的状态成为重要的因素。

植物鞣剂复鞣的化学作用：植物鞣质在水中显现为有机弱酸，pH 为 3.7～4.5；植物多酚结构中参与复鞣反应的主要官能团有离解及未离解的酚羟基、亚硫酸根(—$OSO_2^-$)、氧游离基及苯环空位、少量的羧基及脂族羟基，见图 2-1。这些官能团可与铬鞣坯革中的 Cr(Ⅲ)、氨基、羰基等键合，因此植物鞣质能与坯革进行良好的反应。

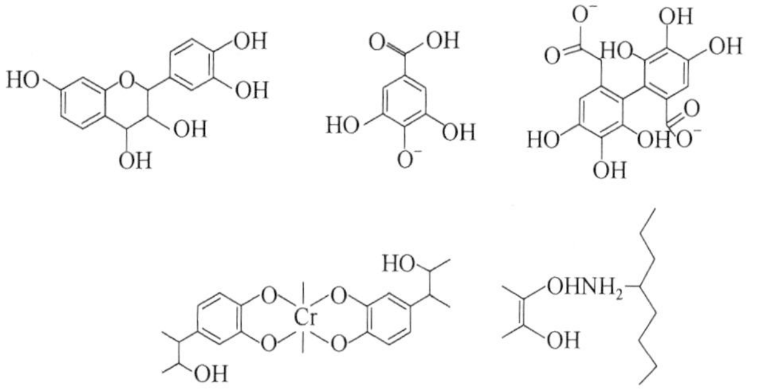

图 2-1　栲胶结构与复鞣结合

植物鞣剂复鞣的渗透与结合：进入坯革前，植物鞣剂在水溶液中以分散形式存在，即半胶体胶团，其胶团表面为阴电性。铬鞣坯革纤维编织的多孔性及机械作用有利于胶团的渗透。但纤维表面的 Cr(Ⅲ)使纤维带阳电性，成为渗透的主要阻力。

多酚类结构的天然有机物的植物鞣剂的物理化学性质经过复鞣后在坯革上也被反映出。

与金属离子强反应性——植物多酚的阴电性显示了对阳离子的敏感性。尤其是与多价金属阳离子螯合直接影响坯革的性能，如 Al(Ⅲ)、Fe(Ⅲ)、Ca(Ⅱ)、Mg(Ⅱ)等。如果植物鞣剂与各种金属盐形成十分牢固的配合物大分子，不仅从空间上对后继的材料造成渗透困难，也影响坯革表面硬化。此外，植物鞣剂与 Fe(Ⅲ)反应显示深蓝色是最需要被关注的。清除或抑制复鞣前革内游离多价金属离子是保证良好复鞣的前提。

饱满良好及紧实性——植物鞣剂可与胶原发生多点结合，较强的收敛性使坯革粒面变粗，革身变硬，这时制造软而细腻的革品显然是不够理想的。复鞣后植鞣剂分子存在于革纤维表面，干燥后疏水聚集成粒团，显示出优良的饱满性，见图 2-2。由于缺乏连续性及包容性，成革表面的光泽、光滑度较差，成革可曲挠性降低。

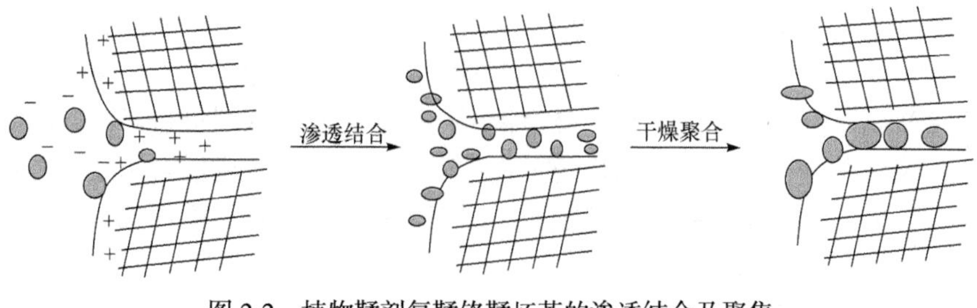


图 2-2　植物鞣剂复鞣铬鞣坯革的渗透结合及聚集

浅色效应及吸水性——植物鞣剂湿态下的阴电性给阴离子染料上染带来困难，导致浓艳度下降；同时，也给阴离子加脂剂水乳液渗透与结合造成阻碍。大量的酚羟基在水中具有良好的亲水性，延缓了油脂乳液渗透，但在脱水后具有良好的分布。干燥后栲胶的两亲也给水及油脂的表面快速浸润膨胀留下隐患。

铬鞣革性能被修饰——较强的收敛及聚集使植复鞣坯革的物理化学性质稳定。随着栲胶量的增加，坯革表面物性向植鞣革方向发展，甚至铬鞣革的物性特征出现向植鞣革转变的趋势。成革耐光性、抗氧化、抗霉变、抗崩与抗撕裂能力都随之降低。

坯革良好的成型性——植物鞣剂以多点弱键结合为主，在含湿情况下加热与压力可以转变分子的聚集与结合形式，宏观表现为压花成型性好。但这种成型性要求有适当的含水范围，最好为25%～35%。

为了获得理想植物鞣剂复鞣的功能，复鞣前坯革状态需要掩蔽电荷。复鞣填充的深度与中和水洗匹配，疏通道路可减少阻力。实际生产中，在植复鞣前或与植鞣剂同时加入分散型合成鞣剂，可阻止或减缓植物鞣剂分子与坯革的表面结合。为克服植物鞣剂复鞣后表面缺陷，加入合成鞣剂、树脂鞣剂或表面加脂剂来改善坯革表面物性。

目前市场上商品植物鞣剂有很多种类型：①水解类、缩合类、混合类；②高鞣质及低鞣质含量；③未亚硫酸化、亚硫酸化(轻/重度)；④化学修饰与改性栲胶。

### 2.4.2 栲胶复鞣方法

各种品种在渗透性、分散性、结合性之间均有各自的表现特征。因此，用植物鞣剂复鞣，考虑其自身品种上的功能差异是十分重要的。例如，在制造软的或较厚的革品，应先选用渗透性好、收敛较小的亚硫酸化的缩合类品种；要求面革稍挺实一些时，可选用水解类或未亚硫酸化的栲胶。有时要求各种性能兼顾时，可采用几种植物鞣剂混合使用，只要调整相互间的比例、使用的顺序及条件即可。

#### 2.4.2.1 栲胶复鞣预处理

植物多酚的电荷作用给在铬鞣坯革中的渗透带来了困难。因此，采用阴离子材料进行预处理成为栲胶复鞣的必要步骤。这个预处理材料有：有机酸盐、中和剂、合成鞣剂、丙烯酸树脂、戊二醛、阴离子加脂剂。经过预处理后将出现完全不同的结果，见图2-3。预处理的程度按有效质量计，预处理剂与栲胶比为0.1～0.3。

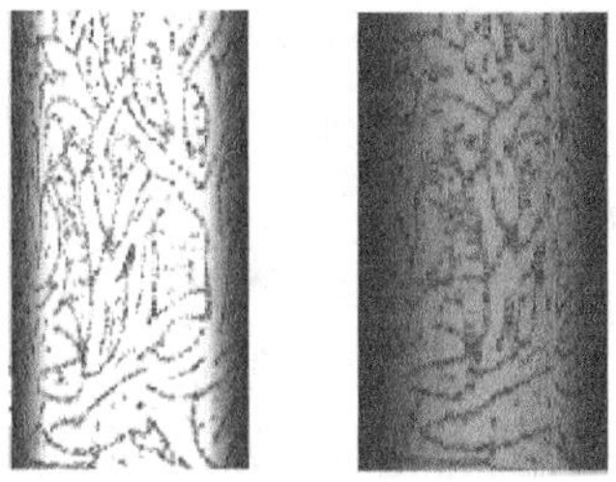


图2-3 预处理与栲胶复鞣后渗透

#### 2.4.2.2 栲胶复鞣举例

表2-2和表2-3列出植物鞣剂(或栲胶)的常规复鞣条件(以削匀坯革重计，坯革厚度1.2～1.3mm，中和pH 5.0～5.5)。其中合成鞣剂为辅助型或综合型，丙烯酸树脂为中小相对分子质量的聚合物。分别经过这两种材料的预处理或复鞣，使栲胶良好地深入革内。

表 2-2　植物鞣剂复鞣工艺 1

| 操作 | 材料 | 用量/% | 温度/℃ | 时间/min | pH | 说明 |
| --- | --- | --- | --- | --- | --- | --- |
| 栲胶复鞣 | 水 | 150 | 30～35 | 10～20 | 5.0～5.5 | 完成转动后排液 |
| | 合成鞣剂 | 2～3 | | | | |
| | 植物鞣剂 | 4～6 | | 40～60 | | |

表 2-3　植物鞣剂复鞣工艺 2

| 操作 | 材料 | 用量/% | 温度/℃ | 时间/min | pH | 说明 |
| --- | --- | --- | --- | --- | --- | --- |
| 栲胶复鞣 | 水 | 150 | 30～35 | 30～40 | 5.0～5.5 | 完成转动后排液 |
| | 丙烯酸树脂鞣剂 | 2～3 | | | | |
| | 植物鞣剂 | 4～6 | | 40～60 | | |

## 2.5　合成鞣剂及其复鞣

合成鞣剂是指用有机物为基底，具有不同鞣性或良好亲和力的一类材料。随着人们对皮革制品数量与品质需求的提高，世界化工及工艺的发展，人工合成的鞣剂在 20 世纪初进入制革工业，作为这类合成材料发展的先导。德国、瑞士在第一次世界大战中就大量生产及应用合成鞣剂，1945 年，欧洲已有大量的合成鞣剂制造专利和应用介绍报道。当初将芳族合成鞣剂直接称为合成鞣剂是为了区分天然栲胶与人工合成的区别(迄今仍习惯应用)。合成鞣剂包括多种类特征，综合现有的产品特征可按功能和结构进行分类。

### 2.5.1　合成鞣剂分类

1. 按功能分类

1)辅助型合成鞣剂

辅助型合成鞣剂是一类几乎没有鞣性但具有良好亲和胶原纤维的材料，能很好地溶于高盐及低 pH 的水溶液中，制革中起分散、掩蔽、中和、匀染作用。

2)综合型合成鞣剂

综合型合成鞣剂是一类有弱鞣性的材料，在弱酸性范围内有缓冲作用，pH≤6，对酸和高盐溶液较敏感，制革中起分散、复鞣、填充、粒面调节作用，不能独立鞣革($T_s$≤70℃)。

3)替代型合成鞣剂

替代型合成鞣剂与植物单宁有相似的滴定曲线，pH≥6，在酸性范围内不能滴定，物质的纯度高(单分散性好)，对酸及盐敏感，制革中起鞣制、复鞣、填充作用。

2. 按结构分类

(1)芳族合成鞣剂：由萘、萘酚、苯酚构成的缩合、磺化产物。

(2)氨基树脂鞣剂：由脲、双氰胺、三聚氰胺、二异氰酸酯为基构成的缩合物。

(3)醛类鞣剂：由甲醛、戊二醛、乙二醛、双醛淀粉、双醛纤维素、噁唑烷、四羟甲基膦盐构成的聚合物。

(4)烷基鞣剂：由烷基磺酰氯构成。

(5)聚合物鞣剂：由乙烯基的聚合物构成。

(6)植物基鞣剂：由木素、植物单宁改性而成。

### 2.5.2 芳族合成鞣剂

最早的合成鞣剂,也是芳族合成鞣剂,是 1911 年由 Stiasng 采用酚磺酸和甲醛经缩合而成，产品名为 Neradol D，当时这种缩合物还不能称为鞣剂，但这种合成方法直接引发了多种具有良好鞣性的芳族鞣制的制造。

早先研制芳族合成鞣剂的目的是替代植物单宁或加速植物鞣制过程。在应用中发现这类产品对植物单宁中不溶的成分有良好的分散作用，可延缓植物鞣质的氧化，同时又能使植物鞣革色调浅移，阻止菌霉的生长，减弱 Fe 斑的生成等。如果将芳族合成鞣剂应用于半铬鞣革、纯植鞣革、纯铬鞣革，均能使这些功能明显地表现在成革上。尤其是用植鞣、铬鞣等带色的鞣剂制造浅色革时，芳族合成鞣剂几乎成了重要的辅助材料。

#### 2.5.2.1 芳族合成鞣剂与坯革的作用

1)不同 pH 下的作用

同植物单宁与坯革作用的情况类似，芳族合成鞣剂也是以酚羟基为主要结合基团与革作用。由于其酚羟基的密度、数量及聚集能力均不及植物单宁，故芳族合成鞣剂的鞣革能力不及植物单宁。当外加的单体具有特定结构能产生共价结合或高电子密度单体进入芳族鞣剂结构中时，才能使鞣性增加。一般的结合规律及研究结果表明，芳族合成鞣剂酚羟基及磺酸与皮胶原以氢键、盐键结合为主；与铬鞣坯革中铬配合物以电价结合为主。当坯革失水后，疏水结合增强。

在湿态下，将芳族合成鞣剂与坯革结合简示于图 2-4，其中 pI 为胶原的等电点，$pK_1$ 是磺酸根的离解常数，$pK_2$ 是酚羟基的离解常数。

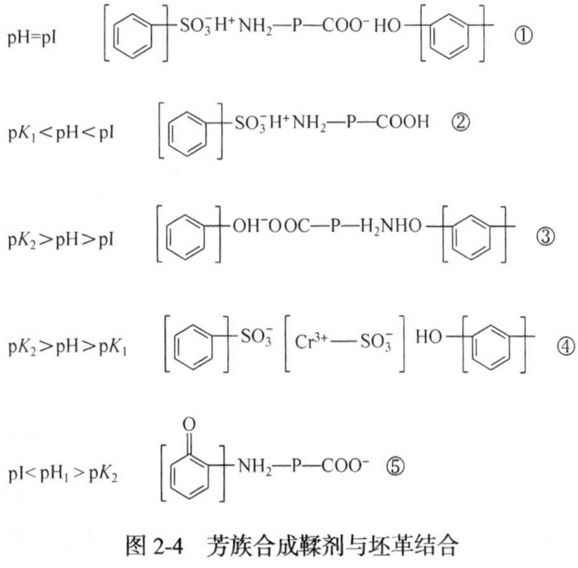


图 2-4 芳族合成鞣剂与坯革结合

尽管图 2-4 中①～⑤均有报道，但从理论分析看，考虑铬配合物水解 pH 及酚羟基的离解，反应①在胶原的等电点 pI 附近最有效果，因为这时铬配合物较稳定，而胶原的结合点多。

2)不同鞣剂结构的作用

芳族合成鞣剂的鞣制能力与其构成的单体酚的结构直接相关。一般来说，单体的鞣革能力强，其缩合物的鞣革能力也强。因此，在选用这类鞣剂时，可根据制造鞣剂的原料进行初步的判断。单体中酚羟基的数量、位置对鞣剂的鞣性有直接影响，见图 2-5。

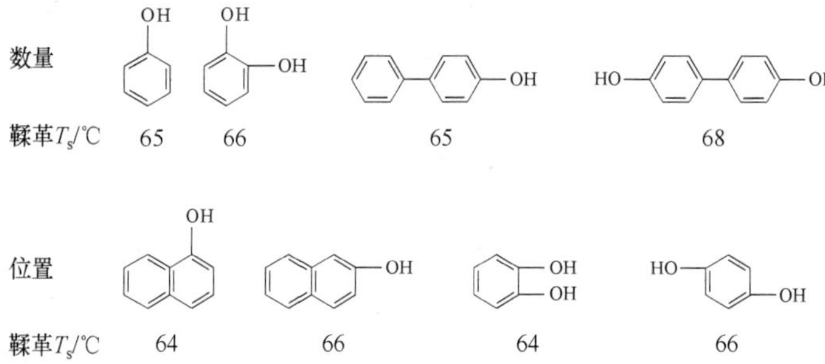


图 2-5　鞣剂单体结构与鞣性

鞣剂的分子质量也是与鞣性直接关联的特征。一般说来，分子质量较高鞣性会提高。但作为水溶性的要求，这种分子质量又与磺酚根在分子中的特征相关，如单体中磺酸根的位置与分子内磺酸根的数量有关。磺酸根能增加水溶性，但会降低鞣性。小分子水溶好，亲和力小；大分子亲和力大，水溶差。因此，综合渗透及结合力，芳族合成鞣剂的分子质量小于 1000Da 较好。芳族合成鞣剂的分子质量与鞣性比较可见图 2-6。当分子质量高于 600Da 时，鞣制能力上升缓慢。这种情况表现在工艺中是渗透及具有鞣性的羟基被包裹在胶团内，难以到达理想的结合点。

### 2.5.2.2　芳族合成鞣剂结构与基本性能

辅助型芳族合成鞣剂也是制革的助剂。该类鞣剂结构特征是相对分子质量小，磺化度高，酚羟基少，主要结构单元无鞣性或弱鞣性举例见图 2-7。

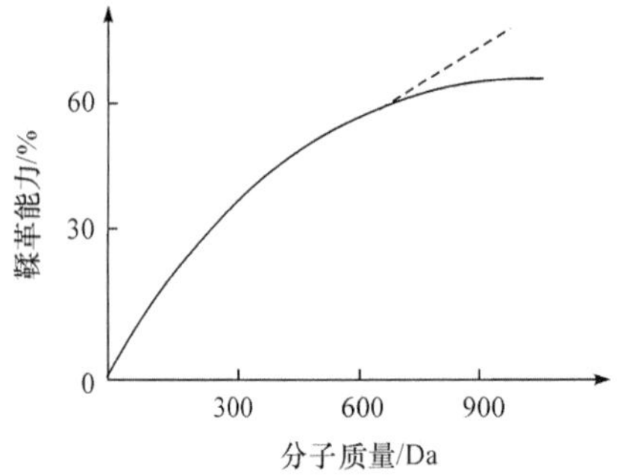


图 2-6　鞣剂分子质量与鞣革能力

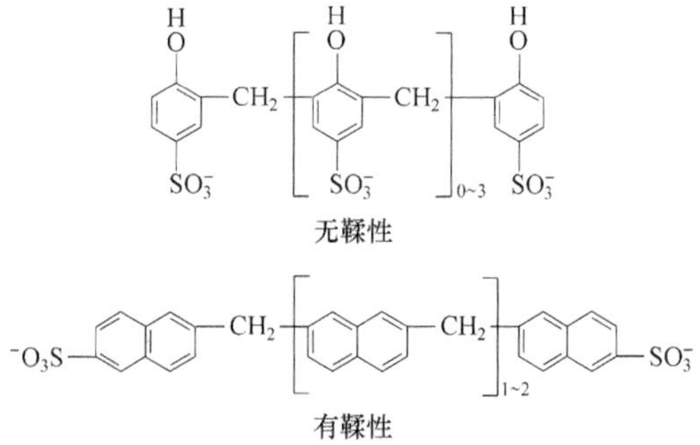


图 2-7　鞣剂结构与鞣性

这些鞣剂的鞣制系数为 10～30，鞣质含量为 20%～40%(以固体计)。这类鞣剂多以磺化苯酚的甲醛缩合物或萘磺酸与醛缩合物为主，缩合物相对分子质量相对较小，本身没有鞣性，但其纤维性好，在制革中作为漂洗、分散、匀染及中和剂使用。萘磺酸与醛缩合物有利于替代型芳族鞣剂、树脂鞣剂、植物鞣剂、矿物鞣剂、染料等分散，进行渗透的导向，使其他材料更快、更均匀、深入地分布于坯革内或表面。例如，磺化苯酚的甲醛缩合物先与铬鞣坯革作用，掩蔽坯革电荷，缓冲 pH，在保护坯革的铬鞣剂稳定下，又缓和后继鞣剂与皮或坯革的作用。

综合型芳族合成鞣剂是一类兼有助剂及鞣剂功能的材料。其鞣制系数及鞣质含量介于辅助型与替代型之间，其分子结构单元有弱鞣性，或由鞣性与非鞣性相组合构成，见图 2-8。

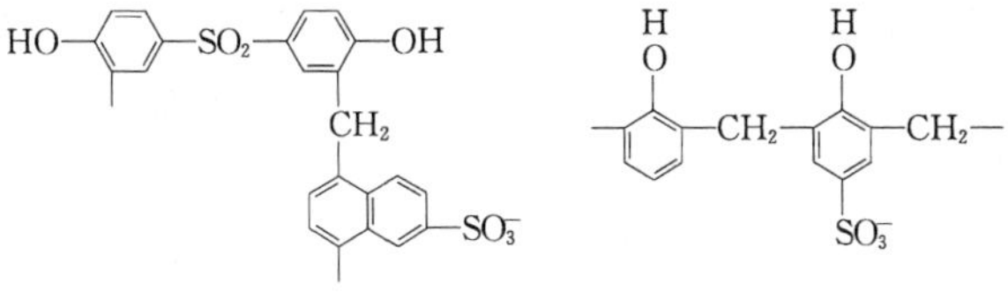


图 2-8 综合型芳族合成鞣剂结构

为了制革厂使用方便，该类鞣剂更多地将多功能、通用型等名字冠在鞣剂品牌前或使用说明中。事实上，这类产品最多，最需要被化工厂及制革厂注意。尽管这类鞣剂并不能单独用以鞣革，但它们在使用后除给坯革以复鞣填充外，还可获得其他一些辅助型鞣剂所体现的功能。这类鞣剂在工艺中更多地充当“调和剂”或“缓和剂”，对前后工序的 pH、电荷性进行调和、调整渗透与结合的平衡。有时在制造非常软及细微的革种时，这类鞣剂会作为主要复鞣剂，替代部分栲胶，增加撕裂强度，对阴离子染色更鲜艳。

两性芳族合成鞣剂是一种综合型合成鞣剂。为了保证在良好的填充下不影响染色加脂，用苯胺进行制备芳族合成鞣剂，基结构单元示意见图 2-9。

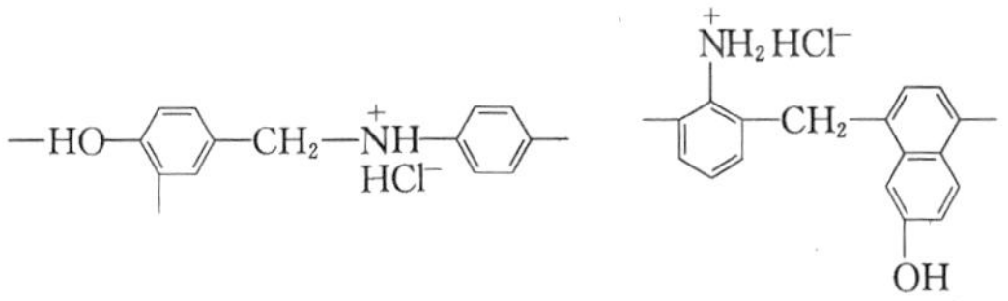


图 2-9 两性芳族鞣剂结构

这类芳族合成鞣剂用于铬鞣坯革复鞣通常具有温和的填充性。复鞣后用以改善坯革表面状况，如松弛柔软，上染率增加，与加脂剂配合加强表面滋润感等。这种材料多以苯胺与酚类缩合而成，当分子中含有水溶的磺酸基时，则在 pH 较高或使用 pH 区间内时为阴电性，pH 较低时总为两性，故可认为是准两性。这种较弱的阳离子鞣剂在使用 pH 区间内不会在染色时出现色花，而在末期通过甲酸降低 pH 显出阳电性后又可增加染色色牢度，因此常作为制造高档全粒面软革的选用材料。但是，苯胺是具有毒性的单体，选择产品需要注意苯胺含量。

替代型芳族合成鞣剂具有较好的鞣性，是可以单独鞣革的鞣剂。这些鞣剂的鞣制系数为 50～70，鞣质含量为 60%～80%(以固体计)。与辅助型不同，其鞣剂的结构特征是相对分子质量大、磺化度低、酚羟基多，主要结构单元鞣性好，见图 2-10。

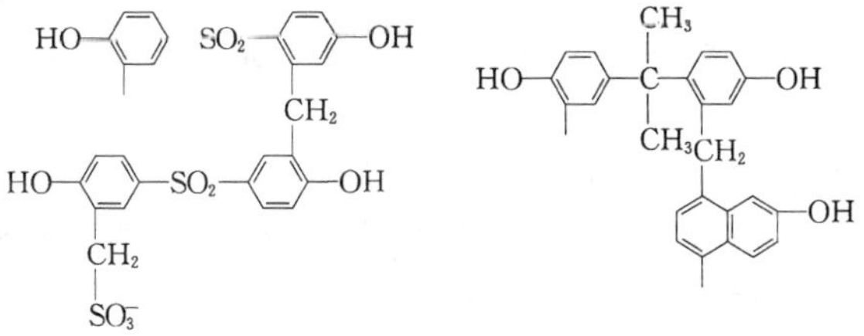


图 2-10 替代型芳族合成鞣剂结构

由于制革中的鞣性与非鞣性没有明确的分界点，而通常的合成鞣剂多数达不到植物鞣剂的鞣性，最终认为凡能使生皮 $T_s$ 有明显提高的材料(如鞣革 $T_s$>70℃)均可称为替代型合成鞣剂。

该类鞣剂在芳族合成鞣剂中具有最好的鞣性。它们与植物鞣剂同用时，可补充其鞣革效果，代替植物鞣剂。替代型合成鞣剂由萘酚或苯酚的缩合物构成，与胶原纤维及铬盐作用相似于前两种合成鞣剂。使用这类合成鞣剂能够代替植物鞣剂，作用的速度与强度较植物鞣剂有更大的可调空间，如从表面紧实而平细至粒面皱缩(皱纹革制造)。同等紧实饱满的感官下替代型合成鞣剂较植物鞣剂有更好的粒面强度、丰满性及延弹性。通常，在替代型合成鞣剂中，萘酚类结构较苯酚类结构有更好的填充性，成革更丰满紧实，苯酚类鞣剂复鞣后成革较柔软，粒面细微光滑，耐光性较好。但是，双酚 S 与双酚 A 都是限量的毒性单体，选择产品时需要注意它们的含量。

白色革芳族合成鞣剂是具有漂白、耐光性的替代型芳族合成鞣剂。为了提高芳族合成鞣剂的耐光性，防止酚羟基成醌变色，减少亚甲基，增加主链耐光热稳定性，可引入醚键(—O—)、砜桥(—$SO_2$—)、异丙基[—C($CH_3$)—]、脲(—NHCONH—)等。白色革芳族合成鞣剂的主体单元见图 2-11。

该类鞣剂具有或强于普通替代型合成鞣剂的鞣性。这类鞣剂无论是用于主鞣还是复鞣均可得到白色的革，用于铬革复鞣时可对坯革进行“漂白”。同替代型一样，注意单体毒性与限量十分重要。

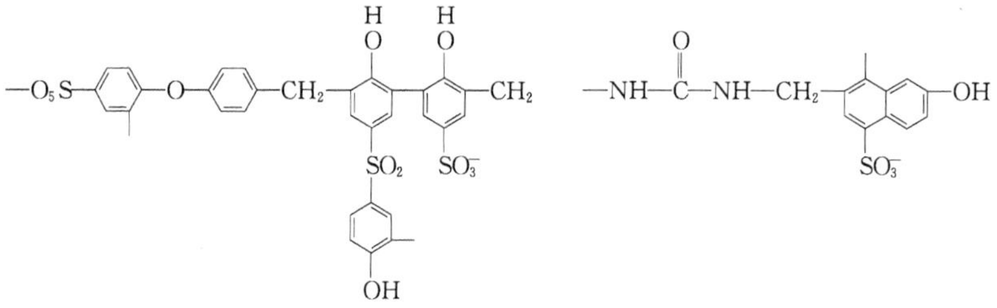

图 2-11　白色革芳族鞣剂主体结构

含铬芳族合成鞣剂属于替代型鞣剂。含铬芳族合成鞣剂通常是在特定结构的合成鞣剂中配入碱式铬盐，以 $Cr_2O_3$ 计，配入量通常为 8%、10%、12%等。鞣剂中的铬盐螯合形成大分子，或许有部分铬存在与胶原结合的活性点。含铬芳族合成鞣剂鞣革的 $T_s$ 在 70～75℃。由于铬盐被较好地隐匿，鞣剂的使用 pH 加宽，不会因溶液的 pH 提高使铬盐水解析出。常用的类型有：铬-双酚 S 型、铬-酚醛型、铬-萘酚型。这些含铬替代型鞣剂用于复鞣时可获得良好的渗透吸收，并获得良好结合。含铬芳族合成鞣剂对坯革收敛作用较小而填充好，根据有机鞣剂部分结构的不同，复鞣后可获得成革丰满、弹性或者粒面平滑饱满两种明显特征，根据需要用于薄型革或软革类的复鞣。在鞣剂中的铬离子与合成鞣剂结合，整个鞣剂分子呈弱阴电荷，复鞣后坯革既增加了铬鞣剂含量又可减少阳电荷，起着掩蔽部分阳电荷的作用，为后继阴离子进入提供了方便。

天然产物改性的复鞣材料是一种根据改性程度决定功能的材料。无论是开发利用资源，还是丰富制革化工材料都具有现实意义。通过适当的改性，有些在保持本身原有优点的基础上又赋予了新的功能。目前在制革中较为常见的有天然植物单宁、木素改性产品。

### 2.5.2.3　芳族合成鞣剂的选用

选用辅助型芳族合成鞣剂进行中和、分散、匀染、漂白。辅助型鞣剂分子较小又与水及坯革纤维均有好的亲和性，不具有填充性能，没有显著的鞣制特性。进入纤维间但不影响其他材料渗透，与纤维结合但又不影响其他材料的替代，可以视为一种“媒介”。随着制革工艺的复杂化及皮革感官细腻的要求，这种“媒介”已被现代制革重视。

中和型萘磺酸合成鞣剂在染浴中可防止染料聚集，降低染料在革表面的吸附速率，从而获得均匀染色的皮革。正常染色中，在染料投入染浴前 10min 放入 0.5%的中和型萘磺酸合成鞣剂，就可以改进皮革染色的均匀性。然而，阴离子型芳族合成鞣剂总是要淡化阴离子型染料染色色调，对辅助型也不例外。例如，生产浅色革时，可以用高达 6%的中和型合成鞣剂加上少量染料制成浅淡、均匀的色调。

辅助型合成鞣剂改善其他鞣剂的渗透性。在铬复鞣前 15～20min 加入 0.5%～1% 的萘合成鞣剂，可改善铬在皮革中的分布性。类似地，在转鼓式植物鞣革时，用 4%～6% 的中性或弱酸型萘合成鞣剂与植物鞣剂同时使用，将改善鞣剂在皮革中的渗透率，从而减少转鼓运转时间，帮助生产快速植物鞣制皮革。这种弱酸系统的作用是减少植物鞣剂在皮表面的反应性，降低其收敛性。具有更酸性的辅助型萘合成鞣剂，可以对坯革表面固定的植物鞣剂进行分散清除，同时促进均匀性和漂白性。

中性分散型萘合成鞣剂也帮助分散靠近坯革表面的天然油脂，帮助制造更清洁、更鲜艳的皮革。在挤水工序中，帮助提高坯革脱水。

中性或偏碱性辅助型合成鞣剂与铬鞣坯革作用进行中和，缓冲 pH，保护坯革中的铬鞣剂稳定。一般来说，2%～3%的中和鞣剂与小苏打配合可以完成宽 pH 范围的中和。

选用混合及替代型芳族合成鞣剂进行复鞣填充。除极少特殊革的制造外，芳族合成鞣剂均非用于主鞣。因此，该两类鞣剂主要用于坯革的湿态复鞣。

建立在胶原两性电解质及鞣剂反应特征上的鞣制化学理论，总是与 pH 及静电相关。鞣制后坯革的 pH 调整直接改变坯革纤维表面在水溶液中的电荷，从而改变后继极性材料的渗透和结合。选用芳族合成鞣剂复鞣前，先了解坯革的等电情况或者说鞣制状况，然后考虑芳族合成鞣剂对 pH 及电性的敏感性。

阴离子芳族合成鞣剂在水中溶解并因 $SO_3^-$ 而带负电，因此合成鞣剂的渗透及结合将改变革内的电荷分布，见图 2-12，将坯革分三层考查，即表面、上层、中层。铬鞣坯革复鞣前后、内外电荷分布与复鞣剂的分布是不同的。

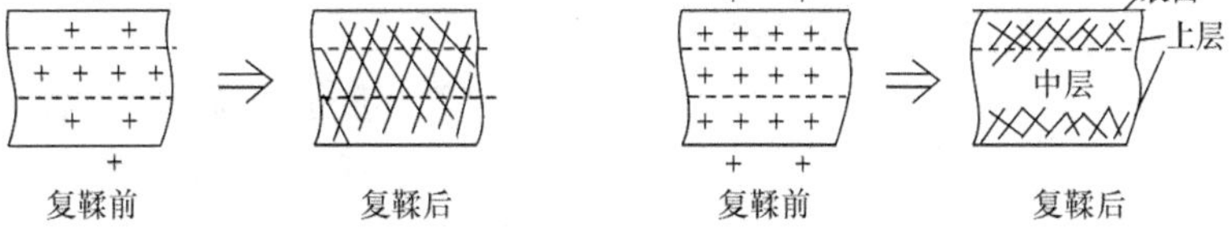


图 2-12　复鞣后鞣剂分布与复鞣前坯革电荷分布状态

芳族合成鞣剂复鞣后显示的阴电性较植物鞣剂弱。例如，在等量下比较，阴电荷较栗木栲胶(chestnut)少 6～8 倍，较荆树皮栲(minesa)少 8～10 倍。而芳族合成鞣剂复鞣后的硬度较植物鞣剂复鞣明显降低。因此，等量的合成鞣剂复鞣铬革较植物鞣剂能更少地改变坯革的物理化学特性。

合成鞣剂的鞣性与革的"饱满"、"紧实"有关。鞣性好的芳族合成鞣剂能够给予成革饱满与紧实的功效，而紧实与饱满的复鞣结果来自合成鞣剂对胶原纤维良好的结合和聚集能力。当然，紧实的成革不一定就饱满，如铬鞣、醛鞣都能使革紧实，但难以饱满。用植物鞣剂复鞣可以两者兼得。用替代型芳族合成鞣剂，在相同的用量下，鞣性好的可得到紧密兼饱满的结果；鞣性差的鞣剂则得到饱满而紧实不足的结果。在实际应用中，温度、pH、机械作用也可以影响芳族合成鞣剂的功能。研究表明，用等量鞣剂复鞣后坯革的密度进行表示，综合性能(兼顾丰满紧实)排列可以得到以下顺序：

苯酚为主缩合物 < 烷基酚为主缩合物 < 双酚 A 为主缩合物
< 萘酚为主缩合物 < 苯醚为主缩合物 < 双酚 S 为主缩合物

这种顺序还表示了在复鞣使用时对 pH 及温度的敏感性，最终 pH 越低，温度越高，成革的密度越大，反映出手感由紧实到坚硬的过渡。

# 2.6　脂族树脂鞣剂及复鞣

制革行业习惯上将芳香族单体与醛缩合成的树脂称为合成鞣剂。其他通过自由基聚合或缩合反应形成的大分子材料均称为树脂鞣剂。树脂鞣剂是制革中广泛应用的一类鞣剂，这类树脂鞣剂绝大多数属脂肪族线形分子构型，它们能够以大分子(远远超过天然栲胶有效分子质量)形式进入革内。

根据化学结构，树脂鞣剂不仅能够较好地进入坯革在革纤维之间进行填充，而且也可以与革纤维中铬鞣剂发生化学作用，使成革的物理化学性质发生较大的变化。有时少量的树脂鞣剂即可获得明显的效果。

制革用树脂鞣剂是通称，根据构成树脂的单体及合成类型的差异可以分门别类地命名，如丙烯酸类树脂鞣剂、马来酸酐共聚树脂鞣剂、氨基树脂鞣剂和其他树脂鞣剂等。

## 2.6.1　丙烯酸类树脂鞣剂

### 2.6.1.1　丙烯酸类树脂鞣剂基本特征

丙烯酸类树脂鞣剂是一种由丙烯酸类单体共聚而成的高分子化合物。该类鞣剂单体主要来自丙烯酸及其酯，甲基丙烯酸及其酯，丙烯腈及丙烯酰胺等。该类树脂有溶液与乳液两种类型。自 20 世纪 60 年代中期由美国 Rohm & Hass 公司开始应用于皮革的复鞣剂或填料。该类聚合物分子以线形为主，结构基本特征见图 2-13。

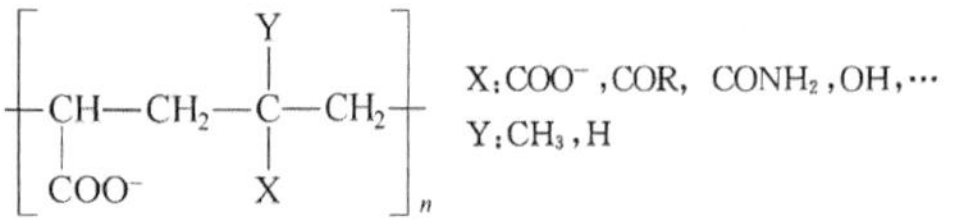


图 2-13　丙烯酸类树脂鞣剂结构示意

该类树脂通常无鞣性，称为复鞣剂只是一种习惯，只有当树脂鞣剂的单体均由甲基丙烯酸构成时，其主鞣的革 $T_s$ 可达 70℃。

由于是线形结构，并在水中可形成溶液或乳液，该类树脂在很大的范围内的分子质量(≤100kDa)都可用于皮革的复鞣或填充。只是分子质量大小不同，其水溶性对 pH 敏感不同。

丙烯酸类树脂鞣剂分子链上有大量的羧基，能够与阳电性金属盐鞣剂(在弱酸性条件下)形成强的电价结合及配位结合，并形成疏水体而收缩。这是用于铬鞣革的复鞣及获得功能的基础。大量的羧基离解形成强的阴电性，对坯革的阳电具极强的掩蔽能力，也对后继阴离子物产生较强的排斥。

要使阴电型丙烯酸树脂在铬鞣坯革内渗透出现一个最佳渗透条件区域，温度与 pH 是关键的两个因素。

适当的温度可使树脂扩散渗透加快，但对最终的吸收量影响不明显。而过高的温度会造成树脂与铬的反应加快，阻止渗透。实践表明现有丙烯酸类树脂鞣剂在范围 30～40℃渗透最好。

pH 对树脂在铬鞣革内的渗透影响也是明显的，较低的 pH 会使树脂水溶性下降乃至沉淀。分子越大，沉淀的 pH 越高，通常分子质量为 5～10kDa 的丙烯酸类复鞣剂，pH 在低于 3.7 时会沉淀。接近沉淀 pH 的树脂，表现出弱的阴电性，而且弱电性的胶团靠在一起形成沉淀前的大胶团，使渗透能力下降，表面填充明显。如果 pH 太高，羧基电离度大，相邻的羧基负电相斥，使水中分子团松散、张开，形成大的分子体积，一方面强的阴电性胶团会被坯革的阳电性胶团挡在革外，另一方面扩大体积的胶团也难以进入坯革。丙烯酸树脂在溶液中的形态见图 2-14。

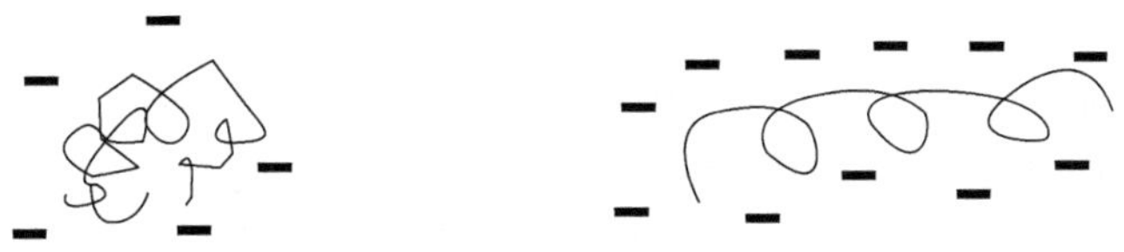


图 2-14　溶液中丙烯酸类树脂鞣剂形态

理想的羧基配体数量及位置可与铬(Ⅲ)形成牢固的交联结合，最终限制了丙烯酸树脂复鞣的用量。由于树脂中大量的羧基与铬(Ⅲ)结合超过胶原与铬(Ⅲ)的结合能力，形成退鞣效应，引起粒面膨胀、硬化，20 世纪最初研发的丙烯酸树脂均存在这种危险。研究表明铬与树脂羧基的比例在 1∶2～1∶3 退鞣最强，但实际应用中无法确定这种条件的可靠性，只能靠经验决定。

为了使丙烯酸类树脂鞣剂有良好的、宽松的应用条件，采用无羧基的单体与丙烯酸进行共聚已成为改善丙烯酸类树脂鞣剂应用性能的一个重要手段，如将结构中的 X 基团变成酯基、腈基、酰氨基、羟基均会减弱丙烯酸类树脂鞣剂的“个性缺陷”。良好的结构与适当的使用条件能够获得优良的成革性能。Lubritan 系列丙烯酸类树脂具备了复鞣填充及加脂的功能，代表了该类树脂具有多种功能的价值。

2.6.1.2　丙烯酸类树脂鞣剂功能

丙烯酸类树脂鞣剂能与坯革内铬形成稳定的配合物。因此，铬在坯革中的分布、铬与树脂的结合量都对坯革的理化性质改变有重要作用。阴离子型树脂在坯革内及在坯革表面结合，使后继的植物鞣剂、阴离子型染料及加脂剂不易在革面聚集。一些已进入坯革内的或在表面结合不牢固的阴离子材料也可被后继的树脂分散，甚至退出。单纯的铬鞣蓝坯经丙烯酸复鞣剂复鞣产生漂白作用。良好的耐光性能为白色革制造提供有利条件。在宏观上正面描述分别表现为：①革丰满，弹性好；②手感柔软，发泡性强；③成革粒面紧实，可磨性好；④对栲胶、合成鞣剂、染料、加脂剂有分散作用；⑤成革耐光性增加，铬鞣色调浅色化；⑥明显的软增厚，粒纹收缩；⑦优良的选择性填充作用；⑧对铬盐有助鞣型作用，提高铬的吸收。

不同分子质量的树脂被坯革吸收的状况是有区别的。从实验结果中可以看到，低分子质量的树脂可被坯革较好地吸收，见图 2-15。

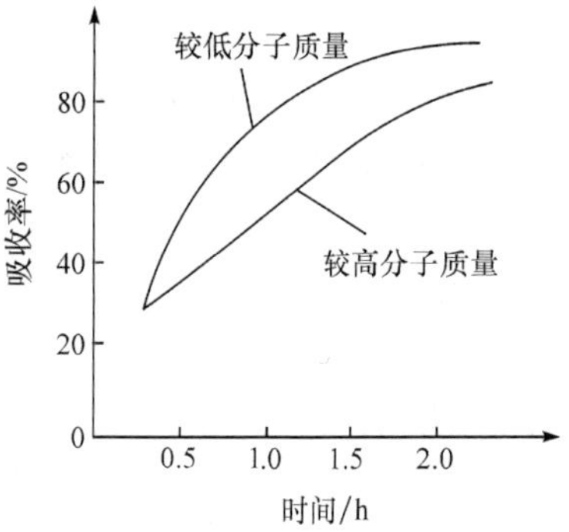


图 2-15　树脂的分子质量与被吸收

不同分子质量的树脂其在孔径、孔率分布不同，形成了选择性复鞣填充，为解决成革的部位差起了至关重要的作用。

事实上，阴离子丙烯酸树脂在使用中的正面效应与负面效应是协同产生的，或者说是条件性的。应用不当时，负面结果将造成难以消除的成革质量问题。分别表现为：①对溶液及坯革中酸盐的敏感性；②对溶液及坯革中反电荷的敏感性；③对后继阴离子物的排斥(如败色)；④使复鞣后坯革粒面变粗，革身橡胶感强。

对酸盐的敏感性主要表现在较高分子质量的树脂鞣剂上，尤其是乳液型树脂，羧基封闭使其亲水性下降，易出现破乳、絮凝，甚至表面成膜。通常乳液型树脂鞣剂在 pH 低于 5.0 时应用效果变差；溶液型中性树脂鞣剂发生沉淀或混浊的 pH 为 3.6～3.8，只有小分子质量的树脂或称为酸性丙烯酸类树脂鞣剂的混浊 pH 较低。

当阴离子树脂鞣剂遇阳离子物质时即可结合并脱去水合层而混浊、絮凝，故不能同时(即同浴)使用。有时工艺调整不良即使使用树脂鞣剂复鞣后再用阳电荷材料处理坯革，同样会出现坯革脱水而失去原有的丰满弹性。过度的阳离材料作用使成革粒面变硬、扁薄乃至粒纹变形。铬坯革的阳电荷同样会引起树脂表面结合，而这种结合更多地表现为粒面变粗糙。

#### 2.6.1.3　丙烯酸类树脂鞣剂分类特征

1)通用型

丙烯酸类树脂是由丙烯酸类单体为主，经过自由基聚合而成的一类聚合物，也称共聚物合成鞣剂。为了改善使用性能或者功能，不同丙烯基类单体被组合成多品种系列产品应用于实际生产。这些聚合物具有一般丙烯酸类树脂复鞣剂应用特征，称为通用型丙烯酸类树脂复鞣剂，在功能上如无鞣性、阴离子型、水溶性黏稠液体、无色至浅棕色，遵循着大分子、小分子树脂或者中性及酸性树脂的使用特征。这类丙烯酸类树脂鞣剂已成为目前制革生产中必不可少的材料，尤其在服装、沙发等轻薄软革的生产中是重要的复鞣填充剂。

2)功能型

为了扩大丙烯酸类树脂鞣剂的使用范围，其改良或改性一直是研究课题。近 20 年来，已有不少具有新型功能的丙烯酸类树脂鞣剂出现在制革工业中。

(1)使胶原稳定性提高的自鞣型的丙烯酸类树脂鞣剂。该类树脂鞣剂与生皮作用的 $T_s \geqslant 70$℃。实践表明，自鞣型与助鞣型之间的差别并非由树脂分子质量决定，而是由结构不同产生。由于这类树脂单独鞣制后胶原的稳定性($T_s$)远不及铬鞣剂，当把它们用于铬鞣坯革复鞣时，它们的鞣性已经不重要了，重要的是它们的其他功能及协同效应。

(2)使成革具有良好柔软性的丙烯酸类树脂鞣剂。该类树脂兼有加脂功能。代表产品是 20 世纪 90 年代初 Rohm & Hass 公司的 Lubritan 系列。它们以乳液的形式为主，在水中分散。这类复鞣剂有较温和的复鞣填充性，用它们复鞣后可以减少或完全不用加脂剂也能得到满意的成革柔软度、更好的弹性、抗热迁移、耐洗等优良性能。这类树脂鞣剂在使用条件上往往要求较高的 pH，以保证乳液可得到良好的分散和渗透。

(3) 具有两性电荷型的丙烯酸类树脂鞣剂。该类树脂鞣剂是一种分子结构中含有氨基及羧基的鞣剂，见图 2-16。这类树脂具有等电点，当 pH>pI 时，它们与阴离子型树脂有相同的功能和行为；当 pH<pI 时，它们带正电荷，在低 pH 下不发生混浊或沉淀，对坯革内阴离子材料起固定作用，染色后期使用有助于阴离子染料上染及固定。

(4) 填充型丙烯酸类树脂鞣剂。这类树脂鞣剂多为乳液型，专用于填充，简称填充树脂。具有较大的分子质量、相对较弱的坯革亲和力及渗透力的乳液粒子需要在较高 pH 下并使用渗透剂协助分散、渗透坯革。较弱的亲水性使其对溶液的 pH、反电荷、电解质很敏感，即使遇到非离子型表面活性剂也会出现乳粒表面水合层破坏而出现凝集。填充树脂分子可以解决严重的松面，但也会因渗透不良，易在坯革表面形成黏膜，无论是湿操作还是干填充，过多地使用将造成成革偏硬。

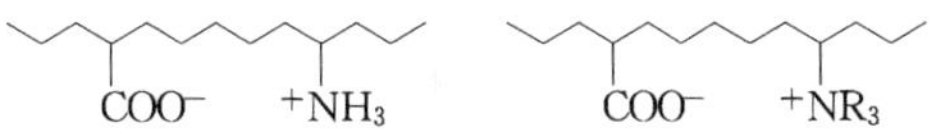


图 2-16　两性丙烯酸树脂结构

无论是功能型还是通用型丙烯酸类树脂鞣剂，鉴于线形树脂的热塑性，在湿操作中用于复鞣填充后的坯革在后继操作中受高热、高压等机械作用时都会出现树脂的流变及黏结，造成不可逆形变，严重时会出现坯革松壳、板硬、失去延弹性等缺陷。

### 2.6.2　马来酸酐共聚树脂鞣剂

这类复鞣剂是马来酸酐与其他乙烯基单体的共聚物。最典型也是最多的是用马来酸酐与苯乙烯的共聚树脂复鞣剂。这类树脂以溶液型或乳液型外观存在，其基本结构单元见图 2-17。

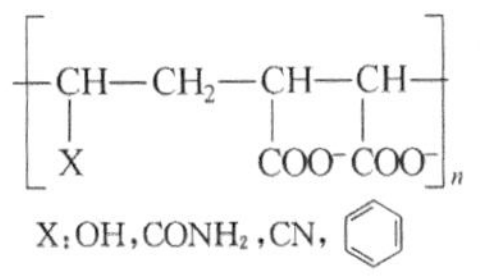


图 2-17　马来酸酐树脂基本结构

与丙烯酸树脂相同，这也是一类阴离子型树脂，亲水基以羧基为主，复鞣的功能也与丙烯酸树脂类似。该类产品具有较均一的分子质量，在溶液中也有较规整的构象，铬鞣坯革复鞣后表面均匀，成革粒纹均匀，平整度好。由于羧基分布特征，该树脂能抵抗并消除硬水带来的危害。如果用苯乙烯与马来酸酐共聚，复鞣后的丰满、柔软性会获得最大效果。

### 2.6.3　氨基树脂鞣剂

20 世纪 40 年代初发明的脲甲醛缩合物首先被用于纺织工业，60 年代开始以液态水溶液的形式在制革工业中应用。习惯上，把主链中有含氮单体的聚合物树脂鞣剂称为氨基树脂鞣剂。常用的含氮单体有脲、双氰胺、三聚氰胺、二异氰酸酯等。

用这些单体原料与甲醛缩合反应后会出现大量的氮羟甲基，这些氮羟甲基在弱碱性条件下有一定的稳定性，与水有很好的亲和力；酸性条件下易脱水缩合、聚集沉淀。

氨基树脂鞣剂中的氮羟甲基用于铬革的复鞣可以进行鞣制互补，在几乎不影响铬鞣制的状态下，树脂与革内胶原的氨基结合形成再鞣制。

当氮羟甲基在胶原内与胶原纤维形成交联时，皮胶原的耐湿热收缩温度可达 90℃（高于醛鞣）。氮羟甲基与胶原交联，反应示意见图 2-18。

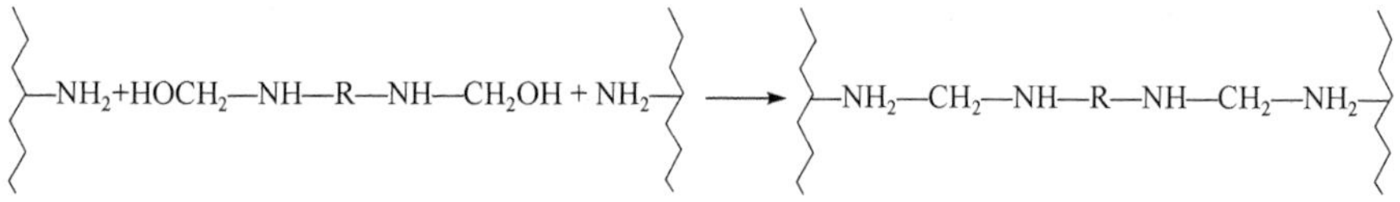

图 2-18　氮羟甲基与胶原交联

鉴于缩合高聚物的分子质量分布，氨基树脂应具有较共聚类树脂更好的选择性填充功能。

2.6.3.1　脲醛树脂鞣剂

由脲与甲醛缩合以线形状态存在的聚合物通常称为脲醛树脂。以环状形态存在于主链中的称为脲环树脂，它们的化学结构式见图 2-19。

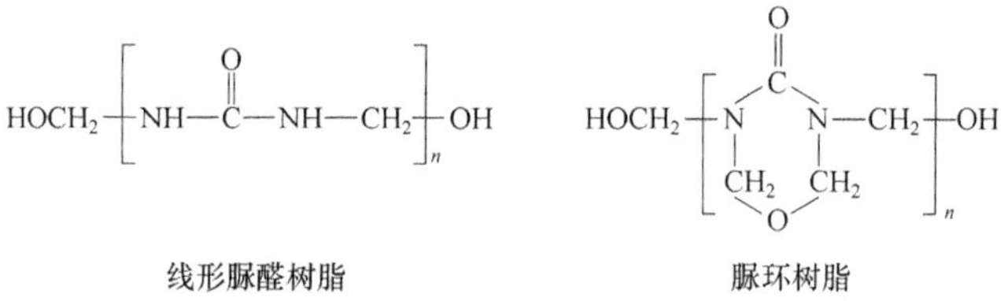


图 2-19　两性芳族鞣剂结构示意

用脲醛树脂复鞣的铬革具有温和的填充和良好的柔韧性，而这种复鞣后较好的粒面平滑性和柔和的功能，适合薄而平细的面革。含有氮羟甲基的脲醛树脂用作鞣剂，可使生皮的 $T_s$ 高于 80℃。但是，与其他氨基树脂相同，大量的活性羟甲基不稳定，难以存放，会进一步发生一系列反应，如缩合、交联硬化，放出甲醛，导致成革变硬、撕裂，强度下降。

2.6.3.2　双氰胺树脂鞣剂

由双氰胺与甲醛缩合而成，根据结构特征及皮革使用要求，工业用双氰胺树脂鞣剂均制成线形分子，反应式见图 2-20。用双氰胺树脂复鞣的铬革具有饱满紧实的感官。

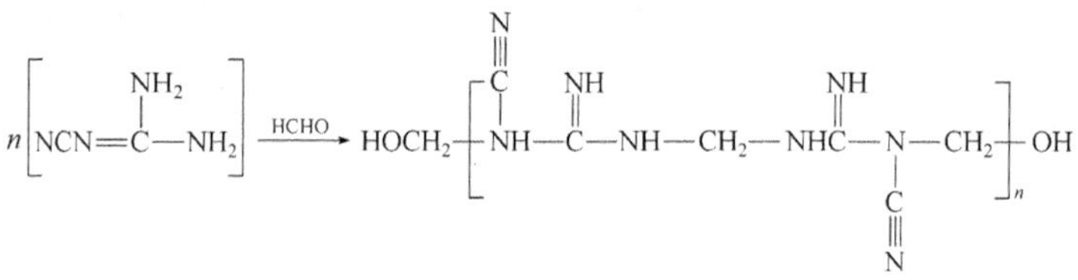

图 2-20　双氰胺树脂缩合过程

大分子的双氰胺树脂不溶于水。尽管其活性羟甲基的特征与脲醛树脂相似，而该树脂结构中大量的富电基团，使之与皮胶原有更好的结合。

保留氮羟甲基时，双氰胺树脂鞣剂单独鞣革的 $T_s$ 可达 90℃。作为填充材料，可以使铬革紧实，是铬革优良的复鞣填充材料。与脲醛树脂相同的是，这种结构的双氰胺树脂复鞣铬革，同样存在着再缩合、交联等使革变硬、易撕裂的问题，不宜大量使用或长期存放。

### 2.6.3.3　三聚氰胺(蜜胺)树脂鞣剂

由三聚氰胺作单体与甲醛缩合形成的三聚氰胺树脂也是铬鞣革优良的复鞣剂。保留氮羟甲基时，良好的交联能力使简单的缩合树脂鞣革 $T_s$ 达 90℃，其基本结构性征反应式见图 2-21。

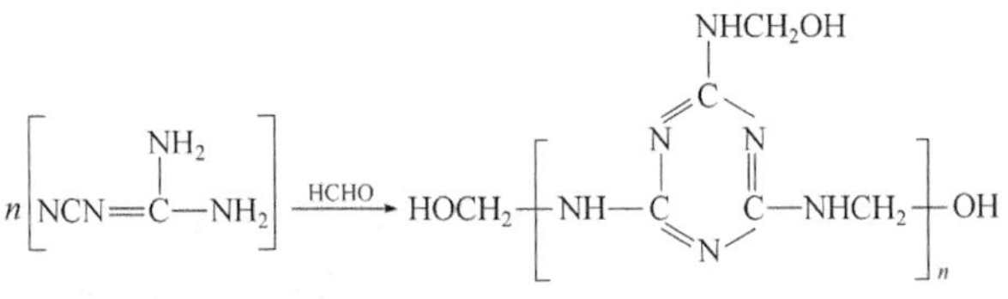


图 2-21　三聚氰胺树脂缩合过程

由于分子结构中富电基团不及双氰胺，以及环状、支链结构使三聚氰胺树脂复鞣填充性不如双氰胺，紧实性略低于双氰胺。因此，三聚氰胺树脂鞣剂更多地用于软革的复鞣填充。

与上述脲醛、双氰胺树脂鞣剂相同，三聚氰胺树脂鞣剂中若有较多的活性羟甲基，也存在着再缩合、交联使革变硬的问题，不宜大量使用或长期存放。

### 2.6.3.4　氮羟甲基氨基树脂修正

要使氨基树脂鞣剂能够在商品存储期或皮革保存期保持稳定，提高使用价值，首先要解决活性羟甲基的问题，防止在产品储存中或皮革内部发生缩合水解、聚集硬化、甲醛释放。反应式见图 2-22。

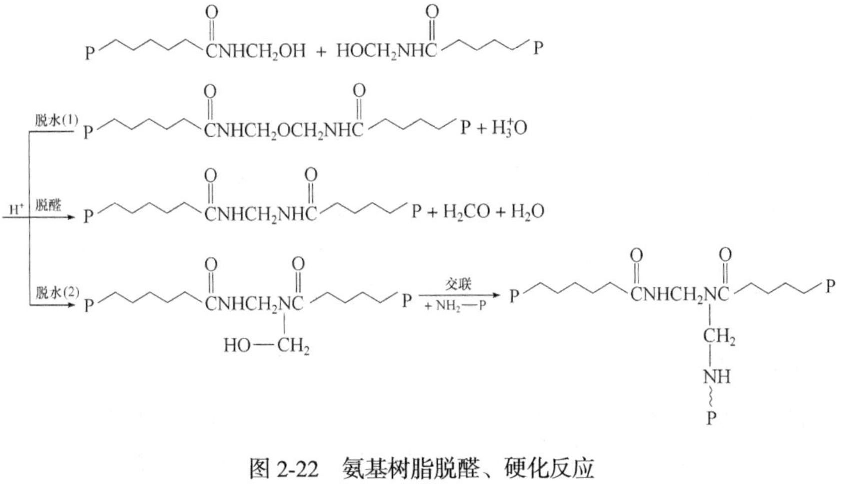


图 2-22　氨基树脂脱醛、硬化反应

工通过这些氮羟甲基稳定化方法封闭了羟甲基活性。用亚硫酸及氨基羧酸方法还能够增加水溶性，常见的方法见图 2-23。然而，大分子上较少的亲水基团仍然无法使这类氨基树脂溶于水中，因此，在生产树脂过程中或使用过程中采用分散剂的方法进行处理。此外，将氮羟甲基封闭后，树脂失去了与胶原发生化学反应或交联的功能，导致商品氨基树脂鞣剂几乎成为了真正意义上的填充材料。至于是否存在鞣性还需要由产品生产者来定。因此，是否能够保存成革内氨基树脂的稳定性与革内状况和使用环境有关。

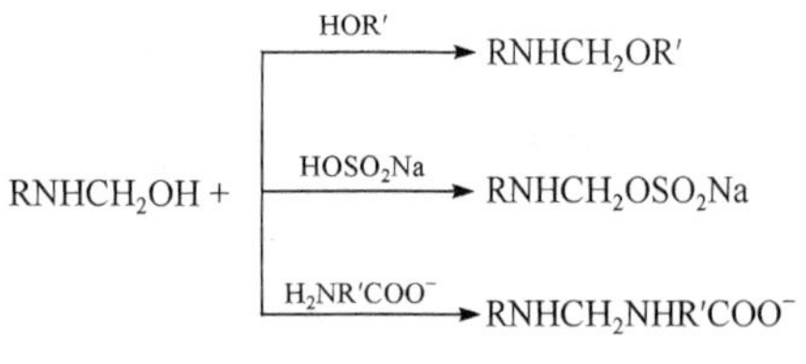


图 2-23　氮羟甲基稳定化方法示意

这些商品氨基树脂鞣剂通常被制成固体粉剂，并进一步复合成分散助剂，防止树脂在存放期间聚集以及分散。一些商品兼顾分散与填充，也会施加部分高岭土在内。

#### 2.6.3.5 聚氨酯树脂鞣剂

用聚氨酯树脂复鞣的铬革具有粒面丰满延弹并致密的感官。用二异氰酸酯与多元醇、多元胺反应生成线形的聚合物树脂鞣剂，分子端基的官能团由反应中单体的配比决定，如醇多则端基为羟基，酯多则端基为异氰酸酯基。鉴于异氰酸酯基的毒性，产品不能含有异氰酸酯基团。改进的方法是：调整配比或二次处理(如用氨、胺或醇等进一步反应除去异氰酸酯基团)。为了增加水溶性，制备树脂时直接加入带有水溶性基团的单体进行共缩聚扩链。当要求制备阴、阳离子型或两性型树脂时，可加入相应的单体进行反应，反应式见图 2-24。

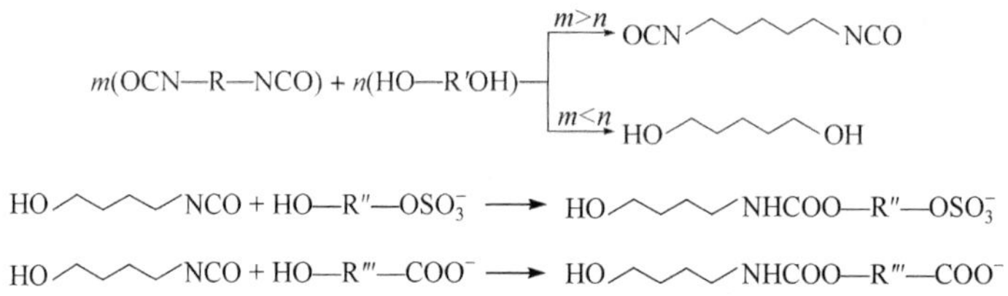


图 2-24　聚氨酯树脂鞣剂形成

如果要增加这类树脂的鞣革能力，可以采用甲醛处理树脂，使甲醛与树脂分子中的肽键作用而生成一些羟甲基，增加树脂与胶原的反应性。

少量的羟甲基在树脂中尽管同其他氨基树脂一样可能增加鞣性，但反应活性较弱，鞣性对用量及反应条件依赖性较强。聚氨酯树脂鞣剂这种特定的结合能力与铬鞣革不争反应点的作用以及分子的结构扩展性，导致复鞣发生在坯革表面，并对 pH 较敏感。良好的分子结构及操作可使成革表面平整细致光滑，反之使表面硬化和粗皱。因此，聚氨酯复鞣填充材料可以有很宽的功能作用范围，是一种具有开发前景的制革湿整理加工树脂材料。

### 2.6.4 其他树脂鞣剂

作为树脂形式的聚合物复鞣剂还有许多产品。随着单体的种类及比例的不同可以随机组合成各种聚合物树脂复鞣剂。除了需要良好的表面作用，如磨革性、贴板性及表面成型性外，渗透与聚集是复鞣填充的关键。树脂进入坯革内部需要经历溶解、分散。不同的溶液、盐浓度、坯革表面电势，将导致鞣剂的不同作用。因此，不是水溶或水分散树脂就可以成为良好的复鞣填充材料。一些个性功能不明显或只起一些辅助作用，也不能有助于清洁生产的材料，没有开发的实际价值，至少不能称为树脂鞣剂。

## 2.7　醛鞣剂及其复鞣

醛复鞣的功能是成革的抗汗性及抗水洗性好。1898 年，自 Pulhmann 申报了甲醛鞣革的第一个专利以来，醛作为鞣剂已采用至今。醛与胶原纤维的侧链氨基及主链肽键发生加成消除反应，最终形成碳氮结合(—NH—C—)，使胶原的热稳定性增加。当醛用于铬鞣坯革复鞣时，只是增加了胶原纤维一些内部的结合，或使胶原纤维之间增加连接，反映为成革弹性增加，亲水性降低，对成革的丰满填充意义不大。当坯革内物质存在与醛有反应活性的基团，如氨基、羟基，以及具有$\alpha$-H 和亲电位置的物质时，都可能发生亲核加成作用。固定儿茶类植物鞣质也是醛的一个重要功能。从植醛结合鞣可以知道，植物鞣剂与醛分别鞣革时的 $T_s$ 均在 85℃左右，而两者结合鞣的 $T_s$ 可超过 100℃。醛与坯革中活性点反应最终以共价结合，在弱酸碱等多种条件下稳定，不易分解或被水洗去。

用于制革的醛有甲醛、乙二醛、戊二醛和改性戊二醛。其中甲醛与乙二醛因分子较小，填充作用不明显。另外，两者迁移性大，在革内固定的 pH 及温度要求较高。甲醛与戊二醛相比，同样被坯革的吸收达到 80%时需要的时间长 5～10 倍。因此，尽管各种醛的鞣性相近，但因复鞣效果相差较大，故小分子醛很少被选用。

戊二醛自 1908 年德国化学家哈利斯研究发现后 50 年才作为鞣剂在制革中应用。陕西科技大学(原陕西轻工业学院)曾对戊二醛的鞣革性能做了详细有效的研究。迄今为止，戊二醛已成为制革工业中重要的化工材料之一。

戊二醛以溶液形式存在，易溶于水、乙醚、乙醇，在水中主要以聚合物为主，其存在的结构形式见图 2-25。这种聚合物可以用热水降解。

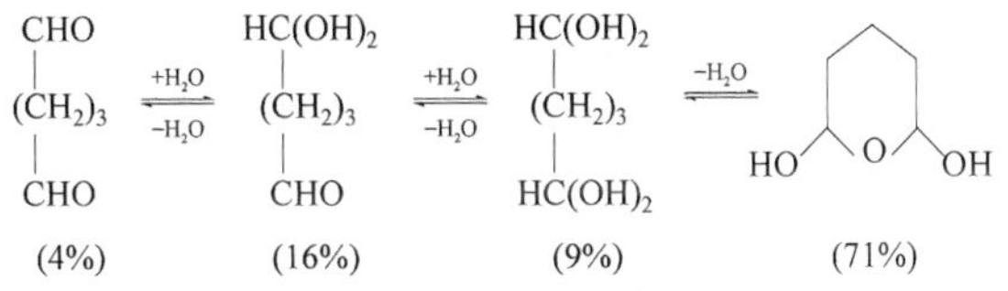


图 2-25 25℃水溶液中的戊二醛分子结构

作为醛鞣剂，戊二醛鞣制能力在碱性溶液中表现突出，尤其表现在 pH>5 及 pH>10 的条件下即可接近终点的鞣制效果，见图 2-26。

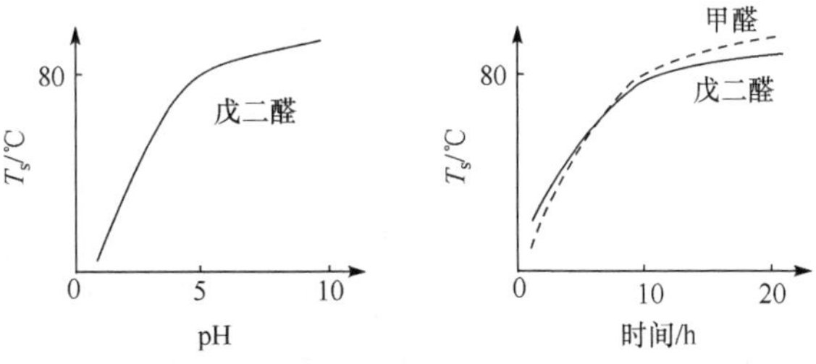


图 2-26 戊二醛的鞣制条件与鞣性

### 2.7.1 戊二醛与皮胶原反应

戊二醛能够与皮胶原作用，每千克胶原结合量可达 1mol。其羰基与胶原亲核基作用的活泼顺序为：$\varepsilon$-氨基>$\alpha$-氨基>肽键>胍基>仲氨基>羧基。然而，戊二醛与这些基团的结合方式却与甲醛不同，两者同样与$\varepsilon$-氨基反应，分别可以用下列反应式由图 2-27 和图 2-28 对比表示。

戊二醛与胶原氨基反应生成四氢吡喃(tetrahydropyrane)的衍生物，进一步脱水脱氢生成吡啶(pyridinium)的衍生物，这些产物已从 258nm 的吸收谱中发现。

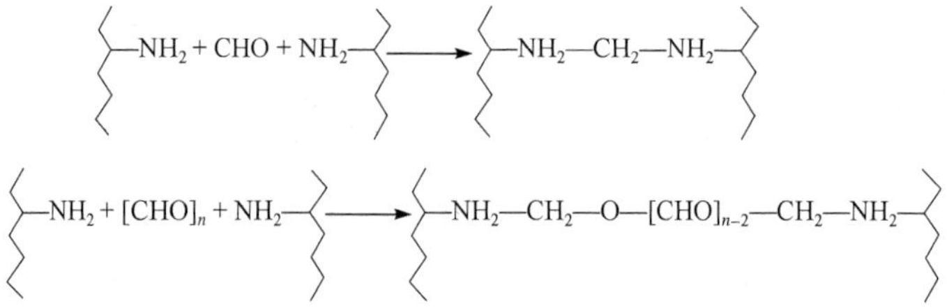


图 2-27　甲醛鞣制反应

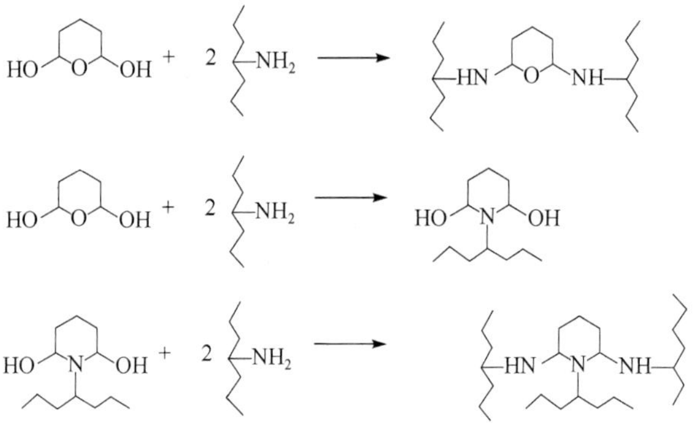


图 2-28　戊二醛鞣制反应

这些反应也表明戊二醛与胶原以共价结合，由于这种结构及反应特征，戊二醛的鞣制有两个特点，一是戊二醛存在的分子结构形式及与生皮反应的速度使得鞣制以表面为主；二是要使戊二醛尽可能多地被皮成革吸收，要求较高的 pH 及较长的时间，从图 2-29 中可见。与甲醛相比，戊二醛吸收更好，但 pH 为 7.5 时戊二醛才能较好地吸收，而当戊二醛作为矿物鞣革的复鞣时，使用 pH 多为小于 6.0，这时要想理想吸收是比较困难的，提高吸收只能依靠延长时间。pH 与结合量也可从图 2-29 中看出。

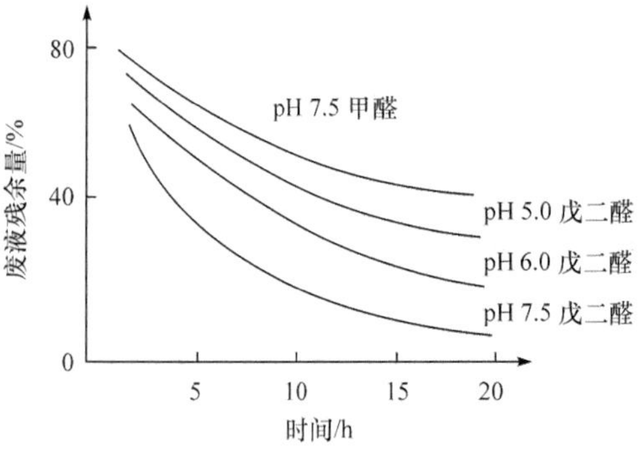


图 2-29　pH 与时间对两种醛的吸收

### 2.7.2　戊二醛鞣制特征

戊二醛复鞣革的密度较小，多孔性、延弹性、抗水性好，使成革较轻。戊二醛鞣革的 $T_s$ 略低于甲醛鞣革，见图 2-26，较高的交联强度有时造成撕裂强度较铬鞣革低。戊二醛作用的革耐汗耐洗性好，但这种耐洗性也与鞣制时的 pH 有关，在较高 pH 下更为有利。由于戊二醛的结构特征及与胶原的结合特点使其作用后的革显黄色，在高 pH、热及光照下色调加深，使得用戊二醛在制造白色革或浅色革中受到限制。为了解决戊二醛鞣制成复鞣中存在的不耐光热的缺点及前述的吸收率低的不理想的应用性能，改性戊二醛逐渐成为戊二醛制革的重要手段。

### 2.7.3　改性戊二醛鞣剂

改性戊二醛复鞣是在戊二醛复鞣基础上提高耐黄变功能。醛基是较活泼的基团，用亲核基团作用时会使醛发生变化，尤其是含氨化合物，如脂肪胺、氨基物、羟胺、氢氰酸、肼类等，结果不仅可消除戊二醛的环形结构，常温常压放置时不易出现聚合，而且可形成集醛基、羟基或羧基在同一分子上的多官能团化合物，反应示意式见图 2-30。

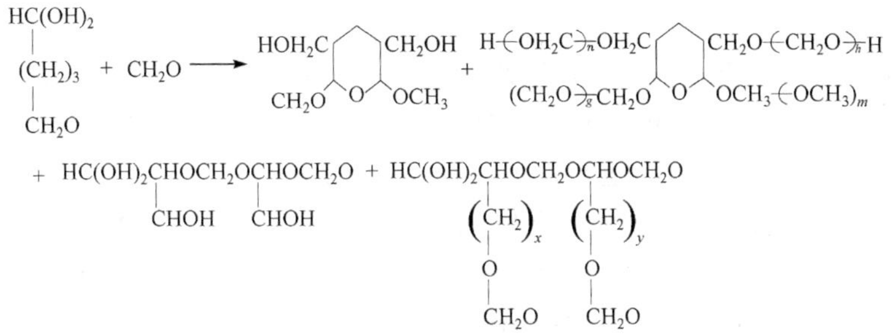

图 2-30　戊二醛改性过程

上述反应中，戊二醛剂二胺物会继续反应，难以控制，而最终采用甲醛才能根据外界条件及产品要求被控制。一直以来，甲醛改性是唯一的途径，反应后的产品称为改性戊二醛，改性使得戊二醛失去成环及聚合的机会。目前在皮化市场上常用的品种多为改性戊二醛产品或用脂肪醛的形式表达。

实际上，改性后是一个反应物、产物及副产物的混合体系，但用于制革常不需要严格分离。一般由醛基改变为羟基，使得改性产品的功能多样化。根据目前各品牌的介绍及常用产品使用效果相比戊二醛呈现了功能上的区别。

戊二醛的改性提高了戊二醛的使用价值，包括：①较戊二醛更耐光、热及高 pH 而不变黄；②较戊二醛有更温和的鞣性并保持革的柔软度；③能改善鞣剂及加脂剂渗透及分布；④保持了戊二醛的抗霉及耐污能力。

作为醛类鞣剂，无论改性或未改性都具备一些基本的应用条件，包括：①不宜在较高温度下使用(>50℃)；②除特殊要求外，不宜在较高 pH 下使用(pH>6)；③不宜与含氨基物同时使用；④不宜与植物儿茶类鞣制同时使用；⑤不宜与蛋白类填充剂同时使用；⑥复鞣的革不宜在光热下长时间储存；⑦需要足够的机械作用及时间保证吸收；⑧不宜大量使用。

醛鞣剂复鞣与矿物鞣剂鞣制的相关性较小，因此，醛鞣剂复鞣能够保持铬鞣革特征。工艺中醛与铬可同时进行复鞣或相继进行，同时铬复鞣时较低的 pH 也满足了醛与坯革的缓和作用。由于醛复鞣时主要与坯革中的氨基反应，复鞣后的坯革对阴离子染料上染有一定的影响。鉴于成本及复鞣特点，戊二醛与改性戊二醛的常规复鞣条件为：温度≤35℃，pH≤4.0，用量 0.5～2.0(以削匀革重计)，工艺方案见表 2-4。

**表 2-4　戊二醛或改性戊二醛使用工艺**

| 工序 | 材料 | 用量/% | 温度/℃ | pH | 操作条件 | 备注 |
|---|---|---|---|---|---|---|
| 铬复鞣 | 水 | 100～150 | 35 | 3.5 | 转动 60～90min | 完成后排液 |
| | 铬粉(*B*=33%) | 4.0 | | | | |
| | 戊二醛(50%) | 1.0～2.0 | | | | |
| | 阴离子加脂剂 | 1.5～2.0 | | | | |
| | 甲酸钠 | 1.0～1.5 | | 4.0 | 转动 20min | |
| | 小苏打 | $x$ | | | 转动 60min | |

## 2.8 噁唑烷鞣剂

噁唑烷又称为氧氮杂环戊烷，氮和氧处五元环的间位，是一个系列产品的通称。噁唑烷的衍生物非常多，主要的结构是单、双环，如图 2-31 所示。噁唑烷与蛋白质有很好的反应活性。鉴于噁唑烷的特殊性质，在 20 世纪初发明后其主要用于医药方面。

噁唑烷也是一种利用氮羟甲基进行鞣制的鞣剂，图 2-31 所示的两种噁唑烷都能与胶原纤维发生反应。它们与胶原的结合条件及成革特征均与醛鞣相似，但反应机理因结构不同而异。研究报道的结合方式是噁唑烷中“$CH_2$—NH”或“$CH_2$—O”断开，与蛋白质生成“$CH_2$═N—P”，然后再进行亲电加成获得交联。值得注意的是，如果噁唑烷水解发生后没有完成交联，就会出现游离甲醛，因此大量使用是不适合的，正常使用范围为≤2%。

噁唑烷Ⅰ型鞣制的速度较快，鞣革 pH 在 2～10 都与胶原纤维有良好的反应；噁唑烷Ⅱ型的鞣性表现出低 pH 下反应慢，pH 升高鞣制的速度加快，见图 2-32。

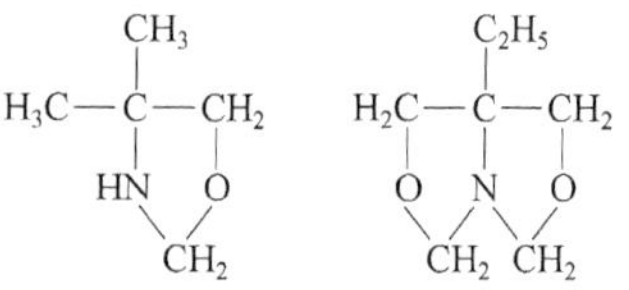

噁唑烷Ⅰ型　噁唑烷Ⅱ型

图 2-31　两种噁唑烷基本结构

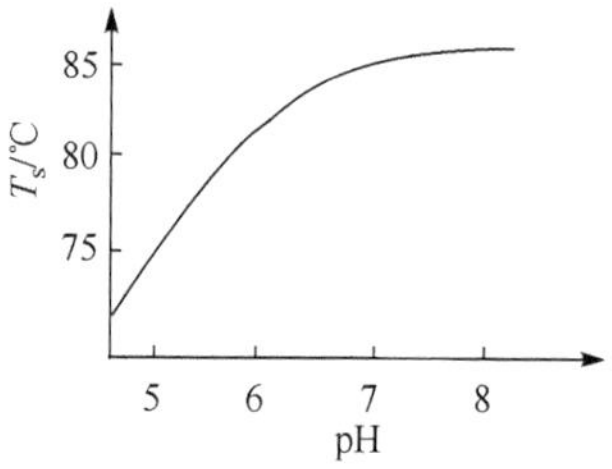


图 2-32　双环噁唑烷鞣性

噁唑烷鞣剂鞣革的 $T_s$ 与其他醛鞣相近，使用条件也与醛鞣剂相似。因此，良好的渗透是困难的，用于复鞣时需要考虑足够的时间与机械作用。

将噁唑烷用于铬鞣后复鞣可以加速铬鞣剂的吸收速度，也可以提高铬的吸收量。其成革的柔软度、丰满性及耐汗、耐洗、抗撕裂性均比用戊二醛复鞣好。

在植鞣或植复鞣后使用噁唑烷，可以固定植物鞣剂，提高成革的 $T_s$，提高植鞣剂在革内结合的稳定性。将噁唑烷制成阴离子或非离子树脂，虽然能够获得柔软性，但失去了其鞣性。

## 2.9 四羟甲基鏻盐鞣剂

四羟甲基鏻复鞣是一个以醛鞣为反应特征并提高坯革阳离子特征的过程。四羟甲基鏻(tetrakis hydroxymethyl phosphonium)是一种特殊的季鏻盐，简称 THP 盐。其中硫酸盐称为 THPS，氯化盐称为 THPC。

THP 盐具有良好的还原性，羟甲基具有较高的化学反应活性，可与许多含活泼氢原子的化合物反应。主要应用于杀菌和阻燃方面。THP 盐发明于 20 世纪中叶，专利仅报道了其用于皮革的鞣制。直到 1961 年，美国专利 US 2992879 推荐使用 THPC 和酚(如间苯二酚)进行鞣革，使两种物质在原鞣液中随着 pH 的提高而反应生成一种有效的鞣剂。

随着无铬鞣的需要，THP 盐鞣革开始被真正关注。THP 盐为阳离子，而其鞣制的原理与醛鞣相同，只是革的等电点变化不同于醛鞣，见图 2-33 和图 2-34。

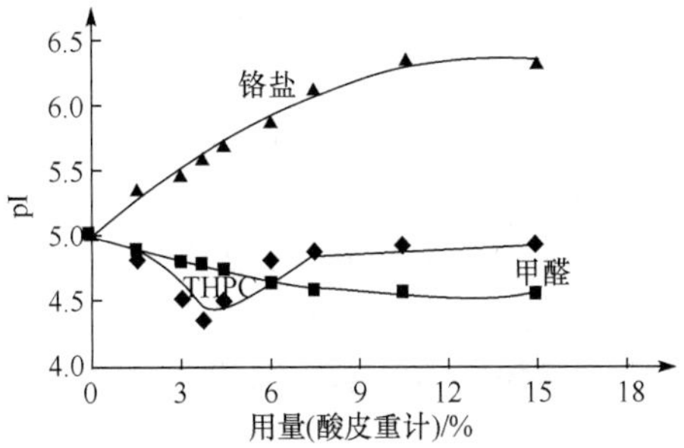


图 2-33　三种鞣法与革的等电点

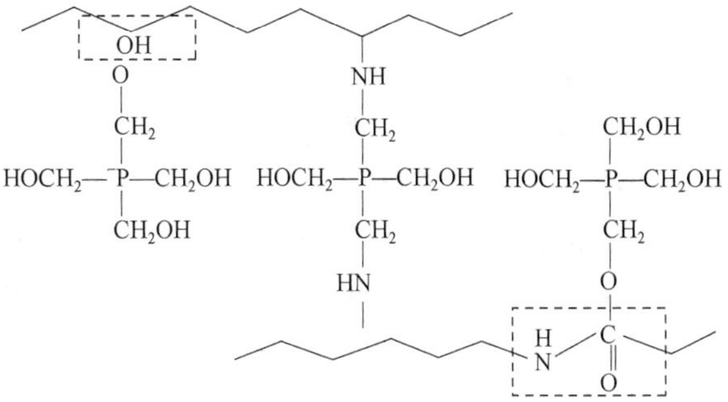

图 2-34　THP 盐与胶原结合示意

THP 盐鞣的革为白色，用于复鞣与醛鞣剂相同，不仅能够与儿茶类单宁有良好的结合，也可以与其他一些亲核基团结合。由于等电点较醛鞣高，以及季鏻的阳电荷作用，THP 盐复鞣能够对阴离子染料有很好的上染作用，对其他的阴离子材料也可以良好地结合与固定。

THP 盐存在两个不理想的问题：一是易受氧化作用转变为阴离子，二是受 pH 作用易释放出甲醛，当体系 pH>6.0 后，甲醛开始加速释放，见图 2-35。

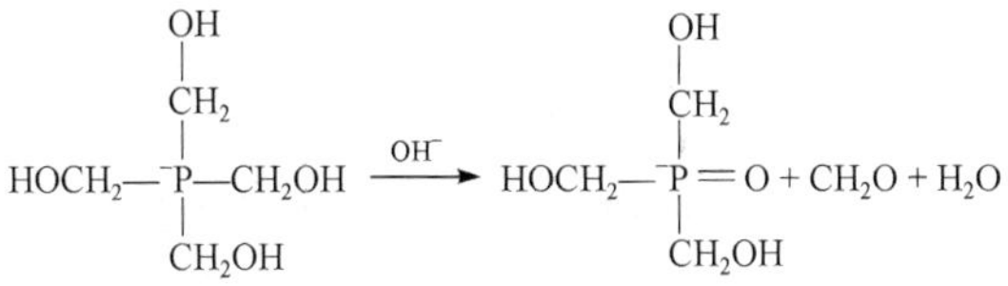

图 2-35　THP 盐分解过程

由此限制了 THP 盐在一些场合的使用。因为提高 pH 可以增加结合，但随着 pH 的升高，甲醛释放及氧化都向着不利于革的质量的方向发展。尽管可以采用氧化剂除去释放出的甲醛，但氧化对革产生的副作用难以控制。因此，THP 盐用于复鞣时，其用量及 pH 控制变得重要。

**思考题**

(1) 是否各种复鞣剂都使用才能获得满意的成革品质？

(2) 各种复鞣可能带来的缺陷是什么？

(3) 铬鞣革可以不复鞣吗？

(4) 缩聚物树脂与共聚物树脂有什么区别？举例对比。

(5) 描述 pH 对复鞣体系的影响。

## 2.10　填　　充

作为物理作用，填充需要物质数量的积累。理论上讲，凡是能进入革内，占有空间的物质，包括有鞣性与无鞣性材料均可以获得填充作用。实际上，填充材料进入革内的通道尺寸是有限的，因此，渗入革内后的材料不能有很好的脱水聚集、结合、改变构象、不被蒸(挥)发。否则，渗入与退出通道的机会都是很大的。就是说，靠动力学平衡是达不到填充要求的。

尽管进入革内是必要的前提条件，但不是充分条件。因此，所有能够进入革内的材料并非能够获得良好的填充效果。

通常的填充材料有蛋白质、多聚糖、合成鞣剂、植物组分、合成树脂、高分子蜡、高岭土、多聚硅酸等。根据常见的种类及它们的主要组分的特性进行描述。

(1)蛋白质类填充材料或多肽类填料。产品基本特征：主要组分来源于胶原降解产物，直接或通过适当改性成为具有一定分子质量、水溶性较好、水溶液中显示两性或阴电性的产品。该类物质有补充革内皮质的功能，主动填充性较弱，填充后的饱满紧实依据革内可结合物共同作用决定。

(2)多聚糖类填充材料。产品基本特征：主要组分来源于淀粉、纤维素、壳聚糖通过适当改性成为具有一定分子质量、水分散性好、水溶液中显示阴电性的产品。该类物质具有实质性填充的特点，其中淀粉类填充紧实性较弱，纤维素类填充性较强。

(3)合成鞣剂填充材料。产品基本特征：主要采用替代型及白色合成鞣剂，如合成鞣剂章节所述。根据鞣性及分子质量决定填充性能。由于该类鞣剂具有良好的结合性，填充革具有紧实饱满性。

(4)植物组分填充材料。产品基本特征：主要来源于各种栲胶、木素，直接或通过适当改性成为复鞣剂兼填充材料，如前面章节所述。该类材料水溶性或分散性较好，水溶液中显示阴电性。由于具有鞣性或良好的结合性，填充革具有紧实饱满性。

(5)合成树脂填充材料。产品基本特征：主要来源于各种复鞣树脂，如前面章节所述。该类材料水溶性或分散性(乳液或固态)较好，水溶液中显示两性、阳电性及阴电性。相对于两性、阳电性而言，具有鞣性或良好的结合性阴电性树脂填充的革具有丰满及紧实饱满性。

(6)高分子蜡填充材料。产品基本特征：主要来源于合成的高级脂肪酸蜡及矿物蜡。该类材料通过表面活性剂乳化分散，乳液表面呈阴电性或非离子性。由于其为非极性物并具柔性的特征，填充后革柔软，表面饱满。

(7)高岭土类填充材料。这种材料是一种非金属矿产，白色而又细腻，又称白云土，其晶体化学式为 $2SiO_2 \cdot Al_2O_3 \cdot 2H_2O$，密度在 2.54～2.60g/cm$^3$。高岭土通常不单独作为填充材料，而与其他固体填充材料混合使用，一方面起分散作用，另一方面起填充作用。高岭土是一类价廉物美的辅助物，使用时不能太多，以免引起表面光泽下降。

(8)多聚硅酸盐填充材料。这种材料是由硅元素、氧元素和金属元素组成的化合物，硅氧四面体作为基本结构单元构成主链的聚合物，密度≥3.0g/cm$^3$。产品基本特征：主要来源于聚硅酸铝，水中作为交替或分散体形式存在，10%溶液 pH>5.0 时有稳定性。由于含铝，该类材料有一定的鞣性或者说吸附絮凝性强。良好的自聚集能力可以产生饱满坚实的填充效果。但不宜长时间热氧作用，以免矿化导致皮革板块型折痕。

**思考题**

(1)填充能否替代复鞣？为什么？

(2)已述的无机填充材料与有机填充材料有何区别？

(3)填充可以解决什么问题？怎样才可以有良好的填充？

# 2.11　复鞣过程的控制

## 2.11.1　复鞣过程基础

任何材料复鞣前的坯革都是经过准备、鞣制、中和、前复鞣、前填充、染色、加脂等步骤。因此，复鞣不仅要考虑铬鞣坯革的固有理化特征，还要了解前工艺的方式及材料特性。

### 2.11.1.1　坯革的物理结构特征

1）多孔隙性

坯革的组织结构特点见图 2-36。如纤维束编织及纤维束内部存在间隙，这种间隙的直径在 1～21μm。坯革自然存在并通过加工后腺囊的空穴等决定坯革是一种多孔性物质。这种孔率的数量、大小及孔隙的形状均是复鞣填充的必要条件。

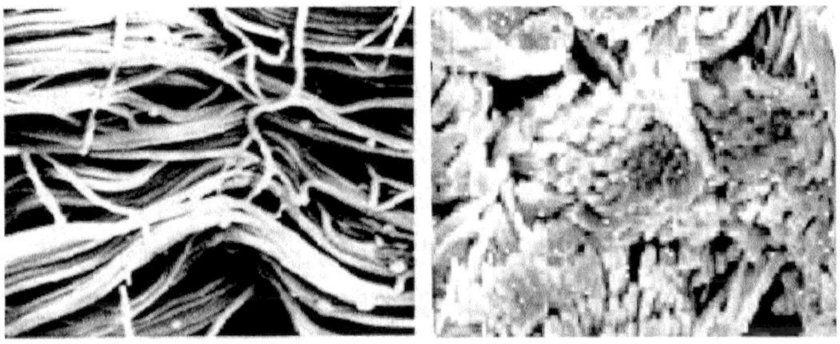

图 2-36　铬鞣坯革的组织形态

2）表面积大

由于多孔性，形成的坯革具有巨大的表面积，分散良好的胶原纤维制得的坯革约有 $4.8m^2/g$（按吸附 $N_2$ 计）的内外表面积。大的表面使坯革表现出极高的表面能及化学反应活性。

3）充水量多

一方面是多孔性；另一方面是极性，使坯革内存在着大量的水分，包括平衡水、毛细水、结合水。可动性大的平衡水、毛细水起非常重要的作用之一是与外界材料进行交换，在铬鞣革内这些水要达干坯革重的 100%～120%。

除了上述特征外，尽管在前准备过程及皮源种类之间存在差别，使坯革组织有松紧之分。而坯革的柔软性及能挤压回弹性也是坯革能够在机械作用下获得快速、强力吸收的重要基本条件。

### 2.11.1.2　坯革的化学结构特征

1）双电性

蛋白质结构使坯革存在固有的双电属性。当水溶液中的 pH 在坯革 pI 以下，坯革显示阳电性，在 pI 以上，坯革显示阴电性。生皮胶原有自身的等电点，当经过准备工段化学处理后，pI 发生了变化。再经过鞣制后随着鞣剂的不同等电点再次出现差异，见表 2-5。

**表 2-5　皮或坯革的等电点和表面电势**

| 皮或坯革 | pI | pH 6.5 时表面电势 $\psi$/mV |
|---|---|---|
| 生皮 | ～7.6 | |
| 鞣前裸皮 | ～5.4 | –31 |
| 铬鞣坯革 | ～6.8 | +25 |
| 甲醛鞣坯革 | ～4.6 | –41 |
| 荆树皮栲鞣坯革 | ～4.0 | –85 |
| 酚类合成鞣剂鞣坯革 | ～3.2 | –119 |

2) 表面电势与动电电势

作为大分子电解质的坯革接触水溶液时，蛋白质本身或表面鞣剂等可发生电离或吸附溶液中某种离子产生表面带电现象，带电电性及数量与坯革的被处理情况有关。这种坯革表面与溶液之间的电势差称为表面电势，用 $\psi$ 表示，见图 2-37。当坯革存在表面电荷时，如铬鞣坯革为阳电荷，对溶液中阴电荷离子产生强的引力，使之聚集在界面附近，形成双电层。根据 Stern 双电层模型，被强烈吸附的固定层称为吸附层。离子能够与纤维表面发生相对位移的称为扩散层，坯革在溶液中所具有的实际电势是吸附层与扩散层的交界面与溶液内部的电势差，称为动电电势差，用 $\xi$ 表示。铬鞣坯革的 $\xi$ 电位随溶液的 pH、溶液中存在的电解质(复鞣剂、鞣剂等)种类和浓度不同导致正负、高低的差别。这种动电电势存在于坯革及纤维束的表面，成为阴电性电解质(复鞣剂、加脂剂、染料等)向革内渗透与结合的主要化学动力。

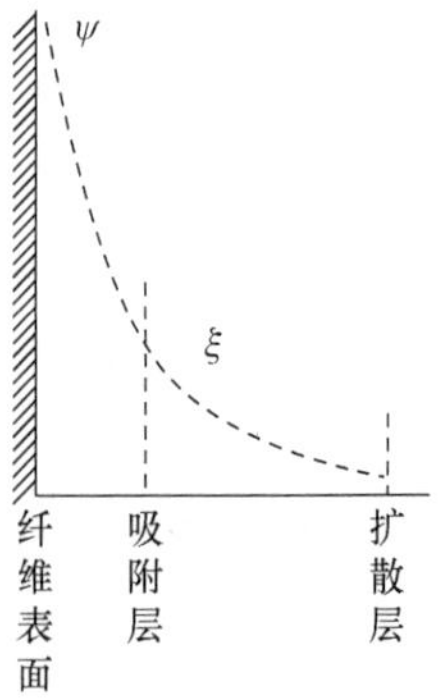


图 2-37　纤维表面动电现象

3) 极性基团

胶原纤维中存在着大量的极性和非极性的活性基团，有代表性的主要有羧基和氨基。当裸皮铬鞣后，铬离子的阳电荷、配位点及硫酸根也成为坯革的活性反应因素及反应点。其中铬阳离子的活性尤为显著，并且其强弱与 pH 高低直接相关。

2.11.1.3　复鞣控制的意义

复鞣剂的功能通常是以一定条件下对坯革变化进行直观效果判别为依据。在复鞣中，随复鞣剂的被吸收结合，坯革发生各种变化可以证明复鞣剂与坯革发生了作用。由于复鞣剂的品种多、结构复杂，各种结构与坯革作用的吸收动力学及化学热力学研究难以定量表达。能够做到的只是通过各种复鞣剂一般结构进行化学物理过程的推测。

复鞣及填充的目的在于弥补前加工的缺陷及完成成革的要求。如粒面平细、革身饱满不松面、色泽均匀、坯革可磨性好、绒面革起绒好且绒毛细软均匀、压花或制品成型性好等都可以在复鞣填充中完成。如果复鞣材料的选用或使用不合适，就不会获得理想的效果。且不说如此产品质量要求达不到，还造成生产成本增加、工艺复杂化。若阴离子型复鞣处理不当使坯革上染率下降，给水场及涂饰带来了补救的麻烦。见表 2-6，上染率的下降，要求染料用量增加、结合力下降；过低的 pH 固色使成革 pH 降低。

**表 2-6　不同复鞣方式下阴离子染料的上染率范围**

| 复鞣方式 | 上染率/% |
|---|---|
| 铬鞣剂 | 100 |
| 戊二醛 | 60～80 |
| 合成鞣剂 | 20～90 |
| 丙烯酸类鞣剂 | 40～60 |
| 氨基树脂鞣剂 | 60～80 |
| 植物鞣剂 | 20～40 |

阴电性坯革也会影响阴离子型加脂剂的吸收固定，在制造软革时还须在后整理中补油。如此的成本增加及烦琐的工艺平衡都是常常遇到的。因此，如何做好这一工序，在实施前应做好安排。从工艺技术角度出发，可以从两个方面进行考虑：①根据成革的要求正确选用复鞣剂；②根据复鞣剂的品性正确调整工艺。

每一种复鞣剂，根据其主要组成应有一个基本功能特征。尽管各产品被介绍时会列出多种用途及功能，但都不会离开其基本功能特征。化工生产企业为了维护知识产权，常常不指明产品的结构特征或基本组成而只介绍功能与常规的使用方法，给使用者带来便利的同时也给开发或准确使用复鞣材料带来困难。为了解决复鞣材料与工艺问题，参照前述有关复鞣剂及其复鞣、坯革的状况的描述；参照①、②的两点考虑进行复鞣实践中应注意问题的讨论。

制革工艺过程是按照若干主干工序操作合理有序且连接完成的。根据原料及终端产品的变化，寻找改造这些变化的联系，对各主干工序进行辅助、修饰，最终达到整体主干流程的平衡，获得异曲同工的结果。

随着成革质量要求的提高，花色品种不断增加，要求工艺及化工材料及时跟进。随着材料科学的进步，国内外新型材料大量涌现，结构与功能更替迅速，与材料匹配的应用工艺条件也随之变化。然而，作为工艺学的阐述又不能包罗万象，只能将工艺中的基本理论与技术的框架进行介绍认识，以便在具体实施中进行充实。

#### 2.11.1.4　复鞣中的条件控制

复鞣材料进入坯革内并获得功能，突出的问题是解决渗透与结合的矛盾。从顺序上讲，应先有渗透再有结合；从进程上讲，结合又是解决再渗透的前提条件。事实表明，仅有渗透没有结合，材料不会被坯革良好地吸收，而过强过快的结合往往只是在表面形成，阻止后继材料进入，导致材料难以被良好地深入分布及理想吸收。要讨论这一矛盾，应该将影响两方面的主要因素进行分析。

一是材料的渗透。由于曲折的坯革组织特征，材料在坯革纤维网络内有效扩散速度比在溶液中更低，研究报道这种速度比约为 1/20。而引起渗透的作用力可以是库仑力（由物质之间的静电引起）、毛细作用力（坯革本身结构及表面能决定）、机械压力（机械作用形成负压）及渗透压（浓度差或溶液的位能状态）。这些力同时存在，共同作用、主导作用交替变化。

二是材料的结合。在电解质溶液中，电荷作用是物质之间最先、最敏感的现象。库仑定律表明，两个点电荷的作用力量的大小直接与电量成正比，又与两个点电荷之间距离的平方成反比。就成键作用距离而言：离子键⩾氢键⩾配价键⩾共价键⩾范德华力。由此可知，引起材料在坯革内结合的特征为静电力优先，离子键最易生成。最终成键需要热力学能量平衡。

大分子电解质复鞣剂在溶液中溶解与分散直接影响在坯革内的渗透与结合，而溶解与分散与环境条件直接相关。除了前已述及的坯革状况及复鞣材料性质外，第三个条件即操作环境条件，还包括温度、浓度、时间、机械作用、材料使用的顺序。下面分别进行讨论。

1）复鞣温度的控制

从物理化学原理可以知道，升温增加物质热力学能，使其活动性增加，有利于加速反应过程。在制革复鞣过程中增加温度可以使复鞣剂：①分散好，溶解快；②扩散渗透加快；③交换结合加快。

鞣性物采用较低的作用过程温度，大分子或聚集物采用较高的分散温度。在工艺要求中通常有两种情况，或者要求复鞣深度结合，或者着重表层作用。在解决这种渗透与结合、内部与表层之间矛盾的过程中，控制温度应掌握以下规律：①表层结合提高温度，深度结合降低温度；②乳液状态提高温度，溶液状态降低温度。其中所指的温度是一个范围，如果说温度在 25～50℃，为了表达便利，可以设定 25～34℃为低温，35～44℃为中温，45～50℃为较高的复鞣温度。具体操作时，操作的温度可以按鞣剂的溶解分散能力及与坯革的反应情况从中选定。

2）复鞣 pH 的控制

制革的 pH 控制贯穿整个湿操作过程，复鞣工序也不例外。操作体系的 pH 通常指两部分，一是浴液的 pH，二是坯革的 pH。

与温度类似，pH 也涉及电解质的溶解与分散。当复鞣剂被要求在坯革内渗透和结合时，坯革的 pH 更显重要。

对在水中形成胶体、半胶体及弱电解质物，如植物鞣剂、酚类合成鞣剂及一些树脂鞣剂复鞣，在较高溶液 pH（pH>5.0）下有较好的溶解分散与渗透。低 pH 可导致它们较大的缔合粒径；较低的坯革 pH 使它们在革浅面过早缔合聚集，发生沉积结合。因此，在复鞣初期使用较高 pH，末期降低 pH。根据 pH 调整革身的紧实深度。

柔性阴离子树脂与坯革作用时对 pH 影响较大。当复鞣体系 pH 低时，树脂溶解分散不好，不利于渗透；复鞣体系 pH 过高，负电量高，分子伸展大，也不利于渗透。吸附在革面的多阴离子树脂使革面 $\xi$ 电位反相，造成后继阴离子渗透与结合受阻。因此，这类阴离子树脂鞣剂应该有一适合的 pH 使用范围，使用 pH 随具体产品而定，见图 2-38。

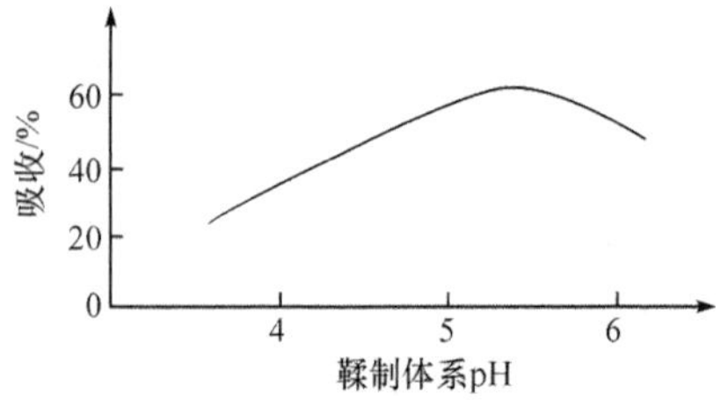


图 2-38　丙烯酸树脂鞣剂吸收与体系 pH

对醛类鞣剂，其渗透力主要来自物理机械作用，pH 以影响结合为主，在高 pH 下使用，表面结合快，低 pH 下吸收与结合均慢。可按照成革要求进行低 pH 下长时间作用以获得深度结合；在高 pH 下加快表面结合，制造粒面感官。

3）材料用量与浓度

用量与浓度也与液比有关，若将液比固定讨论，用量与浓度讨论合二为一。复鞣剂用量大，浓度高，无论从动力学还是从热力学方面解释，都有利于扩散渗透及结合，或者说有利于深度复鞣或填充。同理，若只要求表面作用，则用量小即可。

在工厂技术管理中，为了合理使用材料，不宜过多地使用某种鞣剂去解决渗透问题，减少液量(≤100%)，后继加入同电荷或极性相近的材料可以协助渗透。其优点在于：先用材料吸收好，对坯革粒面作用小，废水排放少。

实际操作时，液比变化需要注意以下问题。

(1)需要对转鼓的直径、装载量及革的形态特征做出判断。在小液量时转鼓受到的扭矩大、易受损，转鼓的传动装置必须有足够的力度，转速也应适当放慢。

(2)液量影响坯革与坯革之间及坯革与鼓内壁之间摩擦，不良的坯革表面及鼓壁状况易使坯革粒面受损或革身被撕裂(撕裂强度较低的坯革)。

(3)固态或鞣性较强的复鞣剂会增大坯革之间的摩擦，使坯革缩面缩纹。不良的坯革形状易引起打绞，影响材料的均匀吸收而引起部位差、染色及涂饰出现色花。

(4)加料点至其他处的浓度差增加，扩散速率降低，复鞣材料难以按时均匀作用，使同一批坯革出现质量差异。

为解决这些问题，工序的穿插或材料使用的顺序是工艺的关键，也是制革工程师需要掌握的关键技能。完成均匀渗透、均匀分布、省时省液，无论是高效、节水、节能，还是提高皮革质量都在其中。值得注意的是，不同类型的材料选用需要注意使用条件的相容性。这样才能达到各材料功能发挥相得益彰。对于厚型坯革或紧实的坯革，细心安排复鞣填充，明确复鞣的目的才能选择适当的材料及工艺。

4)复鞣时间的控制

一个工序的时间通常指从物料加入转鼓内开始转动至下一材料被加入或排液水洗前的时间。当操作中有停鼓时，可分别称转动时间及总时间。

事实上，工艺设置时，能够在设定的时间内达到渗透及结合的平衡是很少的，而制革工艺中多数靠对浴液判断或坯革切口观察决定。

客观表明，与坯革作用形式不同及材料本身结构之间的差异总使吸收结合完成时间不同。有反电荷作用的工序要求时间短；用较小分子材料作用也可较快完成；水溶性材料较水乳型材料吸收快。

丙烯酸树脂鞣剂先通过电荷作用吸附快，而其主要与铬鞣剂结合，中和后表面阳电荷数量难以迅速使其结合，则要求较长的渗透时间完成，见图 2-39。延长时间，如停泡、慢转都是提高丙烯酸树脂鞣剂复鞣丰满性的好方法。

合成鞣剂或植物鞣剂通过电荷、弱极性及氢键等多种方式与坯革胶原纤维及铬鞣剂结合，则速度较快。短时间可以达到吸收要求，但较大的分子尺寸使其深入渗透需要较长的时间。

坯革的状态也影响复鞣时间，较硬的、较厚的或已经完成部分复鞣的坯革都需要有较长的时间完成操作。

此外，人为因素也可使操作时间略微改变，如复鞣中途调整操作温度、pH、机械作用、液比、加料方式等，而这些往往都是操作中无法回避的。

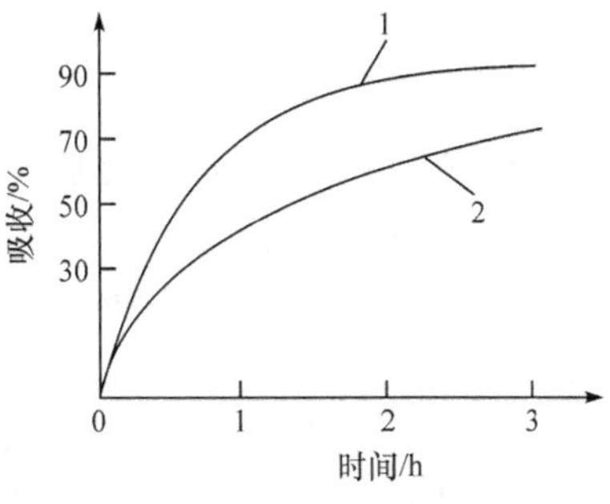


图 2-39 鞣剂的吸收时间

1. 芳族合成鞣剂或栲胶；2. 丙烯酸树脂鞣剂

5)机械作用的控制

机械作用在坯革上产生的挤压、拉伸、曲挠等物理作用力，最终将材料带入坯革内。机械作用同时也使浴液中的材料良好地溶解、分散并均匀地分配给各张坯革及每张坯革的各个部位。机械作用力度可由多方面决定：①转鼓的种类，普通悬挂式转鼓、恒温转鼓、Y 型转鼓；②转鼓的参数，鼓径大小、长径比、鼓内状况；③转鼓的操作，鼓的转速、转动时间与方式、装载量、液比大小；④坯革的张幅、长宽比、厚度、粒面革或绒面革。

实际生产中需要根据工厂的设备条件进行考虑，理想的效果应从综合作用因素中得出结论。一般说来，在工厂能够临时调整机械作用的方法是：改变液比、装载量、连续运转或停转结合的时间。有时，适当安排材料加入方法也可使机械作用有所变化。

6) 坯革的状况与复鞣

"看皮做皮"是句老话，在复鞣阶段也较为重要，是在线工程师的职责所在。如果不谈复鞣剂与复鞣条件，则影响复鞣的坯革状况除了前述的物理化学特征外，其他相关因素有：①平均的厚度；②粒面的松紧；③整张部位差；④内外表面电荷。

较厚的坯革复鞣，要求深度渗透与结合较困难。从不同厚度坯革的合成鞣剂复鞣吸收曲线见图 2-40，厚革随时间延长吸收增加，而较薄的坯革在 2h 内基本完成了吸收。

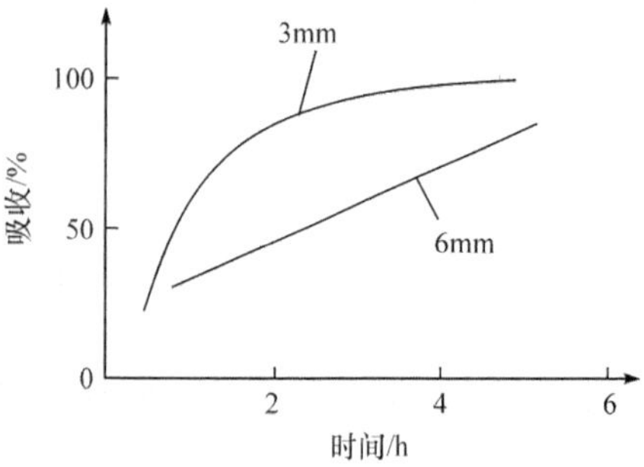


图 2-40　坯革厚度、时间与吸收

为了尽可能缩短操作时间，要求厚坯革预处理加强，如深透中和、漂洗、辅助型鞣剂预处理等。在条件控制上保证以渗透为主。

对服装类薄革，则适当加大复鞣剂用量可得深度复鞣填充。

对粒面紧实的坯革要求用较多的助剂或温和性的复鞣剂复鞣，而对松弛的坯革，只要整张质地均匀，可选用先填充强、后收敛强的树脂鞣剂复鞣代替性合成鞣剂及植物鞣剂，加强身骨及粒面的弹性和饱满性。

对部位差较大的坯革就会使复鞣变得困难。往往是多选用选择性填充强的大分子树脂鞣剂。有时还要另加干填充操作才能解决。

#### 2.11.1.5　复鞣顺序的控制

在染整的湿操作中，诸多材料因进入坯革内的顺序不同使成革感官上有差异。如几种复鞣剂加入先后，复鞣剂、加脂剂及染料之间加入的先后不同都有不同的结果，其基本结果可以描述如下。

(1) 有相同结合点或结合基团的材料则先入占优。制革生产实践表明，同点结合的材料之间先入为主十分明显。先加入的材料可较充分地体现出其功能的特点。用丙烯酸类树脂先复鞣，后染色加脂，成革丰满弹性均好，上染率低，加脂剂的柔软功能下降，甚至吸收率也受影响。如果先染色加脂后加入的复鞣剂则显示丰满弹性差。此时，应该先考虑皮革的要求确定工艺。有时简单地调整可解决部分问题，如先染色再复鞣加脂，少量的染料并不会对后继材料构成大的阻碍。较常见的方法是进行分步处理，如将加脂剂分步加来保证应具有的功能。当然同步处理也是一种方法。

(2) 两材料有相同电荷则先后受亲和方式控制。两种相同电荷的材料先后进入，则后者将会受到排斥。然而，坯革的纤维表面除了接受库仑力外，多基团及复杂的网络组织构成多形态的空隙构造。从毛细渗透、化学位作用至表面吸附、疏水结合，前后材料将以不同的形式进行渗透与结合，才能保证必要的数量复鞣进入坯革。

(3) 先弱填充性材料后强填充性材料达到逐渐饱满紧实的效果。加入顺序的问题解决不好则得不到满意的效果。理论上需要足够的空间获得渗透条件，按次序进入按填充能力或填充特征进入是完成充分复鞣填充的关键。否则，过早的阻塞将使饱满紧实的目的无法完成，甚至造成质量下降。

(4) 同入需要相容，互聚需要分离。两材料的同浴连续处理或同浴混合处理可以省水省时。但需要两种材料互为相容、相安稳定。对于互相不容或互聚的材料，则必须按以下几种方法进行解决：

①过渡处理。对前后鞣剂因使用条件差异较大的应通过一个过渡处理调节，减弱或使双方失去互聚作用，如温度与 pH 调节、表面电荷掩蔽、表面活性处理。

②隔开处理。水洗、换液、静置都是较好的方法。如此降低了溶液中的反应物浓度，延缓两种物质相遇的时间可以降低先入者的反应活性。可以在两种反应鞣剂之间插入一种中性物将两者隔开。

③顺序处理。根据复鞣填充的需要确定顺序；根据复鞣剂反应特征确定顺序。植物鞣剂或合成鞣剂与金属鞣剂在相继的复鞣中使用，若先植物鞣剂后金属，空间位阻及反应性将使金属盐复鞣在坯革表面进行，粒面紧实。先金属盐复鞣和铬鞣再植复鞣，需先完成金属鞣剂反应、水解钝化，则无论是重铬轻植还是轻铬重植革品制造均应如此，两种鞣剂都可以良好渗透。对醛鞣剂与植物鞣剂相继复鞣也应有此顺序。先用戊二醛复鞣解决坯革的弹性，然后用植物鞣剂或某些合成鞣剂解决饱满紧实是可行的。先入的醛鞣剂与胶原纤维反应失去活性，空间阻碍也小，后继植物鞣剂渗入。相反，先植物鞣剂后醛鞣剂，进入的醛鞣剂主要起固楞作用，是以提高坯革表面饱满稳定作用为主。在一些服装软革制造中，常用阴离子树脂及铬进行复鞣，两者互相发生作用，使用顺序不同反映复鞣的深度、泡感、紧实性结果明显不同，可按成革要求处理。

---

**思考题**

(1) 如何解决复鞣剂的渗透与结合？请详细分析描述。

(2) 列举一个复鞣填充顺序，并说明理由。

---

### 2.11.2　复鞣举例

本节通过介绍一些工艺流程来了解复鞣剂的使用。值得提出的每一种工艺有其本身特定存在的环境条件。实际应用的工艺表述还不能完全用基本技术原理获得理解时，需要根据成革要求对坯革、材料及操作 3 个因素的平衡。各因素之间的具体关系还需要在现场因材制宜地进行分析。

#### 2.11.2.1　山羊服装革复鞣

1) 成革要求

高质量山羊服装革要求粒面柔软，粒纹平细，革身丰满。山羊皮粒面纤维细而紧实，易紧缩。复鞣要求收敛性小的合成鞣剂、温和的填充为主，以防撕裂强度下降。

2）参考工艺过程

① 铬鞣山羊蓝皮（$T_s$≥90℃），挤水（含水约 45%），滚木屑，削匀至 0.55～0.65mm，称量，增重 50%作为用料依据，水洗 10min，排液。

| | | | |
|---|---|---|---|
| ② 漂洗回软 | 水（40℃） | 200% | |
| | 回湿剂 | 0.3% | |
| | 甲酸（85%） | 0.3% | 60min |
| | 排液，水洗 5～10min，排液 | | |
| ③ 复鞣 | 水（40℃） | 200% | |
| | 铬粉（*B*=33%） | 4.0% | |
| | 含铬合成鞣剂 | 4.0% | 120min |
| | 碳酸氢钠 | 0.5%～0.7% | 3×20min+60min |
| | pH 4.0，静置 10～12h，排液 | | |
| ④ 中和 | 水（40℃） | 200% | |
| | 中和剂（固体） | 1.5% | |
| | 甲酸钠 | 1.0% | |
| | 碳酸氢钠 | 1.5% | 60min |
| | pH 6.0，排液，水洗预热，排液 | | |
| ⑤ 染色，加脂 | 水（55℃） | 100% | |
| | 染料 | 3.0% | 30min |
| | 加脂剂 | 8.0% | 60min |
| | 甲酸（85%） | 1.0% | 3×20min+30min |
| | 浴液 pH 4.2 | | |
| ⑥ 复鞣填充 | 水（20℃） | 50% | |
| | 丙烯酸树脂 | 3.0% | 30min |
| | 甲酸（85%） | 0.7% | 2×20min+20min |
| | 浴液 pH 3.6～3.8，水洗 10min，出鼓搭马 | | |

3）工艺说明

（1）采用铬粉与含铬合成鞣剂复鞣使成革粒面饱满平细，增加铬含量，缓冲 pH。

（2）为后填形式，保证低收敛性，增加边腹部丰满弹性，改善可涂饰性，可选用填充性丙烯酸树脂或大分子树脂复鞣剂。

（3）填充直接在染色加脂浴中进行，节水；补充低温水降低复鞣填充稳定，防止粒面收缩，增加加脂剂吸收。

### 2.11.2.2　山羊包袋（鞋面）革复鞣

1）成革要求

山羊包袋（鞋面）革复鞣要解决的是使革身紧实，饱满，延伸性小，抗折痕、耐曲挠、成型性好。需要用树脂复鞣填充为主。

2）参考工艺过程

① 铬鞣山羊蓝皮（$T_s$≥90℃），挤水（含水约 45%），滚木屑，削匀至 0.8～0.9mm，称量，

增重50%作为用料依据，水洗10min，排液。

| | | | |
|---|---|---|---|
| ② 漂洗回软 | 水(30℃) | 200% | |
| | 回湿剂 | 0.3% | |
| | 草酸 | 0.5% | 溶解加入，60min |
| | 排液，水洗5～10min，排液 | | |
| ③ 复铬 | 水(40℃) | 200% | |
| | 铬粉(*B*=40%) | 6.0% | 90min |
| | 甲酸钠 | 1.0% | 10min |
| | 碳酸氢钠 | 0.5% | 2×20min+20min |
| | 停鼓10～12h，次日测pH为4.0，转20min，排液 | | |
| ④ 中和 | 水(40℃) | 200% | |
| | 中和剂(固体) | 3.0% | |
| | 碳酸氢钠 | 0.5% | 60min |
| | pH 5.5排液，水洗5min，排液 | | |
| ⑤ 复鞣 | 水(35℃) | 150% | |
| | 自鞣型丙烯酸树脂 | 6.0% | 40min |
| | 综合型合成鞣剂 | 3.0% | 20min |
| | 栗木栲胶 | 10.0% | 60min |
| | 双氰胺树脂 | 3.0% | 60min |
| | 甲酸 | 0.3% | 20min |
| | pH 4.2，排液 | | |
| ⑥ 染色，加脂 | 水(50℃) | 150% | |
| | 染料 | 2.0% | 30min |
| | 加脂剂 | 4.0% | 60min |
| | 甲酸(85%) | 1.0% | 2×20min+20min |
| | pH 3.6，排液 | | |
| ⑦ 顶层加脂 | 水(35℃) | 150% | |
| | 阳离子加脂剂 | 1.5% | |
| | 铬粉(*B*=33) | 1.0% | 30min |
| | 排液，水洗5min，出鼓搭马 | | |

(3)工艺说明

(1)采用了重铬复鞣，树脂与栲胶复鞣填充模式，兼顾弹性及饱满性。

(2)中和用辅助型合成鞣剂进行良好的深入掩蔽电荷，为栲胶渗透提供通道。

(3)用自鞣型丙烯酸树脂鞣剂加强坯革紧实并有助栲胶分散作用，选用分子质量中等为佳。

(4)采用水解类栗木栲胶增加紧实性。

(5)顶层用少量阳离子加脂剂，加强表面滋润感及强度，降低吸水性。

(6)用少量铬盐紧固栲胶及其他阴离子材料，加强粒面耐干湿擦及柔韧性。

### 2.11.2.3　绵羊服装/软鞋面革复鞣

1)成革要求

革身软且丰满，粒面略紧并有弹性，整张伸缩均匀，色调均匀。

2)参考工艺过程

① 铬鞣山羊蓝皮($T_s$≥90℃)，挤水(含水约 45%)，滚木屑，削匀至 0.5～0.55mm，称量，增重 50%作为用料依据，水洗 10min，排液。

| | | | |
|---|---|---|---|
| ② 漂洗 | 水(40℃) | 300% | |
| | 脱脂浸润剂 | 0.3% | |
| | 甲酸(85%) | 0.3% | 15min |
| | 排液 | | |
| ③ 复鞣 | 水(40℃) | 100% | |
| | 铬粉($B$=40%) | 6.0% | 90min |
| | 甲酸钠 | 1.0% | 10min |
| | 碳酸氢钠 | 0.5% | 2×20min+20min |
| | 停鼓 10～12h，次日测 pH 为 4.0，转 20min 排液 | | |
| ④ 中和 | 水(35℃) | 200% | |
| | 中和剂(固体) | 1.5% | 30min |
| | 碳酸氢钠 | 0.7% | 60min |
| | 浴液 pH 6.0，排液 | | |
| ⑤ 复鞣填充 | 水(35℃) | 150% | |
| | 丙烯酸树脂鞣剂 | 3.0% | 60min |
| | 替代型合成鞣剂 | 4.0% | 30min |
| | 荆树皮栲胶 | 4.0% | 30min |
| | 三聚氰胺树脂 | 4.0% | 30min |
| | 蛋白填料 | 3.0% | 30min |
| | 排液，水洗，排液 | | |
| ⑥ 染色，加脂 | 水(55℃) | 150% | |
| | 匀染剂 | 1.0% | 10min |
| | 染料 | 2.5% | 30min |
| | 加脂剂 | 15% | 90min |
| | 甲酸(85%) | 1.5% | 3×20min+20min |
| | 阳离子加脂剂 | 1.0% | 30min |
| | pH 3.6，排液，水洗 10min，排液，出鼓搭马 | | |

3)工艺说明

(1)绵羊皮结构疏松，需要较大量复鞣填充，因此，采用重铬复鞣。

(2)代替型酚类鞣剂，既作为复鞣填充又作为栲胶预处理。

(3)用碳酸氢钠提高至高 pH 状态，后继丙烯酸树脂适当延长时间，使栲胶良好渗透增加丰满弹性。

(3)用蛋白填充材料填充，要求显示弱双电性，为后继上染与加脂剂吸收给予补充。

2.11.2.4 猪皮服装革复鞣

1) 成革要求

成革丰满，边腹部不松，部位差缩小，粒纹细而均匀，毛孔收缩。

2) 参考工艺过程

① 猪蓝湿坯革挤水伸展，片皮至 0.6～0.65mm，削匀至 0.5～0.55mm，称量，增重 50% 作为用料依据，水洗 10min，排液，脱脂、漂洗、回软，排液。

| | | | |
|---|---|---|---|
| ② 复铬 | 水(40℃) | 100% | |
| | 铬粉($B$=33%) | 4% | 60min |
| | 乙酸钠 | 1% | 20min |
| | 碳酸氢钠 | 0.7% | 60min |
| | 浴液 pH 4.0，停转结合 10～12h，排液，水洗，排液 | | |
| ③ 中和 | 水(35℃) | 200% | |
| | 中和剂(固体) | 2.0% | |
| | 碳酸氢钠 | 0.7% | 60min |
| | 浴液 pH 6.0，排液 | | |
| ④ 复鞣 | 水(40℃) | 100% | |
| | 苯乙烯马来酸酐树脂 | 4.0% | 60min |
| | 两性合成鞣剂 | 4.0% | 60min |
| | 排液 | | |
| ⑤ 染色，加脂 | 水(55℃) | 150% | |
| | 匀染剂 | 1.0% | 10min |
| | 染料 | 2.5% | 30min |
| | 加脂剂 | 15.0% | 90min |
| | 甲酸(85%) | 1.5% | 3×20min+20min |
| | 阳离子加脂剂 | 1.0% | 30min |
| | 排液，水洗 10min，出鼓搭马 | | |
| ⑥ 固定 | 水(25℃) | 150% | |
| | 铬粉($B$=33%) | 1.0% | 20min |
| ⑦ 复染 | 染料 | 0.5% | 20min |
| | 甲酸(85%，稀释) | 1% | 20min |
| | 浴液 pH 3.7 | | |
| ⑧ 顶层加脂 | 阳离子加脂剂 | 1.5% | 20min |
| | 排液，水洗，出鼓搭马 | 1.5% | 20min |

3) 工艺说明

(1) 猪皮纤维组织紧实，油脂较多，需要在漂洗时脱脂。

(2) 苯乙烯马来酸酐树脂，增加丰满与平整性，后继用两性填充剂改变表面电荷。

(3) 用铬粉最终固定油脂与染料。

#### 2.11.2.5　黄牛轻修面革复鞣

1)成革要求

革身弹性好，丰满不松面，粒面紧实可磨、易磨。

2)参考工艺过程

① 铬鞣黄牛蓝皮($T_s$≥90℃)，挤水(含水约45%)，削匀至1.3～1.4mm，称量，水洗10min，排液。

| | | | |
|---|---|---|---|
| ② 漂洗 | 水(35℃) | 200% | |
| | 回湿剂 | 0.5% | |
| | 甲酸(85%，稀释) | 0.5% | 45min |
| | 排液 | | |
| ③ 中和 | 水(35℃) | 100% | |
| | 中和剂(固体) | 2.0% | |
| | 甲酸钠 | 1.5% | |
| | 碳酸氢钠 | 0.5% | 60min |
| | 浴液 pH 5.5，排液 | | |
| ④ 复鞣，填充 | 水(40℃) | 100% | |
| | 丙烯酸树脂(小分子) | 2.0% | |
| | 丙烯酸树脂(中等分子) | 3.0% | 60min |
| | 加脂剂 | 1.5% | |
| | 荆树皮栲胶 | 8.0% | |
| | 双氰胺树脂 | 4.0% | 60min |
| | 甲酸 | 0.2% | 20min |
| | 浴液 pH 4.2，排液 | | |
| ⑤ 染色，加脂 | 水(47℃) | 100% | |
| | 染料 | 2.0% | 30min |
| | 加脂剂 | 6.0% | 70min |
| ⑥ 固定 | 甲酸(85%) | 1.5% | 2×10min+30min |
| | 浴液 pH 3.6，水洗5min，排液，出鼓搭马，干燥，整理，磨革 | | |

3)工艺说明

(1)本产品为轻修面革，蓝皮较厚，漂洗后进行温和的低pH中和，目的是保证革紧实并深度中和。

(2)用较小及中等分子质量丙烯酸树脂加强复鞣。

(3)初步加脂，保证粒面不过早收紧以保证革心使之柔软。

(4)由栲胶、氨基树脂鞣剂、构成复鞣填充使革面紧实易磨。

#### 2.11.2.6　黄牛白色软鞋面革复鞣

1)成革要求

成革丰满弹性好，白度好，抗曲挠性好，耐光。

2)工艺过程

① 铬鞣黄牛蓝坯，削匀至 1.2～1.25mm，称量，水洗 10min，排液。

| | | | |
|---|---|---|---|
| ② 漂洗 | 水(40℃) | 100% | |
| ③ 回软 | 回湿剂 | 0.5% | |
| | 草酸 | 0.5% | 60min |
| | 浴液 pH 5.5，排液 | | |
| ④ 复鞣 | 水(40℃) | 200% | |
| | 铬粉(*B*=33%) | 4.0% | |
| | 含铬合成鞣剂 | 4.0% | 120min |
| | 碳酸氢钠 | 0.5%～0.7% | 3×20min+60min |
| | pH 4.0，静置 10～12h，排液 | | |
| ⑤ 中和 | 水(35℃) | 100% | |
| | 中和剂(固体) | 2.0% | |
| | 甲酸钠 | 1.5% | |
| | 碳酸氢钠 | 0.5% | 60min |
| | 浴液 pH 5.5，排液 | | |
| ⑥ 复鞣，填充 | 水(40℃) | 100% | |
| | 丙烯酸中空树脂 | 2.0% | |
| | 丙烯酸树脂(中等分子) | 3.0% | 60min |
| | 加脂剂 | 2.0% | |
| | 白色合成鞣剂 | 8.0% | |
| ⑦ 加脂 | 水(50℃) | 100% | |
| | 加脂剂 | 14% | 90min |
| | 甲酸(85%) | 1.5% | 3×20min+30min |
| | 丙烯酸中空树脂 | 2.0% | 30min |
| | 排液，水洗，出鼓搭马 | | |

3)工艺说明

(1)先用草酸漂洗除去变价金属盐。

(2)用中空微球丙烯酸树脂进行丰满性复鞣及表面增白填充。

(3)用白色合成鞣剂复鞣填充，保证白色耐光。

(4)加脂固定后再补充表面填充中空微球丙烯酸树脂，增加白色。

### 2.11.2.7 黄牛压花家具革复鞣

1)成革要求

压花粒纹饱满，革身柔软平整挺拔，耐汗性好。

2)工艺过程

① 铬鞣蓝坯革挤水，摔软 20min，削匀，厚为 1.1～1.2mm，水洗 10min，漂洗回软，pH 3.6，排水。

| | | | |
|---|---|---|---|
| ② 复鞣 | 水(40℃) | | |
| | 铬粉(*B*=30%) | 4.0% | |

| | | | |
|---|---|---|---|
| | 戊二醛(50%) | 2.5% | |
| | 加脂剂 | 1.5% | 60min |
| | 甲酸钠 | 1.5% | 20min |
| | 碳酸氢钠 | 0.5% | 60min |
| | pH 4.0，停转结合，共12～14h，排液 | | |
| ③ 中和 | 水(40℃) | 150% | |
| | 中和剂(固体) | 2.5% | |
| | 甲酸钠 | 1.5% | |
| | 碳酸氢钠 | 0.7% | 60min |
| | pH 6.0，排水，水洗10min，排水 | | |
| ④ 染色，复鞣 | 水(40℃) | 150% | |
| | 染料 | 2.0% | 20min |
| | 丙烯酸树脂(大分子) | 6% | 20min |
| | 综合型合成鞣剂 | 4% | |
| | 荆树皮栲胶 | 8% | 60min |
| | 三聚氰胺树脂 | 4% | 30min |
| | 蛋白填料(固体) | 3% | 60min |
| | 甲酸(85%) | 0.5% | 20min |
| | 浴液 pH 4.2，排液 | | |
| ⑤ 加脂 | 水(50℃) | 150% | |
| | 加脂剂 | 14% | 60min |
| | 甲酸(85%) | 1.5% | 3×15min+20min |
| | 铬粉 | 1.5% | 20min |
| | 浴液 pH 3.6，排液，水洗，出鼓搭马，挤水，绷板干燥 | | |

3)工艺说明

(1)铬复鞣加入戊二醛，增加成革抗汗性。

(2)加入大分子丙烯酸树脂使革身弹性，连接性增加，压花形变性好。

(3)合成鞣剂助栲胶分布，氨基树脂加强对松部，配合蛋白填料构成紧实的填充。

(4)加脂前甲酸剂终端铬盐都为了稳定填充系统，保证湿态绷板时坯革内材料的稳定。

**思考题**

(1)写出一个复鞣工艺，并说明工艺操作过程的要求。

(2)从成革品种及原料结构出发，讨论一个理论复鞣填充方案。

# 2.12 本章参考资料阅读

1)阅读有关制革工艺学资料

出版书：制革工艺专著及相关教材。

出版期刊：《中国皮革》、《皮革科学与工程》、World Leather、JALCA、JSLTC。

其他参考资料：皮革化学品公司产品说明书。

2)查询电子资料

查询关键词：铬复鞣；坯革；复鞣；复鞣剂；树脂鞣剂；合成鞣剂；丙烯酸树脂鞣剂；填充；制革；鞋面革；家具革；服装革；箱包革。

# 第3章　皮革的染色
# (DYEING OF LEATHER)

皮革的染色是指用染料溶液处理皮革，使皮革着色的过程。染色的目的是赋予皮革一定的色调，通俗的说是颜色。皮革通过染色可以改善其外观，使之适应流行风格，增加其商品的价值。除一些底革、工业革、修面革可以利用材料本身色调或无需染色的产品外，大多数轻革在鞣制后都需要进行染色。

人类发现和应用天然矿物、植物染料已有四五千年的历史，皮革最早着色物来源于天然植物果叶花的提取物或无机矿物质。古埃及金字塔在公元前2500年，我国在公元前100年马王堆都有染色的痕迹。天然栲色、苏木精、桑色素、植物靛蓝、汞化合物等均为早期的着色物。1857年美国的W. H. Perkin用煤焦油中的苯制得了有机合成染料苯胺紫(mauveine)，并实现了工业化生产。随后各种染料相继出现，20世纪初出现了第一个稠环还原染料，1956年又出现了活性染料。从此以后，合成染料成为替代天然染料用作皮革纺织的主要染料。

染料是可溶于水或有机溶剂，能使纤维或其他物质染成鲜明而坚牢颜色的一类化合物。与颜料不同，染料分子与被染物有较强的亲和力，能与纤维反应，被固定在被染物上，使被染物牢固着色，被染物的颜色不易被擦掉或水洗掉。颜料不溶于水和有机溶剂，一般对纤维没有亲和力，不能被纤维直接固着。颜料需要通过黏合剂被固定在皮革表面而使革着色。因此，颜料的着色往往是染色的补充，可以弥补染色不均匀的缺陷，使革的颜色更鲜艳、明亮、均匀。但颜料与黏合剂的协同着色会影响革的性能，特别是革的“真皮”特性。随着对皮革产品要求的提高，对染色的要求也越来越高，特别是对于服装革和能保持“天然皮革”特性的苯胺革、全粒面革，以及不涂饰的绒面革、水染革等品种，染色成为主导。染料用于皮革的染色，应当满足下列基本要求：①被染皮革色鲜泽鲜艳、明亮、清晰、色调均匀一致，无色花、色差现象；②色调具有较高的坚牢度(不易变色、褪色)，如耐光、耐洗、耐摩擦等；③一定环境条件下，批与批产品之间能保持颜色的稳定性。

皮革染色方法较多，在转鼓、划槽染色，辊染，喷染，刷染等；在水浴进行染色，溶剂中染色也是皮革染色的方法。

皮革的染色效果不仅取决于高质量的染料，也取决于染色前革坯的状态、性质及染色工艺，即染料的应用技术，染色前后处理工艺等也影响着染色效果。因此要了解皮革与染料的上染特征，不仅要根据染色的要求和皮革的性质，合理地选择染料的种类和确定染料的配方，而且要充分考虑其他工序对染色过程的影响，采取适当的染色助剂，达到理想的染色效果。

## 3.1　颜色和颜色调配

在讨论皮革的染料及染色之前，需要简单了解颜色及染料发色理论，颜色的测量方法及颜色的拼配原理。

### 3.1.1　光和颜色关系的基本概念

人们感受到某一物体有颜色的判别应当具备三个必要条件。

(1)颜色的辨认需要光源。在黑暗中无法辨别物体的颜色；同一物体在阳光或荧光灯下，常有不同的色泽。

(2)物体对光的选择吸收性质。由于物质对可见光不同的吸收、反射性质导致人眼对物体有不同的颜色。

(3)人眼对颜色的辨认能力。人眼对颜色的辨认依赖可见光转换速度与空间的尺寸。不同的人对颜色辨认存在不同程度的差别

因此，可见色觉是光、物体、人眼相互作用的结果。

#### 3.1.1.1　光的性质

日光由各种波长的光组成。如果让一束白光穿过狭缝射到一个玻璃棱镜上，太阳光经过棱镜发生折射，即分解成各种不同的有色光，而在另一侧面放置的屏上形成一条彩色光带，排列的次序是红、橙、黄、绿、青、蓝、紫，称为光谱。光谱中每一种有色光都称为单色光。

以上的现象说明可见光是由各种单色光组成的。太阳是能够发光的自然光源，白炽灯、日光灯、碳弧灯等是发光的人造光源。太阳光和这些人造光源都是由单色光组成的复色光。复色光可以分解成单色光的现象，称为光的色散现象，见图 3-1。

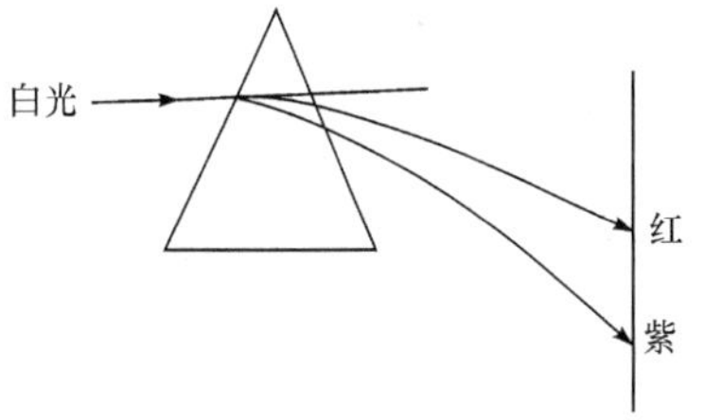

图 3-1　日光经棱镜后分解成多色光谱

光是一种波，有一定的频率。光波在媒质中传播时又有一定的波长和传播速度，设$\lambda$为波长，$c$ 为光速，光波的频率为 $v$，它们之间的关系可表示为：$v = c/\lambda$。

光的颜色是由光波的频率决定的。各种单色光的频率不同，红色光的频率最低，紫色光的频率最高。光的色散现象是不同频率的光波产生的分解现象。在空气中，光的传播速度近似于在真空中的传播速度，即 $3\times10^5$km/s。不同频率的单色光从空气进入棱镜后，速度发生了改变，其折射随频率不同而不同。频率低的单色光折射率也小，如红光；频率高折射率也大，如紫光；这样就形成了日光通过棱镜后的光谱位置排列与单色光的频率次序的一致性。

虽然日光通过棱镜后分解成可辨别的七种有色光，见表 3-1，但实际上每种有色光中又包含一定波长范围内的许多不同波长的有色光。

**表 3-1　光谱色的分配**

| 光谱区域 | 波长/nm | 频率/$s^{-1}$ |
|---|---|---|
| 红 | 770～640 | $3.9\times10^{14}$～$4.7\times10^{14}$ |
| 橙、黄 | 640～580 | $4.7\times10^{14}$～$5.2\times10^{14}$ |
| 绿 | 580～495 | $5.2\times10^{14}$～$6.1\times10^{14}$ |
| 青、蓝 | 495～440 | $6.1\times10^{14}$～$6.7\times10^{14}$ |
| 紫 | 440～400 | $6.7\times10^{14}$～$7.5\times10^{14}$ |

太阳光线中除了有色光线以外还包括人眼看不见的、波长不同的一系列光线，靠近红色

光线的部分称为红外线，靠近紫色光部分的光线称为紫外线。"可见光谱"部分是波长为 400～760nm 的光线，这只是各种光波中一个极为狭小的范围，图 3-2 为光的波长分布。

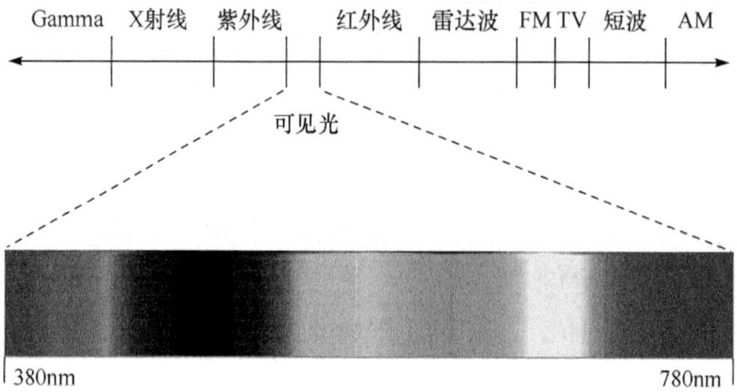


图 3-2　光的波长分布示意

3.1.1.2　光和颜色的关系

颜色是不同波长的光在人眼中的反映。人们肉眼所感觉到的自然界各种各样的色彩是外界光源照射在物体上，各种物体对光不同的吸收和反射的结果。对于透明体，其颜色就是其能透过的光的颜色，如红色玻璃用白光照射时，主要是透过红色光，其他色光被物体吸收了，因此，呈现红色。如果这种透明体能透过各种不同波长的色光，它就是无色透明体，如无色玻璃等。

当物质受到光线照射时，一部分光线在物质表面上直接反射出来，同时有一部分透射进物质内部，光的能量部分被物质所吸收，转化为分子运动能量，剩余的光又返回或投射。如果物体表面能够把射入所有不同波长的有色光几乎全部吸收，该物体就是黑色的不透明体。反之，如果能够把各种有色光全部反射出来，就是白色的不透明体。一种物质能够把组成白光的各种不同波长的有色光同等程度地吸收，则呈现灰色。

不透明体的颜色就是光线照射其表面被反射的光的颜色。当白色光照射到不透明体时，反射了与物体同一颜色的有色光而吸收了其他波长的有色光。一块红布是吸收了日光光谱中由绿到紫的一段光波，剩余的光波显出红色。绿叶是由于它反射绿色光，而吸收了其余的色光。所以物体的彩色是其对连续照射的白色光中一定波长的光的选择吸收的结果。也可以说，光照射在物体上，物体若吸收了波长为 500～560nm 的光线(吸收绿色光部分的光线)，物体就是紫红色，这是因为所有可见光谱中除了被吸收的以外，剩余部分为波长 400～500nm 和 560～760nm 的有色光，综合起来成为紫红色。

如果将整个可见光谱分为任意选择的两部分混合起来即可得到白色，这种互相补充若成为白色，这一混合色称为互为补色。因此称紫红色是绿色谱的补色。所以在可见光谱中，除去被选择吸收的有色光以外，其余光综合起来，就是人们视觉感觉到的颜色，即该物体吸收的光谱色的补色。光谱色及其补色见表 3-2。

**表 3-2　光谱色的范围及其补色**

| 波长范围/nm | 760～647 | 647～585 | 585～565 | 565～492 | 492～455 | 455～424 | 424～400 |
|---|---|---|---|---|---|---|---|
| 光谱色 | 红 | 橙 | 黄 | 绿 | 青 | 蓝 | 紫 |
| 补色 | 蓝绿 | 青 | 蓝 | 紫红 | 橙 | 黄 | 黄绿 |

根据补色的关系，在染色时如果发现染料副色较强，则可加副色的补色来调整色泽。例如，在染黑色时，发现黑度不正，泛有一定的红色，则可以在染色时加入适量的红色的补色——蓝绿色染料，使颜色显得纯正。

人们对于颜色的感觉是由于光线与物质的相互作用反映在人的视神经上的结果，人们感觉到的颜色是由视神经的三种神经中心受到的刺激强度共同决定的，三种视觉神经受到相同程度的强烈刺激，就产生白色感觉；所受刺激较弱，就感觉灰色；三种视觉神经都没有受到刺激就感觉是黑色。当这三种视觉神经单独受到刺激时，一种是产生纯红感觉(波长为 700～570nm)，另一种是纯绿感觉(波长为 570～490nm)，第三种是纯蓝感觉(波长为 490～400nm)。光线照射到有色物质后反射出来的光同时刺激这三种神经，而不同波长的单色光对三种神经的刺激程度不同，经过大脑色觉皮层综合后，就使人产生颜色的感觉。

不同光源照射下，物体的颜色不同。颜色并不是物体的固有属性。例如，在日光照射下呈红色的物质在绿光照射下呈黑色，在红光照射下则增加艳度；在日光照射下呈棕色的皮革若用强烈的黄红色光(如晚霞光)照射则为橙色，如在绿色光(如绿叶丛中)下来看则为橄榄色。因此在配色、判断、摹染物体的颜色时，最好在自然的日光下进行。

#### 3.1.1.3　染料分子与颜色的关系

在光线照射下，不同的物体选择吸收和反射不同波长的光线，呈现不同颜色。而选择吸收与物质的结构有关。任何物质或染料分子都具有一定量的内能，当它吸收光能时，物质中各级粒子可以从一个能级转到另一个能级；吸收光的能量只能相当于该分子两个能级之差，能量的差别显示出不同的波长。这就是染料分子对光的吸收具有选择性的原因。分子内电子能量发生变化前后的分布状态称为基态和激发态，$E_0$ 为基态能量，$E_1$ 为激发态能量，则能差为 $\Delta E = E_1 - E_0$，$\Delta E$ 即为被染料分子选择吸收的能量。已知

$$E = h\nu$$

而频率 $\nu$ 相当于 $\frac{c}{\lambda}$，则 $E = \frac{hc}{\lambda}$，以摩尔计，光线选择吸收的波长与分子由基态到激发态所需能量的关系可用下式表示

$$E = \frac{hcN}{\lambda}$$

或

$$\lambda = \frac{hcN}{E}$$

式中，$N = 6.02 \times 10^{23}\,\text{mol}^{-1}$，为阿伏伽德罗常量；$c = 3 \times 10^{17}\,\text{nm/s}$。

$$E = \frac{hcN}{\lambda} = \frac{1.20 \times 10^5}{\lambda}(\text{kJ/mol})$$

在可见光波范围内的激化能最高相当于

$$E = \frac{1.2 \times 10^5}{400} = 300(\text{kJ/mol}) \qquad E = \frac{1.2 \times 10^5}{760} = 158(\text{kJ/mol})$$

因此，只有在 158～300kJ/mol 能量范围内产生激化状态的分子才是有色化合物。

在染料化学领域中，做了许多把颜色和分子结构相联系起来的工作，从 1868 年提出了发

色团和助色团学说，又有醌构理论，用电子云概念解释色深浅的某些规律。近年来又有从分子轨道理论来研究有机化合物颜色和分子结构的关系。从早期的学说反映有机化合物的颜色和分子结构外在关系的某些经验规律，发展到物质结构内部能级跃迁所需能量的微观内在规律。

发色团和助色团学说认为：有机化合物的颜色与分子中发色团有关，含发色团的分子称为发色体。发色团如—CH＝CH—、$\rangle C{=}O$、—N＝O、$-N\begin{smallmatrix} \nearrow O \\ \searrow \end{smallmatrix}$、—N＝N—等。

增加共轭双键可使颜色加深，羰基增加颜色也加深。当引入另外一些基团时，也会使发色体颜色加深，这些基团称为助色团，如氨基、羟基和它们的取代基等。

色的醌构理论提出分子中由于醌构的存在而产生颜色，如对苯醌是有色的，在解释芳甲烷染料和醌亚胺染料的颜色时，得到应用。

有机化学电子理论认为，原子间键的性质、电子流动性和激化能的关系、分子结构与颜色的关系存在某些规律。

染料的分子结构与其颜色的关系理论问题比较复杂，而且正在不断完善之中，有关这方面的问题可参考有关的染料化学书籍。

### 3.1.2　颜色的测量

物体的颜色是由于物体对可见光选择吸收的结果。物质对光的选择吸收性是由其本身结构特性决定的。物体的颜色以视觉效果来看，一般可分为消色(非彩色)和彩色两大类。消色表示物体对光无选择吸收，包括白色(不吸收可见光)、黑色(可见光全部吸收)和灰色(无选择、部分地吸收可见光根据对可见光的吸收程度，又可分为亮灰色、灰色和暗灰色；彩色是物体选择吸收某种波长的可见光而呈现的颜色。另外，根据人们对颜色的感觉，可以将颜色分为暖色调(含有大量黄、橙和红的色调)和冷色调(如与蓝、紫接近的色调)。

经典的测定被染物颜色的色光和深度的方法是目测法，这种方法依赖于操作者的经验，受人的主观因素影响较大，因此为了分辨颜色之间的微小差别，更精确地控制染料及被染物的颜色，用具体数据表示颜色和色差，有利于对颜色做全面的分析，更适合于计算机配色。

#### 3.1.2.1　颜色的属性

颜色视觉的基本属性：色调、明度和饱和度。颜色是人们对物体物理性质的一种感觉。这种感觉的产生是由于物体选择反射可见光，被反射的各单色光以不同比例和不同强度射入人眼，刺激了感色细胞，其分光刺激强度以脉冲信号传送给大脑所产生的一种综合反映。颜色视觉有三个基本特征是表示颜色的基础，所以明确颜色视觉的基本特征对说明和分辨颜色是必要的。

国际上统一规定了色调、明度和饱和度为鉴别颜色的三个特殊的物理量，即

色调——区别颜色必要的名称，符号为 hue，简写为 H。

明度——颜色明暗的性质，符号为 value，简写为 V。

饱和度——颜色的纯度，颜色的饱和状态，符号为 chroma，简写为 C。

色调、明度和饱和度是颜色的三属性。消色之间只有明度和反光多少的差别，彩色间除明度差别外，还有色调和饱和度的差别。

1) 色调

色调又称色相、色别或色名，是颜色最基本的性质，是色与色的主要区别。它可以比较明确地表示某种颜色的色别，如红、橙、黄、绿等。色调由射入人眼的光线所具有的波长和光谱组成决定，如射入人眼的光线为单色光时，该颜色的色调取决于该单色光的波长；而射入人眼的光线为混合光时，该颜色的色调取决于该混合光中各单色光的波长和各波长光线的相对量，色调以光谱色或光的波长表示。用光的波长来表示色调，只是表示了这一颜色同光谱中某些波长能给人产生相同的视觉效果，并不说明光谱成分一定相同。

人眼对光谱中不同波长色光刺激的敏感性并不相同，因此，人眼对不同色调的辨别能力不同。在 494nm 附近的青绿光和 585nm 左右的橙黄光，只需波长 1～2nm 的变化，具有正常视觉的人就能分辨；对绿光光谱段就需要有 3～4nm 的变化才能区别；而光谱两端的红光谱段及蓝紫光谱段，人眼对波长变化的反映能力非常迟钝，特别是从波长 655nm 到光谱红色末端，以及由 430nm 到光谱紫色的一端，人眼几乎无法区分颜色上的差异。

色调也就是通常所说的颜色的深浅。从黄色到绿色，最大吸收波长从短到长，称颜色加深(深色效应)；从绿色到黄色，最大吸收波长从长到短，称颜色变浅(浅色效应)。从吸收光的性质和最大吸收波长的情况来说，常称黄色、橙色为浅色，蓝色、绿色等为深色，见图 3-3。

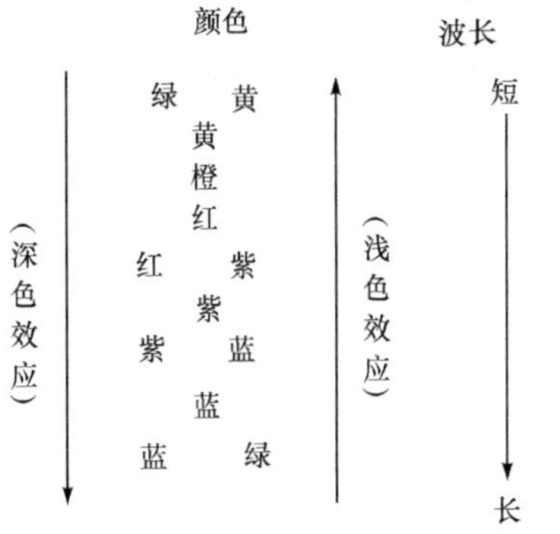


图 3-3　深浅色效应与吸收光波长

2) 明度

明度是物体单位表面对光的反射、透射率或辐射光能量不同，对人眼视觉所引起的刺激强弱的程度。反射光的量越多，对视觉神经细胞刺激越强，明度就越大；反之，视觉神经细胞所受刺激越弱，明度越小。例如，所有消色成分的色调和纯度都是相同的，但明度不同，明度越小，越接近黑色，绝对黑体的明度为零；反之，越接近白色，明度越大。因此，明度可以用物体表面对光的反射率来表示。

在光谱色中各种色光的明度是不同的，其中黄色、橙色、绿色等色的明度最高，橙色比红色的明度高，蓝色与青色要暗些。

明度是颜色的亮度在人们视觉上的影响，人眼对物体明度的变化是很敏感的。反射光有极小的变化，甚至低于 1%的变化，人眼就能感觉出来。

颜色的明度，即通常所说的颜色的浓淡，物体对可见光的吸收程度越大，颜色越浓，明度越小，反之，物体对可见光的吸收量越少则颜色越淡，明度越大。

3) 饱和度

饱和度也称纯度，或称艳度，光谱中每一单色光都各自具有一定的颜色。纯度表示颜色中某光谱色的含量。各光谱色是极纯色，以其纯度作为 100%，颜色中光谱色含量越多，颜色纯度越高；而白色、中性灰色、黑色等，消色中不含光谱色，其纯度为零。颜色中含消色成分越少，其纯度越高。因此，纯度可用颜色中彩色成分和消色成分的比例来表示。

颜色的色调、明度和饱和度的三种属性互为因果，彼此影响，不能单独存在。三种属性中任何一特征不同，则两种颜色就不会是相同的。

#### 3.1.2.2　颜色的三刺激值

生理学阐明，人眼视网膜上有锥形和杆形两种神经细胞，前者对光的灵敏度比较低，但产生颜色感觉信号；后者对光的灵敏度比较高，受光刺激后只产生物体的形状、大小、材质的知觉信号，而不能产生颜色感觉信号。两者具有不同的视觉功能。此外，正常人眼对可见光谱中各单色光的灵敏度是不相同的，这也是视觉的特性，即当各单色光射入人眼的光量相同时，人们所感觉到它们的各个明度是不相同的。锥形视觉神经细胞对波长为 555nm 的黄绿色光的光效率最高，即感觉最亮，而杆形细胞对 510nm 的光线感觉最亮，见图 3-4。可见光谱灵敏度曲线各有一个最大值，相对地对红光和紫光是不灵敏的。根据颜色视觉理论 Young-Helmholtz 学说，认为人眼视网膜上至少有三种不同感色锥形神经细胞，它们的分光灵敏度最大值分别在红、绿、蓝区域内，见图 3-5。由图可知，任何一种颜色都是这三种感色神经细胞遭受不同程度、不同比例刺激的结果。

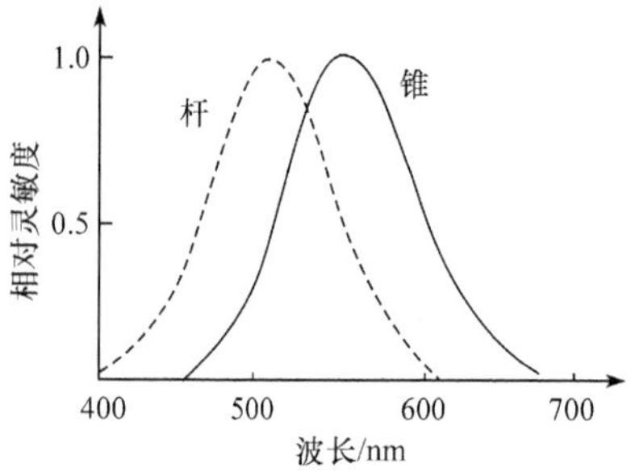


图 3-4　视觉灵敏度曲线

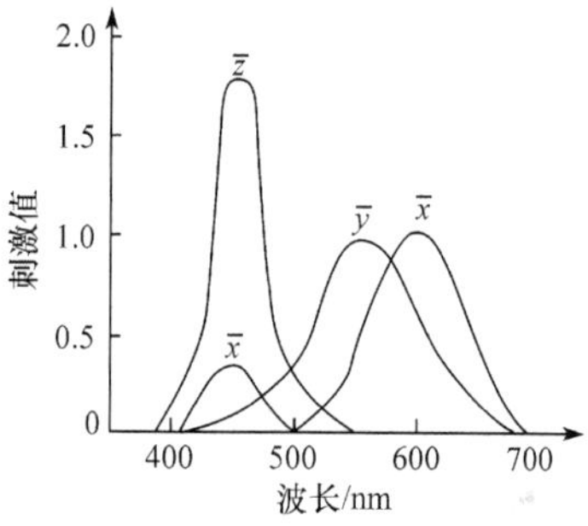


图 3-5　等色函数曲线

把光度计视野的一侧被试样反射光照射，另一侧用红、绿、蓝三种色光混合照射，适当调整三种色光的比例，使视野两侧等色，这时，三种色光的相对量分别为该颜色的三刺激值，通常用 $x$、$y$、$z$ 来表示。三刺激值是表色、测色及色差计算等方面的基本数据。光谱三刺激值曲线表明具有一定波长单色光的三种色光分配比例。光谱三刺激值的波长函数，称为分配系数。

物体各种颜色的三刺激值，可用下式求出：

$$y=\int_{380}^{780}E_\lambda\rho_\lambda\bar{y}_\lambda\mathrm{d}\lambda\ ,\quad x=\int_{380}^{780}E_\lambda\rho_\lambda\bar{x}_\lambda\mathrm{d}\lambda\ ,\quad z=\int_{380}^{780}E_\lambda\rho_\lambda\bar{z}_\lambda\mathrm{d}\lambda$$

式中，$E_\lambda$ 为光源 $E$ 在波长 $\lambda$ 时的能量；$\rho_\lambda$ 为有色物体在波长 $\lambda$ 时的反射率(或透射率 $\tau$)；$\bar{x}_\lambda$、$\bar{y}_\lambda$、$\bar{z}_\lambda$ 分别为波长 $\lambda$ 时的光谱三刺激值。

由于 $E_\lambda$、$\rho_\lambda$、$\bar{x}_\lambda$、$\bar{y}_\lambda$、$\bar{z}_\lambda$ 不能以解析函数表示，因此上式不能直接进行计算，而采用近似法求得，所得结果准确度较差，以后用等波长间隔法列表计算，其结果准确度虽略高，但计算烦琐费时，继而发展为选择坐标法进行计算。近年来可在测色仪器中装进微处理机、直读存储器、随机存储器和打印机，使测量工作更加简捷，随时可以直接得到测试结果。

#### 3.1.2.3　色的表示方法

每一种颜色都有其三刺激值，是用数值说明一定颜色的性质，也为其他表色方法确立了基础。但三刺激值未能直接表达出颜色特性，颜色是视觉三个基本特征构成的色立体，见图 3-6。在表示颜色时，使用三刺激值的标准值作为色度坐标：

$$x=\frac{x}{x+y+z}\text{，}\ y=\frac{y}{x+y+z}\text{，}\ z=\frac{z}{x+y+z}$$

$x+y+z=1$，且$x$、$y$、$z$都是小于 1 的正数。其中的$x$和$y$分别为平面坐标的横、纵坐标，以可见光谱中各个单色光的三刺激值计算$x$和$y$。把它们在$x$-$y$色度图上的坐标点连接起来，得到抛物线形曲线，将两端以直线连接起来，则呈马蹄形的光谱轨迹，见图 3-7，这是国际照明委员会推荐的色度图。任何颜色，当已知其$x$、$y$、$z$三刺激值后，可算出色度坐标$x$和$y$，即可在$x$-$y$色度图上表示出其位置。图中直线 *RV* 上各点代表红色和紫色的不同比例混合色——红紫色。因为在 *WRV* 三角形区域中，任何一个色度点与 *W* 点相连接的直线都不能与光谱轨迹相交，所以任何配比的红紫色都不能用白色和一个光谱色配出，故称红紫色为非光谱色。

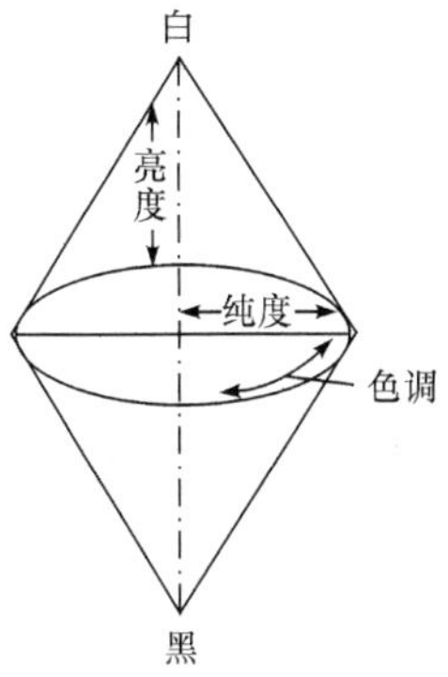


图 3-6 颜色立体图

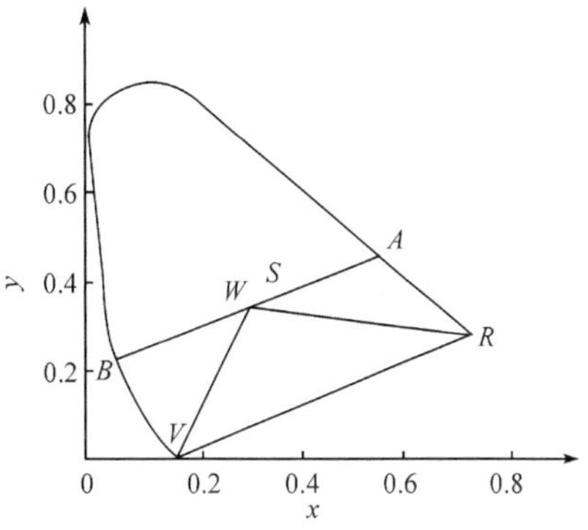


图 3-7 $x$-$y$ 色度图

图 3-7 中 *W* 点为消色点，该点及其附近代表白色。通过 *W* 点的直线交于光谱轨迹上任意两点，该两点所代表的色互为补色，即这两点所代表的单色光以一定比例相混合时可得到白光。

日常所观察到的各种颜色，都包括在马蹄形光谱轨迹范围内，都是光谱色和消色的混合色。坐标点位置越接近光谱轨迹，该颜色的纯度越高，而越接近消色点，其纯度越低。例如，某一颜色的坐标位置在 *S* 点，连接 *SW* 再延长，使之与光谱轨迹曲线相交于 *A* 点，则 *A* 点的波长就是该颜色的主波长，表示 *S* 点颜色的色调。把 *SW* 连线向另一端延长交于 *B* 点，则 *B* 点与 *A* 点互为补色。*WA* 线上任何一点都代表与 *S* 点色调相同而纯度不同的颜色。以 $SW/AW\times100$ 表示 *S* 点颜色的纯度。

由于分配系数$\bar{y}$曲线(图 3-6)和人眼光谱效率曲线相似，即分配系数$\bar{y}$与颜色的明度呈比例关系，故用三刺激值中的$y$值代表颜色的明度。

这种用$x$、$y$、$\bar{y}$表示颜色的色调、纯度和明度的方法称为 *xyy* 表色法。

#### 3.1.2.4 色差

色差是两种颜色在色调、纯度和明度三方面差别的综合，是两个色度点在色空间中的几何距离。一种颜色在平面坐标的色度图上是一个坐标点，当坐标点的位置稍有改变时，人的视觉并不能感觉颜色发生了变化。一种颜色，在色度图上是一个坐标点，而对视觉来说，颜色在色度图上是一个范围。人眼对光谱的不同波长色差的感受性是不同的，见图 3-8。在 490nm

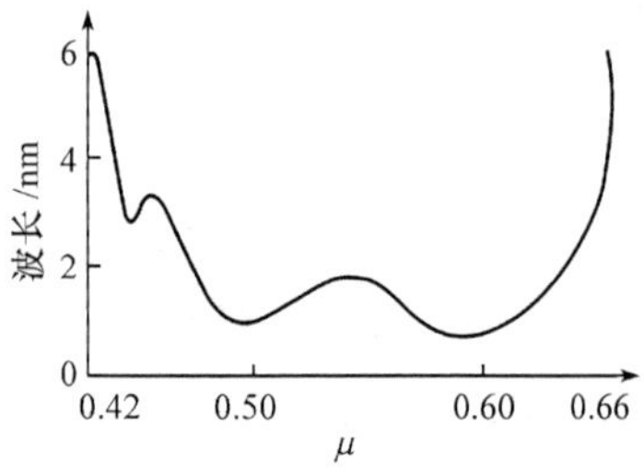


图 3-8　人眼对光谱的辨认力

和 600nm 附近视觉的辨色能力很强，几乎能察觉 1nm 的差别；而在 430nm 和 650nm 附近辨色能力很低，直到有 5～6nm 差别时才有察觉。所以色差不宜用色度图上色度点间的距离表示。经过许多研究，提出了一些计算公式，至今仍在不断改进，其结果是用数值表示颜色间差别的程度。用 $\Delta E$ 表示色差，用 NBS 单位来表示色差程度。

色差计算公式：

$$\Delta E_{(LAB)}=[(\Delta L)^2+(\Delta A)^2+(\Delta B)^2]^{1/2}$$

式中，$\Delta L$、$\Delta A$、$\Delta B$ 分别代表试样和标准样的 $L$、$A$、$B$ 值间的差。而 $L$、$A$、$B$ 的值可由以下公式计算：

$$L=116(y/y_0)^{1/3}-16$$

$$A=500[(x/x_0)^{1/3}-(y/y_0)^{1/3}]$$

$$B=200[(y/y_0)^{1/3}-(z/z_0)^{1/3}]$$

式中，$x_0$、$y_0$、$z_0$ 为光源三刺激值；$x$、$y$、$z$ 为样品三刺激值。

3.1.2.5　色深值

有经验的颜色评测者评价两种样品间强度的差别，可达 2%～5%，但评定工作受人的主观因素和评定时的客观因素影响较大，测量两种染样的分光反射率及鉴别它们的强度差，曾有许多经验公式，如：

① Kubelka-Munk 式

$$色深值\ K/S=\frac{(1-R)^2}{2R}$$

式中，$R$ 为样品的反射率。

② Integ 色深值公式

$$色深值\ \mathrm{Integ}=\sum_{400}^{700} I_\lambda F_\lambda (x_0+y_0+z_0)$$

式中，$F_\lambda=\frac{[1-(R_\lambda-R_0)]^2}{2(R_\lambda-R_0)}-\frac{[1-(R_s-R_0)]^2}{2(R_s-R_0)}$；$R_\lambda$ 为样品在波长 $\lambda$ 处的反射率；$R_s$ 为染色纤维在波长 $\lambda$ 处的反射率；$R_0$ 为一个小数值常数。

应用测定染样的色深值进行比较，可测定染料的上色率和活性染料的固色率，分散染料的热熔曲线等。

### 3.1.3　颜色的调配

用一种染料对皮革染色，往往不能获得所需要的颜色，而必须选择几种染料进行配色。人的眼睛不能分辨出光中不同波长的单色光，不能将两个波长不同的光的混合颜色与另外一种同颜色的单色光加以区别，例如，将光谱的红色和蓝色部分相混合，可得到紫色，对人眼来说，这种紫色与光谱色的紫色是一样的，因此人眼这种典型的性能使颜色的调配成为可能。

染料的配色与有色光(光谱色)的混合是有区别的，在光谱颜色中，红、绿、蓝三种颜色的光称为三原色。这三种色之中的任何一种不能由另两种色调配出，但以这三种色光为基础可以调配出各种其他的色光。这三种色光可混合成白光，显然明度增加，因此色光的混合称为色的相加混合。相应地，人眼视网膜也至少有三种不同感色锥形神经细胞，它们的分光灵敏度最大值分别在红、绿、蓝区域内，因此人眼可以感受出各种不同的颜色。彩色电视机变化的色调就是通过这三种色光匹配来的。

物体的颜色是由入射的白色光中除去被吸收部分的光线，而呈现的是被吸收光线的补色。染料或颜料的混合是减色混合，不同于色光的相加混合，因为互补的色先混合后相加呈白色，而互补的染料或颜料混合，无论怎样都调配不出白色，得到的颜色比所用的最亮的颜色暗，比例适当时为黑色。而减色混合的三原色是加法混合三原色的补色，即红色的补色为蓝绿-青色，绿色的补色为紫红色，蓝色的补色为黄色，习惯把青色、紫红色看作蓝色和红色，因此减色三原色即为红、蓝、黄，同样三原色中的任一种色不能用另两种颜色调配出来。

染料混合以后的颜色是由各种染料所反射的混合光所决定的。在配色时要有特殊的经验，虽然目前还没有一套严格的配色方法，配色仍是以经验为主，但在这一方面也有一些有效的规律，按照这些规律有可能迅速掌握配色。下面介绍利用配色三角形配色的基本原理。

减法三原色红、黄、蓝三种颜色无法用其他颜色调配。理论上用这三种颜色可以配成各种颜色，用减法三原色组成一个正三角形。如图 3-9 所示，正三角形的顶点分别为三原色，中央有一个倒置的黑色三角形的黑色区。三角形边上所属的颜色为二元色。这类颜色由改变三原色中的某两种色的比例而配成。如在黄色和蓝色的夹边上可构成柠檬、艳绿、湖蓝等一系列二次色；在黄色与红色的夹边上可构成橙色、猩红等一系列二次色。在二次色中，从黄色起沿三角形配色图的两边向红、蓝方向移动，则色泽依次加深。

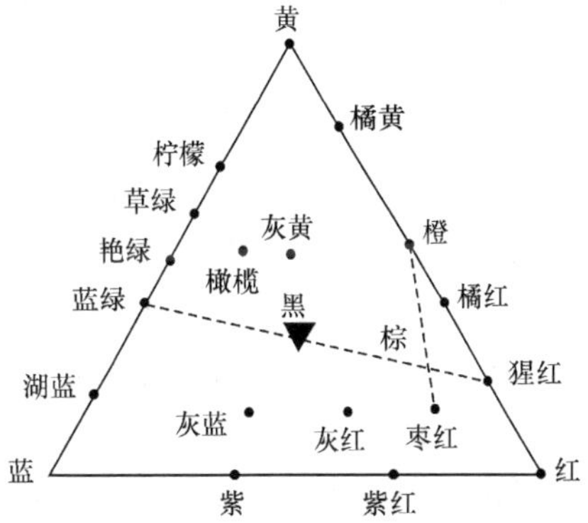


图 3-9　三角形配色图

除原色和二次色外，在红黄蓝三角形内的颜色称为三次色。即三角形内每一点上的色都具有红、黄、蓝三种原色的色调。在配色图的中心有一个倒置的黑三角形，它所在的位置称为黑色区，等量的黄、红、蓝三原色即可拼得黑色。此外，通过黑色区的任一条直线，与配色图两边相交的两点所指示的颜色基本上互为余色，它们按一定比例也能拼成黑色。如猩红色经过三角形中心(黑色区)到对边为蓝绿色，即猩红色与蓝绿色互为余色，适当的混合可拼成黑色。

在三角形内某点所表示的颜色，一般可以用通过该点直线的两端所示的颜色来拼配。如对皮革染色非常重要的棕色色调，在配色图右下方 1/3 的位置上，是由邻近的橙、猩红、红、紫红及黑色色调包围着，因此，根据在图中的位置，就可按此法选择适当的染料进行拼配。如果欲用橙色染料染中等红棕色，由图可知，应与带蓝光的枣红色染料混合拼配。在所有这类配色中，必须防止太靠近中心的黑色，否则染色浑浊、不鲜艳且不够饱满。

在染色中利用三原色拼配的几种基本色调可参见表 3-3。

**表 3-3 利用三原色拼配的几种基本色调**

| 配得色调 | 所用染料的颜色 | | |
|---|---|---|---|
| | 黄 | 红 | 蓝 |
| 橙 | 5 份 | 3 份 | — |
| 绿 | 3 份 | — | 8 份 |
| 紫 | — | 5 份 | 8 份 |
| 橘黄 | 8 份 | 2 份 | — |
| 猩红 | 2 份 | 8 份 | — |
| 蓝绿 | 3 份 | — | 7 份 |
| 红蓝 | — | 3 份 | 7 份 |
| 蓝红 | — | 7 份 | 3 份 |
| 柠檬色 | 7 份 | — | 3 份 |
| 棕 | 4 份 | 4 份 | 2 份 |
| 海蓝 | 2 份 | 4 份 | 4 份 |
| 橄榄绿 | 4 份 | 2 份 | 4 份 |
| 黑 | 1 份 | 1 份 | 1 份 |

染色过程中，染料的调配按上述规律进行，在色调上比较容易达到要求，但在颜色的纯度(鲜艳度)和明度(浓淡)方面则不容易达到要求，染色时，染料的品种越少越好，用的染料种类多，由于是减色混合，往往使颜色变暗，明度不够，配色后如颜色发暗、变灰，则需要重新配色，再加其他颜色的染料往往会使颜色更暗。

在实际的皮革染色过程中，颜色的调配非常复杂，影响因素很多。皮革染色时，革最终的颜色由染料的色调和用量决定，而且与染料的性质(成分、分散度、溶解度、渗透性和电荷性等)、革坯的性质和状况(本身的色调、鞣法、表面电荷等)和染色条件(液比、温度、时间和 pH)等密切相关。

皮革染色时的调色是一项复杂而细致的工作，要求染色技师具有丰富的经验和对颜色的变化具有高的敏锐性。一般在染料拼配过程中应注意选用染料为染色性能相近的同类染料，以便采用同一种染色方法进行染色；考虑到不同染料与皮革作用的方式和程度不同，特别是在革内的渗透性的差异所造成的色差等问题；在配色时尽量考虑用较少种类的染料，避免染料种类过多而造成颜色的艳度和亮度较低，以及易产生色花、色差和染色不均匀等问题。

### 思考题

(1)能否用三原色染黑色？为什么？

(2)染料不纯，出现副色怎么办？

(3)一种颜色可用几种配方？根据什么原理？

## 3.2　染料简介及皮革常用染料

根据染料的来源可分为天然染料和合成染料。在合成染料发明以前，纤维的染色几乎完全是天然染料，天然染料主要是从自然界存在的有色物质——植物和动物中取得的，如靛蓝、茜素、五揞子、胭脂红等是我国古代最早使用的植物和动物染料。皮革染色，也很早就开始使用天然染料，如用染料木(苏木、黄木和红木等)的浸提膏与金属离子配合使用对皮革进行染色。随着工业的发展，合成纤维的大量发展，有机合成染料得到极其广泛的应用。

合成染料的品种很多，光谱范围广，能基本满足人们对各种纤维染色的需要。染料所用的原料主要是芳香烃类及其衍生物。初期的合成染料大多是以苯胺为原料合成的。当时，把合成染料称为苯胺染料，在皮革染色中现在还沿用这一名称，如把用染料染色的革称为“苯胺革”。后来也把杂环化合物作为染料的原料。合成染料的原料主要来自于炼焦工业副产物和石油化工产品，成为各种纤维染色，包括皮革染色的主要着色物。

### 3.2.1　染料的分类、命名和基本特性

#### 3.2.1.1　染料的分类

人们在长期实践的过程中逐步了解了各种纤维的特点、结构和性能。在生产和应用染料的过程中发现某些染料适合某些纤维的染色，而不适合于其他纤维的染色，或者在某些环境下适合染色，某些环境下不适合染色。随着染料的类型、品种不断发展及总结，对于品种繁多的染料，一般有两种分类方法：①根据染料品种的应用性能和应用方法来分类(为应用方便，一般商品染料的名称大多是根据染料的应用分类来命名的；②根据染料分子结构来分类。应用分类和结构分类又常常相结合。

1)按化学结构分类

这种分类是根据染料分子中相同或相似的结构、染料分子内的一些共同的基团、染料相似的制备方法或染料共同的反应性质等进行分类。以染料分子中类似的基本结构分类，如靛族、芳甲烷、酞菁等；染料分子中各有其共同基团，如偶氮基、硝基等。染料的化学分类主要类型如下。

(1)偶氮染料：含有偶氮基(—N═N—)的染料。

(2)硝基和亚硝基染料：含有硝基(—$NO_2$)的染料，称为硝基染料；含亚硝基(—NO)的染料称为亚硝基染料。

(3)芳甲烷染料：包括二芳基甲烷和三芳基甲烷结构类型的染料。

(4)蒽醌染料：含有蒽醌结构的衍生物染料，如含羟基或氨基蒽醌及其磺酸衍生物染料等。

(5)稠环酮类染料：含有稠环酮类结构或其衍生物的染料。

(6)靛族染料：含有靛蓝或类似结构的染料。

(7)硫化染料：含有双硫键、巯基等复合结构芳族染料。

(8)酞菁染料：含有酞菁金属络合结构的染料。

(9)醌亚胺染料：醌亚胺是指苯醌的一个或两个氧置换成亚胺基结构的染料。

(10)反应性染料(习惯称为活性染料)：含有能与纤维发生反应生成共价键的染料。

此外，还有其他各种结构类型的染料，如含氮蒽、氧氮蒽、硫氮蒽、甲苯、二苯乙烯等结构的染料等。

2)按应用分类

染料应用分类的根据是染料的应用对象、染料的染色方法、染料的应用性能及与被染物质的结合形式等，主要类别如下。

(1)酸性染料和酸性媒介染料：染料分子中含磺酸基、羧基等酸性基团而成为有机酸盐的形式，在酸性或中性染浴中可以染蛋白质纤维和聚酰胺纤维(与纤维结构中的氨基或酰氨基相结合而染色)；有些染料用金属媒染剂处理后，能在纤维中形成金属络合物而固着在纤维上。

(2)碱性染料：染料分子中含碱性基团，如氨基或取代的氨基，能与蛋白质纤维上的羧基成盐而直接染色。

(3)直接染料：分子中含酸性水溶性基团，主要用于纤维素纤维的染色；染料分子与纤维素分子之间以氢键结合。

(4)硫化染料：染料不溶于水，由于在硫化碱溶液中染色，所以称为硫化染料，主要应用于棉纤维的染色。

(5)中性染料：属金属络合结构的染料，在近于中性的染浴中染色，所以称为中性染料，应用于维尼纶、丝绸、柞丝绸、羊毛等织物的染色。

(6)冰染染料：由重氮组分和偶合组分在纤维上反应形成不溶性偶氮染料；由于早期染色时是在冷却条件下进行的，所以称冰染染料，主要应用于棉布染色。

(7)还原染料：还原染料不溶于水，用还原剂(保险粉，$Na_2S_2O_4$)在碱性溶液中还原成可溶性的隐色体而染色。染色后的纤维或织物经氧化使隐色体在纤维内部转变成不溶于水的染料，主要应用于纤维素纤维的染色，牢度优越。

(8)溶靛素和醌蒽素：它们是可溶性的还原染料，主要用于棉布印花，少量用于丝、毛的染色。

(9)活性染料：反应性染料习惯称为活性染料，在这类染料分子结构中带有反应性基团，染色时与纤维分子中的羟基或氨基发生化学结合，所以称为反应性染料(或活性染料)，主要用于棉、麻、丝等纤维的印染，也能用于羊毛和合成纤维的染色。

(10)分散染料：染料分子中不含水溶性基团，用分散剂将染料分散成极细颗粒而进行染色，所以称为分散染料，主要应用于合成纤维中憎水性纤维的染色，如涤纶、醋酸纤维等。

(11)阳离子染料：它是染腈纶的染料，这类染料溶于水呈阳离子状态，所以称为阳离子染料。

(12)其他：如颜料、色淀，以及正在发展中的丙纶染料、荧光增白剂、混纺织物染料等。

染料结构分类和应用分类存在结构上的关联。偶氮染料由于取代基特点不同，既有酸性染料，又有活性染料，还原染料中既有靛族，又有蒽醌结构。

另外，染料根据其溶解性和在水中染料所带电荷的情况可分为水溶性和非水溶性两类，其中水溶性染料又可分为阴离子染料、阳离子染料和两性染料。

皮革染色中常用的染料为酸性染料、直接染料和金属络合染料，在一些特殊情况下还使用一些活性染料和碱性染料。

#### 3.2.1.2　染料的命名

有机染料常常是分子结构比较复杂的有机芳香族化合物，其中某些品种甚至还没有证实化学结构。在工业生产上，染料成品中常常含有某些其他的物质或异构体，为了适应生产和应用的要求，必须规定成品的组成。有机化合物的学名常常不适合用于作为染料的名称，而必须有可以分辨实用的染料名称。尽管在染料生产发展的初期，染料品种还不丰富，往往直接用染料的颜色作为染料的名称，如孔雀绿、品红、荧光黄等，但这早已不适应染料品种日益增多的现状和趋势。一种公认的命名法被各国染料工业所应用，如我国的染料产品采用三段命名法，即染料的名词由以下三段组成。

第一段为“冠称”，表示染料根据应用方法或性质而分类的名称，如酸性、中性、直接、还原、活性、分散等。

第二段为“色称”，表示染料色泽的名称，如嫩黄、黄、深黄、橙、大红、红、桃红、玫瑰、品红、红紫、枣红、紫、翠蓝、湖蓝、艳蓝、深蓝、艳绿、绿、深绿、黄棕、红棕、棕、深棕、橄榄、橄榄绿、草绿、灰、黑。其中，色泽的形容词，还采用“嫩”、“艳”、“深”三个词，词尾采用 B、G、R 等字母，标志色泽。B 为蓝，G 为黄，R 为红。

第三段为“词尾”，以拉丁字母表示染料的色光、形态及特殊性能及用途等，如 B——蓝光，C——耐氯，D——稍暗，F——亮（一般不用），G——黄光或绿光，I——还原染料坚牢度，K——冷染，L——耐光牢度较好，M——混合，N——新型，P——适用于印花，R——红光，T——深，X——高浓度，Y——黄光。

某些染料产品名词沿用已久，如还原蓝 RSN、还原深蓝 BO、酸性橙黄Ⅱ等仍保留使用。有一些染料，在同一分类中还须区别不同类型，就在名词中第三段增加类型的内容。常将代表染料类型的字母放在词尾的前面，与其他词尾同加短横杠。下面举几个染料的名词例子。

“还原蓝 BC”，这一染料名词由三部分组成：“还原”为冠称，表示染料应用类别；“蓝”为色称；B、C 为词尾。词尾 B 为蓝光，表示色光；C 为耐氯漂，表示性能。

“活性艳红 K-2BP”，这一染料名称中，“活性”为冠称，说明应用类别；“艳红”为色称，其中“艳”为色泽形容词；K 表示活性染料中高温染色类型，属于一氯三氮苯（三聚氯氰）型，K 和字尾之间用短横杠；词尾部分，B 表示蓝光，2B 表示蓝光程度，P 代表适用于印花，即表示染料的性质或特点。

“活性艳蓝 KN-R”，KN 代表新的高温型，N 表示新的类型。

“溶靛素 O4B”，“溶靛素”是冠称，表示染料类别；“O”表示从靛蓝或其衍生物的酯化制备的，B 为蓝光，4B 表示蓝光程度。

外国染料产品的命名，大致也采用三段命名法，但公司之间或类别之间难以统一归纳。“冠称”还往往表示某公司或制造厂的专用商品名称。例如，皮革染色常见的有：德国 BASF 公司的欧开苏拉（Eukesolr）、路更尼（Luganil），瑞士 SANDOZ 公司的德玛（Derma），瑞士 CIBA-GELGY 公司的赛拉夫（SellaFast），德国 Bayer 公司的拜耳（Bayenal），等。其“字尾”除与我国染料命名的字尾符号意义相同外，还有以下不同规定：

C 表示抵抗氯漂；

D 表示直接性，也表示印花用；

E 表示坚牢，也表示匀染；

Ex. conc 表示高浓；

L. LL 等表示耐光或可溶性；

O 表示基本浓度或表示由靛类染料制得；

S 表示可溶性或标准强度，适于染丝；

V 表示紫光；

W 表示耐水洗或适用于染羊毛；

X 表示高浓；

Ⅰ，Ⅱ，Ⅲ…表示本色的色光强度；

1，2，3…表示副色的色光强度，如 3G 的黄光大于 2G。

#### 3.2.1.3　《染料索引》的染料编号

《染料索引》(*Colour Index*)缩写为 C. I.，由英国染色和印染工作者协会和美国纺织化学和印染工作者协会合编出版，收集了各种染料品名称，按应用类别和化学结构类别编成两种编号，染料索引对了解染料品种的概况和某一品种基本情况是有益的，因此做简单叙述，便于使用。

《染料索引》中收集的染料按品种结构，对每一种染料都列出了应用分类类属、色调、应用性能、各项牢度等级、在纺织及其他方面的用途、化学结构、制备途径和有关资料来源及不同商品名称和其他。

《染料索引》的前一部分将染料按应用类属分类，在每一应用分类下，按色称黄、橙、红、紫、蓝、绿、棕、灰、黑的顺序排列，再在同一色称下对不同染料品种编排序号，这称为"染料索引应用类属名称编号"，如 C. I. 酸性黄 1(C. I. Acid Yellow 1)、C. I. 直接红 28(C. I. Direct Red 28)、C. I. 颜料蓝 15(C. I. Pigment Blue 15)。《染料索引》的后一部分，对已明确化学结构的染料品种，按化学结构分别另给以"染料索引化学结构编号"，如 C. I. 10316 即 C. I. 酸性黄 1 的化学结构编号、C. I. 22120 为 C. I. 直接红 28 的化学结构编号。

因此，《染料索引》中的每一个染料品种除化学结构不明确以外，都有这两种编号。现在各国书刊及技术资料均广泛采用染料索引号来代表某一染料。国外产名称非常繁杂，借用《染料索引》的这两种编号，便于表示出某一个染料品种的结构、颜色、性能、来源及其他可供参考的内容。

#### 3.2.1.4　染料特性和质量评价

合成得到的染料产品必须经过一系列处理才能加工成商品染料，这是因为生产批次不同，以及难于避免的产品质量和染料含量等方面有差异，为使成品质量、含量保持恒定，生产上要进行染料标准化工作。即原染料经染色打样，与标准染样比较，计算填充剂数量，经混合达到标准后包装出厂。

染料商品可加工成粉状、超细粉状、浆状、液状和粒状。某些染料做成液状应用方便，节约能量，但浆状对运输不便，长期储存易发生浓度不均的现象。根据染料种类、品种不同而定出一定规格，粉状和粒状一般规定细度，通过一定目的筛网用质量分数来表示，同时说明外观的色泽。

对非水溶性染料，如分散染料、还原染料要求一定的扩散性能。所以这些染料往往和扩散剂一起进行研磨，达到所要求的分散度以后，加工成粉状或粒状产品，最后进行标准化混合。

在染料商品加工过程中，为了获得某些效果，往往选用各种助剂。这些助剂在染料应用时可以帮助染料或纤维润湿、渗透，促使染料在水中均匀分散，染料分子能深入纤维内部，使染色或印花过程进行顺利。例如，皮革常用的浅色染料中往往加有分散剂、匀染剂和白色合成鞣剂等成分。

在分散染料和还原染料的商品加工过程中，为了使商品染料能在水中迅速分散，成为均匀稳定的胶体状悬浮液，染料颗粒细度须达 1μm 左右，因此，在砂磨过程中应加入分散剂和湿润剂。

直接染料主要用硫酸钠作填充剂，溶解性能较差的直接染料常常再加入纯碱以提高其溶解性，也可加入一些盐，如磷酸氢二钠。

酸性染料和一般还原染料都用硫酸钠作填充剂，不易溶解的品种，加纯碱以增加染料的溶解。阳离子染料用白糊精作填充剂，但从节约粮食出发，最好避免使用。国外活性染料商品用的填充剂种类很多，但国内生产的活性染料几乎只用硫酸钠。中性染料用于染维纶时一般加扩散剂，溶靛素本身是可溶性的，常加碱性稳定剂。

1) 染料的物理性能指标

染料是一类复杂的有机化合物，其组成和结构并不能反映它的应用价值。商品染料除色调外，染料的质量还包括两个方面的指标。

(1) 基本物理指标：即商品染料中的染料含量、杂质与杂染料的含量、无机盐、填充剂或其他助剂等的含量；此外，还有固体染料的细度和分散度、水分含量、染料在水中的溶解度等，以及染料在某特定溶剂中的最大吸收波长（$\lambda_{max}$）和染料的色度值等。

(2) 各项染色牢度指标：即染料在纤维织物上或其他被染物质上所表现的各项牢度质量指标，是衡量染料质量的重要指标。每类染料都有各自的物理指标和在被染物质上被评定的各项牢度指标。染料的生产厂家一般都把这些染料的应用方法、染色性能、在纤维织物上染色牢度等技术资料以染色样本的形式介绍给应用部门和客户。

2) 皮革染料的特性指标

与普通染料相似，评价皮革染料质量的染料特性指标也是普通染料的特性指标，主要有以下几个方面。

(1) 强度：指染料的上染能力。它是决定染料品质的重要指标。它表示染色能力的高低，也称为浓度或成分。

染料的强度并没有一个绝对标准，而是通过实际染色的试验比较出来的，通常以%表示，如 50%、100%、150%、200%等；其百分数并不表示任何化学成分和纯度，而是与某一标准染料样品的浓度（定为 100%）相比较而得出的。染料的强度越大，染色时的需要量就越少。

(2) 溶解度：在一定温度下，染料在 100g 纯水中所能溶解的克数，也是该染料在此温度下的溶解度。溶解度一般分为五级，以第五级为最好，第一级为最差，见表 3-4。

**表 3-4 溶解度的等级表示**

| 级别 | 溶解度/g |
| --- | --- |
| 五级 | 10 |
| 四级 | 5 |
| 三级 | 3 |
| 二级 | 1 |
| 一级 | ≤1 |

(3)色光：是指染料通过被染物质显示主色外所呈现的副色。例如，黑色带有红光、绿色带有黄光等，俗称“光头”。有的色光比较显著易于辨认，有的则不易察觉。

此外，也有将“色光”指为试样与标准样品之间的色差。其差别等级有的定为：微鲜、近似、微暗、较暗、不可比(即相差悬殊)。

(4)坚牢度：是指物料经染料染色后抵抗外界作用而持原来颜色的能力。染料的染色坚牢度项目较多，有耐日晒、耐水洗、耐酸碱、耐溶剂、耐摩擦、耐熨烫、耐汗及耐冲淋等。对皮革来说，耐日晒、耐摩擦和抗水坚牢度颇为重要。例如，当耐日晒坚牢度较差时，革制品的颜色在日光曝晒下就会变色，有的变深变暗，有的变灰白，也有的会发生色调的变化。对于不涂饰的服装手套革和绒面革等，其耐日晒坚牢度尤其重要。

染色坚牢度不仅与染料本身有关，而且与被染物的性质有关。如用同种染料染棉、合成纤维、毛、革等，其坚牢度会有很大的差别。又如，用直接性染料或酸性染料染铬鞣革的坚牢度较好，而染植物鞣革则不理想。

染料的各项坚牢度，根据其耐抗的程度，一般均分为五级，以第五级为最优，第一级为最劣。其中，耐晒坚牢度分为八级，以第八级为最佳，第一级为最差。

(5)渗透度：是指一定条件下染料渗透的能力。但是，染料的渗透度与其本身的性质有关。不同的染料，在被染物中的渗透程度很不一致。皮革具有一定的厚度，有的染料能渗入革的内层，而有的只沉积于革的表面。此外，渗透度与被染物的性质也有直接的关系。

(6)上染百分数：是指染色达到平衡时染料上染的质量分数。它是上染到纤维上的染料与染液中原有染料总质量的分数。上染百分数与操作方法有关，如是否加促染剂。

(7)吸收速率：在标准状况下，回湿铬鞣小牛皮革在染色的前 15min 内所吸收的染料量。吸收速率以所加染料量的质量分数表示，划分为 5 级(为区分前面，此处用阿拉伯数字表示级别)：

5 级表示很快，75%～100%加入的染料被吸收；

4 级表示快，60%～74%加入的染料被吸收；

3 级表示一般，45%～59%加入的染料被吸收；

2 级表示中度，30%～44%加入的染料被吸收；

1 级表示慢，30%以下加入的染料被吸收。

以上的染料特性指标，关系到染料质量的优劣，这些特性一般用符号表示在染料名称的字尾，在选用染料时，必须注意这些特性，以保证染色的结果。

3)皮革染料上染的特征

染料上染及上染后的性质不仅可以检验染料的品质，同时也能判断选用染料的合理性。如果将被染的革坯用 3%～5%(全粒面革用蓝坯重的 3%，绒面革用蓝坯革的 5%)、液比为 150%～200%、温度为 50～55℃时，经过 30min 染色，若染料吸收评价为：75%～100%，很好；60%～74%，好；45%～59%，一般；30%～44%，中；低于 30%，差。

根据吸收情况，可以参考是否调整染色时的坯革及外界条件，或调整染料品种。对于染色后色牢度的优劣，则可参照国际坚牢度委员会(IUF)及颜色坚牢度委员会(VES-LIC)的标准进行判别。按照灰色分级卡对革在一定条件下受外界作用后色的改变(如耐酸、耐碱、耐甲醛、耐溶剂、耐洗、耐水、耐汗渍、耐干洗等)，通常将色变分为 5 级：5 级——很好(色调不变)；4 级——好(色调几乎不变)；3 级——满意(色调可见有改变)；2 级——中等(色调有显著改变)；1 级——劣(色调有很显著的改变或浅淡)。

**思考题**

(1)染料的溶解重要吗？为什么？

(2)染料颜色的浓淡深浅是什么意思？

### 3.2.2　皮革染色常用的染料性质特征

#### 3.2.2.1　基本性能特点

能用于皮革染色的染料品种有一千多种。这些染料大部分是来源于纺织纤维的染料。由于皮革组成及组织结构的复杂性，其与纺织纤维在使用性能及使用结果上有很大的不同。理想的皮革染料应具有以下性能特点。

(1)色泽鲜艳，皮革染色后应该色泽鲜艳。

(2)染料的溶解性要好，获得染料良好的分布及渗透。

(3)能在较低温度下染色。皮革染色时的温度比纺织纤维染色时的温度要低得多(一般不超过 60℃)，而且皮革的组织纤维比纺织纤维细致，比表面积大，因此一般需要 5%的染料才能得到羊毛 1%的染料染成的深度，这就要求皮革染料在低温时有较好的表面上色率和固色率。

(4)匀染性好。皮革表面的不均匀性，染色均匀性要比染纺织纤维困难得多，因此要求染料有较好的匀染性。

(5)渗透性好。特别是染服装革、家具革及软鞋面革等需要染透的革，更需要有深度渗透性的染料。

(6)遮盖力强。为解决被染色的坯革本身色调，皮革染料应该有良好的遮盖力。

(7)结合力强。与革有良好的亲和力，染色后，染料的迁移性小。

(8)多项牢度高。包括耐光、耐水、耐洗、耐汗、耐酸、耐碱、耐甲醛、耐干湿擦等。对涂饰革还要考虑到染料的耐溶剂性，也要考虑不与涂饰剂反应。

#### 3.2.2.2　皮革常用染料分类特性

皮革染色中使用的染料的种类主要有以下几类，见表 3-5。

**表 3-5　皮革染色较常用的染料**

| 水溶性染料 | | 水不溶性染料 | |
|---|---|---|---|
| 电荷性质 | 染料种类 | 溶解介质 | 染料种类 |
| 阴离子 | 酸性染料 | 碱金属硫化物 | 硫化染料 |
| | 直接性染料 | 醇 | 醇溶性染料 |
| | 活性染料 | 溶剂 | 油溶性染料 |
| 阳离子 | 碱性染料 | | |
| 两性离子 | 金属络合染料 | | |

皮革染色最常用的染料是水溶性染料，其中水溶性染料根据其染料离子的性质而分为阴

离子、阳离子和两性染料。染料在水中的溶解性对其染色性能具有决定性作用，染料在水中的溶解度是由染料分子的本身的结构(亲水基团的种类和数量、染料分子的大小、染料分子中的其他基团等)和外在条件(溶液的 pH、中性盐的存在、水的硬度和浴液的温度等)共同决定的。一般来说，染料的溶解度随着染料分子中亲水基团的数量、离解的程度和温度的增加或上升而增加；随着染料相对分子质量、配位活性基的增加和中性盐、水的硬度及重金属盐的存在而下降。

1)酸性染料

在酸性染浴中染色的染料称为酸性染料，它又分为强酸性、弱酸性、酸性媒介、酸性络合染料等。中性染料和酸性络合染料结构类似，是由后者发展而成的。

强酸性染料是最早发展起来的酸性染料，在酸性介质中可染羊毛及皮革，也称为酸性匀染染料。强酸性染料分子结构简单，相对分子质量低，含有磺酸基或羧基，在羊毛上能匀移，故可染得均匀色泽。

根据化学结构的不同，强酸性染料又可分为：

(1)偶氮型，如酸性大红 G

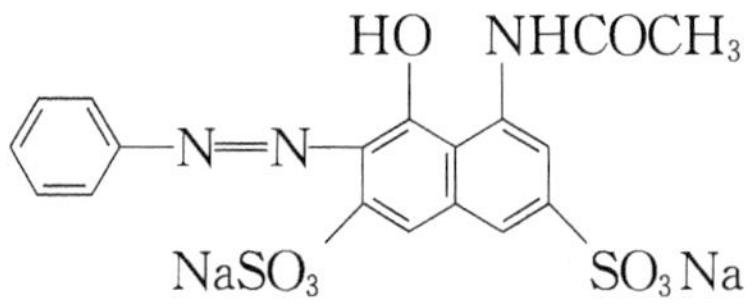


(2)蒽醌型，如酸性蓝 R

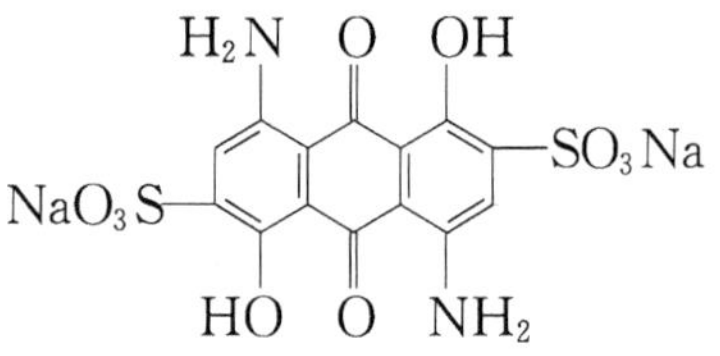


(3)三芳甲烷型，如酸性湖蓝

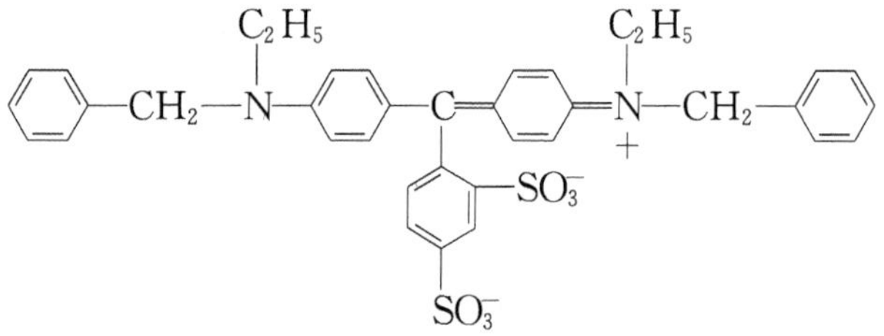


(4)氧蒽型，如酸性荧光黄

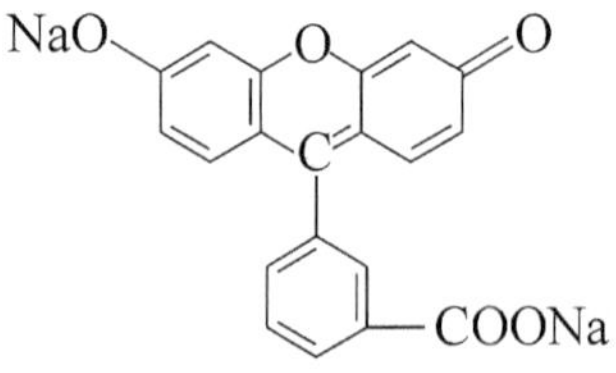


强酸性染料染色时，虽色泽鲜艳，匀染性好，但染不浓，耐湿处理牢度不好。在强酸性介质中染羊毛时羊毛强度有损伤，染后羊毛手感不好，耐晒牢度也低，为了克服强酸性染料在染色时存在的缺点，对酸性染料进行了改进。

在强酸性染料基础上增加相对分子质量，生成弱酸性染料，又称为酸性耐缩绒染料。这类染料分子结构稍复杂，相对分子质量增大使羊毛亲和力较大，能在弱酸性介质中染羊毛。染色时弱酸性染料和羊毛分子间借盐键及非极性范德华吸引力相结合，染料和羊毛分子间亲和力增加了，染料的耐洗牢度便有所提高，也染得浓。染色时对羊毛强度无影响，但在染浴中染料溶解度则较低。按增大分子的方法不同，弱酸性染料又有：

(1) 在分子中引入苯甲氧基、芳砜基等基团，如弱酸性艳红 3B

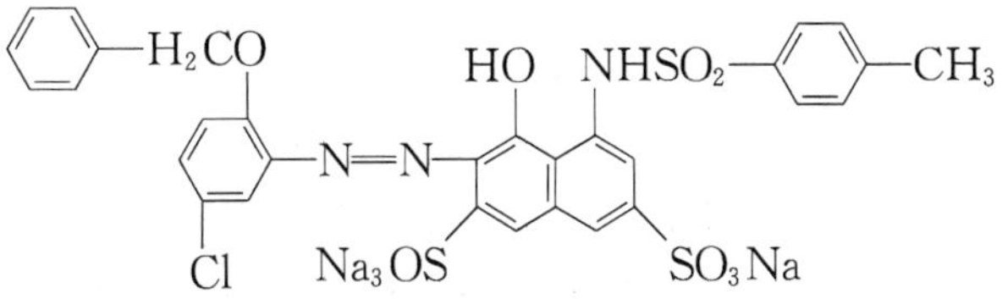


(2) 引入长碳链烷基，如弱酸性桃红 B

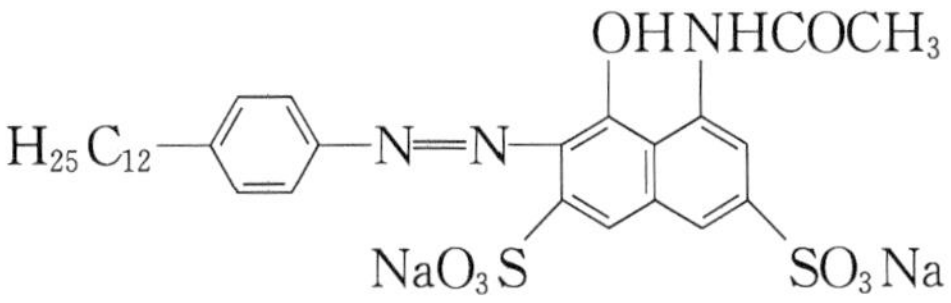


(3) 生成双偶氮染料，如弱酸深蓝 5R

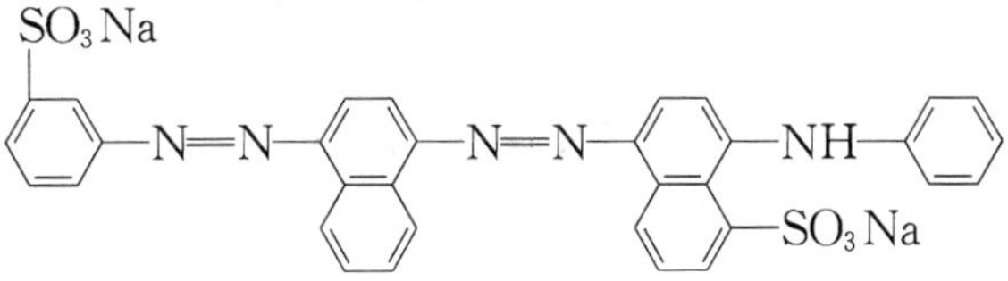


(4) 金属媒染与络合染料。凡经金属媒染剂处理后能增加坚牢的酸性染料，称为酸性媒染染料，媒染时将染色物加入金属盐如铬盐或铜盐处理，即可提高原来酸性染料的耐晒牢度。

弱酸性染料主要用于羊毛及聚酰胺纤维(锦纶)的染色，在酸性介质中，染料阴离子和羊毛纤维上的铵基生成盐键，因而上色，强酸性染料相对分子质量低，匀染性好，但湿处理牢度差，为了改进性能，可增大酸性染料的相对分子质量，从而增加染料分子与羊毛纤维间的非极性范德华力，即可增加染料分子和羊毛纤维间的亲和力，提高耐湿牢度。

增加染料相对分子质量的结果增加了染料分子与羊毛纤维间的非极性引力，盐键的重要性相对减少。故羊毛纤维染色时不必具有很多铵基，染色时不需要在强酸中进行。

一般来讲，偶氮型弱酸性染料分子中具有一个磺酸基时要求相对分子质量为 400～500，两个磺酸基时相对分子质量为 800 左右，这样的弱酸性染料染聚酰胺纤维时染色性能最好。相对分子质量太大不能匀染，相对分子质量过小，湿处理牢度下降。染料分子有羧基、酰氨基时，有利于氢键的生成，湿处理牢度好，但匀染性差。

某些偶氮染料能和过渡金属元素生成内络合物，称为金属络合偶氮染料，与酸性染料相比，金属络合偶氮染料具有较高的耐晒、耐洗和耐缩绒牢度等。

这类偶氮染料分子中都含有可与过渡金属元素生成络合物的基团，如羟基、氨基、羧基、偶氮基等。羟基、氨基及羧基有时互处在邻位或周位，有时则在偶氮基的邻位。络合物中所含过渡元素主要是铬、钴、铜等，染料分子中氨基、羟基、偶氮基、羧基等基团是与金属元素络合时的配位体。酸性染料染色后用金属媒染剂处理，在纤维上生成金属络合物，这种酸性染料称为酸性媒介染料。染料媒染后可提高酸性染料的耐晒及耐湿牢度，缺点是染色手续较复杂。

需要在酸性条件下加深所染的颜色或固定染料，因此称为酸性染料。酸性染料在皮革染色中使用得很广泛。酸性染料染色时，一般在酸浴中进行，染色后期常需要加酸。酸性染料分子一般较小，并含有亲水基团，亲水基团最主要的是磺酸基(有的带有羧基)，因此在水中的溶解度较高，溶于水后，染料分子发生离解，染料主体呈阴离子性，属阴离子性染料，电离反应为

$$\underset{\text{染料分子}}{D\text{—}SO_3Na} \underset{H_2O}{\overset{\text{电离}}{\rightleftharpoons}} \underset{\text{染料阴离子}}{D\text{—}SO_3^-} + \underset{\text{金属离子}}{Na^+}$$

其离解出来的阴离子一般不呈聚集状态，分散性好，因此渗透性、匀染性较好。酸性染料在酸的作用下，可生成色素酸

$$\underset{\text{染料分子}}{D\text{—}SO_3Na} + H^+ \longrightarrow \underset{\text{染料酸分子}}{D\text{—}SO_3H} + \underset{\text{金属离子}}{Na^+}$$

色素酸有聚集的倾向，因此加酸有利于上染，增深被染物颜色，促进染料的固定。如果在染浴中加入中性盐(如 $Na_2SO_4$、NaCl 等)就可以抑制色素酸的形成，从而达到缓染的目的。

酸性染料对钙、镁离子不敏感。由于亲水基团主要是磺酸基，染料相对分子质量较小，因此硬度大的水对其影响不大。

酸性染料对铬鞣革进行染色时，在酸性浴液中(pH 低于革的等电点时)，革往往带正电荷，因此带负电的染料离子容易与革中带正电荷的氨基($—NH_3^+$)以离子键相互结合而使皮革着色。加酸对酸性染料有促染作用，对于铬鞣革来说，由于革本身带有阳电荷且呈酸性，与阴离子染料有很大的亲和性，所以在低 pH 下对铬鞣革直接染色，阴离子染料很容易与革表面结合，而不容易染透，因此可以通过调节革的表面电荷和反应温度，以控制革与染料间的亲和力，从而控制染料的渗透与结合。一般用阴离子染料对铬鞣革染色时，首先对革进行中和，还常在染浴中加入氨水，提高 pH，降低革的阳电荷性，促进染料的渗透，在染色末期加入酸(通常是甲酸等有机酸)，降低 pH，增加革表面的阳电荷性，促进染料与革牢固地结合。

对于植鞣革或经植物鞣剂或阴离子复鞣剂复鞣的革，其表面带负电荷，对阴离子染料亲和性小，不易上染。因此对于植鞣的铬鞣革用酸性染料染色时，需加入一定量的酸(甲酸或乙酸)，增加革表面的阳电荷性来促染，但染色后要加强水洗，除去游离的酸。对于阴离子复鞣剂复鞣的铬鞣革，用阴离子染料色易染透，为促进染料的结合，可在染色末期加入一些阳离子的固色材料。

由于酸性染料在水溶液中离解带负电荷，因此它不能与在水溶液中带正电荷的阳离子染料、阳离子染色助剂或其他阳离子的材料如阳离子复鞣剂、加脂剂同浴使用，否则它们会相互作用产生沉淀而破坏染色。

酸性染料的色光较鲜艳、色谱齐全、渗透性好、使用方便，并有一定的坚牢度。所以，酸性染料是皮革染色中常用的一类染料；但由于其分子小，亲水基多，因而对纤维的亲和力较小，抗水性较差，不耐水洗，耐湿擦性差，特别是耐碱洗坚牢度差。

酸性染料一般还分为强酸性染料、弱酸性染料、酸性媒介染料和酸性络合染料。对于皮革来说，铬鞣革是极易上染的被染物，皮革染色不是酸性染料形成色素酸沉淀在革表面，所

以皮革染料不再将酸性染料细分，染色时 pH 控制在 3.5～6.0，也不进行媒染处理或其他特殊处理。

皮革染色中常用的酸性染料有酸性橙Ⅱ、酸性黑 ATT 等。

2) 直接染料

不需媒染剂的帮助即能染色的染料称为直接染料。直接染料染色时，在中性或微碱性染浴中食盐或元明粉存在下煮沸，即可使棉纤维直接染色。

直接染料色谱齐全，应用方便，生产方法简单，价格比较低廉；但缺点是耐洗及耐晒牢度较差。凡耐晒牢度在 5 级以上的直接染料，称为直接耐晒染料。

直接染料用于针织、丝绸、棉纺、线带、皮革、毛麻、造纸、棉布印染及巾被等行业。

按化学结构的不同，直接染料可分为：

(1) 直接偶氮染料，如直接黑 BN。

直接偶氮染料又可分单偶氮直接染料、多偶氮直接染料、联苯胺直接染料等，直接黑 BN 为这类染料中的主要代表：

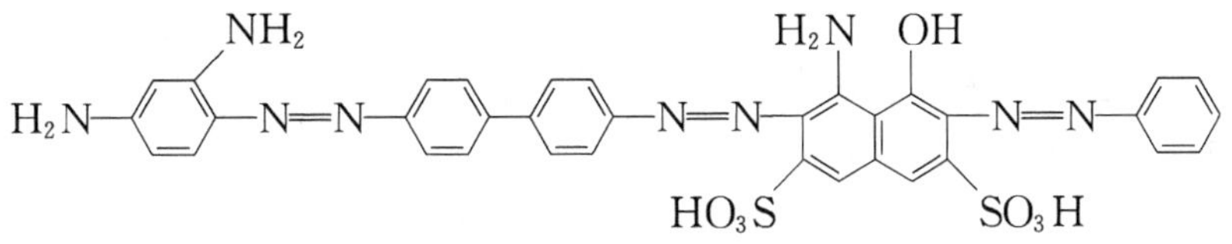

过去联苯胺直接染料为主要的结构类型。联苯胺直接染料具有红、蓝、棕、绿、灰、黑等各种色谱，过去生产量是直接染料总产量的一半左右。联苯胺为致癌物质，自 1971 年以来世界各国已先后禁止使用，因此联苯胺染料的代用问题，是目前染料工业一个重要课题。

(2) 二苯乙烯型直接染料，如直接冻黄

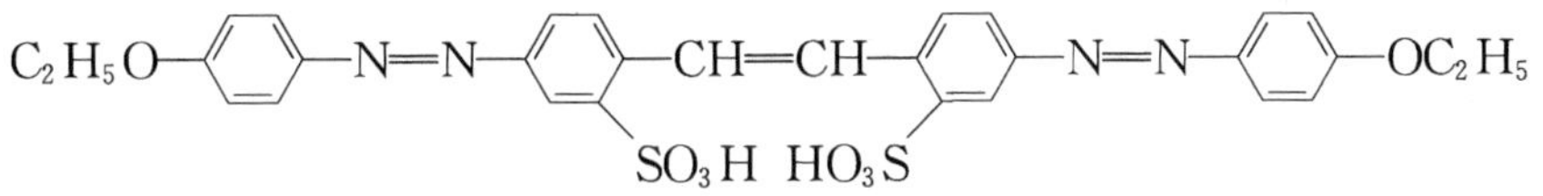

(3) 噻唑型直接染料，如直接耐晒嫩黄

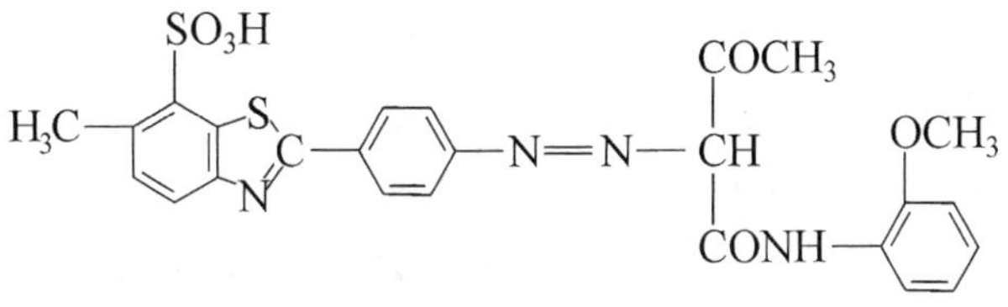

以脱氢硫代甲苯胺及樱草黄碱为原料制得。

(4) 二噁嗪型直接染料，如直接耐晒蓝 8R

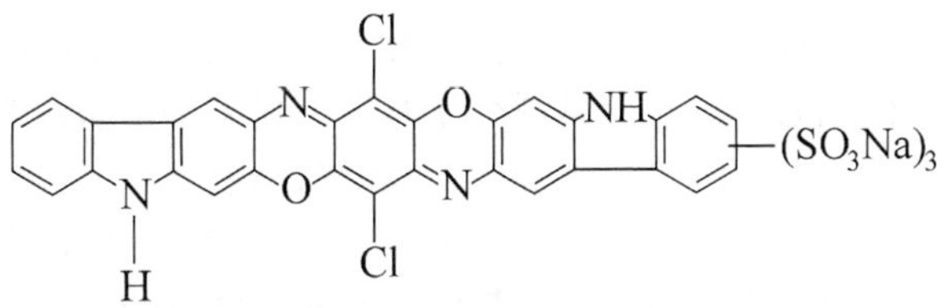

直接染料能不借媒染剂而使纤维素纤维直接染色，染色时染料从染浴中转移至纤维。将棉布放在染浴中取出后加水洗淋，大部分染料不会被冲洗下来，这种性质称为直接性。直接性是由染料分子和纤维分子间的引力造成的，分子间的吸引力来源有二：一为极性引力，染料分子和纤维分子间产生氢键；二为非极性力，即范德华力。作为直接染料，染料分子与纤维分子间应有较大的吸引力，其条件为：

(1)染料应是线形分子，使染料分子按长轴方向平行地吸附在纤维轴上，最大限度地使范德华力发生作用。

(2)染料分子中占同一平面结构部分范围要大，若染料分子具有延伸的共轭体系，共轭体系部分即呈平面性，平面形分子吸附在纤维表面上面积大而又紧密，两者间的范德华力也大。

(3)染料分子中可以形成氢键的基团较多，染料分子中氨基、羧基等基团能与被染物纤维分子中的羟基、羧基和氨基等形成氢键。

直接染料用于棉、丝、黏胶及维纶等纤维的染色，染色时可采用浸染、卷染等不同工艺。将直接染料用温水调浆，热水溶解，加入碳酸钠，并加入太古油、拉开粉、平平加等助剂，加入食盐或元明粉促染，投入被染物，常温，再加入食盐并继染。染后将被染物取出，用水冲洗，固色，烘干即得成品。

直接染料对皮革纤维也有较好的亲和力，容易使革着色。与酸性染料一样，直接染料分子中的主要亲水基团是磺酸基，随着亲水基团的增加，染料的溶解度也增高，直接染料在水溶液中也离解成色素阴离子和金属阳离子。反应式如下：

$$\underset{\text{染料分子}}{D-SO_3Na} \rightleftharpoons \underset{\text{染料阴离子}}{D-SO_3^-} + \underset{\text{金属离子}}{Na^+}$$

由于直接染料分子大，分子间的范德华引力大，在水溶液中发生不同程度的聚集，生成胶束，故染液具有胶体性质，在染浴中，形成下列平衡：

分子聚集态　$(D-SO_3Na)_n$　$n \geqslant 1$

分子离子聚集态　$[(D-SO_3Na)_n(D-SO_3^-)_m]^{m-}$　$n \geqslant 1, m \geqslant 1$

离子聚集态　$(D-SO_3^-)_m^{m-}$　$m \geqslant 1$

离子态　$D-SO_3^-$

在上染过程中，染料分子单体向纤维表面转移，并不断向纤维内部扩散而染色。染料分子聚集体不能扩散到纤维内部无定形区，因而不能染色。

直接染料对钙、镁、铁等金属离子敏感。与钙、镁、铁等金属离子作用，直接染料将产生沉淀，因此染色时要注意水的硬度。

直接染料的分子比酸性染料大，因此其对金属离子、中性盐的性质不同于酸性染料，其分子的结构特点也决定了其着色特点。其渗透性较差，遮盖力较好，染出的颜色色泽浓厚，与酸性染料相比，色泽不太鲜艳，但耐湿擦性较好。

直接染料用于铬鞣革染色时，主要是表面着色，遮盖性好。常与酸性染料结合使用，在同浴中染铬鞣革可兼两者的优点，酸性染料渗透好，使着色有一定的深度，直接染料则使表面着色浓厚，产生较牢固的着色。直接染料分子有聚集趋势，不易渗透，在革粒面有伤残处更易于沉积，造成该处颜色较深，且显得深浊；在革的伤疤处，因疤块紧密而使该处颜色显得浅淡，使革表面着色显得不均匀。当有酸或中性盐存在时或水的硬度较大时，染色的缺陷更明显，升高浴液温度，可减少染料分子的聚集，有利于染料的分散和溶解，因此直接染料染色在染浴温度较高时上染效果较好。

直接染料和酸性染料都属阴离子型染料，因此对于皮革染色，它们与皮革的结合等性质相同，染色工艺的条件控制也基本一致，能与阴离子型材料如扩散剂、阴离子复鞣剂、加脂剂同浴使用，而不能与阳离子型材料，如阳离子表面活性剂、碱性染料同浴使用。

皮革染色中应用的直接染料很多，直接染料的色谱较齐全，主要用于铬鞣革等矿物鞣革的染色，在特殊情况下也可用于植鞣革的染色，植鞣革呈负电，用直接染料可以渗透。

3) 金属络合染料

金属络合染料是在酸性媒介染料的基础上发展起来的。酸性媒介染料是指酸性染料染色后用金属媒染剂处理，在纤维上生成金属络合物，染料媒染后可提高酸性染料的耐晒及耐湿坚牢度，缺点是染色手续较复杂。金属络合染料是在制备染料时就制成金属络合物，使用方便，按染料母体与金属离子比例，有两种络合类型：①1∶1 型金属络合染料，*n*(金属原子)∶*n*(染料分子)=1∶1，染色方法与弱酸性染料染色方法相似，又称为酸性络合染料，染料分子中具有磺酸基；②1∶2 型金属络合染料，*n*(金属原子)∶*n*(染料分子)=1∶2，染色时在中性或弱酸性介质中进行，又称为中性染料，分子中不含磺酸基，但有时含有磺酰胺基、甲砜基等亲水基团。

金属络合染料中的染色母体含有能与金属离子配位的基团(如—OH、—COOH、$—NH_2$、—N=N—等)，而且这些基团在染料中的空间位置也要满足金属配合物配位的要求，配位的金属主要有铬、钴、铜，其次为铁、镍、锌等过渡金属元素。

1∶1 型金属络合染料是较早的络合染料，如“派拉丁坚牢”是 1∶1 型单偶氮染料，如派拉丁坚牢蓝 GGN 的结构如下：

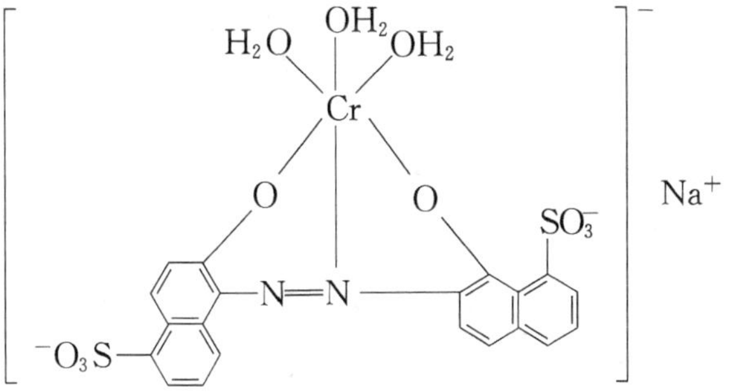

1∶1 型金属络合染料的染色方法较酸性媒介染料简单，具有良好的坚牢度，但需要在强酸介质的染浴中进行染色(pH<2.5)，对羊毛纤维的强度和柔软性有所损伤，因此在皮革生产中一般不用作转鼓浴染。

1∶2 型金属络合染料可以在弱酸性和中性染浴中染羊毛等纤维，并对纤维的强度、手感无损伤，因而也称为中性染料。中性染料分子中不含强酸性基团磺酸基，而引入非离子的磺酰甲基($—SO_2CH_3$)、磺酰氨基($—SO_2NH_2$)或磺酰胺甲基($—SO_2NHCH_3$)等亲水基团来提高染料的亲水性。1∶2 型金属络合染料中的两个染料母体可以相同也可以不同，相同则为对称型 1∶2 型金属络合染料，不同则为不对称型 1∶2 型金属络合染料。

1∶2 型金属络合染料对皮革染色的特点是吸收迅速，尤其是在表面染色时极为均匀且遮盖性良好，由于其与革纤维有良好的结合性能，能被铬鞣革、植鞣革及结合鞣革吸收，在染色时，大多数情况下不用加酸就能染出遮盖良好而饱满的色调。

金属络合染料是由染料母体与金属离子络合而成的。皮革上使用的金属络合染料中的金属原子多数是铬，因此这种染料与皮革以多种方式结合，既有染料母体中的磺酸基、羟基、氨基、羧基等基团与革纤维相应的基团形成离子键、氢键和范德华力的作用，也有金属原子与革纤维的羧基等基团的配位作用，因此金属络合染料对革有较大的亲和力，染色性能优良，具有很好的耐湿擦性能，各项牢度都较高，此外还具有较轻微的鞣制作用。

亲水性中性染料分子中无亲水基团的中性染料，这类染料不溶于水，通常以有机溶剂的溶液形式作为商品，主要用于喷染或帘幕涂饰，溶剂选用能与水互溶的，如乙二醇乙醚、乙醇和二甲基甲酰胺等。溶剂除溶解染料外(如乙二醇乙醚)都有较好的匀染作用，如德国 BASF 公司的 Enkesolar 系列和我国生产的一些皮革喷染染料等。

近年来以活性染料为基础制造了活性金属染料，具有更高的坚牢度，而且色泽鲜艳，此外，还有甲亚胺金属络合染料和甲基金属络合染料等。

金属络合染料由于分子结构中含有金属，因而色光不太鲜艳，但染色坚牢度好，遮盖性强，耐光、耐洗、耐摩擦，特别适合于要求皮革真皮感强的苯胺革、服装革等轻涂饰革的喷染和涂饰中。

4)皮革用染料基本性能

皮革纤维不同于一般的蛋白质纤维和纤维素纤维，它具有较强的电荷性，常用的染料对皮革的亲和性等性能与其他纤维不同，一些纺织等行业普遍使用的染料用于皮革染色往往达不到令人满意的效果。因此，促进了皮革专用染料的研究和开发。近年来，皮革专用染料在品种和数量上都有了很大的增长。

皮革专用染料主要是针对铬鞣革的性能特点，调整染料分子结构，平衡亲水基团和其他与皮革纤维发生作用的基团的种类和数量，调整染料分子与皮革纤维的亲和性，达到皮革染色所需要的理想性能，如染料的水溶性好、渗透性好、匀染性好、能常温染色、染色的各种坚牢度高等。

一般来讲，皮革专用染料的性能介于酸性和直接染料之间。以上几种染料均系水溶性染料，也是皮革染色中最常用的几种染料，它们对皮革的染色效果，见表 3-6。

**表 3-6　主要染料对标准铬鞣革的染色性能①**

| 染料种类 | 吸收率 | 色调浓度 | 明亮度 | 渗透性 | 匀染性 | 耐光、湿擦牢度 |
|---|---|---|---|---|---|---|
| 酸性染料 | –② | 0 | + | ++ | + | – |
| 直接染料 | + | + | + | 0 | 0 | 0(+) |
| 皮革专用染料 | + | + | + | + | + | 0 |
| 1∶1 型金属络合染料 | + | 0 | – | + | + | + |
| 1∶2 型金属络合染料 | ++ | + | – | – | ++ | ++ |

① 试验革样为标准铬鞣鞋面革样。

② “–” 表示低；“0” 表示中等；“+” 表示好；“++” 表示很好。

由表 3-6 可以比较出各种染料对皮革染色的基本性能如下。

(1)吸收率。酸性染料的吸收率低，因为酸性染料只能以离子键的形式与皮革结合；直接染料由于有较多的羟基、氨基等基团，还能与革纤维形成偶极和氢键结合，因此其吸收率高于酸性染料；皮革染料、1∶1 型金属络合染料和 1∶2 型金属络合染料都有较好的着色力，甚至优越的吸收性能，混合染料一般有中等的吸收率。

(2)着色力。酸性染料和 1∶1 型金属络合染料有中等的着色力，直接染料、1∶2 型金属络合染料、皮革染料都有较好的着色力，所染的革色泽浓厚，混合染料也有较好的着色力。

(3)明亮度。金属络合染料染色，颜色的明亮度较差，其他染料的明亮度较好。

(4)渗透性。酸性染料分子小，与革的亲和力低而渗透性好，最先渗透；直接性染料分子大，极性基团较多，与革的亲和性较大，渗透性一般，1∶2 型金属络合染料渗透性较差。

(5)匀染性。直接性染料的亲水基团少，溶解度低，在酸性介质中易聚集、沉淀，因此其匀染性较差，其他染料的匀染性较好。

(6)坚牢度。酸性染料的坚牢度差，1∶2 型金属络合染料有很好的耐光、耐湿擦牢度。

皮革专用染料的综合性能较好，因此更适宜皮革染色，目前国内外一些染料生产厂家都推出了一些皮革专用染料。

5)碱性染料

碱性染料又名盐基性染料，是由带正离子的有色部分与无色负离子组成，因而是阳离子染料。碱性染料是指在溶液中带阳电荷，而并非呈碱性，也不要求在碱性介质中溶解或染色。

阳离子染料的母体分为偶氮型、蒽醌型、三芳甲烷型及菁类等。这类染料溶于水、热稀乙酸中，也可用乙醇、丙酮等有机溶剂助溶。碱性染料溶与水后，染料分子电离成色素阳离子和酸根阴离子

$$\mathrm{Me-NH_3Cl \rightleftharpoons Me-NH_3^+ + Cl^-}$$

碱性染料遇碱将生成不溶性的色基沉淀

$$\underset{\text{碱性染料}}{\mathrm{Me-NH_3Cl}} + \mathrm{NaOH} \longrightarrow \underset{\text{色基沉淀}}{\mathrm{MeNH_2}\downarrow} + \mathrm{NaCl + H_2O}$$

碱性染料在水中的溶解度不如酸性染料和直接染料。若需溶解较多的碱性染料时，通常加入与染料等量的乙酸(浓度为 10%)使之调湿，再加热水溶解，碱性染料对水中碳酸盐、碱度十分敏感，碱的存在会使之沉淀，只是色基沉淀加酸后又溶解。所以碱性染料染色时，染浴的 pH 控制在 4～7，个别品种如碱性嫩黄在 65℃时就会分解，因此溶解染料的水温不宜过高。碱性染料多数能与还原剂作用变成无色化合物或隐色体，氧化时大多能恢复原色泽。使用时，应注意避免还原剂的存在。

由于碱性染料在溶液中带正电荷，对带阳电荷的铬鞣革无亲和力，因此对皮革染色来说，其作用不如阴离子染料；对带阴电荷的植物鞣革则有较大的亲和力，植鞣革与碱性染料反应极快，但主要是表面染色，渗透性差，易出现染色不均匀现象，用量过多会产生古铜色，为改善上述缺陷，可在染浴中加入少量乙酸，以减缓其着色作用。碱性染料在使用时不能与阴离子性材料，如阴离子染液、植物鞣液、阴离子复鞣剂、加脂剂及阴离子表面活性剂等混合使用，以免形成色淀而影响染色。

铬鞣革可以通过用植物鞣剂、合成鞣剂等阴离子复鞣剂复鞣或用其他阴离子材料处理，改变革表面的电荷性，使革表面带负电荷而利于碱性染料的染色，但都是以表面染色为主。

碱性染料在皮革染色中可用来“套色”，即铬鞣革先以阴离子的酸性或直接染料染色，然后再用碱性染料染色，这样套染后，两种染料在革纤维表面形成沉淀而提高了碱性染料的坚牢度，而且由于碱性染料鲜艳的色泽也增强了染色效果。套染主要应用于染色要求较高的革如绒面革的染色及用于产生“败色效应”的革，来增加革表面的着色深度。

碱性染料色谱广泛，具有浓艳的色调，色调饱满，着色力强，但耐晒、耐干、湿擦牢度差，较易褪色。皮革如采用溶剂型涂饰剂一般不能用碱性染料染色，因为碱性染料会被溶剂溶解而产生迁移。

目前阳离子染料在碱性染料的基础上得到了较快的发展，主要应用于聚丙烯腈纤维的染色。

6）活性染料

活性染料的染料分子中含有活性基团，在染色时能与被染物纤维发生化学反应，形成牢固的共价键，从而增加染色的坚牢度，具有较高的耐洗、耐擦性能，因此活性染料又称为反应性染料。

活性染料的分子结构中有两大部分：一部分是母体染料，一部分是活性基团。活性基团能与被染物发生化学反应，因此可以根据需要来改变活性基团，满足不同种类纤维染色的需要。

活性染料，根据其活性基团的不同分为以下几类：①含活泼卤素原子的氮杂环化合物，其中最主要的是三聚氯氰及衍生物；②含活泼卤素原子或硫酸酯键的化合物。活性染料一般都含有磺酸基，因此它们的水溶性都比较好。对硬水具有较高的稳定性，溶于水后，呈阴离子型，因此可以与阴离子型或非离子型助剂同浴使用，而不能与阳离子型材料同浴使用。

活性染料用于皮革染色，活性基团与革纤维的氨基、羟基等基团反应，产生共价结合。活性染料与纤维着色反应时往往要释放出酸，因此染色后期必须加碱中和，以促进染色反应，使染料在纤维上固着，所以在用活性染料染铬鞣革时，染浴的 pH 控制在 4～5，待染料渗透后，在染色末期加碱固色，但碱不宜多加。为避免碱对革性能的不良影响，可以不加碱，这实际上是把活性染料当作渗透性好、耐光性佳的直接染料来使用，活性染料不适合植鞣革的染色，因为植鞣革不耐碱，在碱性条件下会反栲变黑；活性染料用于可洗涤的醛鞣革的染色则十分理想。

活性染料浅色、艳色多，坚牢度好，耐水洗，但是由于要求母体染料对纤维亲和力小，所以缺少深色染料，特别是棕色、黑色染料，目前活性染料在制革上应用还不多。

7）其他染料

（1）硫化染料是一些分子较复杂的含硫染料，一般不溶于水，染色时经硫化钠还原后，成为可溶性隐色体吸附在纤维上，再经氧化，在纤维上重新形成不溶性染料而固着于纤维上，染色时 pH 较高（一般在 10 以上），因此在皮革上应用受到限制，只能用来染对碱稳定的革，如甲醛鞣革、油鞣革等。硫化染料染色后具有良好的抗水、耐洗和耐擦的性能。近年来又有了可溶性硫化染料，能溶于水，使用方便。

（2）油溶性及醇浴性染料的特点是不溶于水或微溶于水中，只能溶于油或醇中，这是因为染料分子结构中没有亲水基或亲水基被封闭，只有亲油或亲醇的基团，这类染料如不溶性金属络合染料，主要用于喷染或用于非水基涂饰时作为着色剂使用。由于没有亲水基团，所以耐湿擦牢度较高。

到目前为止，皮革用染料仍主要是以酸性染料、直接染料、金属络合染料和活性染料为主，并少量使用一些碱性染料和硫化染料。在一些特殊情况下，如毛皮染色中对毛的染色使用少量的分散染料和其他特殊染料。在皮革常用染料中，酸性染料占 70%，直接染料占 18%，金属络合染料占 6%，其他染料占 6%；皮革常用的酸性染料中，偶氮染料占 40%，酸性金属络合染料占 26%，蒽醌类染料占 3%，其他结构染料占 6%，未知结构的酸性染料占 25%。

值得一提的是，很多皮革用商品染料是几种染料的混合体，一般是具有同类分子结构和相近的分子大小的几种染料的混合体，因此，在实际配色时，要考虑多种染料混合带来的颜色发暗的负面影响。

### 3.2.3　禁用染料及其代用品

合成染料中，偶氮染料是品种数量最多的一类，目前工业上染料品种半数以上是偶氮染料。偶氮染料生产的中间体是各种芳胺。研究表明联苯胺、乙萘胺、4-氨基联苯等芳胺为致癌物，因此许多国家都成立了相应的机构，研究染料对生态的影响和染料的毒理，并确定了能致癌的芳胺种类，同时制定出相应的法令限制有毒染料的生产和使用。

德国环保法规作为法令，于 1992 年 4 月 10 日首次在国际上公布了“食品及日用消费品法”，其中规定禁止使用可以分解成 MAK(Ⅲ)$A_1$ 及 $A_2$ 组中胺类的偶氮染料。MAK(maxim artbeitplaz konzentrations 的简写，即被允许的最大浓度)第三类 $A_1$ 和 $A_2$ 组是德国联邦健康总署每年公布的致癌物质名单。1994 年公布的 MAK(Ⅲ)$A_1$ 及 $A_2$ 组芳胺共计 20 种，并规定从 1995 年 1 月 1 日起，那些可以通过一个或多个偶氮基团分解而形成所列 20 种致癌芳胺中任一种偶氮染料，不得再用于非短期接触人体物品的制造，以后又延迟了禁用期。德国危险品法第四修正案后来又确认了两种致癌性芳胺。

偶氮染料本身不会对人身体造成有害的影响，但含有致癌芳胺的偶氮染料的织物等与人体长期接触，染料被皮肤吸收，并在人体内扩散，与正常的代谢过程释放的物质混合在一起，并发生还原反应形成致癌的芳胺，经人体的活化作用使人体细胞的 DNA 发生结构与功能的改变，成为人体病变的诱发因素，从而诱发癌症或引起过敏。禁用的染料是指经还原分解后能得到致癌芳胺的染料，并不是指所有的偶氮染料。1994 年 7 月 15 日德国发布首批禁用的染料共 118 种。其中大部分是偶氮染料，还包括一些硫化染料、还原染料等。另外，还有些染料不需要经过还原裂解为致癌芳胺，其本身对动物致癌。

皮革染色主要是用酸性和直接染料，直接染料受德国环保规定的影响最大，先禁用的 118 种染料中，直接染料有 77 种，占 65%，其中以联苯胺、二甲基联苯胺、二甲氧基联苯胺等三类衍生物中间体合成的直接染料为 72 种，以联苯胺为中间体的直接染料为 36 种，产量几乎占直接染料总产量的 50%。近年来我国生产的直接染料中属于禁用的直接染料达 37 种，占我国生产的直接染料品种数的 62.7%。受德国环保法规影响的酸性染料共 26 种，所涉及的有害芳胺品种较多，分布于联苯胺、二甲基联苯胺、邻氨基苯甲醚、邻甲苯胺、对氨基偶氮苯、4-氨基-3, 2′-二甲基偶氮苯及本身有致癌作用的染料等广泛范围内。色谱主要集中于红色，共 18 种，黑色为 5 种，其他分布于橙、紫、棕等色谱。列入德国禁用的碱性染料有 3 种：C. I. 碱性红 42，含有邻氨基苯甲醚；C. I. 碱性棕 4(21010)，含有 2, 4-二氨基甲苯；C. I. 碱性红 111，含有对氨基偶氮苯。皮革中除上述几类主要禁用染料外，还有一些禁用的颜料，有一些颜料是以致癌芳胺为基础制得的，也在禁用范围内，特别是对于黄、橙、红色的一些偶氮颜料，如 C. I. 颜料橙 13(21110)、C. I. 颜料黄 12(21090)、C. I. 颜料黄 17(21105)、C. I. 颜料黄 83(21108)、C. I. 颜料红 8(12335)、C. I. 颜料红 22(123215)和 C. I. 颜料红 22(12315)等。

禁用染料对皮革的影响较大，因此对出口皮革制品，特别是出口德国等欧盟国家，要选用非禁用染料，即还原分解后不生产有毒芳胺的染料。在染料的生产过程中选用非毒芳胺作为中间体来代替禁用芳胺，开发新的染料品种。目前禁用染料的代用品的研制和开发已得到较大的发展，已有许多无毒染料投入生产应用。

皮革在染色时，除选用经有关机构检测后确认的非禁止使用染料外，还必须对生产设备进行彻底的清洗，以免以前的“毒性”染料的污染，影响革制品检验。另外，对于涂饰的颜料选择也要注意选用非禁用颜料。

我国生产或曾生产过的禁用染料见表 3-7。

**表 3-7　我国生产或曾生产过的禁用染料及商品名称**

| 染料索引号 | 有害芳胺 | 禁用染料商品名称 |
|---|---|---|
| C.I. 直接黄 4 | 联苯胺 | 直接黄 GR |
| C.I. 直接红 28 | 联苯胺 | 直接大 4B |
| C.I. 直接红 13 | 联苯胺 | 直接枣红 B、GB，直接红酱，<br>直接酒红，直接紫红，直接紫酱 |
| C.I. 酸性红 85 | 联苯胺 | 弱酸性大红 G |
| C.I. 直接红 1 | 联苯胺 | 直接红 F |
| C.I. 直接棕 2 | 联苯胺 | 直接红棕 M，直接深棕 M，直接深棕 ME |
| C.I. 直接紫 12 | 联苯胺 | 直接紫 R，直接青莲 R，<br>直接雪青 R，直接红光青莲 |
| C.I. 直接紫 1 | 联苯胺 | 直接紫 N，直接紫 4RB，直接青莲 N |
| C.I. 直接蓝 2 | 联苯胺 | 直接重氮黑 BH，直接深蓝 L |
| C.I. 直接蓝 6 | 联苯胺 | 直接蓝 2B，直接靛蓝 2B |
| C.I. 直接棕 1 | 联苯胺 | 直接黄棕 D-3G，直接金驼 D-3G |
| C.I. 直接棕 79 | 联苯胺 | 直接黄棕 3G 直接棕黑 3G |
| C.I. 直接棕 95 | 联苯胺 | 直接耐晒棕 BRL，直接棕 BRL |
| C.I. 直接黑 38 | 联苯胺 | 直接黑 BN、RN，直接青光，直接元，<br>直接元青，直接红光元青，直接红光元 |
| C.I. 直接绿 6 | 联苯胺 | 直接绿 B |
| C.I. 直接绿 1 | 联苯胺 | 直接深绿 B，直接墨绿 B |
| C.I. 硫化黄 2 | 联苯胺，2,4-二氨基甲苯 | 硫化黄 GC |
| C.I. 冰染色酚 7 | 2-萘胺 | 色酚 AS-SW |
| C.I. 颜料红 8 | 2-氨基-4-硝基甲苯 | 永固红 F4R |
| C.I. 冰染色基 12 | 2-氨基-4-硝基甲苯 | 大红色基 G |
| C.I. 颜料黄 12 | 3,3′-二氯联苯胺 | 联苯胺黄 |
| C.I. 颜色黄 83 | 3,3′-二氯联苯胺 | 永固黄 HR |
| C.I. 颜料黄 17 | 3,3′-二苯胺 | 永固黄 GG |
| C.I. 颜料橙 13 | 3,3′-二氯联苯胺 | 永固橙 G |
| C.I. 颜料橙 16 | 3,3′-二甲氧基联苯胺 | 联苯胺橙 |

续表

| 染料索引号 | 有害芳胺 | 禁用染料商品名称 |
|---|---|---|
| C.I. 冰染色基 48 | 3,3′-二甲氧基联苯胺 | 快色素蓝 B，蓝色盐 B |
| C.I. 直接蓝 151 | 3,3′-二甲氧基联苯胺 | 直接铜盐蓝 2R，直接铜盐蓝 KM，直接铜盐蓝 BB，直接藏青 B |
| C.I. 直接蓝 15 | 3,3′-二甲氧基联苯胺 | 直接湖蓝 5B |
| C.I. 直接蓝 1 | 3,3′-二甲氧基联苯胺 | 直接湖蓝 6B |
| C.I. 直接黑 17 | 对-克力西丁 | 直接灰 D |
| C.I. 分散橙 20 | 对-克力西丁 | 分散橙 GFL，分散橙 E-GFL |
| C.I. 分散黄 23 | 对氨基偶氮苯 | 分散黄 RGFL |
| C.I. 碱性棕 4 | 2,4-二氨基甲苯 | 碱性棕 RC |
| C.I. 酸性红 73 | 对氨基偶氮苯 | 对氨基偶氮苯，酸性大红 GR，酸性红 G，酸性大红 105 |
| C.I. 硫化橙 1 | 2,4-二氨基甲苯 | 硫化黄棕 6G |
| C.I. 硫化棕 10 | 2,4-二氨基甲苯 | 硫化黄棕 5G |
| C.I. 冰染色酚 18 | 邻甲苯胺 | 色酚 AS-D |
| C.I. 冰染色酚 10 | 对氯苯胺 | 色酚 AS-E |
| C.I. 冰染色酚 15 | 对氢苯胺 | 色酚 AS-LB |
| C.I. 直接蓝 14 | 3,3′-二甲基联苯胺 | 直接靛蓝 3B |
| C.I. 冰染色酚 5 | 3,3′-二甲基联苯胺 | 色酚 AS-G |
| C.I. 酸性红 114 | 3,3′-二甲基联苯胺 | 弱酸性红 F-RS |
| C.I. 直接绿 85 | 3,3′-二甲基联苯胺 | 直接绿 2B-NB，直接墨绿 2B-NB，直接绿 TGB |
| C.I. 分散黄 56 | 对氨基偶氮苯 | 分散橙 GG，分散橙 H-GG |
| C.I. 酸性红 35 | 邻甲苯胺 | 酸性红 3B，酸性桃红 3B |
| C.I. 冰染色基 4 | 4-氨基-3,2′-二甲基偶氮苯 | 枣红色基 GBC |
| 无索引号 | 3,3′-二甲氧基联苯胺 | 直接深蓝 L，直接深蓝 M，直接铜蓝 W，直接深蓝 1-5 |
| 无索引号 | 3,3′-二甲基联苯胺 | 直接绿 BE |
| 无索引号 | 3,3′-二甲基联苯胺 | 直接黑 EX |
| C.I. 直接黑 154 | 3,3′-二甲基联苯胺 | 直接黑 TBRN |
| 无索引号 | 联苯胺 | 直接黑 2V-25 |
| 无索引号 | 3,3′-二甲氧基联苯胺 | 直接耐晒蓝 FBGL |
| 无索引号 | 2-氨基-4 硝基甲苯 | 分散黄 S-3GL |
| 无索引号 | 对氨基偶氮苯 | 分散黄 3R |
| 无索引号 | 对氨基偶氮苯 | 分散草绿 G，分散草绿 E-BGL，分散草绿 E-GR |
| 无索引号 | 对氨基偶氮苯 | 分散草绿 S-2GL |
| 无索引号 | 对氨基偶氮苯 | 分散灰 N，分散灰 S-BN，分散灰 S-3BR |

续表

| 染料索引号 | 有害芳胺 | 禁用染料商品名称 |
|---|---|---|
| 无索引号 | 对-克力西丁 | 活性黄 K-R |
| 无索引号 | 对-克力西丁 | 活性黄棕 K-GR |
| 无索引号 | 3,3′-二甲氧基联苯胺 | 活性蓝 KD-7G |
| 无索引号 | 对-克力西丁 | 活性黄 KE-4RNL |
| C. I. 冰染色酚 20 | 邻氨基苯甲醚 | 色酚 AS-OL |

**思考题**

(1)制革为什么以使用阴离子型染料为主？

(2)酸性与直接性染料有使用区别吗？简述理由。

(3)偶氮染料都是禁用染料吗？

(4)列举一个禁用染料的原因(查资料)。

(5)染料的结构与染色性能是否有关系？

## 3.3　皮革染色的基本原理

将皮革浸入有一定温度的染料溶液中，染料就从水相中向革表面移动并向革内迁移，水中染料的量逐渐减少，经过一段时间后达到平衡，染料进入皮革内与皮革纤维发生结合，从而使皮革着色。因此，皮革的上染过程一般分为染料被革坯吸附、染料向革坯内部扩散或渗透和染料在革纤维上固着三个阶段。

皮革的染色与其他纤维的染色过程既有共性又有其特殊性。特殊性主要体现在皮革纤维与其他纤维的差异上。皮革是由蛋白质纤维和鞣剂所构成的复合体，因此，皮革染色与其他纯蛋白质纤维(如羊毛)的染色不同。染料不仅要与皮革纤维上未与鞣剂结合的游离氨基(一般指铬鞣革)、羟基或羧基(植鞣革和油鞣革等)发生作用，而且还要与鞣剂分子发生作用。另一方面，不同动物皮或同一张皮不同部位间的纤维结构差异，也是皮革染色必须要考虑的因素。这就使皮革染色理论的研究变得更为复杂。

一般在染色时，染浴中除皮革纤维、染料和水外，还常常有染色助剂、酸离子和盐的存在，这些材料在染色过程中相互间往往要发生作用。因此，染色过程中要考虑的因素很多，如染料与水之间、染料与染料之间、助剂与助剂之间、助剂与染料之间、助剂与纤维之间和染料与纤维之间等各因素之间的相互作用，其中最主要的因素是染料和纤维之间的相互作用。

### 3.3.1　染料在水溶液中的状态

皮革染色所用的染料一般都是水溶性的，在水中溶解、解离形成带不同电荷的染料离子。也就是说，由于染料分子中磺酸基、羧基、酚羟基和铵基等亲水基的存在，染料在水中解离而形成带电荷的有色染料离子和反离子(如 $Na^+$、$Cl^-$等)。

由于染料分子结构、分子大小和所含的亲水基的种类和数量的差异，不同染料在水中的溶解性、电离程度不同，从而它们在水溶液中的存在状态也不同，而且随溶液中染料的浓度、pH、中性盐的量和温度等的变化而变化。

在水溶液中染料分子的状态非常复杂，既有以单分子状态存在的形式，又有以缔合状态存在的形式。事实上，除了少量小分子的酸性染料在较高 pH、温度和较稀浓度下主要以单分子的真溶液形式存在外，大多数情况下，染料分子或离子之间由于氢键和分子间引力的作用，会发生不同程度的聚集，以缔合状态存在，因此呈胶体的状态。

染料离子在水溶液中可能的缔聚方式，以阴离子染料为例，有以下三种不同的形态，见图 3-10。

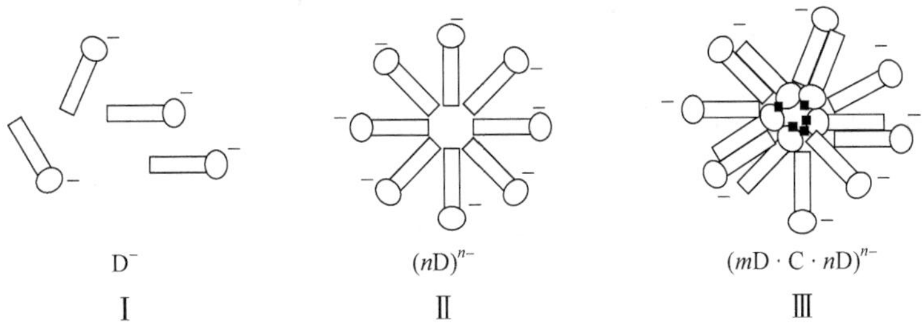


图 3-10　染料在水中的溶解与分散

D：(▭○)表示染料离子；C：(■)表示正荷的反离子

第Ⅰ种为典型的电解质，表示完全离解而生成单一的染料离子；

第Ⅱ种为离子胶束，是一种胶体电解质，表示染料离子的缔聚体；

第Ⅲ种为典型的胶体粒子，表示较大的染料集合体，内部包含着反离子而粒子外围附着少量的染料离子。

染料溶液中上述 3 种形态的粒子往往同时存在，并有一定的平衡关系，随条件的变化而相互转化。染浴中直接染料分子单体和聚集体间的平衡与下列因素有关：①增加染料水溶性，减少染料分子聚集的倾向；②提高染料浓度，增加染料的聚集；③增加染浴的温度，减少染料聚集；④加入中性盐，如 $Na_2SO_4$、NaCl，能降低染料的溶解度，增加聚集倾向，在染色时造成浮色，所以要加入平平加等匀染剂。

对强酸性染料、碱性染料、分子很小的直接染料，在常温和一般浓度下，聚集度很小；分子大的酸性染料和直接性染料其聚集度就较大。如当增大染料的浓度，增加中性盐或加入某种匀染剂(如平平加)，染料的聚集度就加大，有利于缓慢上染；如提高温度，增大染液的浴比，染料的聚集度则减小。

染色过程中，染浴中的染料形态的平衡将不断被打破，建立新的平衡。染色时，染料离子被纤维吸附，最初建立的平衡被破坏，于是聚集较大的胶束进一步分散为染料离子。这样的过程一直进行至上染结束为止。由此可见，染料在染浴中的聚集情况，直接影响着染色进行的速度。

染料在水溶液中的聚集程度还与溶液中的其他物质的存在有关，如溶液中的酸碱度、水的硬度和其他助剂的影响。如对于酸性染料，溶液中的 pH 较高时，其亲水基团的解离程度高，溶解性好，聚集程度降低；对于容易聚集的染料，在高硬度的水中，其聚集程度会更高，而且聚集的结果往往会导致染料色调的改变。对于皮革染色，染料的溶解度好，染料在溶液中聚集的程度低是获得良好染色效果的关键先决条件之一。如果染浴中染料的缔聚程度大，必然会导致皮革的表面染色，而且颜色不鲜艳，染色不均匀。

染料在溶液中的聚集与染液中表面活性剂等助剂有关，如平平加 O、渗透剂 JFC 等会与染料发生氢键结合。表面活性剂的疏水部分和染料分子的疏水部分之间相互亲和，发生表面活性剂和染料分子之间的聚集，往往可以达到缓染的作用。

碱性染料在溶液中的聚集情况与上述情况相似，在此不做进一步讨论。

### 3.3.2 皮革纤维的染色特征

皮革纤维是胶原蛋白质和鞣剂所构成的复合体，因此，其染色性能由胶原蛋白质和鞣剂的性质共同决定的。由于动物皮是天然物，不同种类皮革的纤维组织的编织方式不同，在染色性能上也具有差异。

胶原分子的主链和侧链上带有氨基、羧基、羟基和酰胺基等活性基团和非极性的疏水基团，这些基团的存在为染料的结合提供了结合点。胶原蛋白质是两性分子，在不同的条件下呈现出不同的电荷特征，皮革染色常用染料为水溶性染料，在水溶液中也以带不同电荷的离子形式存在，因此，胶原和染料分子的电荷性能是染料对胶原纤维具有亲和力的基础。

不同的鞣剂与胶原分子结合后，改变了胶原的性质，主要体现在皮革电荷性的变化和皮内纤维的编织状态、紧实性和空隙性等，从而赋予皮革不同的染色性能。

#### 3.3.2.1 革的等电点和表面电荷对染色的影响

胶原是生皮的主要成分，胶原的等电点是由其结构所决定的。未经处理的胶原的等电点在 7.5 左右，当生皮所在的电解质溶液的氢离子浓度增加时，羧基的电离被抑制，正电荷便相应地增加；在碱性电解质溶液中，负电荷则增加。经过加工鞣制后胶原的等电点随所用鞣剂性质的不同将移向较高或较低的 pH，并使其表面电荷发生变化，从而影响着胶原纤维对染料的作用。鞣制对胶原等电点和电荷变化的影响，见表 3-8。

**表 3-8　不同鞣剂对胶原纤维等电点及表面电荷的影响**

| 胶原的鞣法 | 等电点 pI | 鞣制后 pI 位移 | 表面电位/mV (pH=6.5) |
|---|---|---|---|
| 未鞣制的裸皮 | 5.2 | — | –31 |
| 甲醛鞣制 | 4.6 | –0.6 | –41 |
| 儿茶鞣制 | 3.8 | –1.4 | –17 |
| 荆树皮鞣制 | 4.0 | –1.2 | –85 |
| 酚类合成鞣剂鞣制 | 3.2 | –2.0 | –119 |
| 阴铬络合物鞣制 | 3.8～4.8 | –0.4～1.4 | –5～–1 |
| 碱式硫酸铬鞣制 | 6.7 | +1.5 | +25 |
| 碱式氯化铝鞣制 | 6.2～6.9 | +1.0～+1.7 | +17～+33 |

表 3-8 表明，用甲醛、阴铬络合物、植物鞣质和合成鞣质等新鞣成的革，其纤维表面带负电荷，而用碱式硫酸铬或碱式氯化铝等新鞣得的革，其表面带正电荷。

在染色过程中，还要求染料对纤维有足够的亲和力，染料对于某一类纤维有亲和力，它能使纤维染色；对另一类纤维没有亲和力，就不能染色。所谓亲和力，包括分子间引力、氢键、纤维上活性基团与染料离子的静电引力等。不同性质的引力，往往同时存在。亲和力的大小与染料分子的化学结构、大小形态及纤维的种类、性质等有关。由于静电作用的作用距离较大，皮革染色时胶原和染料分子间的静电作用对染料和皮革纤维间的亲和力起着主要作用，而染料与纤维间的亲和力决定着上染的速度和染料在革内的渗透深度。

染色时，当染料离子的电荷与革所呈现的电荷性相反时，如果染液的 pH 距革的等电点 pI 很远时，则革对染料的吸收和结合就很迅速，很可能造成染色的不均匀。如染液的 pH 距革的等电点 pI 较近时，染料与革结合缓慢而容易渗透。或者说，两者电荷相反，它们的亲和力则强；两者的电位差减小或电荷相同，则亲和力减弱或无亲和力。如果染料透入革内太深，表面着色较轻微，这时，为了增加革的颜色强度，就可以加大染液 pH 与革的等电点 pI 间的距离，来促进其表面着色。因此，在实际生产中，为了控制皮革着色的程度(表面染色或染透)，一般也可以通过调节染浴或皮革的 pH 来实现。

染色前，有时根据成革的种类和要求，需要采取不同的鞣剂对初鞣革或经初步整理而未染色的坯革进行复鞣。这种鞣质与初鞣革结合后，就可能使革的等电点和表面电荷产生变化。同样，干燥也可能改变革的等电点及表面电荷，因为刚鞣成的铬鞣革，大部分的硫酸根与铬离子呈离子态结合，在放置或干燥的过程中，呈离子态结合的酸根就逐渐进入铬络合物的内界配位，使革表面的正电荷减少，等电点降低。此外，“中和”也会使革的表面电荷发生或多或少的改变，而这些变化将直接影响染色的效果，所以必须认真加以考虑。

#### 3.3.2.2　坯革的染色性能

1) 铬复鞣坯革的染色特点

铬复坯革含有带正电荷的游离氨基，染色时主要采用阴离子型染料。在染色过程中，染料能与铬复鞣坯革中的游离氨基作用，形成离子键的结合，也与铬盐进行离子键或配合键结合。

可见铬复坯革中含铬量越大，革的正电荷增强，便能结合更多的阴离子型染料。在实际生产中，为了提高铬复坯革颜色的丰满度，一般可采用碱式铬盐或铝鞣剂进行复鞣。然而采用不同的鞣剂量复鞣，以及复鞣用量不一，革对染料的吸收量也有所不同，见图 3-11。

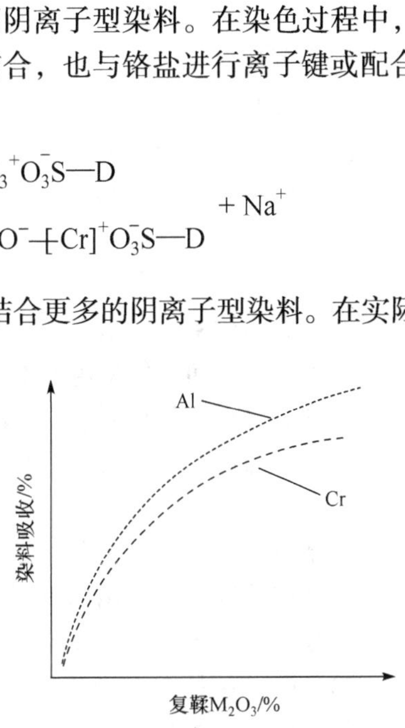


图 3-11　$Cr_2O_3$ 或 $Al_2O$ 复鞣对染料的吸收

对同种革用铬与铝盐复鞣，其染料的吸收量也有所差异。试验证明，为增加铬鞣革的染色能力，以采用铝盐复鞣效果较好，因为铝盐比铬盐较难被隐匿，它比等量的碱式铬盐能吸收更多的阴离子染料。除此以外，其他过渡金属盐也具有上述作用。

若在与革结合的铬络合物中引入阴离子基，则革对阴离子染料的亲和力就会减弱。例如，在中和时，采用

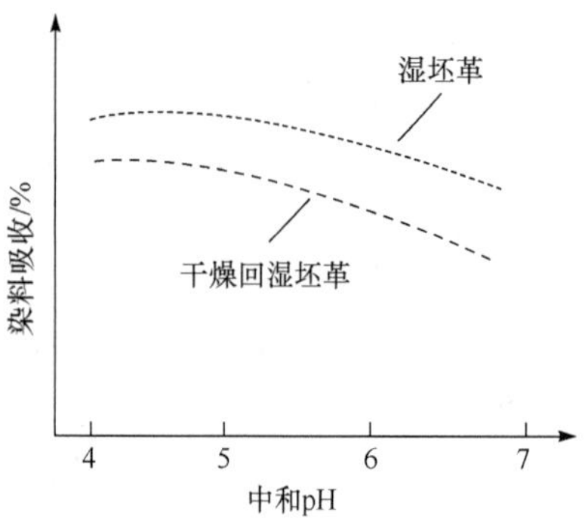


图 3-12　干燥回湿与湿态坯革上染

隐匿作用较强的盐作为中和剂，使铬盐与其阴离子牢固络合，从而降低铬鞣革与阴离子染料的亲和力，使染色均匀深入，但着色较浅。

湿铬鞣革在静置或干燥的过程中，铬配合物的正电荷会逐渐减少，所以干燥后的铬鞣革对阴离子染料的亲和力要比新鞣得的革小，染料吸收量也低，见图 3-12。

2) 复鞣剂电荷对复鞣坯革的染色

阴离子复鞣剂总使阴离子染料上染率降低。阴离子性的芳香族合成鞣剂、丙烯酸复鞣剂等能与铬盐配位，使铬配合物的阴离子性降低，并占了染料的配位位置，所以阴离子复鞣剂复鞣的铬鞣革和阴离子染料的亲和力比纯阳铬配合物鞣剂鞣革大为降低，故芳香族鞣剂可作铬鞣革染色的匀染剂。

植物鞣质与合成鞣质都属于芳香族化合物，在很多方面与染料分子相似(特别是合成鞣质更接近于阴离子染料)，它们都含有磺酸基。这类鞣质是一种很弱的酸，在碱性介质中，能电离而释放出氢离子，带负电荷，在一般染色的 pH 下几乎不电离。而且这类鞣质与染料一样，都具有非离子配位基团。同时在染料分子中也有许多基团(如偶氮基的氮原子、酮基的氧原子等)能起电子给予体的作用。因此，在植物鞣革染色的过程中，染料与植物鞣质之间就可能发生聚集，其聚集度在很大程度上取决于离子基所带的电性。如果两者的离子基团的电荷相同，则聚集体中所含的分子较少，而且容易溶解。由于聚集的分子的分子运动缓慢，因此游离的染料分子就能较均匀地被纤维吸收。相反，当两种物质带有相反电荷的离子基团时，如植物鞣质与阳离子染料，则它们的电性互相中和，失去了水合作用，而形成很大的难溶聚集体，最终变为沉淀而释出。当此聚集体还未溶解时，就被革纤维所吸收，那么所染得的色调往往不均匀、混浊且不耐摩擦。

阴离子复鞣剂能使阳离子染料迅速上染。阴离子复鞣剂带有阴电荷，它与碱性染料(阳离子染料)具有较大的亲和力，着色迅速，故往往容易出现染色不匀的弊病。为了克服这一缺陷，在染色前可添加少量的酸。此外，鞣质分子聚集体的表面具有负电性，极易与阳离子型染料在革表面结合，使染色不均匀，因此用碱性染料染植物鞣革时，还必须先把革表面未结合的鞣质及其聚集体除去。若采用阴离子型染料染色时，胶原可供与染料结合的非离子基和游离氨基就不多了，而造成染色困难。

高度亚硫酸化的鞣质和含磺酸基的合成鞣质将更多地与胶原的氨基结合，革的等电点下降到 3.2，这时阴离子染料更难上色，只有当染浴的 pH 下降到其等电点以下，阴离子染料才能上染。然而，当染浴的 pH 调到革的等电点之前，染料就会因酸的作用而聚集沉淀。因此，在通常情况下，不宜选用阴离子染料来染植物鞣革。若植物鞣革经碱式氯化铝复鞣或用阳离子树脂鞣剂处理后，再用阴离子染料染色，则革的色调将变得浓厚而鲜艳。一般两性离子染料对植物鞣革均具有较良好的染色效果。

3) 复鞣坯革构造对染色的影响

复鞣坯革的构造紧实与否会对染色造成空间上的渗透影响。皮革的染色性能不仅与其电荷性质有关，而且皮革纤维不同的组织结构也影响着其染色性能。皮革是由胶原纤维编织成的复杂的网状结构，其纤维编织的紧实程度，皮革加工前处理工序的胶原纤维的分散程度等都影响着染色过程的进行。染料在革内的渗透情况不仅取决于染料与革纤维的亲和力，而且取决于染料粒子的大小和皮革纤维中的孔隙大小。皮革纤维之间的孔隙度和孔隙的大小随不同种类的原料皮和不同处理方法而异，而且同皮革纤维与水的亲和作用有关。

水分子进入皮革纤维后，削弱了纤维分子间的相互作用力，使纤维分子链段运动的范围增大，纤维发生溶胀，直径变粗，微隙增大。纤维在空气中吸湿，在水中就是吸水。纤维吸水后，发生溶胀，一般在直径方向的溶胀较大，在长度方向的溶胀较小。纤维的吸湿性好，在水中的溶胀大，在水溶液中进行染色时，纤维中的孔隙比较大，染料分子容易进入这些孔隙并向纤维内部扩散。一般偶氮染料在一个方向上长是 1.5～3nm，在另一个方向是 1～1.5nm，水溶胀后的蛋白质纤维孔隙直径不小于 4nm。所以，纤维用水溶胀后，染料就比较容易向纤维内部扩散。

纤维的吸湿溶胀对染料上染有影响。例如，纤维上存在表面活性剂等可使吸湿增加；在碱性或酸性溶液中，蛋白质纤维的溶胀增加。温度越高，溶胀越大。纤维孔隙的多少和孔隙的总体积与染料的上染量有关。在相同的条件下染色，可以容纳染料孔隙体积大的纤维，上染的染料量一般也比较多。

另外，动物的种类、来源、年龄和营养状态等方面的差异所带来的皮张之间的结构差异，以及动物皮不同部位间的结构差异使皮革染色的均匀性更为困难。

鼓染色前的革坯特征与复鞣前革坯的主要特征是相似的(相同的鞣制方法下)，如具有多孔性、表面积大、充水量大、不同的松紧程度、可伸缩性等。在化学特征上也具有双电性、等电点、表面电势及溶液中的电极电势。

**思考题**

(1) 哪种情况下要考虑坯革的 pI?

(2) 请描述染料良好渗透的基本条件。

(3) 上染的快慢对染色效果有什么影响?

### 3.3.3　皮革上染机制

#### 3.3.3.1　皮革的上染过程

皮革的上染过程可分为吸附、扩散、结合三个阶段。

(1) 染料从溶液中被吸附到皮革表面。该吸附过程速度较快，而且是上染必要的第一步。

(2) 染料的扩散与渗透入坯革内表面。染料向革坯内扩散或渗透是染色染透的过程。单独的扩散与渗透不受化学影响，可用菲克的动力学扩散定律来解释。这时，影响扩散与渗透的主要因素是革坯组织的状况及染料分散颗粒的体积及浓度。坯革组织紧实或染料颗粒大都使扩散与渗透困难。染料浓度低也使其缺乏动力。事实上，静电力及范德华力也是决定染料扩散与渗透的主要因素之一。其他因素还有机械作用的强度及时间、坯革的柔软度等。

(3) 染料在革纤维上固着。扩散到皮革内的染料与皮纤维通过物理作用(如分子间的引力)和化学作用(如氢键、离子键、共价键和配位键)而产生结合，被固着在皮革纤维上。这种染料分子和皮革纤维发生的相互作用随纤维(不同的处理方法)和染料的不同而不同。

皮革的染色过程中，吸附、扩散、渗透和固着是同时发生、相互影响和相互交替的；染色过程是染料分子对革纤维渗透和结合、物理和化学作用的总效应。但在不同的染色阶段，某一过程又会占优势。

在染色过程中，染料对纤维的亲和力是染料向纤维表面扩散、吸附及染料向纤维内渗透、扩散的动力。如果染料对纤维没有亲和力，就不能染色。例如，在染色时，染料、纤维和水等处于同一系统中，它们彼此间存在着大小不同的亲和力。这时，如果染料分子与纤维间的引力小于与水分子的引力，那么这种染料就不易上染；相反，如果染料分子与纤维间的引力大于与水分子的引力，则染料分子运动到纤维表面附近时，就会失水而逐渐被吸附在纤维表面上，而同时它又有离开纤维重新进入水中的趋势；染料分子在纤维表面被吸附后继续运动，向纤维内部进行扩散渗透，渗透到纤维内部的染料分子又有重新回到纤维表面的趋势。这种吸附与解吸、渗入与渗出是可逆的，受彼此间亲和力大小的支配。这些都直接影响着各种染料对各种纤维能否染色、上染程度及染色后颜色的坚牢度等。

对于皮革染色，染料与皮革纤维的亲和力首先取决于染料离子与皮胶原离子之间的静电作用，如在铬鞣坯革的染色中，如果阳电荷强的革表面与阴电荷的染料有强的亲和力，这种吸附过强造成表面染色；而负电荷的表面则使吸附过弱，造成表面不着色，也是生产中不希望的，因此要求适当的表面吸附。此外，染料在纤维中的扩散速度还取决于染料分子和纤维间隙的大小，染料分子大，纤维间隙小，就会形成扩散的机械障碍。因此，在皮革染色的过程中，必须针对革纤维的性质，选择适宜的染料，合理地控制工艺条件(如染液的 pH、浓度、温度，添加各种化学助染剂等)和机械作用，促进染色过程向有利于上染的方向进行。

染料的固着或上染是一种受热力学控制的过程。许多研究证明，染料的染色热为负值，即上染是放热过程。染色体系中，过程的熵总是降低的，因此染料上染将会受温度影响。温度升高使上染率下降。在制革的实际染色中，升高温度却会使染料结合加快，这种特殊现象是制革中铬鞣革所特有的，可以解释为在低温时，铬被称为惰性离子，不易与配体迅速配合，而当温度升高，尤其在大于 50℃后，其活动性迅速增强，迅速的交换反应可使负电性染料离子被结合。

#### 3.3.3.2 皮革与染料间的作用方式

皮革纤维与染料分子之间的作用包括化学结合和物理结合，化学结合包括离子结合、共价键结合和配位键结合等；物理结合主要有范德华力、氢键和疏水键结合等。

(1)离子键结合。皮革纤维具有可以电离的基团，在染色条件下，这些基团发生电离而使纤维带有电荷。当具有相反符号电荷的染料离子与纤维接近时，产生静电引力(库仑力)，染料因库仑力的作用而被纤维吸附，生成离子键形式的结合，离子键也称为盐键。皮革染色时以离子键结合的方式比较多。例如，酸性染料染铬鞣革时，革纤维上的氨基在染色条件下电离成 $P—NH_3^+$，带有正电荷，酸性染料则电离成 $D—SO_3^-$，带负电荷，染料与皮革纤维由于库仑力作用而生成离子键结合。同理，直接染料染铬鞣革时也生成离子键结合。用碱性染料染植鞣革时，染色条件下，染料电离而带正电荷，革纤维因与植物鞣剂结合而使得革纤维上负电荷增强，从而使染料与革纤维之间因库仑引力也会产生离子键结合。

另外，活性染料、金属络合染料等分子中的阴离子基团与皮革纤维的电离氢基之间，也会形成离子键结合。

(2)氢键结合。氢键是一种定向的较强的分子间引力，它是由两个电负性较强的原子通过氢原子而形成的结合。若 A、B 为两个电负性较强的原子(或原子团)，当 A—H 和 B 接近时，形成 A—H···B 的相互结合，这就是氢键。这里 A—H 称为供氢基团(或称供质子基团)，B 称为受氢基团(接受质子基团)，A—H 的供氢性越强或 B 的受氢性越强，即 A、B 两原子的电负性越强，两者间形成的键能就越大，因此氟可以比氯形成更强的氢键；芳香族酚类与脂肪醇相比，由于芳香环对电子的吸引，芳香族酚通过氧原子形成的氢键比脂肪醇强；同样，$R—NH_3^+$比 $R—NH_2$ 形成的氢键强。常见的氢键结合能量见表 3-9。

**表 3-9　常见氢键的平均键能**

| 结合情况 | 平均键能/(kJ/mol) | 结合情况 | 平均键能/(kJ/mol) |
|---|---|---|---|
| —O—H···N | 29.26 | N—H···O | 9.61 |
| —O—H···O | 25.03 | N—H···N | 8.36～16.72 |
| C—H···O | 10.87 | N—H···F | 20.90 |

在染料分子和皮革纤维分子中，都不同程度地存在着供氢基团和受氢基团。因此，氢键结合在各类染料对各种鞣法所得皮革的染色中都存在，当然其大小和重要性也各不相同。由于受氢基不同，与供氢基之间形成的氢键又可分成 p 型(或π型)氢键结合，即受氢基上具有孤对电子，通过孤对电子与供氢基形成氢键结合，如 A—H···B。通过孤立双键或芳香环上共轭双键的π电子与供氢基形成的氢键称为π型氢键。从结合能来看，π型氢键通常低于 p 型氢键，但对于具有较长共轭体系的染料分子，则π型氢键具有相当重要的意义。

坯革与染料中，常见的供氢基团有—OH、$—NH_2$、—NH(—CO—NH—R、R—NH—R、Ar—NHR)、—COOH、$—CH_2—$等。常见的受氢基团有—OH、$—NH_2$、—OR、—S—S、—F、—Cl、—N═N—、芳香环等。因此，染料对铬鞣革染色时，染料分子与蛋白质结构，以及结合的铬盐离子等，能形成多种氢键结合。

在染色的过程中，两者形成的氢键越多，染料与革的结合也就越牢固。在说明染料和皮革纤维之间形成氢键结合的时候，在染料分子与染料分子、纤维分子与纤维分子、染料分子与水分子、纤维分子与水分子及其他溶剂相互之间，都可能形成氢键。因此，在染料分子与纤维分子形成氢键时，原来的氢键将发生断裂。

(3)范德华力作用。范德华力是分子间力，可分为定向力、诱导力、色散力三种。范德华力的大小随分子的偶极矩、电离能、极化的难易程度等的不同而不同，分子的极性越大，极化越容易，则分子间的范德华力越大。温度升高，极性分子的定向排列变差，定向力降低。范德华力的大小还与分子间的距离有关，随着分子间的距离增大，范德华力急剧降低，作用距离为 0.3～0.4nm。在偶极分子对偶极分子的情况下，范德华力与分子间距离的 6 次方成反比。

范德华力的作用能量为 0.0836～8.36kJ/mol。简单的无机分子或有机分子之间的范德华力，可以根据一些基础数据和关于定向力、诱导力、色散力的公式计算。染料分子与纤维分子之间的范德华力比简单分子要复杂得多，这方面的研究还很少。染料和皮革纤维之间的范德华力大小，取决于分子的结构和形态，并和它们的接触面积及分子间的距离有关。染料的相对分子质量越大，共轭系统越长，分子呈直线长链形，同平面性好，并与纤维的分子结构相适宜，则范德华力一般较大。范德华力在各种处理方法所得的皮革、各类染料染色时都是存在的，但其作用的重要性却各不相同。

范德华力和氢键结合的能量较低，一般在 41.8kJ/mol 以下，但在染色中起着重要作用，是染料对纤维具有直接性的重要因素。范德华力和氢键引起的吸附属于物理吸附，吸附位置很多，是非定位吸附。

(4)共价键结合。染料和皮革纤维之间的共价键结合，主要发生在含有活性基团的染料和具有可反应基团的皮革纤维之间。例如，活性染料和皮革纤维之间，可在一定条件下发生反应，而生成共价键结合的染色产物：

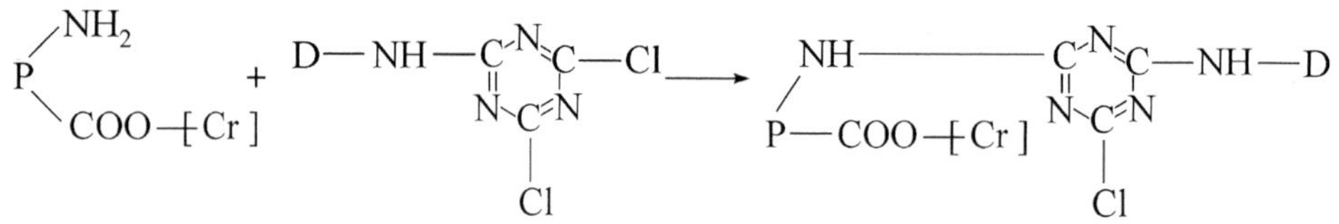


共价键的作用距离为 0.07～0.2nm。共价键一般具有较高的键能，即生成的键比较稳定。

(5)配位键结合。配位键一般在媒介染料和金属络合染料染色时发生。配位键的键能较高，作用距离较短。铬盐复鞣增加了配合物形成的机会，染料分子与坯革形成配位结合也是不可缺少的部分。离子键、共价键、配位键结合的键能均较高，在纤维中有固定的吸附位置。由这些键引起的吸附称为化学吸附或定位吸附。

(6)电荷转移力作用。在供电子体 D 及受电子体 A 之间，从 D 到 A 转移了一个电子，在 D 与 A 之间产生了吸引力，这就是电荷转移力。结果在 D 与 A 之间形成了一定的结合，称为电荷转移结合。

$$D+A \longrightarrow D^{+}A^{-}$$

电荷转移结合相似于路易氏酸和路易氏碱的结合。供电子体的电离能越低(容易放出电子)，受电子体的亲电性越强(容易吸收电子)，两体之间则越容易发生电子转移。作为供电子体的化合物有胺类、酯类化合物或含氨基、酯基的化合物(称为孤对电子供电)，以及含双键的化合穆(称为π电子供电)。作为受电子体的化合物有卤素化合物(称为σ受电子体)及含双键的化合物(π轨道容纳电子)。例如，皮革纤维分子中的氨基与染料分子中的苯环可以发生电荷转移，生成电荷转移结合。

(7)疏水结合。皮革染色时，染料的非极性部分有利于使水形成簇状结构。染料上染纤维使簇状结构部分受到破坏，一部分水分子成自由的水，从而导致熵的增大，熵的增大是有利于染料上染，并与纤维结合的。这种由于熵的变化而导致的染料上染纤维和固色称为疏水结合。在一般的皮革染色中，疏水结合并不是染料与纤维结合的主要因素，但是在疏水性纤维用疏水性染料染色时，疏水结合可能起辅助作用。

上述不同性质作用力(或结合)往往是同时存在的，但纤维-染料系统不同，它们的重要性也各不相同。例如，用直接染料染铬鞣革和用阳离子染料染植鞣革时，主要是库仑力和离子键的作用，氢键和范德华力作用较小。强酸性染料染皮革主要是库仑力上染，以离子键固着。弱酸性染料上染皮革时，范德华力和氢键起重要作用。活性染料染铬鞣革主要依靠范德华力、氢键上染，但在皮革中的固色则主要是形成共价键。

染液中染料分子处于不停的运动中，当染料分子由于热运动克服了皮革纤维和染料之间的静电斥力(纤维表面电荷与染料离子电荷符号相同时存在这种斥力，电荷符号相反时则不存在斥力)而接近纤维表面时，纤维与染料之间的分子吸引力发生作用，染料则被纤维吸附。由于纤维分子及其内外表面结构的复杂性，染料分子被吸附在表面可以回避机械作用弥留在各种孔隙中，尽管一些结合力不够稳定，物理构造将成为稳定的处所。目前染料与纤维之间的作用力还不能进行定量的计算，以上只是定性的说明。

**思考题**

(1) 偶氮染料与铬鞣坯革可能有哪些结合？

(2) 如何使染料分子在皮革纤维表面获得更好的坚牢度？

## 3.4　皮革染色实践

皮革的染色实践与其他工序相似，需要讨论的内容也是建立在染色用革坯、染料品种、操作条件三者的各自特点或状态及它们之间相互关系的基础上。事实上，在讨论中，面对三者的可变性及复杂的关系不能够一一独立分辨及明确地用某一理论进行解释，只能按照它们的基本特征及实践中相互作用的结果去找出一般规律进行总结。

### 3.4.1　染色前的准备

要做好染色操作必须考虑先做好四个方面的准备工作，即革坯状况、染料的准备、水及试染。事实上，染色只是将染料置于水溶液中使之与革坯接触而上染的过程，准备过程会直接影响染色的效果。

#### 3.4.1.1　革坯的准备

不同的染色要求，对皮坯的要求也不相同，如对浅色革染色，则对革坯的伤残、前处理、存放时间都应注意，以免造成张与张、批与批及每张各部位间的色差。对于不涂饰的绒面革和水染革的要求更高，均匀一致的革坯是十分重要的。染色前革坯的准备就是根据革坯的状况和染色要求对染色革坯进行适当的处理。对于不同鞣法的革的染前处理方法不同。对于铬鞣革的染色，染前的革坯处理主要采取的措施是回软、漂洗、中和工序。这些工序在前一章中已有介绍。

1) 回湿、漂洗、脱脂

革粒面上任何非均匀性结合或吸附物都会影响染色后的色调和均匀。这些杂物有革屑、粉尘、泥沙、油污、脂肪、中性盐、钙皂、铬皂、提碱材料、鞣剂与复鞣剂、铁斑等。漂洗时用热水、脱脂剂、分散剂及漂洗剂等对革面进行漂洗，脱除皮面上的杂物，并使革充分回水。对于染浅色革常用草酸漂洗，使革表面颜色变浅。

对于革坯表面颜色不均匀、油脂、铬皂含量大的革坯，除了降低革的 pH、对革表面强化脱脂外，可以用酸性蛋白酶和酸性脂肪酶进行酶处理，结果表明，适当的酸性酶处理不仅可以增加革的柔软、丰满度和得革率，而且，可以明显提高坯革的均匀程度，染色均匀性也随之得到显著的改善。酸性酶类材料有 NOWOLASE WB 和 NOWOLASE ABG 酸性蛋白酶和 NOVOLASE AD 酸性脂肪酶等。

2) 复鞣

复鞣对皮革的染色性能影响很大。对于铬鞣革，一般铬复鞣是必要的，通过铬复鞣可以增加革中的铬含量，可以改善铬在革中分布的均匀性，因此铬复鞣后革的染料结合量增加，颜色增深。铬复鞣的均匀性是染色均匀性的保证，如果主鞣时革中铬的结合量不均匀，特别是猪皮反绒铬和二层革表面上各部位的铬含量甚至铬鞣剂组分的差异都会造成染色的不均匀性，因此，对于此类革，铬复鞣至关重要，一般可以通过在漂洗时，适当降低 pH（如 pH 降到 3.0），并对表面适当褪鞣后，再进行铬复鞣。复鞣时液比适当加大，提碱缓慢、均匀，避免长时间停鼓，改善铬在革表面及革内的分布均匀性。

要求染色浓艳色深的铬鞣革，一般重铬鞣或用其他阳离子材料预处理，增加阴离子染料的结合点，革坯的前处理不应有过强的阴电荷材料作用，以保证阴离子染料有良好的结合上染，达到革表面色泽浓深，并节约染料的效果，阳电荷的革坯将使阴电荷染料迅速、牢固地上染。事实上，对需要染透的铬革坯，不易靠革坯表面的阳电荷着色，否则将会造成扩散与渗透的障碍。反之，如要求染色浅淡、染透，则选用阴离子的复鞣材料或匀染剂，避免用大量阳离子材料复鞣。

3) 中和

铬鞣革在染色前必须进行仔细的洗涤和中和，这对染色和成革的质量有很大的影响。通过中和前的水洗，洗去革中的中性盐、游离酸及尚未结合的铬盐。否则由于中性盐或酸的存在，就有可能使染浴中染料的聚集程度加大而沉淀，造成染色不匀。由前述已知，皮革的 pH 对染色的深度和均匀性有很大的影响，如铬鞣革的表面带正电荷，而染色所用的直接和酸性染料都带负电荷，铬鞣革正电荷越多，它与染料的结合越剧烈，因此很容易染花，特别是当各部位的酸度不一致时，更易造成染色不匀。而且由于表面结合剧烈，往往就不易达到所要求的染色深度，因此，必须进行中和。但中和过度，从染色来说直接染料和酸性染料又难于着色，所以中和还必须适度。中和的程度取决于皮革的品种和所用染料的种类。

鞋正面革：表面染色，中和程度要小，且有助于成革丰满、有弹性。pH 一般可控制在革表面为 5.0 或稍高，革内层不超过 4.5。

绒面革、服装革：染色要透，中和也要求深透，这也有利于提高成革的柔软性。一般皮革切口的 pH 应控制在 5.0～5.5。

黑色或深色革：中和程度可小些，以使色泽浓厚。

浅色革：中和程度要大些，使着色缓慢，以免色花。

酸性染料：其分子较小，使用时皮革的中和程度可轻些。

直接染料：其分子较大，使用时皮革的中和程度可重些。

皮革的中和程度一般可用指示剂溴甲酚绿或甲基红溶液滴在革的切口上来确定。pH 变色范围：溴甲酚绿 3.8（黄）～5.4（蓝）；甲基红 4.4（红）～6.2（黄）。

常用中和剂主要有碳酸氢钠、碳酸氢铵、甲酸钠、乙酸钠和中和复鞣剂。用甲酸钠、乙酸钠和中和复鞣剂中和，由于它们能与革中铬配位，降低铬分子的正电性，更有利于染料的渗透和匀染。

中和材料用量的高低取决于中和程度的要求。中和后的革必须立即进行染色，否则在长期的放置中，铬络合物因水解而又产生新的游离酸，以致达不到染色的预期效果。

中和在温热浴中进行，坯革预热对染色是有利的，并且由于温度升高增加了铬盐中酸根的分离，相应也增强了革纤维上的正电荷，因此，这对于鞋面革类的染色是理想的。

4)重复鞣革的洗涤

重复鞣革在染色前需要进行适当的处理，以除去充塞在革中的和结合不牢固的鞣剂。复鞣填充后的革，尤其是经长时间干燥状态存放的革，复鞣填充剂，尤其是树脂鞣剂剂植物鞣剂微粒会发生树脂状的聚集，在革纤维上形成保护层，使染料难以透入，因而对这样的革必须进行洗涤，使其能均匀地吸收染料。

新复鞣的革在染色前，可用30～35℃的水进行转鼓洗涤，洗至从革上挤下的水和碱性染液不再发生混浊或沉淀为止。必要时先闷水洗 20～30min，再流水洗，堆置日久的坯革，应先以35～40℃的水充分闷洗，然后浸于鼓中静置过夜，次晨弃去一部分水，做短时间的水洗，再换40℃的水，用硼砂、乙酸钠或亚硫酸钠(0.3%～1%)闷洗1h，再流水洗，随即进行染色。若使用有润湿作用的弱碱(如乙醇胺)，能把氧化聚集了的难溶鞣质除去。

洗涤液的pH不应超过6.0，由于较高的碱性可能除去过多的鞣质，引起坯革退鞣或颜色变暗，而对改善皮革粒面的清洁度和匀染性却并不明显，故不能使用碱性强的烧碱度或纯碱等材料。同时也应避免使用阳离子或非离子型的表面活性剂，因为它们能沉淀树脂或植物鞣质。一般可添加硫酸化脂肪醇类的阴离子表面活性剂(用量为0.5%～1%)，单纯的栲胶可以用冷的草酸溶液(0.5%)在鼓中转动20～30min，即可使粒面清洁。

#### 3.4.1.2 染色用水

染色用水应满足一些要求，其中包括溶解染料用水及染浴水。理想的染色用水有以下要求：①无悬浮物，不含重金属盐；②暂时硬度(10mg/L 以 CaO 计)<8，永久硬度<15；③pH为6～7。

地面水常含有悬浮物，工业区的雨水常含有煤烟灰，大江及河流的水也会因上游的暴雨使泥沙量增加，这时使用前都应进行澄清或过滤。水中最常见的重金属盐是铁盐，许多可溶性及不溶性铁化合物来自泉水、井水及工厂的铁质容器和管道中，这些铁质盐能与染料结合使它们改变色调、鲜艳度，甚至难以上染。所以该类水应该排除在染色用水之外。

暂时硬度不大于8度，一般无碍于阴离子染料的染色，但含的镁盐和钙盐太多时，不少染料将产生比钠盐溶解度小的镁盐和钙盐，使染色不够浓厚，遮盖力也小。永久硬度只有过大时才有害，在较高的硬度下多数阴离子染料变得难于溶解。当用碱性染料染色时，较少的 $Ca^{2+}$、$Mg^{2+}$(暂时硬度)就会造成影响。要求在溶解染料或染色时适当加入甲酸或乙酸才能解决。

水的酸碱值也影响染料的溶解性、颜色的饱满性，因此，在染色前也要注意水的酸碱性。如在碱性的水内，阴离子染料则渗入铬鞣革较深，染色不浓厚；阳离子染料则因电离受到抑制而变得难溶或不溶了。

#### 3.4.1.3 染料的溶解

皮革染色的有些缺陷，往往是溶解染料不良时造成的。如用水量不足、水质、pH不适使染料以悬浮状形式进入上染，容易导致色花。当然，染料的品质及人为搅拌也是影响染料溶解分散的原因，应引起工厂的重视。溶解染料最好在搪瓷、玻璃、塑料或瓷的容器中运行，不要使用金属容器，否则有可能与染料或染液中的其他助剂发生反应。除个别染色工艺外，通常采用的染料溶解方法如下。

1）阴离子染料

溶于30～50倍（质量）的近沸的水中，先用少量的水调成糊状，然后在搅拌下加入其余的水量。有条件时可以通入蒸气进行短时间冲沸，检查是否完全溶解。要求高的染色，尤其是浅色革染色，有时可将染料液进行过滤。

2）碱性染料

先用酸调成糊状，然后加入50～80倍的近沸水溶解，考虑到有些碱性染料不耐沸水，则可用70～80℃水溶解，碱性染料溶解度小，在皮革染色中有极强的上染力，如有不溶的小微粒，容易出现色斑，要求染色前充分检查溶解情况，足够的稀释是较好的保证。

3）金属络合染料

主要以液体形式存在，使用前仍需用热水稀释。络合染料有很强的上染能力，通常用于表面上染，故良好的溶解分散也很重要。有时可加入一些醇类增加溶解度。

X 型活性染料可先用少量冷水调匀，在室温的水中溶解，因这类染料稳定性较差，须随用随配，不能溶解后长期不用，一般最好在3h内用完。K型活性染料可先用少量温水调匀，加70～80℃的热水溶解。

硫化染料须同硫化碱混合加热溶解。

染料完全溶解后，在使用前应进行过滤，一般经双层纱布过滤即可达到使用要求。配好的染料溶液若不及时使用，会因降温而重新出现缔合，这时，应该再一次用热水或加热的方法进行溶解或分散。

#### 3.4.1.4　染料配方的确定

1）样品色调鉴别

工厂在制定产品的色调时，都需要先确定样品（自定或客户送样）的色调，即使工厂内部生产批与批之间、张与张之间也需要时常对比，以此来确定或调整染料配方或染色条件。影响革样品色调鉴别的因素有两种。

一是照射光，日常的白炽灯由于红黄光重不能用于色调鉴别，而日光灯、水银灯等又因过重的紫光，会使革面改变应感觉到的颜色，也无法作为色调的鉴别。理想的光源应为直射的正午阳光，既没有周围的反射污染，又是明亮的自然光。

二是视觉，由于人视觉存在个体差异，如果在色敏度上有差异，就会对色调产生误差鉴别。即使同一个人，也会因疲劳、受色或光的刺激对色调鉴别造成差异。

2）染料配方选定

人眼不能分辨出光中波长的成分，为了使同色异谱色成为现实，工厂可以用多种染料配合，即不同色调染料构成同一上染色调混合体，实际染色配方中包括染料的品种和用量。

（1）色调初选。选用哪些色调的染料进行染色可满足样品或样版的要求，可参考配色三角形或配色圆选用主染料，然后再根据所选染料的副色选用一些互补色调进行初步的纠正。在制革厂，色卡的选用与确定常常给染色者带来方便，许多生产染料的单位都有标准的色卡，这时可以直接按色卡配制染料。

(2)染料品种的选择。根据革坯的状况，对染色深度(是否染透)、均匀性，饱满和鲜艳度等的要求，选用阴离子型或阳离子型染料。同在阴离子型中又可选用酸性、酸性媒介或直接性染料。

(3)染料的用量。从理论上讲，染色用染料的用量与染料的上染率、遮盖力、坚牢度有关。实际使用时的基本规律可以总结为表面染色，浅色革染色时染料用量较少，染透、深色及饱满度高的染色用量大；绒面革、薄型革用染料量大；同一配方中染料品种应尽可能少；同一生产批次所有染料品质应相同。

3)试染

染色配方初定后，不能直接进入大生产，复杂的影响因素几乎难以确定结果会怎样。因此，要求有试染或者小试。用一张或几张革坯，采用大生产采用的条件进行染色实验，确认后再进入中试，否则应再调配方。中试一般采用羊猪革 100～500 张，牛革 50～100 张，根据结果再调整。一直达到要求则可进入大生产。然而，由于小试、中试与大生产之间总存在着保温(木鼓)、机械作用、浴液的淹入状态的差别，结果也会不同，应按实际情况进行略微调整才能满足大生产要求。如果当小试至大生产色调重现难以达到时，应该从染料的品质或者配方上进行考虑。

### 3.4.2　影响皮革染色的因素

皮革的染色过程受很多因素的影响，除了构成染浴的各种组分相互影响外，染色前革坯的状况、染色操作和染色过程中的参数、染色中其他材料的使用及染色前后的其他工序等因素也影响着染色过程。

#### 3.4.2.1　染色前坯革的状况

坯革的表面状态是影响染色色调均匀性的重要因素，表面状态的一致性是匀染的前提条件之一。它包括表面色泽均匀一致、表面结合的材料及物理形态均匀一致；对全粒面坯革讲，表面无色花、色差，无污物(油脂、盐)，无不均匀结合的材料，无机械伤、病残伤。对绒面革讲，要求绒毛均匀，即各部位绒毛长短、粗细尽可能一致。其他的革坯状态的均匀性还表现在张与张之间、同一张的各部位之间厚薄的一致性，一些较严重的剖层伤、削匀伤及相对过厚或过薄等都会造成染色后色调的差异。

革坯的染色前处理也是影响染色结果的一个重要因素。用阴离子型染料对铬革坯进行染色时，若革坯预先经过阴离子型材料处理，如先复鞣后染色、先加脂后染色等，革坯表面着色能力会有明显的下降，当然这种下降程度会随材料的品种用量不同而有区别。实际的工艺实践已表明，在相同条件下，革坯经预处理后表面上染能力为铬复鞣>戊二醛复鞣>氨基树脂复鞣>合成鞣剂>栲胶复鞣>乙烯基树脂复鞣剂。因此，在要求染出有浓艳色调的情况下，如绒面革、水染革的制造，应尽可能避免或少使这些材料在染色前处理。

#### 3.4.2.2　染色条件对上染的影响

染色条件通常是指染色时间、pH、温度及液体用量等。对于实际染色过程，这些条件同时存在并相互关联，不能单独讨论，为了了解某一条件对染色的特殊影响，通过固定某些条件而变化被讨论条件。

1）上染时间

通常指从染料被加入鼓内到基本上完成上染达到平衡的时间，染色时间主要取决于革的种类及其染色的深度。染色的初始阶段染料的上染速度较快，经过一段时间，染料上染速度减缓，逐渐达到平衡状态。不同温度下、不同染料对不同的革染色时，达到平衡的时间不同。下面是 BASF 公司对染料上染的研究：

| | | | |
|---|---|---|---|
| 原料 | 黄牛蓝湿坯革，厚 1.5mm，以削匀革重计 | | |
| 水洗 | 水（40℃） | 300% | 10min |
| | 排液 | | |
| 中和 | 水（40℃） | 100% | |
| | 中和剂 | *x* % | 10min |
| | 碳酸氢钠（1：15 稀释） | *x* % | |
| | 转至浴液 pH 稳定 | | |
| 水洗 | 水（50℃） | 300% | 10min |
| | 排液 | | |
| 染色 | 水（50℃） | 200% | |
| | 染料 | 1% | 30min |
| 加脂 | Lipoderm Liq. SC | 5% | 60min |
| | 甲酸（85%，1：10 稀释） | 1% | 20min×2 |
| | 排液，水洗 | | |

伸展，挂晾，回湿，震软，绷板。

实验中采用了五种染料，对不同时间内染料上染情况进行了检查，结果见表 3-10。其中染料品牌为 BASF 公司的 Luganil 系列。

**表 3-10　染料吸收率与时间的关系（pH 6.5）**

| 染料 | 染料吸收率/% | | | |
|---|---|---|---|---|
| | 5min | 10min | 20min | 30min |
| 棕 N3G | 74 | 88 | 96 | 98 |
| 棕 NGB | 79 | 91 | 97 | 98 |
| 棕 NT | 77 | 90 | 96 | 98 |
| 枣红 N | 6.3 | 77 | 87 | 92 |
| 灰 GC | 64 | 80 | 92 | 95 |

表 3-10 中的五种染料的应用条件相同。从表中可以看出几个特点，每种染料的上染速度都快，5min 后均超过 60%，有些已近 80%。尽管在 30min 内各染料上染速度变化有差别，但 30min 后均已达到了基本吸净。实际生产中，表面上染或者说吸附染料的迅速性被较多地采用，如染色 20～30min 后进行后继工序的操作，只是在要求染透或深度染色时才延长固定染料的时间。有些染料的上染率低，一般不能靠延长时间来解决，而应考虑改变染色条件，如加固色剂等。

2)染色时的 pH

染色体系的 pH 指两部分：一是革坯的 pH，对阴离子型水溶性染料而言，尽管铬鞣革坯的染色 pH 总是在等电点以下，但 pH 的升高，可以促使铬盐的水解及胶原的阳电荷减少，结果使染料扩散与渗透有利，低 pH 使革坯阳电荷增加则有利上染；二是染浴的 pH，pH 高，阴离子染料分散离解程度大，有利于扩散渗透，pH 低则易形成色素酸，聚集性及被吸附性增强有利于上染。因此，染色体系的 pH 对革坯和染料再染色方面的影响趋势是一致的。染料的品种不同，对 pH 的要求不同。单纯染色时，自然水的 pH 在 6.5 以上即可满足要求，但当在含有其他材料的浴液中就应考虑 pH。革坯的 pH 是决定染料上染的关键，应在染色前已被调整，不同的 pH 对上染速度影响是较大的。按前述的实验方法，若将革坯的 pH 调至 3.5，上染结果见表 3-11。

**表 3-11　染料吸收率与时间的关系**(pH 3.5)

| 染料 | 染料吸收率/% | | | |
|---|---|---|---|---|
| | 5min | 10min | 20min | 30min |
| 棕 N3G | 97 | 98 | 98 | 99 |
| 棕 NGB | 94 | 98 | 99 | 99 |
| 棕 NT | 99 | 99 | 99 | 99 |
| 枣红 N | 98 | 99 | 99 | 99 |
| 灰 GC | 81 | 89 | 93 | 97 |

与表 3-10 相比，当革坯 pH 由 6.5 变为 3.5 时，在 10min 内上染率就达到甚至超过了当 pH 为 6.5 时 30min 的上染率。在染色初期，在染浴内加入少量的氨水，不仅对染料溶解有利，对表面减缓上染也是有利的；在染色末期降低 pH 达到固色结果。

3)染浴的温度

染料的上染与温度有关，升高温度有利于染料分子的扩散和渗透。皮革对染料的吸收也随温度的升高而加快。但温度太高，染料会被革迅速吸收，将影响染料的渗透，而且会导致革面变粗。表 3-12 是用 Luganil 棕 NT 作为考察物，在革坯 pH 为 6.5 时上染率与温度的关系。显然，高温时上染速度较快。

**表 3-12　温度与染料的吸收速度**(pH 6.5)

| 温度/℃ | 染料吸收率/% | | | |
|---|---|---|---|---|
| | 5min | 10min | 20min | 30min |
| 30 | 62 | 79 | 95 | 97 |
| 50 | 71 | 83 | 96 | 98 |

降低染液温度，虽然染料的扩散能力减弱，缔合度增加，但革纤维对染料的结合能力也下降，总体趋势为有利于染料的渗透。一般来说，温度越低，着色越慢、越均匀，渗透也越深。实际生产中，较低温度下染色有时是必要的，当革坯不易受到较高温度作用时或要求染料有较均匀上染并有良好渗透时，较低的温度会更有意义。常规的染色温度一般为 40～60℃，具体温度根据实际情况决定。

4)液体用量(或液比)

液体用量的大小意味着染料作用坯革的浓度。在同样的染料用量下，采用大液比，染料向革内的扩散渗透能力减少，良好的离解使反应活性增加，结果倾向于表面上染。少液染色或某种被称为干染(与加脂剂一起在无水下作用)会使渗透能力加强。从匀染角度讲，采用高浓度非离解态染料与革坯作用或采用大液比低浓度时都可获得匀染效果。但从生产实践中发现大液比更多被采用。尤其在用少量染料染色或在浅色调的染色中大液比更为可行。甚至使用染料的量越少，越应注意增加液体量。事实证明，当液体量为坯革重的250%以上时都可获得良好的匀染效果，当然液比的大小受转鼓的装载量控制。

5)机械作用

机械作用在染色中对染料的分散、渗透及均匀上染起着重要的作用。为了加强这种作用，工厂多采用悬挂式转鼓，直径在2.8～3.5m，转速为8～10r/min。较大直径的鼓会对染料在短时间内均匀分散带来困难而影响匀染，较低的转速也是如此。当然并非鼓径越小越好，装载量受到限制。同样，过快的转速会带来大的机械作用，转鼓会受力过大，对较薄的革坯被撕破的危险性也会增加。

#### 3.4.2.3　染后操作对染色的影响

通常在一个工艺过程中，染色并非是最终的湿操作。在工艺安排中，为了使染色不受或少受其他操作的影响，往往将其放在复鞣加脂工序之前。但是，由于复鞣剂与加脂剂都存在着与革坯的结合，甚至同染料与革纤维的结合方式相同。因此，后继工序对染色效果或多或少存在影响。

1)染色后复鞣

染色后复鞣的工艺主要也是为了更少地影响染色效果，但染后使用的复鞣剂品种很多，影响各异。按下面的工艺进行试验观察。

| | | | |
|---|---|---|---|
| 原料 | 铬鞣蓝湿坯革，以削匀重计 | | |
| 水洗 | 水(30℃) | 200% | 10min |
| 中和 | 水(30℃) | 100% | |
| | 甲酸钠 | 1% | |
| | 碳酸氢钠 | 0.7% | 60min |
| | pH 5.0，排水，水洗 | | |
| 染色 | 水(50℃) | 200% | |
| | 染料 | 1% | 30min |
| 复鞣 | 复鞣剂 | 5% | 60min |
| | 排水 | | |
| 加脂 | 水(50℃) | 200% | |
| | 加脂剂 | 5% | 40min |
| | 排液 | | |
| 固定 | 水(30℃) | 200% | |
| | 甲酸(85%，稀释) | 10% | 30min |

实验结果发现，所有合成鞣剂都有使革坯褪色的作用，其中取代型鞣剂褪色作用最强。而且发现这种复鞣剂作用后引起的浅色效应有两种情况：一种是将革坯表面已上染的染料褪

下进入浴液被洗去；另一种是复鞣剂将被染料从表面“推入”革坯内部使之色变。

2) 染色后加脂

与染色后复鞣相似，染色后加脂也会出现浅色效应。随着加脂剂品质不同差别很大，尤其是与染料的活性基团(对革纤维)相同的加脂剂影响最大。实践证明，一些难以或未被固定的加脂剂在革坯干燥时迁移将表面染料带入革内，有时这种潜在的隐患还表现在革制品使用中，使革品颜色变浅、发白。有时并非加脂剂本身的问题，而是加脂后固定方法和力度不足造成的。这种加脂后最终固定一直延伸到加脂后的存放和干燥。顶层加脂是改善成革表面感官及加工性能的有效方法，适当地使用顶层阳离子加脂剂可使表面色泽更浓。但有时用一些阳离子型加脂剂品种，当用量较大时不仅不增色反而出现褪色效应。总之，染色后加脂，由于加脂剂用量较复鞣剂多(如软革类品种制造)，因此褪色效应也相对较染色后复鞣时强。

3) 染色后水洗

染色后期进行固定，然后用水洗去表面浮色及染料中的中性盐(被革吸收)。这种浮色来自生产中不易与革坯结合的组分和分子态染料在革坯上的吸附。这些浮色不去除会在成革中造成向内或外迁移而使革变色，向外迁移还使革不耐湿擦。

#### 3.4.2.4　染色用材料的影响

1) 染料

染色时染料的选定是最为主要的。在选用染料时主要考虑两个方面。一方面是主色调的确定，在实际生产中，由于染料色调的种类及纯度的限制，往往需要多种染料的复合配色，同时要求兼顾色调的饱满度及鲜艳度；另一方面，要根据染色深度要求，是表面染色还是全透染，选用相应渗透性的染料，如酸性染料渗透快又深，直接性染料着重表面。另外，再选择染料时还要兼顾对染色的特殊要求，如耐光性、耐洗性等。

2) 染色助剂

染色中为了染料更好地溶解分散、渗透与结合等，一些辅助性材料的加入已必不可少。

酸与碱是染色过程中的常用材料，在铬鞣坯革的染色，酸被用来固定阴离子型染料，为了缓和 pH 下降速度，往往在染色后期采用一些小分子有机酸如甲酸或乙酸，硫酸及盐酸不宜采用。酸的用量由要求的最低 pH 决定，加酸固定时间则应以染料基本吸收上染完成为好，当溶液中含有过多的染料或加脂剂时，直接用酸降低 pH 则达不到满意的效果，而应该先设法让染料及油乳液吸收。碱作为助剂用于分散增溶阴离子染料，在使用较多的直接性染料、浴温较低时，可用氨水将染料化开加入，有利于染料均匀上染，良好渗透，但最终要用酸固定。

染色助剂在皮革染色中的作用越来越重要，合理地选择使用染色助剂可以得到匀染、渗透或表面着色等不同的染色效果。根据它们对纤维或染料的亲和性的不同，染色助剂可分为亲染料型、亲纤维型或对染料和纤维双亲型。

制革者知道，最好的匀染、染透方法是大量使用染料，但由于对革色调的要求、成本的控制和染色牢度的要求等方面的原因，用大量染料获得匀染性和染透的方法在实际生产过程中是不可取的。然而，用适当的匀染剂可以达到同样的效果。以下介绍三类染色助剂。

(1) 染色助剂对坯革具有亲和性。主要的染色助剂是以低相对分子质量的合成鞣剂为基础的产品。这类产品可看作为无色的染料，它们对皮革纤维具有亲和力。在染色前先与革坯结合，占有染料与革坯的结合点，使染料不能迅速上染，随着染色时间及机械作用，染料又渐渐取代下匀染剂，最终得到较好的上染率。因此，大量使用此类阴离子产品可以促进染料的渗透，达到匀染的作用。这类助剂还具有分散作用，可以阻碍某些染料的聚集。

(2)染色助剂对染料具有亲和性。这类助剂与染料分子形成复合体，降低了染料与皮革纤维的亲和力，而有利于染料的渗透。当此种染料-助剂复合体被皮革吸收后，助剂被释放出来，再与染料分子结合或再在染色结束时被洗掉。尽管该类助剂是特别为 2∶1 金属络合染料等某种特殊染料而设计的，它们也可以与其他阴离子材料形成复合体。使用该类助剂时建议先把该类材料加入溶解后的染料溶液中，再加入转鼓中(染色设备中)。

(3)染色助剂对染料与坯革都具有亲和力。该类助剂主要使用于深色革的染色过程。通常在染色前或第一次染色后(需多次染色)或顶染前加入该类材料。这类材料称为颜色增深剂，通常带有不同程度的阳离子基团。

前两类染色助剂为匀染剂。由于匀染剂的使用，减缓染料的上染，使染色时间延长，同时上染率有所下降。因此，后期固色成为必要，良好的固色使匀染系统的颜色达到没匀染时染色的相同效果，却更均匀，如图 3-13 所示，在没有匀染剂染色时，5min 后可达上染率 70%～80%。加入匀染剂后同样时间内只达到 50%左右的上染率。然而在染色末期通过固色可使三种情况结果相近。

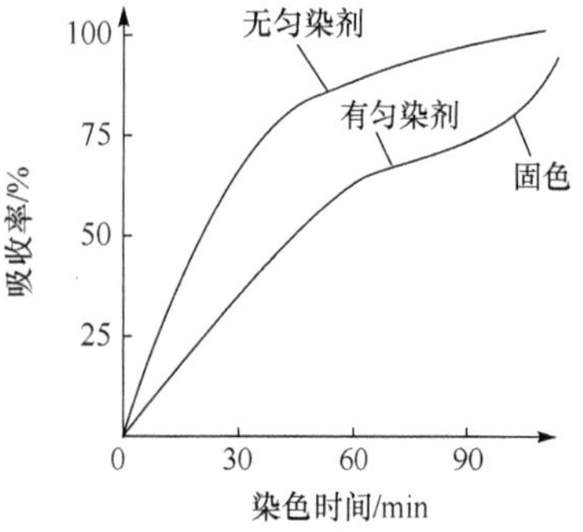


图 3-13　匀染与无匀染的吸收比较

使用固色剂可增加染料的上染率，也增强染色牢度。因此其已成为现代染色中必不可少的助剂。能够作为固色的材料很多，对阴离子染料而言，酸及阳离子型物质都可以固色，只是固色效果会因固色剂及染料品种不同有差异。前已述及，酸用于固色，以形成色素酸，使染料不溶于水而沉积，这种固色要求染色后期染料基本吸净后采用，否则过多的表面沉积导致不耐湿擦。用酸固定的优点在于价格低，固定深度好，可以在较短的时间内做到全截面上的固定。无机鞣剂如铬盐、铝盐及稀土盐等可作为固色剂用，这类鞣剂本身与革坯能结合，可以使染料在革坯内有牢固结合，但由于鞣剂分子短时间不易深入革坯内，故以表面固色为主。在这些鞣剂中，铝盐及稀土盐固色主要靠电荷结合为主，这对异电荷敏感的染料有明显效果。其他一些阳离子有机物，如阳离子型加脂剂、复鞣剂及专用固色剂等也能靠异电荷进行固色，同样以表面固色为主，被固定的染料对阳电荷敏感，生产上有时为了加强固定，采用两种以上的材料以增强染色牢度并增加染料的吸收结合。

### 3.4.3　染色方法

皮革染色的方法按工具设备可分为鼓染、槽染、刷染、喷染、辊印等。实际使用中最多也最普遍的是鼓染，其他方法如喷染也较常见，喷染为单面染色，工艺中被用于补充色调或增加效应。而槽染、刷染、辊印只是对特殊的革坯，在特殊环境下采用。本节对鼓染进行介绍。

转鼓染色是铬鞣坯革的主要染色方法，操作方便、易透染、匀染、染色坚牢度好。根据革坯状态的差异及色调的要求，鼓染的操作可有多种。

#### 3.4.3.1　染色操作方法

1)一次染色法

该方法是在染色操作前先配好染料，用高温水将染料溶解，搅匀，调好鼓内浴温及水量，转动转鼓，从轴孔加入染液，转够时间继续后工序或固定。有时在匀染要求不高时，用袋装入染料，投入鼓内，转动适时即可。这种方法简便易控，色调均匀性好。

2）分次染色法

将配好的染料化均匀，先加入部分，通过染色后进行固定。在此后可以插入一些操作工序，如复鞣、加脂、干燥与回湿等，再将其余染料加入染色。这种方法有时被称为预染与复染，或称为透染与表染。前一部分染料目的往往要求透入革内，后一部分要求加强表面染色。尤其在前一部分染色后采用固定使表面 pH 降低或阴电性降低，使后继染料只能在表面结合。这种操作结果可使革面色调饱满、浓艳。

3）异步染色法

目前革厂较多采用此法。一者可以节约染料成本，二者可以调整表面色光。根据染料渗透性差异或者当革内外色调并不要求完全一致时可以采用此方法。例如，一些绒面革绒毛面上要求某种色光，而这种色光是由渗透性好的染料形成，这时应先用渗透差的染料打基色（底色），然后用另一染料调色光。如要求染黄绿色，可先用天蓝色染底色，固定后再用嫩黄（渗透性极好）调表色。

4）套染法

套染得出的革色调最浓艳，但不易匀染，而且操作不便。通常是先用阴离子型染料染色，固定后再用阳离子型染料套色。这种方法较多地用在有机鞣革或重植物鞣剂复鞣、重合成鞣剂复鞣的革坯上，这时，即使少量的染料也可以使色调十分饱满。

#### 3.4.3.2　革的品种与染色要求

以前，坯革的染色要求及特征常以革的种类讨论，现在，随着人们消费观念的转变，将感官、穿着性能及价格结合考虑，使得对革坯的染色要求不能明确地分类定论。下面根据对革的染色要求讨论。

1）重染

通常指要求染透、色调饱满。如一些深色调的绒面革、运动鞋革及磨砂革（先染后磨）等，不仅要求表面色泽浓艳，革内切口与表面色调基本一致。这时，坯革要求透彻中和，使用较多的染料和助染剂，且染色时间长。对表面色泽浓艳，革内只要求透的革，如一些服装革、水染革及一些全粒面轻涂饰革，可采用多次染色，将深度染色与表面染色分开，保证最后染色不受干扰。

2）轻染

对一些只要求表面染色的品种可采用少量染料，如浅色革、修面革的染色，这时要做好匀染的条件准备，大液比、匀染剂的使用可得到满意的效果。

### 3.4.4　染色工艺举例

#### 3.4.4.1　猪正面服装革染色

蓝坯厚 0.5～0.6mm，称量，按削匀坯重计。

| | | | |
|---|---|---|---|
| ① 漂洗 | 水（40℃） | 200% | |
| | 平平加 O | 0.5% | |
| | 甲酸（85%，稀释） | 0.1% | 20min，pH 3.6 |

| | | | |
|---|---|---|---|
| ② 复鞣 | 水(40℃) | 100% | |
| | 铬液(1∶3.5) | 3.5% | |
| | Trupotan EH | 3.0% | |
| | Truponol OSL | 2.0% | 10min，pH 3.7 |
| | Trupotan MN | 0.7% | 60min，pH 3.9 |
| | 排液，水洗 | | |
| ③ 中和 | 水(30℃) | 150% | |
| | Trupotan NGN | 3% | |
| | Truponol OST | 2% | 20min，pH 5.0 |
| | 碳酸氢钠 | 1% | 60min，pH 6.2 |
| | 切口全透，排水 | | |
| ④ 水洗 | 水(25℃) | 200% | 10min |
| | 排水 | | |
| ⑤ 染色 | 水(25℃) | 30% | |
| | 氨水 | 1% | |
| | Trupol RD | 2% | 10min |
| | 酸性黑 ATT | 2.0% | |
| | 直接耐晒黑 | 3.0% | |
| | 直接耐晒深棕 | 0.05% | 30min |
| | 水(75℃) | 170% | |
| | Trupol RD | 10% | |
| | Truponl GS | 5% | |
| | Trupotan RKM | 1.5% | 60min |
| | 甲酸(85%，稀释) | 3% | 15min×4+15min |
| | pH 3.8，水洗，出鼓搭马 | | |

该工艺为一次性染色，染料用量较大。工艺中又采用高浓度冷染，使染料渗透性很好，色调内外一致，当染料完全透后加入较高温度的水使染料上染并进行加脂，最终用甲酸固定。

#### 3.4.4.2 猪正面服装革

蓝坯厚 0.5～0.6mm，称量，按削匀坯重计。

| | | | |
|---|---|---|---|
| ① 漂洗 | 水(35℃) | 200% | |
| | 平平加 O(固) | 0.5% | |
| | 甲酸(85%，稀释) | 0.3% | 30min，pH 3.5 |
| | 排液，水洗一次 | | |
| ② 复鞣 | 水(35℃) | 150% | |
| | 亚硫酸化鱼油 | 1.5% | |
| | 丙烯酸树脂鞣剂 | 3% | 60min |
| | 铬粉($B$=40%，23%) | 4% | 120min |
| | | | 停 2h，转 10min，共 12～14h |

| | | | | |
|---|---|---|---|---|
| | 排液 | | | |
| ③ 中和 | 水(35℃) | 150% | | |
| | 乙酸钠 | 1% | 10min | |
| | 碳酸氢铵 | 1.3% | 60min | |
| | 排液，水洗 2 次 | | | |
| ④ 染色 | 水(50℃) | 200% | | |
| | 酸性黑 ATT | 1.5% | | |
| | 直接耐晒黑 | 0.5% | | |
| | 酸性大红 | 0.05% | 20min | |
| ⑤ 加脂 | 合成加脂剂 | 8% | | |
| | 鱼油加脂剂 | 6% | | |
| | 结合型加脂剂 | 5% | | |
| | 柔软剂 | 2% | 90min | |
| | 甲酸(85%，稀释) | 1.0% | 15min×3+20min | |
| ⑥ 顶染 | 直接耐晒黑 | 0.5% | | |
| | 直接红棕 | 0.03% | 20min | |
| | 甲酸(85%) | 0.5% | 15min×2+20min | |
| | 阳离子加脂剂 | 1.5% | 30min | |
| | 排液，水洗 10min，出鼓搭马 | | | |

该工艺采用预染及复染(顶染)的二次染色，预染目的是使染料透入革内，复染使表面色调浓深。预染以酸性小分子染料为主，复染以大分子直接性染料为主，不要求渗透。该工艺用染料较少，革内虽透但黑度较表面少，可以满足一般服装革的要求。工艺最后用甲酸固色，用阳离子加脂剂可使表面色更深。当要求加强固色时，也可在加甲酸后加少量铬盐固定(不宜过多，以防蓝色加重)。

#### 3.4.4.3　山羊绒面革染色

干磨法，质量基于干坯革。

| | | | | |
|---|---|---|---|---|
| ① 回湿 | 水(50℃) | 600% | | |
| | 氨水(22%，稀释) | 2% | 60min | |
| ② 水洗 | 水(50℃) | 600% | 15min | |
| ③ 染色 | 水(50℃) | 600% | | |
| | 加脂剂 | 2% | | |
| | 皮革黑 R | 6% | 40min | |
| | 甲酸(85%，稀释) | 2% | 15min | |
| | 皮革黑 JX-NB | 2.5% | | |
| | 皮革棕 KDW | 0.6% | 20min | |
| | 甲酸(85%，稀释) | 3% | 10min×3+10min | pH 4.2 |
| | 排液 | | | |
| ④ 套染 | 水(50℃) | 100% | | |

| | | | |
|---|---|---|---|
| | 碱性黑 | 0.75% | 15min |
| | 排液，冷水洗，出鼓 | | |

本工艺通过阴、阳离子型染料套染，增加黑度，可以减少染料用量。该工艺为干磨法，即坯革已通过加脂、干燥、磨革，然后回湿染色。

3.4.4.4 牛皮服装革染色

蓝坯厚 0.7mm，称量以削匀革计。

| | | | |
|---|---|---|---|
| ① 水洗 | 水(40℃) | 300% | 10min |
| | 排液 | | |
| ② 中和 | 水(40℃) | 200% | |
| | Neutrigan P4 | 1% | 15min |
| | 碳酸氢钠 | 2% | |
| | Tamol PM Liq. | 2% | 160min，pH 6.3 |
| | 排液 | | |
| ③ 水洗 | 水(40℃) | 200% | 10min |
| | 排液 | | |
| ④ 加脂 | 水(40℃) | 100% | |
| | Lipoderm Liq. CMG | 2% | |
| | Lipoderm Liq. FP | 10% | 30min |
| | Lipoderm Liq. FP | 10% | 30min |
| ⑤ 复鞣 | Basyntan NA Liq. | 8% | 30min |
| | Relugan D | 4% | 60min，pH 6.2 |
| | 排液 | | |
| ⑥ 水洗 | 水(40℃) | 300% | 10min |
| | 排液 | | |
| ⑦ 加脂 | 水(60℃) | 100% | |
| | Lipoderm Liq. CMG | 8% | 60min，pH 5.7 |
| | 甲酸(85%，稀释) | 2% | 30min，pH 3.5 |
| ⑧ 水洗，搭马，挤水伸展，挂晾，干燥至干，称量以干革重计 | | | |
| ⑨ 回软 | 水(40℃) | 100% | |
| | 氨水 | 1% | |
| | Eusapon S | 1% | 60min |
| | 排液 | | |
| ⑩ 染色 | 水(50℃) | 600% | |
| | Luganil Blue NGR | 1% | |
| | Luganil Grey BC | 5.5% | |
| | Lugani(Black N2B) | 0.37% | 70min |
| ⑪ 加脂 | Lipoderm Liq. CMG | 5% | 30min |
| | 甲酸(85%，稀释) | 2.5% | 10min×2+30min |

| | | | |
|---|---|---|---|
| | 排液 | | |
| ⑫ 固定 | 水(50℃) | 1000% | |
| | 甲酸(85%) | 0.2% | 5min |
| | Bastamol DR Liq. | 1% | 30min |

⑬ 水洗，挤水，湿绷板，回潮，拉软，摔软

该工艺分两段湿整理，前段为复鞣加脂，经干燥后充分固定；后段为染色，可使染料渗透深，使内外色调基本均匀，最后三次固定从防止染料及油脂迁移。该工艺较复杂，为了保证湿绷板面积及革内材料的固定，采用干燥固定。该染色方法为一次性染色。

#### 3.4.4.5 猪皮反绒服装革染色

蓝坯厚 0.5mm，称量以削匀革计。

| | | | |
|---|---|---|---|
| ① 漂洗 | 中和至 pH 5.1 | | |
| ② 复鞣 | Leukotan 1028 | 2% | |
| | Lenkotan 970 | 4% | 60min，pH 4.6 |
| | 排液，水洗 5min | | |
| ③ 填充 | 水(60℃) | 100% | |
| | 亚硫酸化鱼油 | 2% | |
| | Leukotan FW-46 | 4% | 20min |
| ④ 染色 | 混合染料 | 1% | 20min |
| | 混合染料 | 1% | 20min |
| | 甲酸(85%) | 0.75% | 20min，pH 3.7 |
| | 甲酸(85%) | 0.25% | 20min，pH 3.7 |
| | 排液，水洗 5min | | |
| ⑤ 加脂 | 水(50℃) | 100% | |
| | 加脂剂 | 18% | 60min |
| | 甲酸(85%，稀释) | 0.5% | 20min，pH 3.7 |
| ⑥ 顶染 | 混合染料 | 0.5% | 20min |
| | 甲酸(85%，稀释) | 0.7% | 30min |
| | 排水，水洗 5min，出鼓搭马 | | |

该工艺中染色分为三次。由于染色前大量阴离子树脂使用影响表面着色，故染料分多次加，使表面尽可能结合，两次加染料后固定，第三次为顶染，保证革面色调浓深。

### 3.4.5 部分染色常见缺陷分析

(1)表面色花。①革面铬结合不均匀(蓝坯存放，提碱不均匀)；②革面被污染(油脂、水垢、无机盐)；③加脂剂结合不均匀(乳化不良)；④树脂结合不均匀(溶解不良)；⑤染料结合不均(溶解及加入不良)；⑥固定不均(加酸固定剂太快，溶解不变)；⑦干燥后色花(固定不良，干燥不规范)。

(2)色调不饱满(或败色、浅色)。①革面阴电荷太强(阴离子复鞣过重)；②有褪色成分存在(加脂剂或中和剂)；③染料副色过强；④染料过少；⑤染浴中或染料中有铵盐。

(3) 干燥后褪色。①固定不良；②油脂迁移；③水质含无机盐过多。

(4) 染色不透。①中和不透(中和剂使用不当，时间不够)；②染料配方不当(渗透性染料太少)；③固定不当(温度太高，固定太早)；④染色工序安排不当(染色太靠后)。

**思考题**

(1) 试叙述染色中染料的配方对染色结果的影响。

(2) 影响染色的因素主要有哪些？

(3) 如何做好染透操作？

(4) 如何做好匀染操作？

(5) 皮革染色中常出现哪些问题？如何克服？

## 3.5 本章参考资料阅读

1) 阅读有关制革工艺学资料

出版书：制革工艺专著及相关教材。

出版期刊：《中国皮革》、《皮革科学与工程》、*World Leather*、*JALCA*、*JSLTC*。

其他参考资料：皮革化学品公司产品说明书。

2) 查询电子资料

查询关键词：铬鞣；染色；直接染料；酸性染料；染色牢度；禁用染料；制革；鞋面革；家具革；服装革；箱包革。

# 第 4 章 皮革的加脂
# （FATLIQUORING）

皮革的加脂（也称加油）是用加脂剂（也称油脂）处理皮革，是通过加脂使皮革吸收一定量的油脂而赋予成革一定的物理、机械性能和使用性能的过程。加脂是皮革生产过程中的主要工序之一，它决定成革的柔软性、丰满性和弹性，影响成革的强度、伸长率等物理、机械性能，以及皮革的吸水性、透气性、透水气性等卫生性能，甚至可以通过加脂来赋予成革防水、防油、抗污、阻燃、防雾化等特殊的使用性能。

刚从动物体剥下的生皮含有大量水分。在皮纤维周围有一层有序排列的水分子（水合水），在纤维的水合层外，水分子无序排列形成一层薄膜。这层膜在纤维间产生润滑作用，皮纤维间可以相互移动，因此生皮是柔软的。但当生皮失水干燥后，纤维间失去起润滑作用的水分子膜而相互黏结，干皮变得硬而脆。同样，对于鞣制后的革，自身的天然油脂在准备工段几乎被除尽，直接干燥后，纤维之间失水并通过极性基团之间和非极性基团之间的相互作用而黏结在一起，纤维的可移动性降低，皮革必然变得僵硬，缺乏柔软性，不耐弯折，易裂面。加脂的目的就是通过化学和物理作用使油脂包裹在皮革纤维表面，在纤维之间形成一层具有润滑作用的油膜，使纤维分离，增加纤维相互可移动性，从而使皮革变得柔软、耐折，提高皮革的感官性能。

加脂对皮革性能的柔软丰满性、表面手感、抗张强度、撕裂强度、延伸性、吸水性、透气性、透水气性、防水性和密度等具有较大影响。加脂是抗张强度、撕裂强度、延伸率、柔软性提高的最重要的工序之一。加脂后皮革干燥收缩率减小，得革率增加；皮革的孔率、密度和透气性受加脂的影响，皮革的含油量越大，其孔率就越小，透气性降低；革的表面手感、吸水性、防水性等性能随加脂材料的种类、用量及加脂方法的不同而变化；加脂对皮革还有一定的柔性填充作用。

专业皮革的加脂材料生产发展已有 300 多年的历史，从 19 世纪初的脂肪酸开始，经过 100 年的研究，已经能够完成对天然动植物油脂的硫酸化、亚硫酸化、磺化、磷酸化等化学改性，随着表面活性剂工业的进步，以石油产品为基础的合成加脂剂品种不胜枚举。为高品质皮革产品制造创造了良好的条件。

好的加脂效果不仅取决于加脂材料自身的性质，还取决于油脂进入皮革内的方式，油脂可以通过四种方法加到皮革中：①直接加油法（stuffing），是在干加工过程中直接将纯的固态（先熔化）或液态油脂加入革中，如植鞣革的涂油或转鼓热加油、油鞣等；②油包水乳液加脂（water in oil）；③水包油乳液加脂（oil in water），油脂通过乳化剂的作用分散在水中形成油的水乳液来对皮革加脂；④浸渍法加脂（dipping），油脂溶解在溶剂中，革浸渍在该溶液中加脂。

上述四种方法中，直接法和油包水型乳液加脂的方法主要应用于植鞣或结合鞣底革和带革等皮革的加脂，根据操作方法的不同又可分为手工揩油和转鼓热加脂，所用的材料以中性油为主。水包油型乳液加脂是铬鞣及其他轻革最常用的加脂方法，是最重要的也是实际过程中最主要的加油方式，是本章讨论的重点。溶剂介质中的浸渍加脂法主要用于油蜡感官的皮革品种。

皮革生产过程中的湿操作工序都是在水介质中进行的，但油脂与水是不相溶的。因此，天然油脂、矿物油及一些蜡、高级脂肪醇类等水不溶性材料不能直接用于水介质中皮革的加脂。一般采用乳化剂将油脂乳化分散于水中，形成油的水分散液(乳液)，乳液在水介质中进入革内，最终被革吸收。油脂的可乳化性可以通过对油脂进行化学改性，在油脂分子上引入亲水基团或通过添加乳化剂的方法获得，因此，这种加脂方法常称为乳液加脂法，这种可乳化的油脂也就是通常所说的乳液加脂剂，简称加脂剂。

采用水对加脂剂进行乳化后加脂，不仅使油脂能够渗透进入革内并被革吸收，而且能使油脂均匀地分布于革纤维表面，达到理想的加脂效果。轻革的乳液加脂一般在转鼓的水浴中进行，常被安排在染色填充之后、干燥之前，是湿操作的最后一道工序。随着加脂剂生产技术的改进和乳化剂种类的不断增加，实际制革过程中从软化以后各工序中均可用加脂剂乳液处理皮革，使油脂在革内各层分布更趋均匀，加脂效果更好。另外在实际生产过程中，乳液加脂除在转鼓中实施外还常采用手工揩(刷、喷)油的方法，从而使革的紧实部位吸收更多的油脂，使整张革柔软度趋于一致。

本章主要讨论加脂材料的种类、性质，乳液加脂原理，影响乳液加脂的因素，油脂在革内的分布，加脂方法，皮革的防水及三放防处理，以及加脂过程中易出现的问题和皮革的防霉等方面的内容。

**思考题**

(1)加脂的目的是什么？

(2)主要的加脂方法有哪些？

## 4.1　加 脂 材 料

加脂材料种类众多，原则上不同来源的油脂及长链脂肪烃都可以作为皮革的加脂材料。过去，制革行业中使用经过简单提取的天然油脂直接加脂，然而现在大部分天然油脂都被其化学改性后产品即可乳化的油脂所代替。随着石油化工的发展，以石油产品为基础的矿物油加脂剂、合成加脂剂得到了迅速发展，在皮革加脂材料中所占的比例也越来越大。

加脂材料按其来源、结构的不同，一般可分为三大类：①天然的动、植物油脂和矿物油(中性油，也称生油)；②动、植物油的化学改性后产品；③合成油及合成加脂剂。

天然动植物油和矿物油与水不相溶。但其经过化学改性后的产品和合成加脂剂一般在水中是可以乳化的，因此也称为乳液加脂剂。加脂剂在水中乳化形成水包油型乳液，然后再对皮革加脂，这是目前最重要的加脂方法。

加脂剂根据乳化剂所带的电荷可分为四类：①阴离子型加脂剂；②阳离子型加脂剂；③非离子型加脂剂；④两性离子型加脂剂。

### 4.1.1　天然的脂质物结构与基本功能

脂质物是天然加脂剂原料的主要来源，包括甘油三酸、二酸、单酸，磷脂，甾醇，脂肪醇，脂肪酸等，其结构主要有以下几种形式：

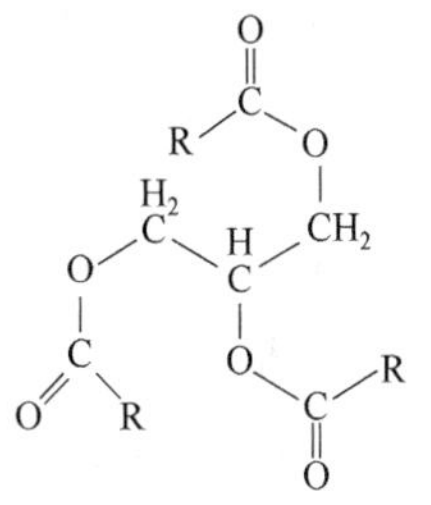

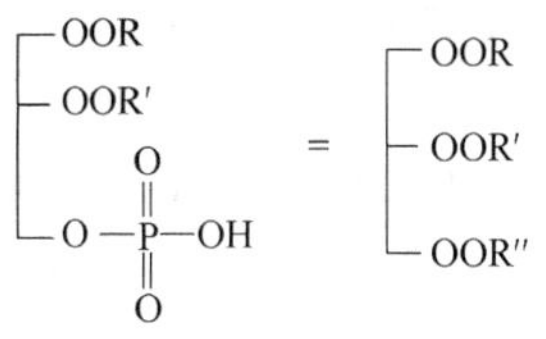

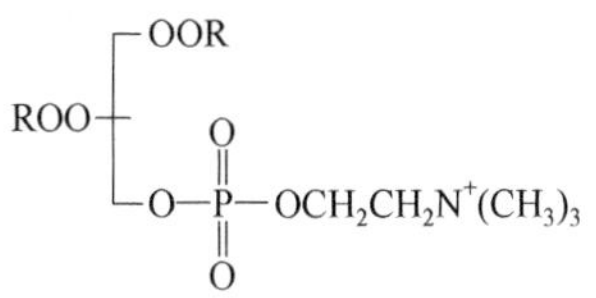

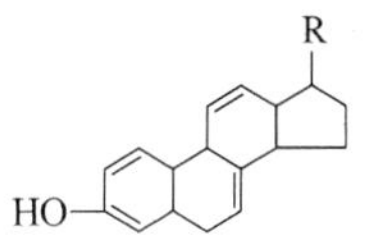

式中，R′、R″代表不同的饱和或不饱和脂肪酸碳链。R 不同，油脂的种类不同。动物脂质物主要存在于动物皮下组织和腹腔内，其他部位如鱼的肝脏中也含有大量油脂。皮革上常用的动物油有鱼油、羊毛脂、牛蹄油、牛油和猪脂等。植物脂质物主要存在于木本、草本植物的果实中，如蓖麻油、菜油、豆油等。

油脂中脂质物的种类和饱和程度决定着油脂的物理、化学性质。常温下，呈固态或半固态的常称为脂，它们的主要组成是饱和脂肪酸及其甘油酯；常温下是液态的常称为油，它的主要组成是不饱和脂肪酸的甘油酯。

油脂中不饱和键越多，碘值越高，易氧化聚合而显干燥。干性油分子双键之间易发生交联形成树脂状大分子物质，使皮革变硬，因而不适合做皮革加脂材料。

另外还有一些油脂，本身并不是甘油酯的结构，而是高级脂肪酸和高级脂肪醇的酯，也称为蜡。皮革加脂常用的羊毛脂、鲸脑油中的重要组成部分的化学结构更接近于蜡；蛋黄以前被用作高档革的加脂填充材料，其主要成分是卵磷脂，即甘油酯中一个脂肪酸被磷酸根取代，其本身就是一种乳化剂。制革上常用的动、植物油脂有以下几种。

1) 鱼油

此类油是从海产鱼的肝脏等内脏及身体中提取的，包括鲸鱼油、鳕鱼油和海豹油等。大部分鱼油含高度不饱和脂肪酸，碘值高。它们的油润性好，易使革纤维结构松散，加脂革柔软，使得鱼油类加脂剂是皮革最常用的加脂剂之一。一些高碘值鱼油还可以作为油鞣剂使用。

鱼油中的鲸脑油不同于一般的鲸鱼油，从化学结构来看，更接近于蜡，含有大量的高级脂肪醇。鲸脑油的滋润性低于牛蹄油，不易被氧化，是优质的加脂材料。

鱼油通过氧化亚硫酸化改性，乳液稳定性好。通过硫酸化改性，生成硫酸醇酯产品，其乳化能力强，加脂时在革内渗透性好。

鱼油价廉，来源丰富，但常带有颜色和腥味，酸度高，因此需要进行预处理。由于对捕鲸的限制，鲸鱼油、鲸脑油等产品正逐渐被合成产品所代替。

2)牛蹄油

由牛的蹄骨、胫骨中提取出的油，其主要是油酸的甘油酯，其结构均匀，低温流动性好。

牛蹄油性质稳定，用于皮革加脂具有较强的柔软、滋润性能和填充性能，是高档鞋面革的理想加脂材料。牛蹄油常以硫酸化加脂剂的形式使用。但牛蹄油资源少，使用受到限制。

3)羊毛脂

从洗涤粗羊毛水中回收的羊毛脂，从化学观点来看是蜡。它主要由醇如甾醇(胆甾醇、异胆甾醇、羊毛醇)和饱和 $C_{26}$ 及 $C_{27}$ 的脂肪酸形成的蜡，特点是熔点高，缺乏加脂的柔软作用。

羊毛脂最引人注意的性质之一是它能够吸收大量水分而形成很均匀的油包水型的乳液，是化妆品的原料。用于皮革加脂，其保湿性好，使革有特殊的柔和感，并能赋予绒面革良好的蜡感及丝光感。

4)猪牛羊脂

由于它们含有大量饱和脂肪酸，作为加脂材料使用，革容易出现“油霜”，因此很少单独用来加脂，通常需要化学改性才能使用。

5)卵磷脂

主要来源于大豆及蛋黄。尽管蛋黄含有较多的卵磷脂，但没有大豆来源广。

卵磷脂作为两性脂质物，调节加脂体系的电荷特征，可以作为高档革的加脂材料，如用于小牛皮加脂时可获得细致而紧实的粒面。

6)植物油

常用的植物油原料来自蓖麻油、豆油、菜籽油、棉籽油、棕榈油等。这类油脂来源广，是制革加脂的主要原料。

植物油加脂剂渗透性好，加脂后革身柔软，革面手感干燥不油腻，但其滋润性等加脂性能不如动物油脂。

制革中常用油脂的主要组成见表 4-1，由此可以初步了解相应的加脂剂应用特性。

**表 4-1　制革常用油脂的主要组成**

| 油脂种类 | 脂肪酸组成/% | | | | | |
|---|---|---|---|---|---|---|
| | 肉豆蔻酸 | 棕榈酸 | 硬脂酸 | 油酸 | 亚油酸 | 其他脂肪酸 |
| 牛脂 | 3～7 | 30 | 20～21 | 45 | 1～3 | — |
| 羊脂 | 5 | 24～25 | 0 | 36 | 2～4 | 0 |
| 猪脂 | 1.3 | 28.3 | 11.9 | 47.5 | 6 | 棕榈油酸 2.7，其他 3.6 |
| 骨脂 | — | 20～21 | 19～21 | 50～55 | 5～10 | — |
| 蚕蛹油 | 20 | 4 | 35 | 12 | — | 十八碳三烯酸 27，其他 2.0 |
| 牛蹄油 | — | 17～18 | 2～3 | 74.5～76.5 | — | — |
| 鱼油 | — | — | — | — | — | 不饱和酸 72 |
| 棉籽油 | 0.5 | 21 | 2 | 33 | 43.5 | — |
| 糠油 | — | 20 | — | 45 | 35 | — |
| 蓖麻油 | — | — | 2 | 8.6 | 3.5 | 蓖酸 85.9 |

续表

| 油脂种类 | 脂肪酸组成/% | | | | | |
|---|---|---|---|---|---|---|
| | 肉豆蔻酸 | 棕榈酸 | 硬脂酸 | 油酸 | 亚油酸 | 其他脂肪酸 |
| 花生油 | — | 7 | 5 | 60 | 23 | 花生酸 3.6 |
| 豆油 | — | 6.5 | 4.2 | 32 | 50 | 花生酸 0.7，亚麻油酸 2.0 |
| 茶油 | — | 7.5 | 0.8 | 84 | 7.5 | — |
| 亚麻油 | — | — | — | — | — | — |
| 橄榄油 | — | — | — | 72.2 | — | — |
| 菜籽油 | — | — | — | 20.2 | 14.5 | 芥酸 57.2 |

### 4.1.2　矿物油结构与基本功能

从化学结构来看，矿物油完全不同于天然油脂，它是石油的分馏产品，是各种烃类的复杂混合物。天然油脂能在碱的作用下发生皂化(水解)。矿物油是烃，不是酯，因而不能皂化。

矿物油除了具有润滑作用外，还有以下的优点：矿物油稳定，不易氧化和分解；在革内渗透性好；对脂肪有较好的溶解性，与天然动植物油结合使用可以减少“油霜”的形成；低温稳定性好；能改善革的物理机械性能。但矿物油极性小，与革的结合性差，易迁移，加脂革手感干枯，矿物油易迁移到革面而影响革涂层的黏着力。因此，矿物油一般不单独使用，而是和动植物油配合使用，帮助渗透。

通过化学改性和物理匀化方法可使矿物油与其他加脂材料很好地相容，易于乳化。

烷烃的相对分子质量与结构可使矿物油性质有很大差别，皮革加脂常用的矿物油是石油的高沸点馏分，蒸馏温度为 300～370℃，即沸点在 300℃以上的润滑油(机油)、凡士林和石蜡。固体石蜡主要与动物或植物油混合使用，用于重革的热加脂。

#### 4.1.2.1　物理指标与基本功能

当加脂材料的生产者和使用者使用一种油脂时，首先要了解它的主要物理、化学指标，以便掌握其加脂功能，再确定其最合适的直接使用或改性方法。

1)凝固点

根据油脂的凝固点，尤其是耐低温性能，可以确定油脂储存的温度，加脂温度和加入皮纤维中的油脂的沉积情况，对于一些油脂，如牛蹄油和鲸脑油，该指标是较重要的。

2)黏度

黏度是矿物油和动植物油脂的一种重要指标。黏度是控制油脂渗透到皮纤维内层的因素之一，特别是对于重革的加脂。高黏度的油脂渗透力差，易分布在革的外层，这会使革油腻，但填充性能较好。油脂的黏度随温度的升高而降低。因此高温有利于油脂在革内渗透。虽然油脂的加脂性能并非完全取决于其黏度，但通过比较各种油脂可以看出，黏度最低的大头鲸鱼及鲸脑油使革的柔软性能最好。也应该注意到如有氧化或聚合反应发生，则油脂的黏度明显上升。因此在鱼油的氧化亚硫酸化反应中，其黏度是控制氧化程度的一个指标。

3)表面张力

表面张力是液体的一种物理性质，它表征一定温度下气液界面的表面能。不同的油脂具有不同的表面张力。皮革加脂主要是以乳液形式进行的。因此纯油的表面张力对乳液加脂没有很大的意义。但在用生油加脂或革表面涂生油时，油的表面张力有较大的作用，而且它影响着油脂的迁移及分布。表面张力小的油脂易在革纤维表面扩散展开，使纤维得到较大的延伸性和柔软性。相反，表面张力大的油脂不容易在革表面铺展，润滑作用小。鱼油表面张力较低，植物油的表面张力较高。同时，油脂的表面张力随温度的升高而降低。几种油的表面张力与温度的关系见表 4-2。

**表 4-2　油的表面张力与温度的关系**

| 材料油脂种类 | 油的表面张力/(mN/m) | | |
|---|---|---|---|
| | 30℃ | 40℃ | 60℃ |
| 牛蹄油 | 43.2 | 42.4 | 41.3 |
| 鲸脑油 | 42.7 | 41.8 | 40.1 |
| 鳕鱼油 | 43.0 | 42.7 | 40.7 |
| 海豹油 | 73.5 | 42.8 | 40.9 |
| 蓖麻油 | 45.6 | 44.7 | 43.4 |
| 凡士林 | 39.8 | 39.1 | 38.2 |
| 纯水 | 71.0 | 69.5 | 66.6 |

#### 4.1.2.2　化学指标与基本功能

反映油脂化学性质的指标主要有碘油、酸值、皂化值和羟值等。它们反映着油脂的可氧化性、水解性等化学性质及功能特征。

1）碘值

碘值表示油脂的不饱和程度，也是衡量油脂干性程度的指标。碘值是以每 100g 油可还原 $I_2$ 的克数来表示。碘值高表示该油脂中含不饱和脂肪酸的成分较多，油脂易氧化。用碘值高的油脂加脂，成革在放置时会因油脂的氧化而变黄，因此对于白色革、浅色革应尽量选择碘值低的油脂。

2）酸值

酸值是中和 1g 油脂所需要的 KOH 的毫克数，它反映油脂已发生水解的程度。在油脂中，往往含有一定量的游离脂肪酸。在加脂材料中，油脂中脂肪酸含量即酸值要控制在一定的范围，否则酸值较大，油脂水解程度大，将对加脂产生一些负面影响，如油脂酸败使革有难闻气味。油脂中饱和脂肪酸含量过多，则易导致“油霜”的形成。

3）皂化值

皂化值是皂化 1g 油脂所需要的 KOH 的毫克数。油脂的皂化，也就是油脂的水解。皂化是酯化的逆反应。根据皂化值可以判断油脂分子的组成。天然的动植物油脂能被皂化，但矿物油、高级脂肪醇等不能被皂化。因此，通常可以通过是否能检测出油脂中不能被皂化的物质来鉴定油脂中是否掺杂了矿物油等组分。

4）羟值

羟值反映油脂中未被酯化的醇羟基的特征值。羟值对于某些脂肪酸的性质有参考意义。

油脂的各种物理、化学指标对了解油脂性质、选择合适的改性方法及适当的使用条件具有重要的意义。表 4-3 列出了制革中常用油脂的一些重要特性。

**表 4-3　制革常用油脂的特性**

| 名称 | 皂化值 | 碘值 | 羟值 | 酸值 | 熔点/℃ | 不皂化物/% |
|---|---|---|---|---|---|---|
| 牛蹄油 | 195～200 | 70～75 | — | 1～5 | −10～−5 | 0.5 |
| 鲸脑油 | 125～135 | 70～80 | — | 2～5 | −5～5 | 30～40 |
| 鱼油 | 180～200 | 130～140 | — | — | 液体 | 1～2 |
| 鳕鱼油 | 185～195 | 140～160 | — | — | 液体 | 1～2 |
| 海豹油 | 185～195 | 130～150 | — | — | 液体 | 1～2 |
| 沙丁鱼油 | 180～190 | 160～190 | — | — | 液体 | 1～2 |
| 牛油 | 195～210 | 35～40 | — | 4～10 | 35～42 | 0.1～0.5 |
| 羊毛脂 | 95～105 | 10～50 | — | — | 35～42 | 35～45 |
| 橄榄油 | 135～195 | 80～85 | — | 3～5 | 液体 | 1 |
| 蓖麻油 | 175～185 | 84～86 | 150～160 | 1～5 | 液体 | 0.3～1.7 |
| 棕榈油 | 195～205 | 50～60 | — | — | 30～35 | 1～2 |
| 椰子油 | 250～260 | 8～10 | — | 1～5 | 25～30 | 0.2 |
| 菜籽油 | 170～180 | 95～105 | — | 3～6 | 液体 | 0.5～2 |
| 棉籽油 | 190～195 | 100～115 | — | 2～10 | 液体 | 1～2 |
| 大豆油 | 190～200 | 125～140 | — | 2～7 | 液体 | 0.3～0.6 |
| 亚麻油 | 185～195 | 150～170 | — | 1～3 | 液体 | 1 |
| 玉米油 | 188～192 | 117～130 | — | 2～20 | 液体 | 1.5～2.5 |

## 4.2　皮革加脂剂

如前所述，目前皮革的加脂方法主要是乳液加脂的方法，因此加脂材料是可乳化的乳液加脂剂。油脂的可乳化性一般通过两种途径获得：一种是对天然动植物油及矿物油进行化学改性，引入乳化剂成分(内乳化法)；另一种是在油脂中添加乳化剂成分(外乳化法)。单纯的中性油脂一般只作为乳液加脂剂的添加组分来调节加脂剂的加脂性能。

油脂的化学改性，除在油脂分子中引入亲水基团外，还有一些改性方法，是通过改变油脂的结构来改善其性能，如水解、酯交换、氢化等，在本章中不做讨论。因此，一种乳液加脂用加脂剂通常由以下几个组分构成：①乳化剂，用于乳化油脂，形成乳液；②中性油，用于柔软功能；③水分，加脂剂生产过程加入或产生，起迅速乳化的作用；④其他，主要是无机盐，也含有加脂剂生产中化学平衡物，油脂原料的杂质。

### 4.2.1　加脂剂分类

按脂质物材料的来源分类：①以天然油脂为主要成分的动植物加脂剂，如鱼油、牛蹄油、植物油等油脂的硫酸化、亚硫酸化的产品；②以石油产品为主要成分的合成加脂剂，如氯化、磺酸化、羧酸化、硫酸化的烃类及其合成酯。

按加脂剂中所含亲水基的电荷分类：①阴离子型加脂剂，以负电荷形式分散在水中，如硫酸化加脂剂、亚硫酸化加脂剂、磺化加脂剂、羧酸型加脂剂、磷酸化加脂剂；②阳离子型加脂剂，以阳电荷形式分散在水中，如伯、仲、叔季铵盐亲水基的加脂剂；③非离子型加脂剂，以非离子形式分散在水中，如烷基/脂肪醇、胺聚氧乙烯醚等；④两性离子型加脂剂，以两种不同电荷的亲水基团分散在水中，包括阴阳基团、阴非基团、阳非基团等集于疏水分子内的加脂剂，如甜菜碱型、卵磷脂加脂剂等。

由于加脂剂具有多样性的特点，实践中往往不按照来源于电荷类型进行区分，而是习惯将这些分类混合称呼。

### 4.2.2 常用制革加脂剂种类

在皮革加脂剂产品中，阴离子型加脂剂无论在种类还是在数量方面都占主导地位。阴离子加脂剂主要通过对天然动植物油或石油产品进行化学改性，如硫酸化、磺化、亚硫酸化、皂化、磷酸化处理，使油脂分子中引入—$OSO_3^-$、—$SO_3^-$、—$COO^-$、—$PO_3^-$等阴离子亲水基团而具有乳化性能。但是，实际使用过程中阴离子型加脂剂更多是以来源命名的。

#### 4.2.2.1 硫酸化加脂剂(硫酸化油脂)

含醇羟基或双键的油脂可以用浓硫酸处理，在油脂分子中引入亲水的硫酸酯基团，再经盐析、中和等后处理得到硫酸化加脂剂，反应示意如下：

含羟基酯化油脂

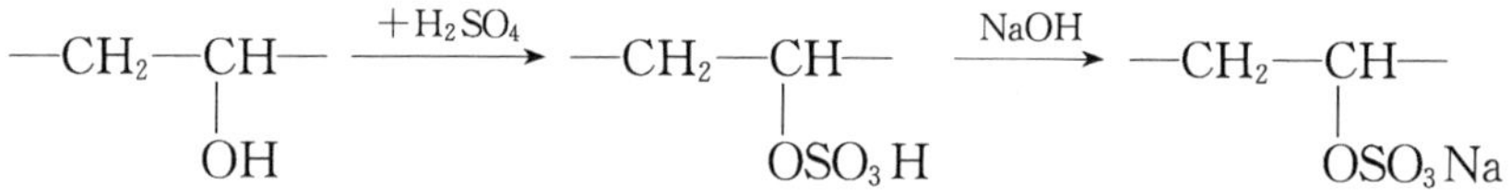

含双键加成的油脂

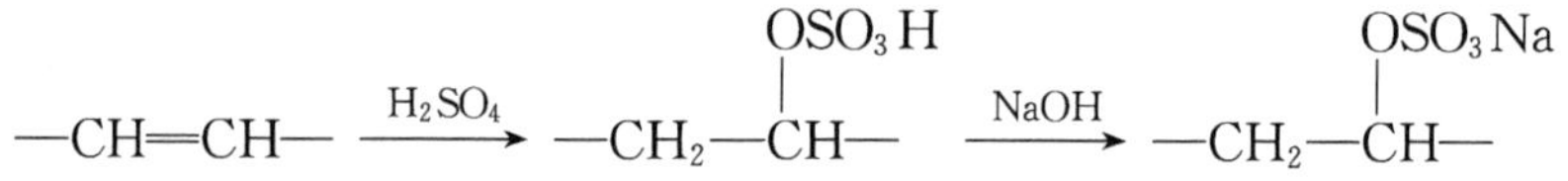

实际上，硫酸化反应非常复杂，其副产物的种类和数量随反应条件的改变而有很大变化。硫酸化加脂剂是复杂的混合物，其中还有相当一部分生油。根据产物中 $SO_3$ 的结合量可分为深度、中度和轻度硫酸化加脂剂，见表 4-4。

**表 4-4 硫酸化油中的 $SO_3$ 含量**

| 硫酸化 | $SO_3$ 含量(以油脂质量为基础)/% |
| --- | --- |
| 轻度硫酸化加脂剂 | 1.0～2.8 |
| 中度硫酸化加脂剂 | 2.8～4.2 |
| 深度硫酸化加脂剂 | >4.2 |

油脂的应用性能随其改性方法和改性程度而变化，因此改性油脂的加脂性能也将有很大的变化。对于硫酸化加脂剂，其加脂性能不仅取决于油脂的种类，而且取决于硫酸化的程度，即 $SO_3$ 结合量。一般来说，硫酸化动物油的油润性、柔软性比植物油好。$SO_3$ 结合量越高，

乳液稳定性越好，容易在革内渗透，但当 $SO_3$ 结合量过高时，其润滑作用、柔软作用变差。因此在选用硫酸化加脂剂时，要考虑以下主要指标：①油脂来源种类；②油脂含量；③$SO_3$ 结合量；④10%乳液 pH；⑤乳液稳定性；⑥含水率。

硫酸化加脂剂分子的亲水基团是硫酸酯，即硫原子通过氧原子与脂肪酸的碳链相接的。硫酸酯键在酸性条件下易水解。因此，硫酸化加脂剂的耐酸稳定性较差。在所有加脂剂中，硫酸化加脂剂乳液稳定性适中，吸收率高。

硫酸化加脂剂是动植物油脂都经过硫酸化改性，与未处理或其他的动植物油和矿物油复配后用于皮革加脂。

牛蹄油、鲸脑油的硫酸化产品是高档加脂剂，具有较好的柔软、丰满、填充性能。由于对捕鲸的限制，鲸脑油产品越来越少，逐渐用人工合成的鲸脑油代替。目前也有鱼油等海产动物油、羊毛脂、猪油等动物油的硫酸化加脂剂产品。常见的硫酸化植物油有硫酸化蓖麻油、硫酸化菜油等。硫酸化蓖麻油又称为土耳其红油，这种油乳化能力强、稳定、渗透性能好，常用于加脂剂的复配，且可用在酪素涂饰中作为增塑剂。制革上常用的软皮白油就是硫酸化蓖麻油、硫酸化菜油及矿物油等的混合物。

除天然动植物油的硫酸化产品外，还有硫酸化脂肪醇、硫酸化脂肪酸、硫酸化脂肪酰胺等产品。

#### 4.2.2.2　磺化、亚硫酸化加脂剂(磺化油脂)

磺化是将—$SO_3H$ 基团引入油脂分子或其他有机化合物中，被磺化的油可以是不饱和或饱和的天然动植物油或矿物油。一般可采用磺化剂如发烟硫酸、$SO_3$、磺酰氯等与油脂反应得到磺化产物。

磺化加脂分子的亲水基团是由磺酸根烷基碳与硫直接相连形成 $RCH_2—SO_3H$ 基团产生的。由于硫原子与油脂分子链上的碳原子直接键合，因此磺化油不易水解，对酸、电解质具有较高的稳定性。

亚硫酸化加脂剂的亲水基团是亚硫酸酯由烷基碳与氧原子相连形成 $RCH_2—OSO_2H$ 基团产生的。亚硫酸酯键在酸性条件下也易水解。但是，用亚硫酸化需要在 $O_2$ 的参与下反应，其产物中有亚硫酸化物、硫酸化物，也含磺化物。因此，亚硫酸化鱼油加脂剂往往是一个复合物，有良好的乳化能力，耐酸、耐电解质性能好。在革内渗透性好，可用于各工序加脂。

氧化亚硫酸化鱼油加脂剂是皮革加脂中最常用的加脂剂之一，它一般是由鱼油先经空气氧化到一定程度后，再用亚硫酸氢钠溶液处理而制得。亚硫酸化鱼油加脂剂有良好的乳化能力和渗透性，并具有较好的柔软性和滋润性，是软革的常用加脂剂。

#### 4.2.2.3　皂类(羧酸型)加脂剂

皂类加脂剂是由烷基、烷基醇氧化或甘油脂肪酸脂皂化，也可以通过羧基物反应而成。产物具有乳化性，其亲水基团是—$COO^-$。皂类加脂剂对酸及硬水敏感，其乳液粒子较粗，渗透性差，一般应用于表面加脂。它能与铬形成牢固的配位键，因而与革具有良好的结合性能，国内常称为结合型加脂剂。这类产品通常与硫酸化加脂剂、亚硫酸化加脂剂结合使用，硫酸化加脂剂或亚硫酸化加脂剂在革内渗透，皂类加脂剂在表面加脂，从而得到柔软、丰满的皮革。

皂类加脂剂与铬、铝、锆等金属离子形成金属皂，具有较好的防水性，既可作为防水加脂材料，也会导致亲水化合物渗透。

#### 4.2.2.4 磷酸酯类加脂剂

磷酸酯类加脂剂由天然磷脂和合成磷酸酯类构成。天然磷脂主要存在于大豆油、菜油和蛋黄中，是含磷的脂类物质，其主要成分是卵磷脂。卵磷脂本身是天然的两性表面活性剂，但一般是将其和阴离子表面活性剂和其他油脂复配使用。用卵磷脂加脂剂加脂，成革柔软、丰满，并具有良好的填充性能。合成磷酸酯加脂剂是以含羟基油脂(如蓖麻油等)或高级脂肪醇与磷酸(或 $P_2O_5$)反应，引入磷酸根基团。磷酸酯加脂剂与铬鞣革具有良好的结合性能，也是一类结合型加脂剂。

高级脂肪醇的磷酸酯加脂剂具有较好的防水性能，可作为防水加脂材料。

#### 4.2.2.5 阳离子型加脂剂

阳离子型加脂剂主要是由氨基为亲水基团构成乳化组分，乳液粒子带正电荷。阳离子加脂剂乳化在水中，得到阳离子加脂乳液。国内的阳离子加脂剂主要是阳离子表面活性剂，或者是非离子表面活性剂与石蜡、氯化石蜡、矿物油、植物油及改性产品的复配物。

阳离子加脂剂对于酸和铬盐都相当稳定，可用于铬鞣工序中以增加革的柔软性。阳离子加脂剂分弱阳离子与强阳离子。强阳离子由季铵盐构成，不能与阴离子型加脂剂、复鞣剂、染料等材料同浴混合使用。在皮革加脂过程中，阳离子加脂剂通常用于阴离子加脂剂加脂后革的顶层加脂：一方面有助于阴离子型加脂剂和染料的吸收和固定；另一方面增加革贴板干燥时的离板性，赋予革更好的表面油感。

#### 4.2.2.6 非离子型加脂剂

非离子型加脂剂是用非离子亲水基团构成乳化组分，乳液粒子为非离子性。将天然油脂和矿物油直接进行乙氧基交换反应制得，或者用脂肪醇聚氧乙烯醚(如 AEO-9)、烷基酚聚氧乙烯醚(如 OP-10)、多元醇脂肪酸酯(如斯盘-80)及其聚氧乙烯醚(如吐温-80)等作为非离子加脂剂的乳化剂，乳化中性油脂。非离子加脂剂具有很好的分散、渗透能力，对硬水、酸、碱、盐都较稳定。它能和阴离子型、阳离子型及两性离子型加脂剂同浴使用，增加加脂乳液的稳定性，也能在很多工序中单独使用。铬鞣前使用的乳化锭子油就是一种用非离子型表面活性剂乳化中性油构成的。

非离子型加脂剂与铬鞣革作用可以获得良好的柔软性，但乳液在革内不易破乳。

#### 4.2.2.7 两性离子型加脂剂

两性离子型加脂剂指含有两性亲水基团构成乳化组分，乳液粒子为两性离子。制革常用的两性加脂剂多指阴阳两性加脂剂，主要有以下三类。

(1)氨基酸型：根据介质 pH 的不同，以阴离子、两性离子和阳离子三种不同的形式存在。根据等电点(pI)确定溶液 pH 与乳液离子的电荷。

(2)甜菜碱型：只存在两种形式。低 pH 时为阳离子，高 pH 时为两性离子。

(3)咪唑啉：一类由不同的两性化合物(环状的或非环状的)构成的复杂混合物，因原料的来源和生产过程的不同而异。它们中的一些具有真正的两性表面活性剂的性质，其他的一些仅以阴离子和两性离子形式存在。

两性离子型加脂剂的电荷状态随介质 pH 变化而变化，既可以是阴离子型，又可以是阳离子型，能在较宽的 pH 范围内使用，可以通过调节 pH 来控制加脂剂的渗透和吸收。除加脂作用外，还兼有柔软、填充、防雾化、抗静电等多种功能。

国内外两性离子型加脂剂的产品都较少，需要根据使用情况决定柔软作用。更多的是作为辅助作用。

#### 4.2.2.8　多电荷加脂剂

多电荷加脂剂是一种含有多元亲水基团的复合组分加脂剂。其组分中含有非离子、阴离子、阳离子、两性乳化剂及中性油等。这种复合物中含有多种电荷，每种电荷都能给乳液加脂以一定的功能。多电荷加脂剂使用性能与组分相关。

#### 4.2.2.9　合成加脂剂

合成加脂剂是指以石油产品或改性脂肪醇、胺及酸为基础的一类加脂剂。由于天然动植物油脂资源的不足，而且大多数动植物油是食用油，特别是一些珍贵的加脂材料，如牛蹄油、鲸脑油的缺乏。因此，研究、开发代替天然动植物油，并赋予皮革良好性能的合成加脂剂是加脂材料发展的方向之一。以合成方法来分，合成加脂剂主要有两类：一类是以矿物油长链烷烃为原料，经氯化、磺化、氯磺化、氧化等合成方法引入一些极性的亲水基团，使之可乳化，并增加其与革纤维的结合性，如氯化石蜡(合成牛蹄油)、烷基磺酰氯(胺)、烷基磺胺乙酸钠等都是该类产品；另一类是以高级脂肪酸、脂肪醇、有机胺类化合物为基础，通过有机合成得到合成脂肪酸酯、酰胺、磷酸酯等合成油来代替天然动植物油脂。

合成加脂剂一般是由多种组分复配的复合物。有些组分可以自乳化，有些组分则需外加乳化剂来乳化。以矿物油为基础的合成加脂剂，分子中引入了一些极性基团，与革纤维有更好的结合性，而在革内更易被固定，不易迁移、挥发。大多数合成加脂剂有良好的分散和渗透性，耐光性好、不变黄，而且对于脂肪酸有良好的溶解性能，可预防“油霜”的生成。合成加脂剂可用于各种皮革的加脂。成革柔软、无油腻感，但其油润性不足，革有干枯感。

#### 4.2.2.10　生油

生油或中性油是指未经化学改性的动植物脂质物及矿物油，其本身没有乳化性。加脂剂的乳化剂部分是由生油改性而制得的，改性后的组分相对于生油已发生了很大的性能变化，特别是一些深度改性的油脂，其柔软性能、滋润性能都有所降低。为了增加成革的柔软性和革面的油润性，往往在加脂剂中保持或加入一定量的生油。

#### 4.2.2.11　复合型加脂剂

复合型加脂剂是采用多种来源的脂质物复配的加脂剂。各种皮革加脂材料组分都具有各自的特点和性能，但是单一一种加脂剂组分往往不能满足现代制革的需要。复合型加脂剂往往是把动植物油脂及其改性组分、矿物油及其改性组分、专用乳化剂、乳化助剂有机地复配，达到理想的综合加脂效果。事实上目前的加脂剂产品很多都是多种油脂的复合产品，获得通用性，如传统的“软皮白油”是硫酸化蓖麻油、硫酸化菜油和机油等组分复配的。

#### 4.2.2.12　功能加脂剂

功能加脂剂是一类除加脂外能赋予成革特殊功能的加脂剂。耐洗性(结合性)、耐光性、鞣性、填充性、防水、防油性、低雾化性、阻燃性等都属于这类加脂剂。

耐洗性加脂剂结构中若含有—$SO_2Cl$、—HCO、—$OPO_3^-$、—$COO^-$等多种基团，能与革纤维或鞣剂牢固地结合，而不会被有机溶剂或水洗掉，加脂革在干洗或水洗后仍保持较好的物性与感官。

耐光性加脂剂适合于白色革和浅色革的加脂，主要是合成加脂剂和碘值低的天然油脂加脂剂。

填充性加脂剂除具有加脂作用外，还兼有填充性能，如使皮革边腹部位增厚，粒面紧实。氯磺化石蜡、聚乙烯蜡、丙烯酸酯共聚物、蛋黄卵磷脂和合成磷酸酯、脂肪酸高级脂肪醇酯、各种蜡(天然蜡和合成蜡)等都具有加脂填充性能。一般来说，不同油脂其填充性能不同，见表 4-5。

**表 4-5　加脂剂中原油的填充性**

| 原油 | 填充能力级别 |
|---|---|
| 高分子烷烃(无氯) | 1.0～1.5 |
| 牛蹄油 | 1.5～2.0 |
| 羊毛脂 | 2～2.5 |
| 高分子含氯烷烃 | 2.5～3.5 |
| 鱼油 | 3.0～4.0 |
| 植物油 | 4.0～5.0 |
| 矿物油 | 5.5～6.0 |

防水加脂剂赋予成革防水性能，它的种类很多，将在 4.5 节中详细讨论。

加脂剂是制革生产中用量最大的皮化材料之一，它对皮革的性能、质量有十分重要的影响。在皮革加脂时，必须了解各类加脂剂的性能、特点和使用条件，并根据皮革性能的要求，选择适当的加脂剂，采用合理的加脂条件，才能达到理想的加脂效果。

**思考题**

(1)用于皮革加脂的材料主要有哪些?

(2)简要描述两种加脂剂的特征。

## 4.3　乳液加脂的基本原理

### 4.3.1　加脂乳液

加脂剂主要由中性油脂和乳化剂组成。中性油脂通过乳化剂的作用分散在水相中，形成水包油型乳液。在该体系中，油脂是内相，水是外相，乳化剂作为中间相(或第三相)，乳化剂分子中的亲水基团与水亲和，亲油的疏水基团与油脂亲和，在机械作用(如搅拌)下，油脂被乳化剂分子包围形成球状液滴而分散于水中形成乳液粒子。乳液粒子内部为油脂分子，乳化剂分子定向排列在油滴周围，亲油基向内，亲水基朝外，因此，乳液粒子表面一般带有一定的电荷(由乳化剂亲水基所带的电荷决定)。乳液粒子表面带同种电荷而相互有一定的排斥作用，进一步阻止了乳液粒子的聚集，形成比较稳定的乳液。加脂乳液的形成示意图如图 4-1 所示。

图 4-1　加脂乳液形成示意图

○表示亲水基团；—表示亲油基团

根据乳液粒子的大小，乳液通常可以分为三类：①粗乳液粒子大于 10μm，外观不透明；②胶体乳液粒子大小为 0.1～1μm，外观呈半透明状；③分子分散乳液粒子大小为 0.1μm 以下，外观透明。

乳液粒子大小与油脂的性质，乳化剂的种类、用量及乳化方法密切相关，其中乳化剂的种类、用量对乳液粒子大小影响最大。

非离子乳化剂具有最大的乳化非极性分子的能力，其次为两性离子乳化剂和阴离子乳化剂，而阳离子乳化剂的乳化能力最差。

加脂乳液粒子大小和稳定性直接影响加脂效果。1g 皮革内表面积约为 $200m^2$，因此油脂分散成细小的乳液粒子后加油才能使油脂在革纤维巨大的表面上分布均匀。粒子细、稳定的乳液能深入渗透到革内，但吸收率低；粒子粗、稳定性差的乳液在革内渗透性差，表面加脂，但吸收率高。研究表明，直径在 5nm 的粒子能渗透入原纤维中，而直径大于 25nm 的乳液粒子则不能。加脂乳液的粒子通常较粗，一般在 1～4μm，在加脂过程中，要尽量使乳液粒子变细，而有利于油脂在革内的渗透和在革内均匀分布。

图 4-2 表示乳液粒子大小与革柔软性的关系。铬鞣革分别用 10%相同的硫酸化和亚硫酸化合成加脂剂加脂，但制备的乳液粒子大小不同。由图 4-2 可以看出，乳液粒子越细，革越柔软。

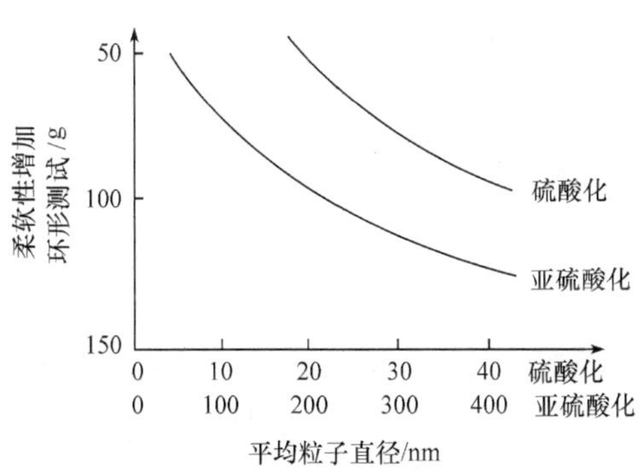


图 4-2　硫酸化或亚硫酸化加脂剂的乳液粒径与成革柔软度

加脂乳液粒子大小主要取决于加脂剂配方，即加脂剂种类，但也受乳液的配制方法和影响其凝聚作用的因素，如放置时间、温度、电解质等的影响。

合成加脂剂比以天然油脂为基础的加脂剂的乳液粒子要细。

加脂剂中乳化剂的种类影响乳液粒子大小，如皂类加脂剂乳液粒子较粗。

乳化剂用量越大，乳液粒子越细，乳液也越稳定；相反，加脂乳液中生油比例大则形成的乳液粒子较粗。

加脂乳液具有一定的稳定性是加脂过程所必需的。其稳定性主要由加脂剂种类、乳化剂含量，以及介质 pH、温度、电解质、水的硬度、乳化方法和乳液的放置时间等因素决定。

理想的加脂乳液应具有适当的稳定性。在加脂过程中，乳液粒子越细，其稳定性越好。油脂向革内的渗透和结合取决于乳液的稳定性和乳液粒子的大小，即破乳情况。不稳定的乳液破乳过早，油脂会停留在革的表层；相反，太稳定的乳液在革内不易破乳而较难与革结合，吸收率低。

目前，大多数商品化加脂剂产品都有足够的乳液稳定性。增加乳化剂组分，乳液的稳定性增加，而且极性的乳化剂易与皮革结合，革中的结合油脂量增加。但从加脂效果来看，并不是乳化剂含量越高，加脂效果越好。

加脂剂的柔软作用主要是中性油的作用，硫酸化(磺化)部分的作用只是乳化中性油，使之进入革内。对于硫酸化加脂剂或亚硫酸化加脂剂，加脂剂中硫酸化(磺化)部分(即乳化剂部分)对革的柔软作用很小。因此，在生产或选用加脂剂时要控制加脂剂的乳化剂组分与中性油的比例，使加脂乳液具有一定的稳定性，同时也具有良好的润滑性能。一般深度硫酸化加脂剂或亚硫酸化加脂剂在使用时会加入一些中性油。

在皮革加脂时，根据革性能的需要选择适合的加脂剂，并采用正确的乳化方法，控制乳液粒子的大小和乳液稳定性，达到所需要的效果。如对于要求深加脂、柔软性好的革，选用乳液粒子细、稳定性好的加脂剂；对需要表面加脂的革，选用皂类加脂剂或生油含量相对较高的加脂剂；在阴离子或阳离子加脂剂系统中加入非离子型乳化剂可增加乳液的稳定性，使其在革内渗透性增加，但吸收率下降。因此，在实际加脂过程中，一般都是多种加脂剂配合使用，加脂乳液中乳液粒子有粗有细，而且具有不同的稳定性，这样可使皮革的内外层均得到较好的加脂，从而提高革的综合加脂效果。

### 4.3.2 乳液加脂历程

皮革的乳液加脂历程为：加脂剂乳液渗透到真皮层内部，加脂乳液破乳，与水分离，油脂被吸附在纤维表面，形成一层油膜，使革纤维相互分离，并且产生润滑作用。

#### 4.3.2.1 加脂乳液的吸收及在革内的渗透

当加脂乳液与革接触时，革吸收乳液和乳液向革内渗透的作用将立即发生，这种作用既有物理的因素，又有化学的原因。

加脂剂乳液粒子一般都带有电荷，与革接触后，通过静电作用、化学作用、吸附作用等物理、化学作用被革表面吸附、结合，并通过毛细管作用、扩散作用及机械挤压作用不断向革内扩散、渗透，油脂最终固定在革纤维的周围。

加脂乳液的吸收和渗透是一个很复杂的物理、化学过程，其不仅受加脂乳液及革本身的性质决定，而且受环境条件如介质的 pH、温度、浓度和机械作用等因素影响。

加脂乳液的电荷性质和革的电荷性质对加脂乳液的吸收和渗透起主要作用。两者带相反电荷，或存在电势差，如加脂乳液不带电荷(非离子型加脂剂)。只要加脂乳液中的乳化剂不与革纤维立即结合，乳液在革内能较好地渗透。如果两者带不同类型的电荷能够迅速产生反应，如用阴离子加脂剂对带正电荷的铬鞣革加脂，则阴离子加脂剂乳液很快与革表面结合，乳液在革内渗透性差，形成表面加脂。

革的电荷性质是由其表面电荷及等电点决定的,在加脂时可以通过调节 pH 控制革的电荷性，达到促进加脂乳液的渗透或与革结合的目的。

#### 4.3.2.2 加脂乳液在革内的破乳和与革纤维的作用

加脂乳液被革表面吸收，在物理、化学因素的作用下不断向革内渗透，乳液到达革纤维附近时，乳液破乳，乳化剂的极性基团与革纤维结合。乳液的破乳和油脂的吸收过程可分为四个阶段。

第一阶段：电离的乳化剂分子与革纤维接触，通过物理化学作用被革纤维结合固定。

第二阶段：被固定的乳化剂分子数量逐渐增多，使乳液中的乳化剂分子不足以维持油脂的分散。

第三阶段：在革纤维表面随吸附乳化剂量的增加和乳液粒子的不断聚集，油脂的浓度增加，逐渐由 O/W 型乳液转变为 W/O 型乳液。

第四阶段：油包水的乳液消失，油、水相分层，革、油界面张力降低，油沿革纤维表面扩展，水被挤出，进入浴液，油脂被革吸收、固定。

由上述过程可以看出，乳液加脂过程中，油脂最终在革纤维表面沉积，被革吸收，乳液的破乳起了关键的作用。如果加脂乳液的稳定性太强，虽然可以深入渗进革内，但也易溶出，油脂不能很好地固定在革内。

乳液在革内破乳主要是由于乳液中含极性基团的乳化剂分子与革纤维结合，首先被固定在革纤维表面，随着被固定的乳化剂量的增加，原乳液中乳化剂量逐渐减少，最终不能维持乳液稳定而破乳，这时，需要外界反离子作用。对阴离子乳液，阳离子可以完成破乳及固定。

在加脂过程中，介质的 pH 变化、温度、机械作用、电解质等因素都会影响乳液的稳定性及渗透，可以通过控制这些因素来促使乳液破乳。

非极性的油脂分子与革的结合力小，在革内易迁移，甚至挥发。增加油脂分子的极性基团(如合成牛蹄油 RCl 中引入极性的氯原子)，分子中含适量的双链，都能提高油脂与革的结合力。但当极性基的极性太强，虽然其与革的结合性增加，但油脂的润滑作用降低，抗水性也下降。如前所述，磺化油中极性的乳化剂成分增加到一定程度，其加脂柔软作用反而降低。

另外，油脂的物理性质，如表面张力、润湿力、黏度、挥发性等对油脂与革纤维的结合也有一定的影响。黏度大的油脂不易在革纤维表面扩散，含饱和脂肪酸多的油脂熔点高，低温时，易析出；未经处理的油脂与革纤维结合性差，氧化鱼油的含氧基能与革纤维有较好的加脂效果。

加脂剂与革纤维的结合方式主要有以下几种。

(1)离子型结合。革纤维由蛋白质长链组成，其侧链上带有正、负电荷基团，加脂剂一般也都带有具有一定电荷的离子基团，因此，加脂剂分子能与革纤维以离子键的形式结合，也是主要的结合方式，如下式所示：

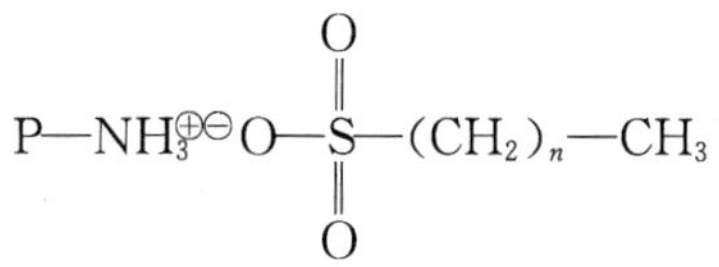

（2）永久偶极、瞬时偶极的结合。蛋白质主链的酰胺键、羧基都能够通过电子运动产生极性基，与反电荷进行结合：

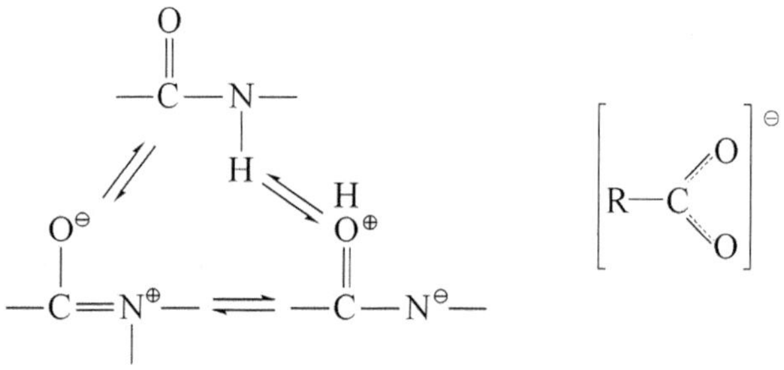

（3）配位结合和共价结合。这两种结合方式最牢固，不易被破坏。改性油脂中的磺酸根、硫酸酯基、羧酸基及磷酸酯基等都能与铬鞣革中的Cr（Ⅲ）配位；有些特殊的加脂剂，如烷基磺酰氯、带氮羟甲基官能团的活性加脂剂等能与胶原蛋白链上的氨基产生共价结合。

（4）疏水结合。胶原纤维非极性段可以与脂质物的非离子端产生疏水结合。但是，在以水为介质中，只有当乳液破乳时才能发生结合。

革纤维与加脂剂可以发生的不同化学物理作用，但库仑作用起决定性的作用，其他结合方式需要在特定情况下才发生。库仑作用的距离可从1μm开始，氢键及配位键的作用距离要小100倍。因此，电价的吸引力可能成为主要的作用方式。当脂质物靠近纤维后，物理化学的吸附作用产生作用，填充于革纤维的孔隙、毛细管中，起填充润滑的作用。

### 4.3.3　加脂剂在革内的分布

革经过加脂后，吸收了一定量的加脂剂（油脂），但油脂在革内各层中的分布及在革不同部位的含量不同。

#### 4.3.3.1　加脂剂的分层分布

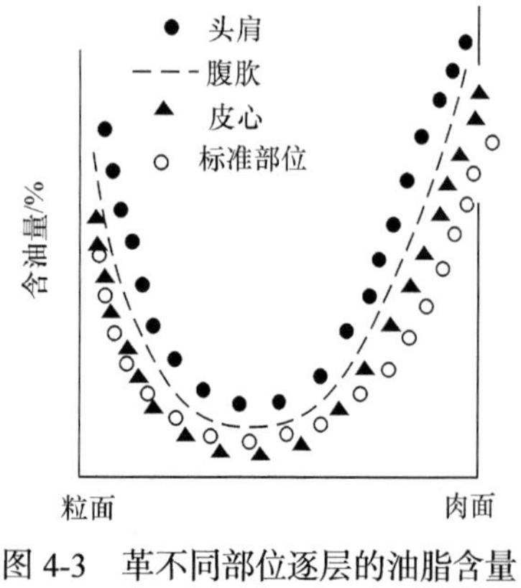


图4-3　革不同部位逐层的油脂含量

革中油脂的含量不是决定加脂效果的决定性因素，主要是看加脂剂在革内是否均匀分布。加脂剂在革内各层中的分布对成革的外观、柔软性、身骨及物理机械性能都有很大的影响。

当加脂剂在革内均匀分布时，革的柔软性等综合性能都将得到明显的提高。但在实际过程中，无论采取什么样的措施，革内层的油脂含量总是低于粒面层和肉面层的油脂含量。革内油脂的分布见图4-3。因此，现在的加脂技术尽量缩小革内层的油脂含量与表层的差别，试图以最小的加脂剂用量达到最佳的均匀分布，以获得最好的加脂效果。

在加脂过程中，加脂剂的选择或操作过程的不当，使加脂剂主要分布在革的表面，如粒面层油脂含量高，则革的粒面松弛，易松面；肉面层油脂量高，则革易油腻，易沾污物。对于一些特殊革，如摔纹革则有目的地使粒面结合较多的加脂剂，使粒面松弛，更容易出摔纹效果；对要求非常紧实的革，要使革的中层油脂含量尽可能低。

4.3.3.2　加脂剂的部位分布

由图 4-3 还可以看出，革的不同部位的油脂含量也不同，紧实部位油脂含量低，松软部位吸收油脂的量多。因此，对于组织结构紧密的革要用扩散性好、相对分子质量低、乳液粒子小的加脂剂进行乳液加脂；对于部位差大的革要用选择性好的加脂剂，使革紧密部位结合更多的加脂剂，而疏松部位结合较少的加脂剂，减轻部位差。另外，对部位差大的革还可采用局部直接加脂处理方式，用涂油或其他方法使革紧实部位油脂含量增加。

4.3.3.3　影响加脂剂在革内分布的因素

加脂剂在革内各层的分布情况取决于加脂剂在革内的渗透情况。加脂乳液在革内渗透越深，革中层油脂含量越高，加脂剂在革内的分布也就越均匀。影响加脂乳液向革内渗透的因素也是影响加脂剂在革内分布的因素。

加脂剂在革的分布不仅受坯革的状况、电荷性能、加脂乳液的电荷性、稳定性和粒子大小等因素的影响，还要受加脂时的操作条件，加脂后工序的影响，这些影响因素将在下一节中详细讨论。

### 4.3.4　加脂对皮革性能的影响

加脂可以赋予成革柔软性、滋润感及丰满性、弹性，并给革的机械强度和卫生性能等都可能带来不同程度的影响，同时，还可以通过加脂赋予皮革防水性、防火性和耐洗性等特殊功能。

4.3.4.1　柔软性

皮革的柔软性是由于皮纤维间能相互滑动所致，加脂过程对皮革的柔软性有很大的影响。革的柔软性由加脂剂的性能和加脂剂的使用方式共同影响。

当两个纤维表面互相接触时，就存在摩擦阻力，必须施加一定外力才能相互移动，这个外力的大小与表面粗糙度有关。如在这些表面之间涂布一层油脂或润滑剂，则这个外力将大大减小，油脂起到了润滑作用。如果油脂层较厚，表面间互相移动较容易。

油脂层薄，润滑有限，就必须有较大的外力才能使它们相互移动。油膜较厚时，相互移动的阻力实际上是润滑材料分子间的摩擦力，它与表面间油膜移动的速度成正比，与构成油膜的油的黏度和每个组分的熔点有关。油膜厚度越小，两个表面就越接近，油膜间移动变得越来越困难，最后完全不存在油膜间的移动。出现这种现象的油膜的极限厚度，对通常相对分子质量的常用油脂来说为 30nm 左右，它随油脂及助剂的性质而定。在这个极限状态，要使相互接触的表面移动时，需施加一个相当于润滑剂分子间的最大静摩擦力，这就是所谓“油润”的概念，油润这个性质并非仅来自油脂本身，并与皮纤维与油脂的接触面有关。

油润性取决于油脂层的分子结构特点和纤维表面性质和结构。最主要的影响因素是油脂分子在纤维表面上的排列方式。羧基是脂肪酸的活性端，酯基是甘油酯的活性端。它们以其活性端被吸附在革纤维表面，形成单分子膜，见图 4-4。

纤维表面存在能场，但其影响范围是很小的，这个能场只对在它影响范围内的物体起作用。脂肪及脂肪酸极性基团结合在纤维表面，形成一单分子层，它们通常是垂直排列于纤维表面，其他分子则被第一层分子所吸引，但电场能可以迅速减小，其他层形成不规则竖列，见图 4-5。

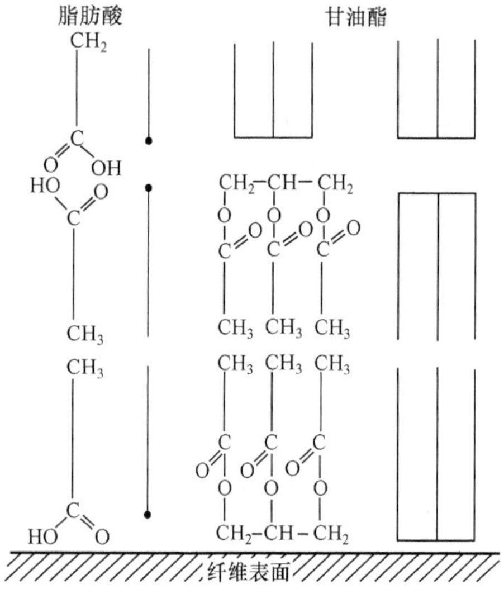


图 4-4　纤维表面吸附的分子膜

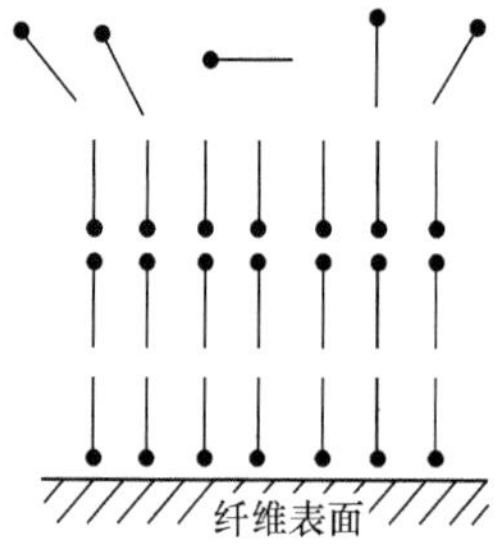


图 4-5　多分子层示意

革纤维的电荷不同，其场能也不同，进而影响油脂分子层的排列。由此推断，极限层的厚度随加脂剂分子的极性及纤维表面的场能不同而变化。这部分地解释了同样的加脂剂用于不同的革上却得到不同的效果。

固定油膜的支撑体的性质和被吸附的油膜的性质，对表面摩擦系数都有很大影响。纤维表面的平滑度不同，则极限油膜厚度不同。

当分离纤维的液体膜达到极限厚度时，留在表面上的分子就成为表面总体的一部分，而不再是单独的可流动层。以同样链长的有极性的月桂酸 $CH_3(CH_2)_{10}COOH$ 和无极性的十二烷 $CH_3(CH_2)_{10}CH_3$ 为例，可以说明油脂分子在纤维表面的筑膜情况。有极性的月桂酸在靠近有电荷的纤维表面时，其极性基团被强烈地吸引，在形成的第一单分子层的基础上，其他脂肪酸一层一层地叠加上去，而十二烷靠近有电荷的纤维表面时，由于偶极作用而形成单分子层，但表面的场能很快被此单分子层所饱和。因此，与有极性的分子不一样，无极性的分子形成一层接一层牢固膜的可能性低。这就是加入少量矿物油可促进其他油脂的渗透和扩散，使革更柔软的道理。而单独采用矿物油加脂的革，由于其和纤维表面的不匹配性，不能达到在原纤维所有表面形成均匀的薄膜，所以革的柔软性较差。

#### 4.3.4.2　滋润性

加脂剂中，加入少许矿物油常使皮革显著变软，但皮革不滋润。硫酸化加脂剂的活性硫酸根基团越多，则与电荷相反的铬鞣革的结合越强，表现出干枯、不滋润的外表，而用于植鞣革则相反。同理，铬鞣革中加入的油的磺化程度越小，则革越滋润。为此，通过配制适当比例的中性油和磺化或硫酸化加脂剂的复合物来获得良好的加脂效果。天然中性油本身的不饱和程度及酸度对滋润性也有较大影响。

阳离子加脂剂对铬鞣革没有或有很小的亲和力，只要用很少量便能使皮子很滋润。两性离子化合物的等电点与皮革的电离平衡相近时，用其加脂可使皮革有很强的滋润性。无论是动物油脂，还是植物油脂，它们的平均相对分子质量都差不多，长链($C_{16}$～$C_{18}$)脂肪酸含量相近，且一般都是甘油酯，而差别是不饱和程度及同一种酯中脂肪酸链长度不同。一般来讲，化学结构均匀、链长相近的脂肪酸含量大的油，其加脂效果较好，如牛蹄油。

皮革的干枯或滋润感还与油脂的用量有关。特别是与沉积在革粒面的量有关。以牛皮为例，当纯加脂剂用量低于 5%时，革或许是比较干枯的，而柔软度可能恰到好处。当增加油脂用量时，滋润感的趋势增加，但仍然不油腻，若进一步增加油脂用量，皮革就显油腻感。在许多情况下，为了获得最好的强度，需要重加脂，但这有碍涂饰。一般可采用延长加脂时间、分步加脂等措施克服表面油腻，也可以使用被认为干枯的合成加脂剂加脂，它和皮纤维强烈结合。但遗憾的是，这类加脂剂不能提高革的撕裂强度。

#### 4.3.4.3 丰满性

加脂剂中，中性油的存在，不仅可使成革柔软度增加，而且对皮革有很好的丰满性、填充性。丰满性来自极性、弱极性及非极性之间的作用，使纤维获得分离。填充来自脂质物自身质量体积的贡献。无氯高分子烷烃的填充性最好，其次是牛蹄油和羊毛脂，矿物油最差。一些脂肪醇磷酸酯、脂肪酸脂、环烷酸酯等，也具有良好的填充性，可改善皮革的丰满性与弹性。

#### 4.3.4.4 粒面紧实和疏松度

粒面紧实和疏松度与革的粒面油脂的组分和含量有关。鞋面革中如果粒面层油脂含量较低，粒面层干燥后紧实性高，容易发生裂面现象；反之，如果有粒面层油脂含量过高，粒面层疏松柔软，易出现松面现象。一般来说，成革越厚，粒面层油脂含量越高，越容易松面。

中性油较乳化油的这种作用更大。采用高度磺化或硫酸化加脂剂加脂的革，这种作用较弱。

#### 4.3.4.5 机械强度和伸长率

加脂对皮革抗张强度和伸长率有很大影响。油脂附着在原纤维表面和沉积在纤维间隙中，削弱了它们之间的引力和摩擦力，提高了革的结构单元的定向应变能力，从而提高了革的物理机械强度，特别是粒面崩裂强度和撕裂强度。加脂后，革的伸长率和永久伸长率也有所增加。

革的断裂强度、柔软度和密度与所用的加脂材料种类有关。按它们分离胶原纤维能力依次增加的次序，各种加脂材料可排列如下：矿物油<海产动物油<蓖麻油<硫酸化海产动物油<硫酸化蓖麻油。

硫酸化海产动物油和硫酸化蓖麻油对抗张强度提高较大，矿物油提高较小，蓖麻油工业皂和海产动物油居中。

用 $C_{10}$～$C_{23}$ 的合成脂肪酸与不同缩合程度的聚乙二醇酯化得到的合成油加脂后的革，其抗张强度超过用天然中性油脂和硫酸化加脂剂混合物加脂后的革的抗张强度。

用脂肪酸甲酯加脂后，革的抗张强度、粒面崩裂强度和断裂伸长率都大大提高。

革强度的提高不仅与加脂材料的特性有关，也与用量有关。但是，仅在一定范围内，增加用量可提高革的强度。少量的油预处理不仅有利于铬盐渗透，也能提高革的抗张强度。当使用大量油脂以提高很薄的服装革和家具革的牢度时，却削弱了抗张强度。

#### 4.3.4.6 卫生性

革中油脂含量和油脂的性质对革的卫生性能(透气性、透水气性、水气容量)有很大影响。其中，透水气性很重要，这也是天然皮革不同于其他鞋面材料的地方。有计算表明，革中油脂含量少于 13%时，加脂不明显影响革的透水气性，超过此含量后才会产生较大影响。这是因为部分油脂沉积在毛细管中，缩小了毛细管的横截面，因而阻碍了水气通过。鞋面坯革加脂后与没有加脂的比较，透水气性降低 25%～30%。合成加脂剂与硫酸化加脂剂比较，用前者加脂后，革的透气性要比后者低一些。

#### 4.3.4.7 雾化值

雾化是指革内物质在受热和受湿后挥发，然后受冷凝聚集的物质。如果这些雾挥发弥留发生在轿车的前玻璃窗上，将严重影响视线，从而造成危害。通常，加脂剂中未与皮革结合的小分子组分，如甘油三酯，石油馏分和醇，在受热时易发生挥发现象。天然油脂在化学改性过程中可控的主反应或不可控的副反应生成小分子产物，都会令成革的雾化值升高。

#### 4.3.4.8 油斑、油霜

加脂剂中的油脂在水解、细菌/真菌的分解及受潮和热等作用时，会产生游离脂肪酸。其中饱和游离脂肪酸容易迁移到革面并凝结，出现油斑，严重时为油霜。油斑不仅发生在粒面，也可能发生在肉面上。在加脂剂添加矿物油有利于避免这种现象，这是因为矿物油非极性，易迁移，能随饱和游离脂肪酸一起迁移到革表面，并将饱和游离脂肪酸溶解形成混合相，从而避免凝结现象。Langmain 和 Miadek 最近的研究结果表明，非离子去污剂可有效地防止油斑和油霜现象。当迁移到皮革表面的是难溶解的高级脂肪醇，矿物油对它无溶解作用，需用不易挥发的溶剂来溶解。

近年来，出现了聚合物加脂剂，如丙烯酸共聚物的长链脂肪醇酯，可彻底根除油斑或油霜现象。这是因为，其分子中游离羧基可以和铬革发生结合，这种油在革内不再迁移，干洗和水洗时都不易萃取，皮革有油脂感，不干枯。

#### 4.3.4.9 革的亲水性

皮革加脂时，加脂剂分子的憎水部分自然倾向于皮革纤维表面上亲水多肽链中的憎水分子上。如果纤维表面是正电荷，而加脂剂是负电荷的，则排列的方向见图 4-6。

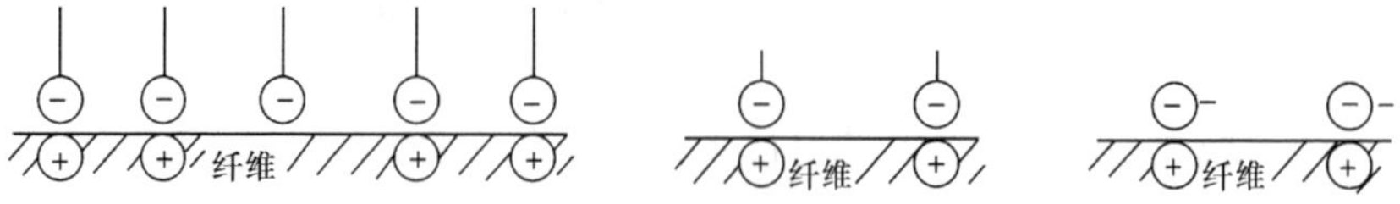


图 4-6 皮革疏水加脂

如果皮革表面的自由基数量与加脂剂分子数相等，这时加脂剂分子完全结合在皮革上，不会给皮革带来亲水性。加脂剂的憎水部分是油脂的根，可降低纤维间的摩擦，提高疏水性。

如果表面加脂剂分子数量超过固定在纤维上的形成盐分子的数量时，它们可通过憎水链上氢原子与纤维间以氢键结合而固定下来，或憎水部分之间互相结合起来。这样可使亲水基团自由。亲水基团吸引水分子，使皮纤维有一定的亲水性。如果阴离子化合物多，油脂分子间互相连接的可能性不变，这样就扩大了水合的区域，使皮革有很大的亲水性，见图 4-7。

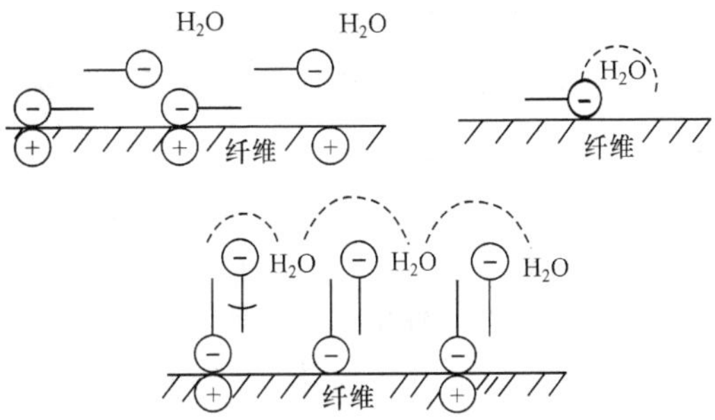

图 4-7　皮革亲水加脂

非离子化合物在酸性条件下，有较好的亲质子能力，故在许多情况下，它与皮纤维的反应如弱阳离子化合物一样。例如，在铬植结合鞣革加脂后期，加入一些非离子油乳液以获得表面加脂的效果就属于这种情况。当在带正电荷的皮革上，用阴离子化合物及一定数量的乳化剂时，由于油脂的作用，皮革有一定的憎水性，而且随着油脂用量的增加，皮革的憎水性也增加。但如果油脂用量超过一定量时，则憎水性又将逐渐下降。不同乳化剂电荷类型加脂后革的亲水性变化见表 4-6。

**表 4-6　乳化剂电荷类型与铬鞣革亲水性**

| 乳化剂电荷类型 | 亲水性 |
| --- | --- |
| 阴离子乳化剂 | 由小变大 |
| 阳离子乳化剂 | 亲水性上升 |
| 非离子乳化剂 | 亲水性上升 |

#### 4.3.4.10　皮革的防水性、防油性

传统的防水革生产是在加脂工序中用油脂或蜡对其进行处理。这种方法可赋予革一定程度的静态防水性，但加入的油脂或蜡却使革紧实，其透水气性和动态防水性都较差。现在，主要使用疏水加脂剂、聚合物加脂剂来生产防水性革。以有机氟材料处理皮革可以得到良好的防水、防油和防污性能。

**思考题**

(1) 乳液加脂的基本历程是怎样的?

(2) 影响乳液加脂和油脂在革内分布的因素有哪些?

(3) 加脂对皮革的哪些主要性能产生影响？是如何影响的?

## 4.4　影响乳液加脂的因素

皮革的乳液加脂过程是加脂剂乳液粒子在革内渗透、固定的过程。要完成对铬鞣革良好的加脂，必须对坯革的感官性质状态进行评判，如外观、柔软度、弹性、保满性等；选择合

适的加脂剂，确定加脂剂配方(种类、用量)，控制适合的温度、pH、液比、乳化、机械作用及时间等。下面讨论影响乳液加脂的主要因素。

### 4.4.1 加脂坯革的性质

加脂前坯革的电荷状态与革纤维的紧实程度是影响乳液加脂过程的基本因素，决定加脂乳液在革内的渗透和结合。

#### 4.4.1.1 坯革的电荷性质

皮胶原是由两性的蛋白质长链组成的，存在着等电点(pI)，革也同样具有等电点。革的电荷性质主要是由其本身的 pI 和 pH 决定的。当 pH 低于 pI 时，革带正电荷，能固定阴离子化合物；当 pH 高于 pI 时，革带负电荷，能固定阳离子化合物；pH 等于等电点时，固定阴离子或阳离子乳化剂能力最低。pH 离 pI 越远，革带的电荷越多，固定反电荷化合物的作用越强。因此，原则上可以通过改变介质 pH 来调节离子型化合物的渗透性和固定速度。介质酸性越强，革对阴离子化合物结合越快；介质 pH 越高，则革对阳离子化合物结合越快。加脂乳液一般都带有不同强度与数量的电荷，因此，革的等电点和介质 pH 成为影响皮革加脂的重要因素。

革的 pI 取决于革的鞣法，第 3 章中已列出。事实上，即使铬鞣，也会因鞣剂结构的差异使 pI 产生不同，表 4-7 列出了不同铬盐鞣法革的 pI。

**表 4-7　不同铬盐鞣法对革 pI 的影响**

| 皮和铬鞣革 | 生皮 | 阳离子铬盐鞣革 | 复鞣染色后铬盐鞣革 |
|---|---|---|---|
| pI | 7.5～7.8 | 6.7～7.0 | 4.0～5.0 |

对于不同复鞣染色后的坯革，在同一 pH 下，它们所带的电荷也不相同。对于仅仅完成铬鞣及铬复鞣的坯革，其 pI 较高，在较低 pH 下带较多的正电荷，用阴离子加脂剂则很快被固定在革表面，从而难以渗透。经过树脂鞣剂、植物鞣剂等阴离子复鞣后，革的 pI 大大降低，表面甚至显负电性，此时用阴离子加脂剂加脂，即使渗透入革内，结合量也较低。

同一鞣制或复鞣的坯革由于不同厚度及部位差的原因带电情况也不一样。例如，用甲酸盐或二羧酸盐蒙囿铬鞣未片皮的裸皮，蒙囿作用通常发生在表面，鞣后片皮，头层革的粒面 pI 大约为 4.0，肉面层(未剖层的中间层)pI 大约为 7.0。这种革进行加脂，虽然中和到 pH 为 5.5～6.0，但此时粒面带负电荷，肉面带正电荷，用阴离子的加脂剂加脂，大量的油脂被结合固定在肉面而粒面层结合少。剖面革经过铬复鞣后，这种差别减少，使加脂的均匀性增加。

革带电荷的多少可以通过改变革的 pH 来调节。铬鞣轻革主要用阴离子加脂剂进行乳液加脂。在加脂前一般要进行中和，即提高革的 pH，减少革的正电性，有利于阴离子加脂乳液在革内渗透，避免乳液在革表面破乳。在加脂末期，降低革的 pH，增加革的正电荷性，使乳液在革内破乳，促进革对油脂的吸收、固定。对于阳离子加脂剂，则相反。

因此，中和对加脂剂的渗透有很大的影响。可以通过控制中和的程度来控制加脂剂在革内的分布。

对于要求柔软的革(如服装革、沙发革)，中和要透。

对于要求紧实身骨、弹性好、成型性好的革(如鞋面革)，则中和不要求完全透。需要注意，革的中和程度要适度，过度中和降低并减少阳电荷导致革对油脂的吸收率降低，而且也会导致铬鞣革脱鞣。用有机酸盐中和的坯革，pH 较低，温和掩蔽阳电荷，保证加脂剂的良好吸收。

复鞣对革纤维的电荷性有很大的影响。用阴离子型复鞣材料，如植物鞣剂、合成鞣剂、阴离子丙烯酸树脂复鞣剂等复鞣的革，表面带负电性，阴离子加脂剂更多地进入革内，整体带负电则吸收性差。用阳离子金属盐(如碱式铬盐、铝盐)、阳离子树脂等复鞣，会增加革表面的阳电荷性，用阴离子加脂剂加脂，导致表面阴离子加脂剂结合，阻塞渗透通道，深入加脂不易。因此，对于用阳离子复鞣剂复鞣革要进行较强的中和，促进阴离子加脂剂的渗透，而对阴离子复鞣材料复鞣的带负电性的革在加脂前或后用适当的阳离子材料处理，同样阻塞渗透通道，深入加脂不易。多种复鞣剂多层次复鞣，也会造成各层电荷不易控制，加脂质量不稳定。

#### 4.4.1.2　坯革的组织结构

坯革的厚度、纤维编织的紧密程度及部位差等因素都影响着加脂过程。对于较厚、纤维编织紧密的革，需要考虑：选择乳化分散好、乳液粒子细、稳定性好的加脂剂；相应地增加加脂时间、加强机械作用；对于部位差比较大的革，要选择具有填充性的加脂剂，避免松弛的边腹部位吸收更多的油脂而更松软；对紧实部位往往还要加强局部处理(如臀部揩油)。粒面紧的革，加脂剂从粒面的渗透较困难，而无粒面的绒面革，加脂剂的渗透和固定都比较快。

### 4.4.2　加脂剂的种类选择

加脂剂种类繁多，以不同的脂质物为基础的或不同方法组合改性处理的加脂剂性能各异，赋予成革不同的性质。

#### 4.4.2.1　加脂剂的个性选择

加脂前坯革的特征与成革的要求之间要求确定选择加脂剂配方及用量。坯革的特征包括鞣剂鞣法、复鞣、填充、中和、染色等。对成革的性能要求包括外观、柔软度、弹性、丰满度、物理力学性能等。

对于铬鞣革，主要是选用阴离子型加脂材料。阳离子型加脂剂只是用于革的顶层加脂来增加革表面油感或固定阴离子材料。

非离子加脂剂可以与阳离子或阴离子加脂剂混合使用，增加加脂乳液的稳定性，促进加脂剂的渗透和均匀分布。

两性离子型加脂剂也可以与阳离子或阴离子加脂剂混合使用，根据体系的 pH 决定混合加脂乳液的渗透与结合，更好地调节柔软度。

各种加脂材料的性能已在 4.2 节中做过介绍。在选用加脂剂时，要充分了解加脂剂对皮革性质的影响。

加脂剂的组成结构与加脂性能之间的关系非常复杂，很难阐述清楚，需要制革者进行大量实践，得到经验性结果加以总结。

加脂剂的选择不仅影响着成革的柔软性、弹性、丰满性；影响着成革的外观、粒面紧实性、细致性、松面情况、颜色、油感、滋润性，绒面革丝光性；影响着成革的物理力学性能，如抗张强度、撕裂力、延伸率等；还影响着成革的耐热、耐光性，吸水性、透气性、涂饰剂的黏合等。

以动物油脂为加脂剂可使成革柔软、丰满、油润性好；以牛蹄油、鲸脑油为加脂剂，使成革柔软并有较强的填充性；以鱼油为主的加脂剂材料，结合好，粒面柔软性好，用量大，易产生松面。但碘值高的鱼油易黄变，也易产生树脂状斑点。需要油感好，粒面滋润、绒面丝光感较强时可选用羊毛脂加脂剂；需要革面手感干燥，柔软温和时可选用植物油加脂剂；成革丰满、延弹性好、粒面洁净时可选用矿物油加脂剂或合成加脂剂。但矿物油用量多时，成革手感干枯，强度(抗张强度、撕裂强度)有所降低。且矿物油易迁移挥发。为了获得综合性优良的成革，复合加脂剂或通用型加脂剂成为重要的可选品种。

事实上，就加脂剂原料解释功能还不能完全说明问题。品种不同的原料经过不同的化学改性方法所得的加脂剂加脂性能不同。就硫酸化处理而言，普通的硫酸化加脂剂稳定性较差，易破乳，渗透性差，吸收率高，革外层结合多，油润性好。但硫酸化加脂剂中 $SO_3$ 结合量越多，与革的结合力越强，但柔软性及滋润作用减少，因此往往在深度硫酸化加脂剂中配入适量的生油，以改善加脂剂性质。亚硫酸化加脂剂乳液稳定性好，在革内易渗透，加脂革柔软，但吸收率低，表 4-8 列出了在铬鞣革应用的几种硫酸化加脂剂的加脂性能。

**表 4-8　在铬鞣革上应用的几种硫酸化加脂剂的性能**

| 油的品种 | | 油结合 $SO_3$/% | 可氧化性 | 效果 |
|---|---|---|---|---|
| 动物油 | 牛蹄油 | 2.8～4.2 | 弱 | 中等渗透程度，丰满，手感光滑 |
| | 鲸鱼油 | 2.8～4.2 | 中等 | 中等渗透程度，丰满 |
| | 鲸脑油 | >4 | 弱 | 易透至皮心，手感枯燥，柔软，舒适 |
| | 海豹油 | >4 | 中等 | 中等渗透程度，丰满，有身骨 |
| | 牛油 | <3 | 弱 | 表面加脂，丰满，有身骨 |
| | 鳕鱼油 | 2.0～4.0 | 强 | 中等渗透程度，丰满 |
| | 鱼油 | 2.0～4.0 | 强 | 中等渗透程度，丰满 |
| 植物油 | 油精 | >4.0 | 弱 | 渗透深，柔软，手感枯燥 |
| | 蓖麻油 | >4.0 | 弱 | 渗透深，柔软，手感枯燥 |
| | 椰子、棕榈油 | <3.0 | 很弱 | 表面加脂，手感光滑 |
| | 棉籽油 | >4.0 | 弱 | 渗透深，丰满，柔软 |
| | 菜籽油 | >4.0 | 弱 | 渗透深，丰满，柔软 |

#### 4.4.2.2　加脂剂的通性选择

从加脂剂的基本功能而言，要求柔软的革常选用渗透性好的油脂；要求表面油感好的革可搭配少量的生油或用阳离子加脂剂进行表面加脂；对于绒面革选择油感好的加脂剂；白色或浅色革选用耐光色浅的加脂剂；对于防水革应尽量少用含乳化剂成分多的加脂剂；对耐干、水洗革选用与革结合性能好的结合型加脂剂。需要综合性能时，可根据各种加脂剂不同的性能，取长补短地进行组分的复合使用以满足成革的需要。

加脂剂的选择还必须考虑后工序加脂的影响，对于后工序采用贴板，真空干燥的革要求加脂剂迁移性小；对于涂饰革，表面油脂不宜太多，避免影响涂层与革的结合牢度。选择加脂剂也要考虑到其对电解质、各种鞣剂、复鞣剂等材料的稳定性。

加脂剂的用量因革的品种和加脂剂的种类不同而变化。一般软革的加脂剂用量大，坚实、弹性好的革加脂剂用量少；绒面革加脂为了使绒毛不油腻发黏，加脂剂用量不宜太多，常见品种革的参考加脂剂用量(以铬鞣削匀革重为基准，加脂剂有效物以 100%计)见表 4-9。

**表 4-9　常见品种革的参考加脂剂用量**

| 革种 | 用量/% | 革种 | 用量/% |
|---|---|---|---|
| 牛软鞋面革 | 6～10 | 绵羊鞋面革 | 3～5 |
| 牛半苯胺革 | 4～5 | 山羊打光革 | 2～4 |
| 牛修面革 | 4～6 | 绒面革 | 3～7 |
| 猪服装革 | 10～15 | 猪鞋面革 | 3～8 |

加脂剂确切的用量一般根据加脂剂种类、含油量和对革的要求，由实验确定。加脂剂用量不足，成革僵硬、扁薄、部位差大，达不到要求。随着加脂剂用量的增加，成革变得柔软、丰满，加脂适量的皮革柔软、丰满、粒面细致、紧实；加脂量过大，革身骨差，无弹性，甚至引起松面、油腻，影响革的外观和手感。目前对革的柔软、丰满性要求越来越高，加脂剂的用量也趋于增加。

### 4.4.3　加脂条件

成功的加脂，不仅取决于坯革的特征、加脂剂的选择，还需要良好的加脂操作条件。这些条件包括加脂剂良好的乳化分散、乳液粒子大小、加脂液比、温度、pH、机械作用、操作时间等。

#### 4.4.3.1　加脂乳液

加脂乳液的性质包括电荷、粒子大小及乳液的稳定性。加脂乳液的电荷是选择加脂剂时首先被考虑的问题。加脂乳液的粒子大小和稳定性也是影响乳液加脂进行的主要因素。乳液粒子大小及稳定性不仅由加脂剂配方决定，也与乳化方法有很大的关系。在加脂乳液制备过程中，应注意以下方面：①避免带不同电荷的加脂剂直接混合；②当选用多种加脂剂(或掺入少量生油)时，乳化之前要将它们混合均匀；③添加的次序一般把热水加入混合加脂剂中，加入足量水形成水包油型乳液；④水的质量是加脂剂用量的 3～4 倍，否则不易完全充分乳化形成水包油型乳液；⑤乳化时的温度高利于乳化，但温度一般在 60℃左右，温度太高会使一些加脂剂组分挥发或分解，从而影响乳液的稳定性；⑥加脂剂与水混合后要充分搅拌，使乳液均匀并使乳液粒子更细；⑦加脂剂乳液要立即使用，不可长时间存放，避免聚集而降低乳液的稳定性；⑧水的软度需要考虑，当水的硬度较高(≥8 度)时，乳液的稳定性下降，特别是羧酸类加脂剂。因此，只能选用耐电解质加脂剂或适当提高乳液的 pH，使乳液有一定的稳定性，满足加脂的需要。

因此，配制出良好的乳液，是完成良好加脂的重要步骤之一。

#### 4.4.3.2　加脂液体系数

加脂乳液的液体系数影响乳液中各组分的渗透深度。小液比加脂使加脂剂的渗透和分布较好，成革柔软。但浴液中油脂浓度高时，会使皮革松软部位(如边腹部)吸收油脂较多，从而增加了革的部位差。因此，如果加脂量大时，可分几次加入。大液比加脂，加脂剂脂渗透性差，主要是表面加脂，成革紧实，粒面柔软，细致。

对于软革，通常采用小液体系数加脂，提高加脂液浓度以促进油脂的渗透，而对于紧实的革，通常采用大液体系数加脂，实现顶层加脂来改善表面手感和贴板离板性。表 4-10 为液比的大小对油脂在革内分布及革柔软性的影响。

**表 4-10 加脂液比对加脂的影响**(常温加脂)

| 液体/%<br>(基于削匀革重) | 革中不同层中的油脂含量/% | | | 革柔软度 |
|---|---|---|---|---|
| | 粒面 | 皮心 | 肉面 | |
| 0 | 5.80 | 2.71 | 9.83 | 逐渐变硬 ↓ |
| 10 | 4.98 | 1.73 | 6.22 | |
| 25 | 4.76 | 1.42 | 6.64 | |
| 50 | 4.13 | 1.27 | 5.78 | |
| 75 | 4.11 | 1.02 | 5.44 | |
| 100 | 4.10 | 1.00 | 5.31 | |
| 200 | 4.10 | 0.92 | 3.64 | |
| 300 | 4.28 | 0.52 | 3.30 | |
| 400 | 3.73 | 0.57 | 2.58 | |
| 500 | 3.23 | 0.52 | 1.80 | |

一般认为，液体系数低于 100%(以削匀革重计)为少液加脂，液体系数高于 200%为大液加脂。在大多数情况下，主加脂时液体系数控制在 50%～200%比较合适。

液体系数还与加脂革的转鼓装载量有关。一般装载量小，液体系数可以升高，而对大装载量，液比应小一些。

#### 4.4.3.3 加脂温度

在不影响乳化的情况下，低温加脂时油脂在革内的渗透和分布较好，但吸收率低。高温加脂可以提高油脂的吸收率，但渗透性变差。然而，加脂温度还需要根据坯革鞣制及复鞣状态确定。过高温度加脂往往还会使复鞣坯革粒面变粗，降低得革率。因此，常规加脂温度一般控制在 45～55℃。

#### 4.4.3.4 加脂液 pH

加脂浴液的 pH 主要受复鞣剂影响，也是影响加脂剂的结合能力的重要因素。前已述及，革的 pH 是由中和程度及复鞣条件决定的，有机复鞣后的坯革具有良好的缓冲性，尤其是经缓冲指数高的栲胶复鞣。因此，仅仅考虑在当时 pH 下乳液渗透与结合的平衡。

浴液 pH 低时，会降低革的 pH，增加其正电荷，使阴离子加脂剂乳液很快被革固定在表面，难以渗透。羧酸类加脂剂需要在较高的 pH 下进行加脂，否则羧基被封闭而丧失乳化性，使乳液破乳。硫酸化加脂剂在 pH 较低时，硫酸酯键会水解而失去乳化性，乳液破乳。

用阴离子加脂剂加脂，pH 越高，加脂剂渗透性越好，吸收率越低；pH 越低，加脂剂的吸收率越高，渗透性越差。因此，在加脂初期适当提高 pH(一般在 4.5 以上)以保持乳液稳定性，利于渗透；加脂末期加酸，降低 pH，促使乳液的破乳和增加革的正电荷，促进油脂在革内的吸收、固定。

酸的用量随加脂乳液的稳定性而变化，稳定性好的乳液往往要加入更多的酸才能达到良好的吸收。但酸的用量是有限制的，如用量太大将会引起鞣剂退鞣，或者成革的稀释 pH 难以达标。因此，通过降低 pH 固定加脂乳液是有限度的。

#### 4.4.3.5　机械作用和时间

轻革的乳液加脂一般是在转鼓中进行的，转鼓在转动时的机械撕、拉、剪切与曲挠作用可以促进乳液向革内的渗透，加速革对油脂的吸收，也促进乳液的破乳。但是，过强的机械作用会造成革松软，在液比小的情况下甚至会造成松面。

机械作用的时间随革的种类、厚度和加脂剂用量的不同而变化，一般控制在 30～90min 内完成。时间太短，油脂的渗透、吸收不充分；时间太长，会使革受机械作用过大而产生一些负面影响。

#### 4.4.3.6　加脂后工序的影响

对于终端主加脂后工序对加脂的影响主要是油脂在革内的再分布与停留，如挤水、干燥等。

挤水会影响到油脂在革内的含量及分布，这是因为加脂后的革内油脂并没有完全被革固定，游离的油脂会随着皮革内水分被挤出。因此，要控制加脂后皮革陈化的时间，加脂后的革要陈化 10h 以上，尽量让革中游离油脂被固定后再进行挤水操作。

加脂革进行贴板或真空干燥，尤其是湿态绷板干燥工序，油脂会随着水的快速干燥而迁移到革面，造成革面油脂含量偏高，进而造成磨革困难，涂饰层黏着力低等问题。因此，可以根据后加工情况选用与皮革结合牢度好、不易迁移的加脂剂。

当革制品在使用过程中经常遇水，甚至要水洗时，为了防止油脂的流失而使革变硬、变形，则更需要考虑加脂剂与皮革结合的牢固性。

## 4.5　皮革加脂方法

### 4.5.1　铬鞣革的乳液加脂

铬鞣轻革主要是采用乳液加脂的方法。传统的加脂是在复鞣、中和工序之后，与复鞣填充、染色同浴或换浴进行，也就是通常所说的“主加脂”。根据操作时液比的大小和温度的高低，分为小液比加脂和大液比加脂、常温加脂和高温加脂。

随着对皮革柔软度要求的提高，需要革内含有较多的油脂且在革内均匀分布，采用一次性加脂很难达到理想的效果，因此，多阶段分步加脂，可以使坯革吸收更多的油脂，使油脂在革内分布更均匀，成革具有更好的柔软性，可以避免一次性加脂使革表面油脂沉积过多。实践证明，分步加脂在总油脂用量相同的情况下，成革柔软度明显优于传统一次性加脂的方法，符合先入为主的原则。

分步加脂要求加脂剂在相应各工序中能与相遇的材料有相容性。可在浸酸、铬鞣、复鞣、中和、复鞣填充等工序中进行。值得注意的是，分步加脂对加脂剂要求更高，就是与前后材料在同浴中不破乳，以确保加脂剂乳液在该工序的操作条件下具有一定的稳定性，能顺利进入革内。因此，主要选用稳定性较好的非离子型加脂剂、亚硫酸化加脂剂、耐电解质加脂剂。在浸酸、铬鞣时，甚至可以选用阳离子型加脂剂。

#### 4.5.1.1　浸酸和铬鞣过程中的加脂

在浸酸时或在铬鞣前加入 0.5%～2.0%的加脂剂转动 20～30min 后再进行鞣制，通常也称为油预处理。此时，浴液中电解质（盐）含量高、pH 低。由于 pH 低于 pI，裸皮纤维带正电荷。所以，选择的加脂剂要对电解质稳定，耐酸、耐中性盐、耐铬盐。一般选用阳离子油、非离子加脂剂或耐电解质型加脂剂。如此，油脂能均匀地分布在裸皮表面或均匀渗透。纤维表面的油膜可以减缓铬盐的结合，降低鞣制过程中的剪切与摩擦，使铬的分布更均匀，革身骨柔软、粒面平细。油脂的润滑性减少了水浴操作时皮粒面间的擦痕，减少皮打折起皱的现象。油预鞣处理后，油脂在革内均匀分布，使革面均匀舒展，有利于鞣制过程中的均匀脱水，后工序挤水、剖层、削匀的操作。初步的加脂也避免蓝湿革在堆放时边缘干燥后影响回湿及中性盐结晶。

#### 4.5.1.2　复鞣、中和过程中的加脂

对鞋面革等品种的革，需要进行较强的复鞣和填充。用阴离子材料复鞣、填充后的革，对阴离子加脂剂吸收性差，往往加脂有困难，因此在工艺上经常在复鞣、中和过程中加入适量的加脂剂来增加革中的油脂含量。

用合成鞣剂、聚合物鞣剂或植物鞣剂复鞣时先加入或同时加入适量阴离子加脂剂，一方面可以调整革的电荷状态，有利于鞣剂的渗透；另一方面在浴液中加脂剂与鞣剂相互竞争，使鞣剂与革反应缓和，鞣剂的收敛性降低，利于鞣剂的渗透并在革内均匀分布，避免粒面变粗，甚至脆裂。要求加脂剂有一定的耐电解质能力，并能与合成鞣剂、聚合物鞣剂和栲胶相容，可选用硫酸化加脂剂、亚硫酸化加脂剂或两性离子型加脂剂等。

在复鞣和中和过程中，加脂剂的用量不宜过大，否则会影响复鞣剂的结合，导致革松软。绒面革常用铬鞣剂等无机鞣剂复鞣，可同时加入少量的阳离子加脂剂，有利于染料的结合。

随着复鞣剂和加脂剂等材料的发展，中和、复鞣、染色、加脂等工序在同浴中进行。包括同时混合使用或同浴中交替使用，可以缩短生产周期，减少用水量或废水的排放，情况复杂，需要根据试验结果进行确定。

#### 4.5.1.3　主加脂

主加脂是指用加脂总量的大部分进行一次性加脂，通常置于复鞣、填充、染色后进行。主加脂剂的用量根据革的品种要求、前工序中加脂的情况来确定。为了不影响染色的浓艳程度，一般是先染色后加脂。在染色要求不高、加脂剂用量大时，也可先加脂后染色，这时染料在革面着色较少。

主加脂与染色同浴进行时，尤其是在染料用量较大的情况下，需要注意染料中电解质（中性盐）对乳液的稳定性影响，否则导致油脂吸收不尽或表面油腻。

#### 4.5.1.4　顶层加脂(表面加脂)

顶层加脂是有意识地使革的表面固定较多的油脂，但革表面又不显油腻及浮油。顶层加脂最初是为了改善革的一些表面性能及在各种干燥时出现表面过多收缩而紧实。

顶层加脂用于绒面革，可使绒毛油润，丝光感强。用渗透性好的加脂剂(如合成加脂剂、亚硫酸化加脂剂)或者经合成鞣剂、植物鞣剂复鞣革的加脂，可使油脂渗入浅表面，专门改进粒面的柔软度，一定程度上减少裂面的发生。此外，适当的顶层加脂可以阻止涂饰剂在革内渗透过深而降低皮革手感，顶层加脂还有利于提高打光革的打光效果。

顶层加脂通常置于甲酸固定后。主加脂末期加酸固定后，革表面负电荷大大降低，表面中性及阳性增加，无论用阳离子还是阴离子加脂剂均会很快在革表面结合，显示顶层加脂剂的功能。由于仅仅需要表面效果，顶层加脂的时间较短，转动 20～30min 即可。若浴液 pH 较低(<4)，其中的阴离子材料(未吸收的染料、油脂)又较多，则需换浴后再加加脂剂，否则在浴液中无论哪种电荷材料均会使乳液稳定下降，造成破乳，在革外发生导致油腻。

顶层加脂必然会使革面油脂增加，影响磨革、涂层的黏着，同时肉面易沾污，绒面革绒毛分离性下降，对表面要求高的坯革需要认真控制。

#### 4.5.1.5　局部涂油(局部加脂)

在转鼓中加脂，对于部位差较大的革，松软部分吸收油脂量较多，紧实部位吸收油脂量相对较少，因此成革的臀背部比腹肷部位硬。为了使整张革柔软度趋于一致，一般在染色、加脂工序后搭马一段时间，再对革进行臀背部涂(揩、喷)油。

用于涂油的加脂剂以渗透好的合成加脂剂为主，防止表面积累油脂。涂油前用 3～5 倍的热水乳化。涂油时要求革的水分含量控制较为重要，过干易透油，过湿造成表面积油，通常为坯革含水 50%～60%。涂油后的革要静置过夜，使油脂渗入革内，充分破乳，均匀分布。为了保证质量，涂油在肉面进行。

### 4.5.2　乳液加脂实例

以成革要求为目标，根据坯革特征选用加脂剂，结合坯革、加脂剂制订操作方法。下面列举一些不同品种革的加脂操作实例予以说明。

#### 4.5.2.1　铬鞣鞋面革的乳液加脂

全粒面软鞋面革是制革厂生产的主要产品之一。鞋面革后加工中一般采用真空干燥，部分产品采用了湿绷板干燥；皮鞋穿着过程中受汗水、雨水及长期的曲挠作用。为了不影响加脂效果，以及鞋穿着过程形状、感官稳定性，都要求加脂剂与皮革有良好的结合性，同时加脂剂用量不能太多。为防止引起松面或油腻，又可选择填充性较好的加脂剂。

1)黄牛全粒面软鞋面革的加脂

普通的鞋面革的加脂剂用量为削匀革重的 3%～5%(以加脂剂有效物 100%计)。软鞋面革还要求成革柔软，粒面细致，曲挠性好，能深入革的内层，加脂剂用量较大，一般为削匀革重的 6%～10%(以加脂剂有效物 100%计)。

软鞋面革的加脂工艺举例如下：

① 坯革　　黄牛铬鞣蓝湿革，削匀(厚度 1.2～1.4mm)，铬复鞣→水洗→中和至 pH 5.0

| | | | |
|---|---|---|---|
| ② 复鞣 | 水（40℃） | 100% | |
| | 丙烯酸树脂复鞣剂 | 3.0%～4.0% | |
| | 合成加脂剂 | 1.0%～2.0% | 40min |
| | 分散型合成鞣剂 | 2.0%～3.0% | |
| | 替代型合成鞣剂 | 4.0%～6.0% | |
| | 栲胶 | 4.0%～6.0% | |
| | 填充性材料 | 6.0%～8.0% | 60min |
| | 甲酸（85%） | 0.5% | 15min+20min，pH 4.2，控水 |
| ③ 染色 | 水（50℃） | 100% | |
| | 染料 | *x*% | 30min |
| ④ 加脂 | 复合型加脂剂 | 3.0% | |
| | 亚硫酸化鱼油 | 3.0% | |
| | 硫酸化牛蹄油 | 3.0% | |
| | 结合型加脂剂 | 3.0% | |
| | 填充型加脂剂 | 3.0% | 60min |
| | 甲酸（85%） | 1.0% | 15min+20min，pH 3.8 |
| | 阳离子加脂剂 | 1.0% | 30min |

⑤ 水洗，出鼓，搭马静置，真空干燥

该工艺中，采用分步加脂，复鞣时先加入 1%～2%的加脂剂，主加脂用 15%加脂剂，最后用 1%阳离子加脂剂顶层加脂。主加脂的加脂配方中有渗透性好的合成加脂剂和亚硫酸化加脂剂，有结合型的加脂剂（菜油加脂剂）、硫酸化牛蹄油和填充性较好的加脂剂。配方中包括了动植物油和合成加脂剂。总加脂剂用量较大使加脂革柔软、丰满、不松面、不油腻，对涂层无负影响。

2）黄牛摔纹软鞋面革加脂

摔纹革要求革经摔纹后具有清晰可见的花纹，并且要求花纹均匀一致。摔纹坯革粒面松弛，因此在生产过程中先将未中和的蓝革用天然油脂加脂剂。在这一阶段，加脂只是在表面加脂。在随后的中和和复鞣过程中，需要保持这一作用。中和时用碳酸氢铵，中和要求透，然后用合成鞣剂复鞣。合成鞣剂沿革的横切面逐步渗透而不会使革粒面紧实，在复鞣过程中能使整张革的粒面松弛恰当。

摔纹软鞋面革复鞣加脂工艺举例：

① 坯革　黄牛铬鞣蓝湿革，削匀（厚度 2.0mm），铬复鞣，1.5%亚硫酸化鱼油→水洗→中和至 pH 6.0

| | | | |
|---|---|---|---|
| ② 复鞣 | 水（40℃） | 100% | |
| | 丙烯酸树脂复鞣剂 | 3.0%～4.0% | |
| | 合成加脂剂 | 1.0%～2.0% | 40min |
| | 分散型合成鞣剂 | 2.0%～3.0% | |
| | 替代型合成鞣剂 | 4.0%～6.0% | 40min |
| | 栲胶 | 4.0%～6.0% | |
| | 填充性材料 | 4.0%～6.0% | 60min |

| | | | |
|---|---|---|---|
| | 甲酸(85%) | 0.5% | 15min+20min，pH 4.2，控水 |
| ③ 染色 | 水(50℃) | 100% | |
| | 染料 | $x$% | 30min |
| ④ 加脂 | 亚硫酸化鱼油 | 2.0% | |
| | 植物油加脂剂 | 2.0% | |
| | 合成加脂剂 | 2.0% | |
| | 表面加脂剂 | 2.0% | 60min |
| | 甲酸(85%) | 0.3% | 2×20min，pH 3.5 |

⑤ 湿绷板干燥，摔纹

3)牛正绒鞋面革的加脂

绒面革不仅要求有良好的手感和柔软度，而且对颜色、色泽、鲜艳度、坚牢度、磨革性能等都有较高的要求。绒面革加脂剂要求具有良好的柔软作用，稳定性好，能赋予革绒头良好的丝光感。由于加脂对染色无不利。加脂时要特别注意，避免表面油腻，否则绒毛会黏在一起，影响绒头的光泽，而且容易沾污物。绒面革无需涂饰，因此在其加脂过程中经常使用一些防水性加脂剂，以提高其使用性能。

牛正绒面革加脂工艺举例：

① 坯革　黄牛铬鞣蓝湿革，削匀(厚度 2.0mm)，铬复鞣，1.5%亚硫酸化鱼油→水洗→中和至 pH 6.0

| | | | |
|---|---|---|---|
| ② 复鞣 | 水(40℃) | 150% | |
| | 树脂复鞣剂 | 4% | 60min |
| | 合成鞣剂 | 3% | |
| | 植物鞣剂 | 4% | |
| | 合成加脂剂 | 2.0% | |
| | 亚硫酸化加脂剂 | 2.0% | 40min |
| | 甲酸(85%) | 1.0% | 30min |

③ 水洗，出鼓→搭马静置→伸展→真空干燥→挂晾干燥→回湿→振荡拉软→绷板→磨革→称量，回软→中和(以磨革坯质量为以下工序用料的基准)

| | | | |
|---|---|---|---|
| ④ 染色 | 水(50℃) | 600% | |
| | 染料 | $x$% | 30min |
| | 亚硫酸化羊毛脂 | 3.0% | |
| | 合成加脂剂 | 3.0% | |
| | 羊毛脂加脂剂 | 3.0% | 60min |
| | 甲酸(85%) | 1.0% | 30min，pH 3.8 |
| | 阳离子油 | 1.0% | 30min |

⑤ 水洗，出鼓

⑥ 整理　真空干燥→挂晾干燥→回湿→振荡拉软→摔绒→绷板

绒面革的第一次加脂，油脂用量不宜太多，否则革太软，不适于磨革，磨革前的加脂剂渗透性要好，不要在表面沉积，否则影响磨革。第二次加脂选用的羊毛脂加脂剂保湿性好，丝光感强，选用合成加脂剂使油脂良好地结合，避免表面油脂过多，产生黏结、色花。

4)白色鞋面革的加脂

白色革(或浅色革)的加脂，要求加脂剂色泽浅淡，不增深革的颜色，而且要求加脂剂耐光，在放置过程中不变黄。碘值高的动植物油脂改性的加脂不适合用于白色革的加脂，不饱和度高的油脂经过氯化、氢化处理后，使碘值在 40 左右，然后再进行硫酸化等方法改性就可以得到耐光性很好的加脂剂。矿物油、合成加脂剂耐光性好，适合白色革的加脂，耐光性加脂剂是加脂剂发展的方向之一。目前国内外具有优越的抗氧化性和耐光性的加脂剂不多。

黄牛白色鞋面革加脂工艺举例：

| | | | |
|---|---|---|---|
| ① 坯革 | 黄牛铬鞣蓝湿革，削匀(厚度 1.2mm)，铬复鞣→水洗→中和至 pH 5.0 | | |
| ② 复鞣 | 水(35℃) | 150% | |
| | 丙烯酸树脂鞣剂 | 6% | 60min |
| | 辅助型合成鞣剂 | 3% | |
| | 白色合成鞣剂 | 8% | 40min |
| | 填充材料 | 4% | 40min |
| ③ 加脂 | 水(50℃) | 100% | |
| | 白色革加脂剂 | 12.0% | |
| | 白色助剂(50℃) | *x*% | 60min |
| | 甲酸(85%) | 1.0% | 20min，pH 3.6 |
| | 阳离子油 | 2.0% | 30min |
| ④ 水洗，出鼓 | | | |

白色鞋面革不能用常见植物栲胶复鞣，耐光性的合成鞣剂和丙烯酸复鞣剂用量较大。该工艺中选择的两种加脂剂，白色革加脂剂适合用于浅色革，阳离子是以合成油为基础的加脂剂，两者的耐光性都较好。

5)铬鞣服装革的加脂

服装革趋向于“轻、薄、软”，因此加脂工序非常重要。服装革加脂要求加脂剂柔软性好，加脂革丰满而轻，加脂乳液稳定，油脂能在革内良好渗透。加脂剂用量大，一般采用分步加脂，有时采用二次加脂法使革吸收更多油脂，在革内分布更均匀，获得最佳的柔软效果。

铬鞣绵羊服装革加脂举例：

| | | | |
|---|---|---|---|
| ① 坯革 | 铬鞣蓝革，削匀(厚度 0.75mm)，铬复鞣，2%耐电解质加脂剂→水洗→中和至 pH 6.0 | | |
| ② 复鞣 | 水(40℃) | 100% | |
| | 丙烯酸树脂复鞣剂 | 4.0% | |
| | 合成加脂剂 | 2.0% | 40min |
| | 分散型合成鞣剂 | 2.0% | |
| | 替代型合成鞣剂 | 4.0% | 40min |
| | 栲胶 | 4.0% | |
| | 填充性材料 | 4.0% | 60min |
| ③ 染色 | 水(50℃) | 100% | |
| | 染料 | *x*% | 30min |
| ④ 加脂 | 亚硫酸化鱼油 | 2.0% | |

| | | | |
|---|---|---|---|
| | 植物油加脂剂 | 2.0% | |
| | 合成加脂剂 | 4.0% | |
| | 表面加脂剂 | 2.0% | 60min |
| | 甲酸(85%) | 0.3% | 2×20min，pH 3.5 |
| ⑤ 加油 | 水(40℃) | 100% | |
| | 阳离子油 | 1.5% | 20min |

⑥ 水洗，出鼓→搭马静置→挂晾干燥→摔软→绷板

该工艺中采用分步加脂，铬复鞣和树脂复鞣中加入耐电解质加脂剂或亚硫酸化鱼油，能深入革内层，使革柔软，主加脂中选用了较多渗透性好的合成加脂剂，进一步增加革的柔软性和丰满性，再结合高档的表面加脂剂，不仅使革柔软，而且增加革的滋润性和填充性。最后用具有蜡感的阳离子油层加脂。总的加脂剂用量 14.5%，成革柔软、丰满，并具有良好的表面手感。

#### 4.5.2.2　手工涂油

将含水 50%～60%的坯革肉面向上平铺于案板上，接着用软刷或抹布将油脂涂在肉面上。涂油时应注意紧实部位多涂，松软部位少涂，然后将革平置 10h 以上，再悬挂在烘干室中干燥(温度为 40～50℃)。根据需要可以先湿态摔软，再干燥。

## 4.6　加脂中常见的问题

加脂是制革生产过程中的一道重要工序。加脂材料品种多、性能各异，加脂过程受很多因素的影响，操作不当会出现一些问题，给成革带来缺陷。

### 4.6.1　加脂过程中容易出现的问题

好的加脂效果，在加脂末期加酸固定后，油脂基本吸尽，革表面不油腻，油脂在革内得到较好的固定。若加脂不当，加脂过程中将出现以下几个方面的问题。

1) 加脂液中油脂吸收差

废液中存在较多的油脂，呈乳状浑浊，造成该现象的原因主要有以下几个方面：①加脂剂用量过多，坯革干燥后将松软，弹性差，要适当降低加脂剂用量；②革对加脂乳液的亲和力降低，坯革干燥后软度不足，要适当降低中和程度、坯革阴电性、紧实程度；③加脂剂乳液太稳定，在革内不易破乳，应当选择稳定性合适的加脂剂配方，在加脂末期尽量降低 pH 或加入阳离子材料促进乳液破乳。

2) 加脂坯革油腻

加脂时间不到已发现表面油腻、发黏，肉面绒毛黏结在一起，造成油腻的主要原因有：①加脂乳液稳定性差，不耐酸或电解质，在革表面即发生破乳；②中和程度不够，pH 低，坯革表面阳电荷强，阴离子加脂剂与革主要在表面结合；③水的硬度大或加脂浴液中中性盐含量高，导致乳液提前破乳，应加强加脂前的水洗，选用含中性盐少的同浴材料；④加酸固定

过早、太快，乳液提前破乳沉积在坯革表面；⑤乳液乳化不良，如搅拌不足、温度太低，乳液粒子太大无法渗透，产生表面破乳而产生油腻。

### 4.6.2 加脂不良引起坯革的缺陷

1)涂层黏着不牢

主要是革表面结合油脂过多，或是由于加脂剂中矿物油含量多，革干燥后油迁移到革表面而降低涂层与皮革的黏着牢度。

2)加脂革干燥后干枯、僵硬

由于加脂剂用量不足，或者加脂剂完全渗入内部，表面缺油；坯革表面树脂过多，加脂剂难以结合，干燥后粒面僵硬。

3)革粒面松弛

革粒面结合油脂量过多，表现出粒面松软。加脂剂亲和力过高，出现退鞣，导致革面疏松。

4)革面白霜

皮革在储存一段时间后，加入革中的一些物质在革表面结晶形成白色斑。白色斑起因分为以下几种。

(1)盐霜。革内的矿物质如氯化钠、硫酸盐，植鞣革中的硫酸镁等中性盐随革内水分的挥发而迁移到革表面，形成盐霜。需要通过加强各工序后的水洗，尽量洗出革内的中性盐，可解决盐霜问题。

(2)油霜。使用饱和脂肪酸含量高的动物油加脂剂加脂，革在放置过程中，随气候交变与菌类作用使得饱和脂肪酸迁移到革面形成油霜。在加脂剂配方中加入一些矿物油或合成加脂剂可避免油霜的结晶生成。

(3)硫霜。坯革受湿度和温度影响，长期不干导致细菌将硫酸盐还原，随着油脂迁移出革的表面。需要将加脂坯革快速干燥，固定油脂。

坯革表面白霜往往是混合的，并以某种情况为主，可以根据主要内容进行处理。

5)色花斑

加脂过程中产生的色花斑主要是加脂方法不当，使乳液粒子聚集破乳，油脂不均匀地沉积在革表面，影响染料结合出现色斑。

6)黄变

对于白色革或浅色革，放置一段时间后有时会变黄，特别是在阳光暴晒下，其主要原因之一是所加油脂的碘值高，发生了氧化。如果坯革内存在催化因素，也会加快黄变速度。

7)变硬

变硬主要是革在储存过程中油脂散失的原因。因此，在加脂时要选择与革结合性良好的加脂材料。

8)异味

皮革的异味是质量指标之一。油脂氧化或酸败过程中，使革带有异味。选用质量好的加脂剂，革存放时要保持革的干燥。一些加脂剂中为了加脂剂的稳定或其他功能，掺入了一些溶剂。干燥后这些溶剂开始挥发，产生异味。

### 4.6.3 皮革的防水加脂

防水革是皮革制品中重要的功能之一。皮革本身含有许多羧基、氨基、羟基等亲水性基团。在制革过程中所用的栲胶、合成鞣剂、染料、表面活性剂、乳液加脂剂等材料都含有较强的亲水性基团。因此，皮革制品不经防水处理，吸水性强。

传统的防水革生产是在加脂工序中用油脂或蜡类等物质填充于革纤维的间隙，这种方法可赋予成革一定的静态防水性，但加入的油脂或蜡都使革身紧实，其透水气性和动态防水性都较差。随着新型的疏水加脂剂及皮革生产技术的发展，已经可以生产出优质的防水革。

#### 4.6.3.1 防水机理及防水材料

从表面张力角度，皮革的防水即是降低皮革的表面张力。润湿是液体和固体表面间的一种相互作用，润湿过程是一个很复杂的过程。一般来说，如果一种液体的表面张力低于一种固体的表面张力，则该液体可以润湿该固体，相反，则该液体不能润湿该固体，在固体上呈液滴状。因此，要使皮革具有拒水性，革的表面张力必须低于水的表面张力；同样，要使革具有防油性，革的表面张力必须低于油的表面张力。

皮革本身具有一定的厚度，因此皮革的防水不仅仅是表面的问题。一般来说，皮革的拒水性是指表面效应，皮革的防水是指革的表面和内层的整体效应。要制造防水革，革的表面和整个横切面都必须有低于水的表面张力。

有效的皮革防水剂不仅要能减少皮革的透水性和吸水性，而且不能损害皮革的其他性能，如透水气性、曲挠性和抗张强度等。从化学上讲，防水剂应含有低表面张力的基团和活性基团，它渗入皮革内，通过活性基团与革纤维产生化学结合，低表面张力基团附在革纤维周围。皮革的防水材料众多，根据防水剂的组成和防水机理不同，主要分为以下几类。

1) 水不溶的油脂、蜡、聚合物和树脂

如羊毛脂、石蜡、蜂蜡、矿物油等材料，它们含有许多低表面张力的基团，但不含有与皮革纤维结合的活性基团，在皮革上的应用是通过浸渍或表面涂层使这些材料填充在革纤维的空隙中，能赋予成革一定的静态防水性和特殊的手感，但通常会降低皮革的透水气性。

2) 油包水型亲水乳化剂

这类材料如羟基羧酸衍生物、脂肪酸的多元醇酯、羟乙基化脂肪酸或醇、烯基琥珀酸衍生物等。一般是通过浸渍或滚涂法对坯革进行处理，使这些材料沉积在皮革纤维之间，当皮革与水接触时，在革表面形成油包水型乳液，由于分子尺寸变大发生膨胀，将封闭革纤维间的空隙进一步阻止水的渗透。这类材料能赋予皮革较好的动态防水性，特殊的表面手感，主要应用于制造蜡感和油性的防水革。通常它们会降低皮革的透水气性，增加革的吸水性。

3) 与革纤维结合、降低革纤维表面张力的材料

这类防水材料很多，包括高级脂肪酸的金属盐配合物(如硬脂酸氯化铬配合物)、含羧基的化合物和活性乳化剂(如多羧酸酯化合物或多元醇酯、烯基琥珀酸衍生物、长链聚丙烯酸酯、烷基磷酸酯等)。脂肪酸金属配合物中的金属离子能与革纤维中胶原的活性基团如羧基配位结合，脂肪酸的长链烃基附在革纤维周围，降低革的表面张力；含羧基的化合物及活性乳化剂中的活性基团(如羧基)在 pH 低于革 pI 时能与胶原氨基结合，在铬鞣革中也能与铬配位。长的烃链向外定向地分布在革纤维表面而提供防水性。通常这类材料也称为疏水加脂剂，是制革主要使用的防水材料，但这类疏水性加脂剂使用时要在加脂末期用铬、锆等金属盐进行固

定，以进一步增加革的防水性。

4)有机硅和有机氟化合物

皮革上一般使用的硅化合物都是线形聚硅氧烷，即硅酮。硅酮化合物能大大降低皮革的表面张力，能提供优越的拒水性，并能赋予成革突出的耐磨性和良好的手感，而且不损害皮革的透气性和透水气性。在皮革上，硅酮通常以阴离子水乳液的形式使用，不仅应用于湿操作末期，也应用于涂饰中。在湿操作末期，硅酮乳液通常与其他疏水性加脂剂一起使用，作为顶层油来提高皮革的防水性和手感。在涂饰工序中，硅酮作为添加剂用于顶层涂饰中以降低革的摩擦系数，提高革的柔软性、耐磨性和防水性。

有机氟化合物具有非常低的表面张力，经氟化物处理的皮革在胶原纤维周围包裹形成薄膜或在皮革表面形成氟树脂薄膜，从而使皮革具有防水、防油、抗污等性能。这类化合物不会对皮革的保温、透气等卫生性能产生影响。皮革常见的氟化物既有溶剂型的也有水乳液型的；既有阴离子型，又有非离子型的和阳离子型的。氟化合物在制革上的，应用类似硅酮，它们在湿操作末期作为添加剂使用以提高革的抗水性和拒油污性能，也可用于涂饰中得到相同的效果。通常氟化物处理皮革需要相对较高的温度以达到较充分的拒油、拒水性能。

#### 4.6.3.2 黄牛软鞋面革的防水加脂

| | | | |
|---|---|---|---|
| ① 坯革 | 黄牛铬鞣蓝革，削匀厚度1.2～1.4mm，称量 | | |
| ② 回水 | 水(40℃) | 200% | 30min，控水/水洗 |
| ③ 复铬 | 水(30℃) | 150% | |
| | 铬粉(*B*=30%) | 5.0% | 60min |
| | 甲酸钠 | 1.0% | 20min |
| | 碳酸氢钠 | 0.5% | 30min |
| | 丙烯酸树脂 | 3.0% | 60min，pH 4.0 |
| | | 静置1h，转动2h，静置12h，转动30min，控水，水洗 | |
| ④ 中和 | 水(35℃) | 150% | |
| | 乙酸钠 | 1.2% | |
| | 碳酸氢钠 | 0.9% | 120min，pH 6.0～6.2，控水，水洗 |
| ⑤ 复鞣 | 水(35℃) | 150% | |
| | 复鞣填充剂 | 25% | 2～3h，控水 |
| ⑥ 染色 | 水(50℃) | 150% | |
| | 染料 | 3.0% | 20min |
| ⑦ 加脂 | 羧酸型防水加脂剂 | 12% | 120min |
| | 甲酸 | 1.5% | 20min，pH 3.6，控水 |
| ⑧ 水洗 | 水(35℃) | 150% | 20min，控水 |
| ⑨ 固定 | 水(30℃) | 150% | |

| | | | |
|---|---|---|---|
| | 铬粉（$B$=30%） | 2.0% | 30min |
| ⑩ 水洗 | 水（45℃） | 200% | 10min，控水 |
| ⑪ 水洗 | 水（45℃） | 200% | 10min，控水 |

⑫ 出鼓，搭马静置→挤水伸展→真空干燥（2min，75℃）→挂晾→回湿→振荡拉软

该工艺中，主要以丙烯酸树脂复鞣剂结合铬进行固定，防水加脂剂采用羧酸型，再用铬进行作用封闭羧基。其中，加强了中和、水洗工序作用。在低温下进行固定，且分次加入使固定作用的铬缓慢均匀，成革防水性能较好。

### 4.6.4　皮革的防霉

皮革的半成品和成品在适当的温度、湿度条件下，霉菌会迅速在皮革上繁殖，使皮革产生霉变，轻者在革的表面出现色斑，主要是黑、红、黄、白几种斑痕，重者引起皮革质量下降甚至失去使用价值。另外，皮革加工过程中所使用的植物栲胶、加脂剂、蛋白类填充材料等容易被腐霉微生物侵染，都会引起皮革霉变。只是依皮革种类和不同的环境条件霉菌的种类也不同。因此，皮革加工过程中必须做防霉处理。

皮革的防霉处理主要是通过在适当工序，如浸酸、铬鞣、植鞣、加脂、涂饰等工序中加入防霉剂，防止霉腐微生物的破坏，保证皮革及制品的质量。

皮革用防霉剂一般水溶性差，通常溶于油脂中。因此，在加脂时加入革中最为常见。由于可能引起皮革霉变的霉菌种类较多，变异及耐药也会变化。要根据环境的情况、防霉的时间选择合适的防霉剂种类及用量。目前防霉剂有多种分类方法，常用的一般按用途和按化学结构分类。按化学结构分类，防霉剂可分为以下几类：①有机酚及卤代酚类；②醇类化合物；③醛类化合物；④有机酸类化合物；⑤酯类化合物；⑥酰胺类化合物；⑦季铵盐化合物；⑧杂环化合物；⑨有机金属化合物；⑩有机硫化合物；⑪其他。

随着皮革的生态及市场准入要求提高，防霉剂对人与生物的毒性被不断关注，禁用与限量控制需要使用新型无毒或低毒的广谱性防霉产品。而霉菌的变异及耐毒性提高也需要防霉剂不断地改进。自 20 世纪 30 年代起使用的对硝基酚开始，已经对皮革防霉剂进行了多种产品的替代。

---

**思考题**

(1) 皮革的防水机理是什么？主要的防水材料有哪些？

(2) 加脂过程中常会出现哪些问题？如何克服？

(3) 皮革为什么要防霉处理？

(4) 防霉处理要注意什么？

---

## 4.7　本章参考资料阅读

1)阅读有关制革工艺学资料

出版书：制革工艺专著及相关教材。

出版期刊:《中国皮革》、《皮革科学与工程》、*World Leather*、*JALCA*、*JSLTC*。

其他参考资料：皮革化学品公司产品说明书。

2)查询电子资料

查询关键词：铬鞣；加脂剂；乳液加脂；表面活性剂；表面油腻；亚硫酸化；磺化；制革；鞋面革；家具革；服装革；箱包革。

# 第 5 章　坯革的干燥与整理
# （DRYING AND FINISHING OF CRUST LEATHER）

制革的整饰过程包括湿态染整和干态整饰，而干态整饰过程包括制革过程中的干燥、整理和涂饰 3 个阶段。其中干燥与整理是贯穿从整个湿革干燥直到成革完成的全部加工过程，是制革生产的重要组成部分。坯革经过湿态染整之后，已经基本上具备了最终成革应有的物理、化学性能的特质基础。干态整饰过程的主要任务就是将这些潜在的特质表现出来，并通过适当的表面修饰(即涂饰)进一步完善并赋予成革以应有的感官特征。在整个制革过程中，皮革的干燥与整理是一个有机整体。在整饰工艺流程中，根据不同产品可以出现同工序的不同顺序、重复使用。在各工序加工之间，存在着作用上的矛盾；在一些工序本身也存在着有利无利作用的相互制约。可以说，皮革的干燥和整理是一个系统工程，需要统筹兼顾，协调安排，前后平衡。因此，在工艺设计、生产安排、质量控制中应予以高度重视。本章将坯革的干燥及干态整理两部分分别进行讨论。

## 5.1　坯革的干燥

干燥理论属于交叉学科，是一门边缘科学技术。目前，干燥技术应归属于实验科学技术，难以用基础理论进行系统化、规范化的精确表达，需要根据具体操作及设备状况进行实验分析、解释。

坯革的干燥是完成坯革由湿态向干态转变的过程。经过染色、加脂后，水分含量≥70%的湿态坯革经过各种物理机械加工，除去多余的水分和溶剂，使皮革纤维最后化学和物理定型，转变成水分含量为 14%～16%的干态坯革。

### 5.1.1　坯革干燥的作用

坯革干燥的目的：除去坯革中的多余水分，以满足后续工序对坯革乃至成革的水分含量要求。湿坯革的水分含量一般≥70%。即使经过挤水、平展等工序的加工处理后，其水分含量仍高达约 50%，达不到成革对水分含量的要求。坯革较高的水分含量，使得经过化学材料处理的皮胶原纤维不能完全固定。随着干燥的进行及水分脱去，坯革内的化学和物理变化将继续进行，过程变化结果如下所述。

坯革内鞣质、染料及油脂等进一步与坯革纤维结合，使坯革化学和物理活性降低。在坯革湿加工过程中，大量的鞣质、染料及油脂进入坯革纤维中，其中部分或大部分尚未完成与坯革纤维的结合反应，以游离或水合的形式存在于坯革纤维间的溶液中。在干燥过程中，随着坯革水分的失去、皮胶原纤维间距离的缩小，这些材料将进一步结合、聚集、固定，其化学物理活性降低。

由此可见，干燥可使鞣剂的鞣制作用增强，使皮革的化学稳定性进一步提高。革纤维与染料的结合使染色牢固度提高；填充材料使组织构型更稳定，乳液破乳更彻底，油脂更均匀分散。

干燥后的坯革机械加工稳定性提高，纤维组织的化学和物理稳定性增强。随着水分的减少，坯革的机械加工的有效性增强，即受物理力加工后的纤维组织结构定型效果更好。这些效果包括延弹性、丰满性、紧实性、厚度、革身均匀性等趋向成革要求并稳定。而物理力加工包括手工或机械操作处理，如做软操作、平展操作、表面修正操作等。

### 5.1.2　坯革的含水

#### 5.1.2.1　湿革中水分的结合形式

从组织学来看，革的组织构造是由皮胶原纤维束构成的立体网状结构，纤维束之间存在着大小不一的空隙，形成十分复杂的多孔结构。在制革过程中，各种物质都是通过空隙渗透到皮革的内部并与皮胶原发生作用的。通常，通过湿态染整，从转鼓中取出的坯革含水≥80%。这些水分与坯革的结合形式非常多，结合力也由弱至强难以分门别类。为了便于理解，可简单分为自由吸附水分、毛细管水分和化学结合水分三类。

(1) 自由吸附水分：是附着在坯革的表面、材料表面及孔隙中的聚集水。这些水吸附在坯革粗大的孔隙内的水，在常温下的饱和蒸气压等于或近似于纯水的饱和蒸气压。

自由吸附水分可以溶解其他物质，可以采用普通的方法将其从坯革中除去。例如，可采用挤压(用挤水机挤)的方法除去。除去坯革中的自由吸附水分，坯革的面积不会变小，即不会引起坯革的收缩，对坯革的性质也无明显影响，干燥后可基本除尽。

(2) 毛细管水分：凝结在坯革纤维毛细管内，与皮革结合较牢固。这种结合由表面张力维持着，毛细管直径越小，这种结合就越牢固。毛细管含水分的量取决于空气的湿度和温度，湿度越高，温度越低，其含量越高。在毛细管中，水的饱和蒸气压小于相同温度下纯水的饱和蒸气压，而且随着干燥过程的进行不断降低。

当毛细管的直径较大时，所含水分如自由吸附水分一样。毛细管水分会使毛细管收缩，导致毛细管周围的革纤维黏结，从而使皮革的面积、厚度、物理力学性能等发生变化。

(3) 化学结合水分：也称为水合水分，是与革纤维及化学品材料结合的水分。这种水分是以键合的形式与革纤维的极性基团牢固结合，结合能>1kJ/mol。这种水分没有液体及水的性质，不溶解杂质。

与自由吸附水分和毛细管水分不同的是，化学结合水分若被强迫从革中除去，将使革产生强烈收缩，改变革的和物理性能。因此，坯革中化学结合水分的除去已不属于皮革干燥所讨论的范围。

根据湿革中水分除去的难易程度，毛细管水分较自由吸附水分难以除去。在干燥过程中，湿革中的毛细管水分水蒸气分压低于与空气主体水蒸气分压，不宜采用自然蒸发除去。因此，工艺中除去毛细管水分需要提供水分的气化潜热和水分脱吸所需的吸附热，即在干燥过程中，需要施加能量进行去除。只要空气未达到饱和，皮革就可以被干燥。

#### 5.1.2.2　平衡水分

1) 坯革的含水分量

坯革的含水分量可以用两种方法表示，即

(1) 以湿革为基准计算坯革的含水分量(湿基含水量)：

$$w_{湿}=\frac{湿坯革中水分的质量}{湿坯革总质量}\times 100\%$$

(2)以干革为基准计算坯革的含水分量(干基含水量)：

$$w_{干}=\frac{干坯革中水分的质量}{干坯革总质量}\times 100\%$$

湿基含水量也称为相对湿含量，干基含水量也称为绝对含水量。通常所说的含水分量都是指湿基而言的，一般以质量分数表示之。

2)坯革的平衡水分

若皮革表面的水蒸气分压($p_m$)大于空气中的水蒸气分压($p_w$)时，即

$p_m>p_w$ 时，干燥过程可以进行；

$p_m<p_w$ 时，干燥过程不能进行；

$p_m=p_w$ 时，坯革与空气中的水分处于平衡状态。

将湿坯革挂晾在空气中，经过一段时间后即可晾干，是因为湿革表面的蒸气压大于周围空气的蒸气分压，水分便从革中逸入周围的空气中。

在干燥过程中，湿革中的水分不断减少，而空气中的水分则不断增多，直到坯革表面的蒸气压和周围空气的蒸气分压相等，干燥过程停止，即处于平衡状态。此时，尽管坯革仍与空气接触，但坯革中的水分不再有所增减。通常我们把此时坯革中的水分含量称为在该空气状态下的坯革的平衡水分(或称为坯革的平衡含水量、坯革的平衡湿含量)。

平衡水分随物料种类的不同而存在差别；对于同一物料而言，含水分量又能因所接触的空气状态不同而变化。任何物料的平衡水分取决于周围空气的蒸气分压，也可用温度和相对湿度来表示，见图 5-1。不同物料的平衡水分曲线形状大致相同，平衡水分曲线在空气相对湿度为 20%以下和 60%以上时上升得相当快，而在空气湿度为 20%～60%时，则上升缓慢。

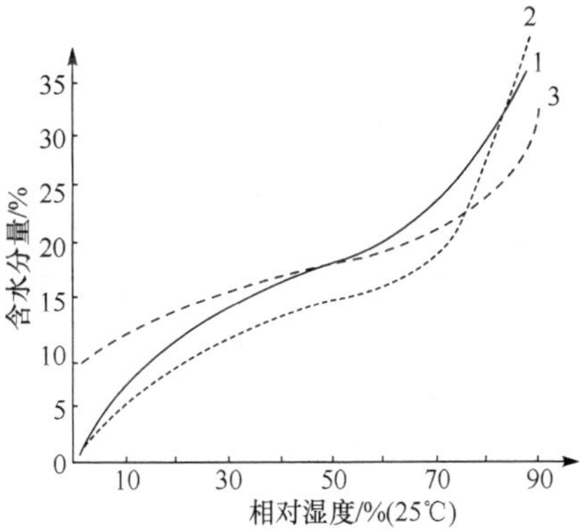


图 5-1　坯革的含水分量与相对湿度

1. 铬鞣革；2. 绵羊原 3 皮；3. 植物鞣革

5.1.2.3　影响坯革平衡水分的因素

1)毛细作用与凝结水

毛细管水分的冷凝与毛细管直径直接相关。实验发现，室温下皮革组织中毛细管水分的冷凝过程，只有空气的相对湿度超过 40%时才得以进行。随着空气的相对湿度从 40%～99%，毛细管直径从 0.58～58μm 都能凝结水，水结合量与表面张力相关。当空气的相对湿度大于 95%时，半径不超过 0.1μm 的毛细管充满水分，而直径较大的毛细管(显微毛细管)只有在直接与液态水接触时才充满水分。因此湿革的最人吸湿度总是小于其总浸湿度。

2)坯革组织结构因素

坯革吸附与结合水分差异与坯革的多孔组织结构相关。这种坯革组织结构含水分量与各种动物皮的组织构造和制革过程中所发生的组织结构改造有关。皮革吸收液态水的多少主要

取决于其自由空间的大小，毛细管的构成特征对湿革中的吸附水分和毛细管水分的含量有着决定性的作用。因此，革纤维组织的紧密或疏松程度决定了皮革的浸湿度的降低或提高。由生皮组织学可知，同一张皮革的不同部位，胶原纤维的编织方式和紧密程度是不一样的。皮革的腹肷部位的纤维组织构造较为疏松，所含的自由吸附水分就要比臀背部位多。

3）结合化工材料的影响

坯革吸附与结合水分差异与革内化学品的结构相关。制革生产过程中加入的鞣剂、加脂剂、染料及其他助剂对于皮革在干燥和润湿过程中的平衡水分均有较大影响。多数与化学品结合并被带入的水分子也能与皮胶原极性基相互作用滞留在坯革中。尽管化学品与胶原结合会替代胶原原有的结合水，甚至导致皮胶原的局部脱水；但是，坯革从空气中吸收水分的能力（吸湿性）并不因为鞣制、复鞣染整作用而明显降低，因为一些水溶性多亲水基的物质也具有良好的水合能力，只是结合力不同而已。研究表明，在条件相同的情况下，铬鞣革从空气中吸收的水分要比植物鞣革吸收的水分多。

如上所述，坯革吸收水分的多少是坯革内化学品结合水和毛细管冷凝水的总效应。坯革吸收水分的差异是由不同性质的化学品及皮胶原的毛细管多孔组织的不同作用所致。当空气的相对湿度较大时，这种现象表现得尤为突出。坯革的干燥方式与程度不仅影响材料的脱水方式与程度，同样也影响干燥后坯革的吸附与结合水分的性能。

**思考题**

（1）叙述坯革中的水分特征与坯革关系。

（2）为什么要除去坯革中的水分？

### 5.1.3　坯革的干燥过程

坯革的干燥过程是一个复杂的物理、化学过程。一方面，坯革的干燥通常是借助热能的传递使湿革中所含的水分发生相变（即由液态转变为气态）以除去水分的过程。这个过程可以认为是扩散、渗透和蒸发过程的总效应。另一方面，在皮革干燥的过程中，已进入革内的鞣剂、染料、加脂剂及其他助剂进一步与革纤维上的活性基团发生结合作用，以提高革的稳定性，改善革的性能。

#### 5.1.3.1　坯革的干燥过程的描述

坯革的干燥过程包括传热和传质两种方式。所谓传热，就是提供热能，使革内的水分吸收热能之后汽化，成为水蒸气。传热方式有对流传热、传导传热和辐射传热三种方式。气化后的水蒸气要求被排除，又称为传质。排除水蒸气的方法可分为两大类。第一类方法是以空气为载体带走水蒸气，这类方法一般在常压下进行，机器不需密封；第二类方法是利用抽真空的方法直接抽走水蒸气，这类方法是在负压下进行，机器需要密封。

对流传热传质方式的干燥方法在皮革干燥中应用最为普遍。大多数企业的皮革干燥方法都是以空气作为干燥介质，即皮革干燥的主要方法是使皮革和未饱和的空气接触，利用流动的空气把皮革中的水分带走。本节仅以空气对流干燥为例，介绍皮革的干燥过程。

为了叙述方便起见，假定在干燥过程中，干燥介质空气的流速、温度、湿度等条件固定不变，这种干燥条件称为恒定干燥条件。下面着重分析恒定条件下的对流干燥过程。

当热空气从湿革表面稳定地流过时，假定热空气的温度为 $T$，湿革的温度为 $T_w$，则热空气与湿革之间存在着温度差($T-T_w$)，该温度差即传热推动力。

热空气以对流方式把热量传递给湿革，并以热量来气化湿革中的水分。在湿革表面存在一层薄薄的湿空气，在这里，如果用 $H_w$ 来表示湿革的水分含量，$H$ 表示空气的水分含量，由于湿革中水分的气化，湿革表面的薄层湿空气与空气主体之间便形成了推动力($H_w-H$)。

已汽化的水蒸气就由湿革表面传递到空气主体之中，并随主体气体被带走，从而使得湿革的水分含量下降，当其下降到平衡水分时，干燥过程便结束了。

如果在恒定条件下，把干燥过程中湿革的温度、湿度按时间记录下来，并作图，即可得到干燥特征曲线，见图 5-2。分析该图就可以得出干燥速率及表面温度变化规律。从坯革干基含水量及表面温度变化曲线看，整个过程分为四个过程。就表面温度而言，$AB$ 段，表面温度快速上升；$BC$ 段，缓冲段；$CD$ 段出现拐点，表面温度开始上升；$DE$ 段，再次出现拐点，表面温度快速上升。而从坯革干基含水量变化看，仅出现一个拐点及两段明显变化，$ABC$ 段，水分迅速下降；$CDE$ 段，干燥速率开始缓慢。

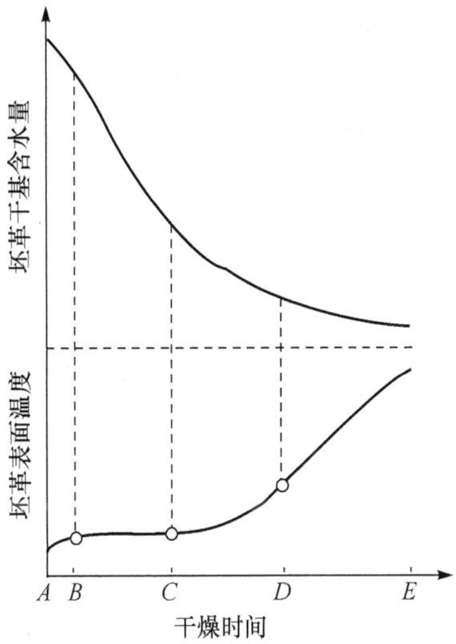

图 5-2　恒定条件下坯革的干燥特征

如果定义干燥速率 $V$ 为单位时间在湿革的单位面积上所气化的水分 $m_1$，用下式表示：

$$V=\frac{\mathrm{d}m_1}{A\mathrm{d}t}=-\frac{m_2\mathrm{d}X}{A\mathrm{d}t}$$

式中，$V$ 为干燥速率，kg/(m$^2$·s)；$m_1$ 为气化水分的质量，kg；$A$ 为湿革的干燥面积，m$^2$；$t$ 为干燥需要的时间，s；$m_2$ 为湿革中绝干革的质量，kg；$X$ 为每千克湿革的干基含水量，kg。式中的负号表示坯革含水量随着干燥时间的增加而减少。

由图 5-3 可以看出，湿革的干燥过程明显地分成三个阶段，即预热阶段、恒速干燥阶段和减速干燥阶段。

由图可知，从湿革的预热阶段含水量≥30%，干燥速率上升；恒速干燥阶段含水量 30%～20%，干燥速率保持一定值，不随湿革含水量的变化而变化；含水量 20%～10%，干燥速率随着湿革含水量的减少而降低，干燥速率迅速降为零，干燥停止。此段均为减速干燥阶段。其中恒速干燥阶段与减速干燥阶段的交界点称为临界点。临界点水分与革有关，不同皮革的临界点水分的值不同，但通常约为 20%。

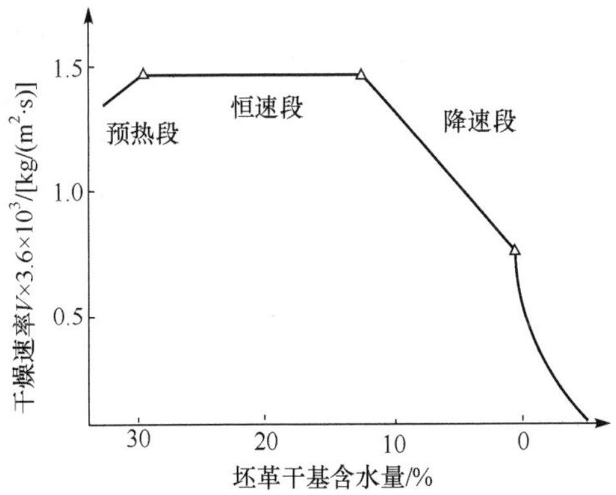

图 5-3　恒定条件下干燥速率与坯革干基含水量的关系

5.1.3.2　干燥过程的空气特征

1)空气的相对湿度

空气的相对湿度对干燥的坯革质量有很大的影响。如果干燥温度、空气流速适当，空气的相对湿度适中，则干燥出来的坯革身骨较好。如果空气的相对湿度太低，虽然坯革干燥很快，但容易使坯革表面收缩率大，在干燥重植复鞣革或厚革时，易出现革内材料外迁现象。因此，在干燥开始时可要求空气的相对湿度高一些，以后逐渐降低。如果相对湿度过高，干燥速率太慢，湿革容易发霉。通常，对于铬鞣革的干燥，要求空气的相对湿度为35%左右。

2）空气的温度

在坯革的对流干燥过程中，水分的蒸发随温度的升高而加快。值得注意的是，对各种革的干燥温度都应有一定的限制。例如，铬鞣革的干燥温度一般规定为45～50℃，重植复鞣革的干燥初期温度控制在25～30℃，干燥后期提高至45～50℃。铬鞣革的干燥温度过高，容易导致坯革粒面粗糙，身骨僵硬，增大收缩率；重植复鞣革的干燥温度过高，易出现鞣质氧化，造成成革色泽深暗等缺陷。

3）空气的流速

在制革生产中，为了加速湿革的干燥，通常采取鼓入干燥空气的措施，以排出被水蒸气饱和的湿空气。由于鼓入干燥的热空气，因此空气流通，有利于湿革干燥。提高空气的流速，可以提高空气的传热系数和传质系数，提高传热、传质速率，从而提高干燥速率。因此，空气流速越大，干燥速率也越大。调节空气的流速，可控制干燥速率。

#### 5.1.3.3　干燥中空气与坯革的接触特征

一般来说，空气与坯革的接触方式可以分为两类，即平流式对流干燥和穿流式对流干燥。平流式对流干燥是指热空气沿着坯革的表面通过的一种对流干燥方式，而穿流式对流干燥则是指热空气垂直穿过坯革的一种对流干燥方式。

在连续式对流干燥装置中，空气要流动，坯革要运动。因此按照空气流动与坯革的相对运动方向，其干燥操作方式可以分为并流干燥、逆流干燥和错流干燥三种方式。

并流干燥操作方式是指在坯革干燥过程中空气流动的方向与坯革运动的方向一致的干燥操作，见图5-4。并流干燥操作方式的特点是：空气的温度由高温到低温，空气的湿度由低湿到高湿。由此可见，在并流干燥过程中的进口处干燥推动力大，出口处的干燥推动力小。但出口外空气的温度低，热损失小。

逆流干燥操作方式是指在皮革干燥过程中空气的流动方向与坯革运动的方向相反的干燥操作，见图5-5。逆流干燥操作方式的特点是：在湿革的进口处(空气的出口处)，温革是低温高湿，空气也是低温高湿；而在湿革的出口处(空气的进口处)，坯革是高温低湿，空气也是高温低湿，在整个干燥过程中，推动力均匀，干燥后的坯革水分含量较低。

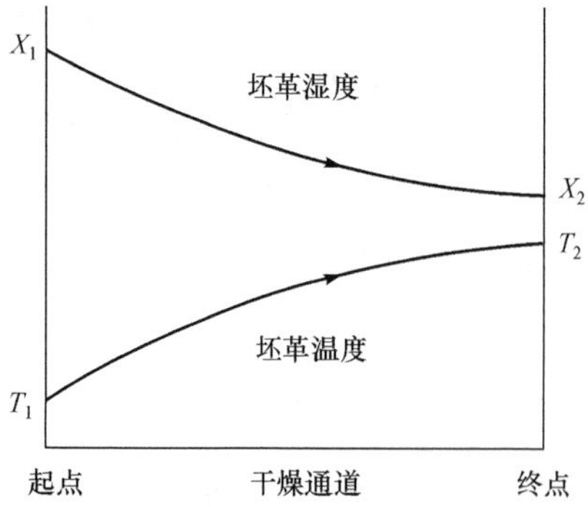


图5-4　并流干燥坯革与空气状况

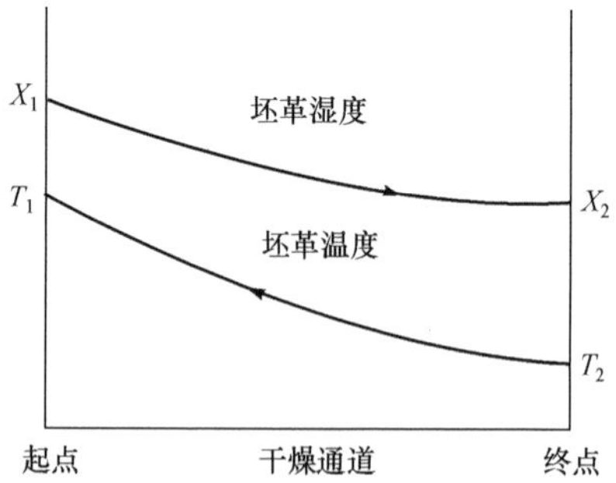


图5-5　逆流干燥坯革与空气状况

错流干燥操作方式是指在坯革干燥过程中，空气的流动方向与坯革运动的方向相互垂直的干燥操作。错流干燥操作方式的特点是：推动力大；坯革与空气的接触时间不长，故耗用的热量多；干燥器中空气流动阻力大。

### 5.1.4　坯革的干燥方法

坯革的干燥方式方法很多。一些方法难以明确分类，通常可以有几种分类方法：①按照热能传递给湿革的方式，可以分为对流干燥、传导干燥、辐射干燥、介电加热干燥、冷冻干燥及由上述两种或两种以上方式的联合干燥；②按照坯革所受的压强的高低，可以分为常压干燥、真空干燥；③按照坯革所受力状态的不同，可以分为约束干燥和非约束干燥；④按照习惯的干燥方式分类，也是常用的分类，是将①～③混合，并参入操作、设备名称。本节按④的分类方法进行叙述。

#### 5.1.4.1　挂晾干燥

挂晾干燥又可以称为非约束干燥，属于对流干燥。在挂晾干燥的过程中，湿革本身可以自由收缩，挂晾干燥传热和传质都靠周围的空气。根据挂晾干燥时传热和传质控制方式的不同，又可分为自然挂晾、烘道/烘房挂晾干燥及热泵干燥三种方法。

挂晾干燥就是将湿革挂于竹竿、木杆或夹在固定于金属框架上的铁丝的干燥方法。其优点是：坯革手感较好，柔软丰满度好。缺点是：粒面较粗，坯革收缩较大，伸长率较大。它特别适合于手套革、服装革、软面革等软革的干燥。

1) 自然挂晾

将湿革挂于四面通风的晾棚或室内，不采取强制加热或对流措施，单纯依靠空气的对流使湿革缓慢干燥。该方法的干燥速度随天气的变化而变化，最终革中的平衡水分完全取决于当时空气的相对湿度。此法的优点是：节约能源；可避免坯革的严重收缩和变硬；成革后柔软丰满度好。缺点是：劳动强度大；生产周期受天气变化的影响大；坯革批与批之间的干燥程度难以达到一致。为了节省空间，企业利用车间的空间进行干燥，见图 5-6。

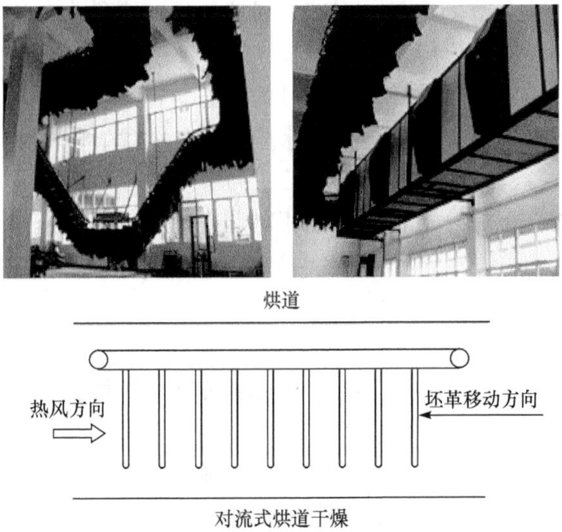


图 5-6　车间挂晾干燥方法

2) 烘道/烘房挂晾干燥

将湿革挂于烘道或烘房内，采取人工加热和鼓风措施。鼓风和加热一般采取通流法。通过加热，可促进湿革中水分的气化，而鼓风对流，则得以确保将湿革周围的湿空气排除。此方法通过人工加热和鼓风，可粗略地控制干燥速率，达到皮革均匀干燥的目的。此法的优点是经干燥的革粒纹紧实，具有较好的弹性和较为舒适的手感，但要求提供热能。

3) 热泵干燥

热泵干燥法也称为低温除湿干燥法，它实际上是以空气为干燥介质的对流干燥，只不过是把热泵原理应用于干燥过程中。将湿革挂于密闭的干燥室内，通过热泵对密闭干燥室内的空气进行加热和除湿，自动、准确地控制室内空气的温度和湿度，从而有效地控制坯革的干燥速度和干燥后革的水分含量。

热泵干燥的原理是利用热泵装置对干燥室内的空气进行加热、除湿，空气是在密闭的腔室内循环使用，连续地通过坯革干燥装置和热泵装置。热泵干燥法是一个双循环体系，即热泵的工作(制冷剂)循环和用于干燥介质(空气)的加热除湿的循环，见图 5-7。

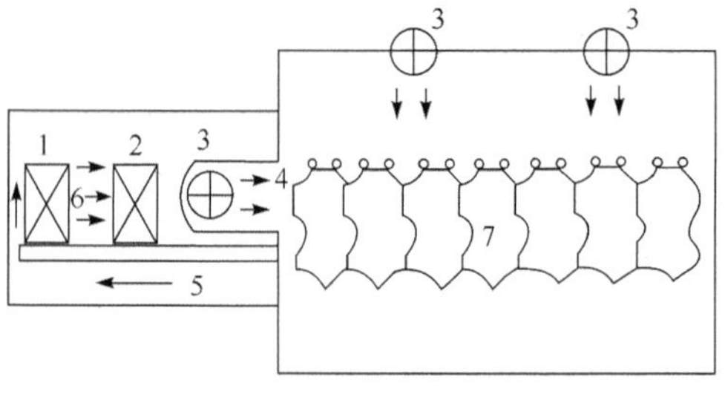


图 5-7　热泵干燥及原理

1. 蒸发器；2. 冷凝器；3. 风机；4. 热干空气；5. 冷湿空气；6. 冷干空气；7. 坯革

热泵干燥具有的特点：①节能，与一般对流干燥装置相比，热泵干燥法每气化 1kg 革中的水分的能耗仅为一般对流干燥方法的 1/5～1/3；②干燥速度快，干燥底革可由一般对流干燥的 3～7d 缩短到 1～2d；干燥面革可由一般对流干燥方法的 1～2d 缩短到 3～4h；③干燥条件稳定，坯革热泵干燥装置系封闭系统，干燥介质的温度、湿度及空气流速等条件完全自动控制，不受外界影响；④坯革干燥均匀，干燥过程中，坯革的水分含量可以控制，革的各个部位都能实现均匀干燥，干燥终了时，坯革的水分均匀。

以上三种挂晾干燥方法，都属于对流干燥。对流干燥的原理是：携带热量的干燥介质将热能以对流的方式传递给湿革的表面，湿革获得热量且革内的水分气化，水蒸气自皮革表面扩散到热空气主体中，又将气化后逸出的水蒸气带走，使湿革得以干燥。

挂晾干燥的工作特征：①干燥介质(空气)的状态与特性，如空气的湿度、温度及流动速度等；②皮革的状态与特性，如皮革的初始水分含量、温度、厚度及革内所含吸湿性物质的量等；③干燥介质(空气)与皮革接触方式。

挂晾干燥控制参数：干燥介质(空气)的相对湿度、温度、流速以及坯革与空气的接触方式是坯革干燥需要控制的关键。

#### 5.1.4.2　钉板干燥

钉板干燥是传统的干燥方法之一。由于干燥过程中坯革无法收缩面积，干燥后延伸性小，且纵横向延伸均匀。

钉板干燥的工作特征：①将湿坯革平铺于大木板上，然后沿坯革的边缘，用铁钉将革拉伸、绷紧后钉于木板上以固定；②钉板的顺序一般是先四肢部以定位，再钉腹肷部；③钉板完毕后，可以晾晒或进烘房干燥；④完成干燥后，拔去钉子，修去钉孔。此法的优点是革身平整、延伸性小。缺点是手工操作，劳动强度大，工作效率低，因修边失去一些革边面积。

钉板干燥控制参数：绷紧力、坯革硬度、钉子间距。

#### 5.1.4.3 绷板干燥

绷板干燥实际上是在钉板干燥的基础上发展起来的，二者原理基本相同。绷板干燥是将坯革的四周用专用夹子手工夹住后绷开固定于金属框架上，然后通过之间横向撑开一定的距离，再送入专门的烘道或烘室内进行干燥的方法。根据绷板干燥所采用设备的不同，可将其分为箱式(或柜式)绷板干燥、旋转式绷板干燥和链式(通过式)绷板干燥，见图 5-8。

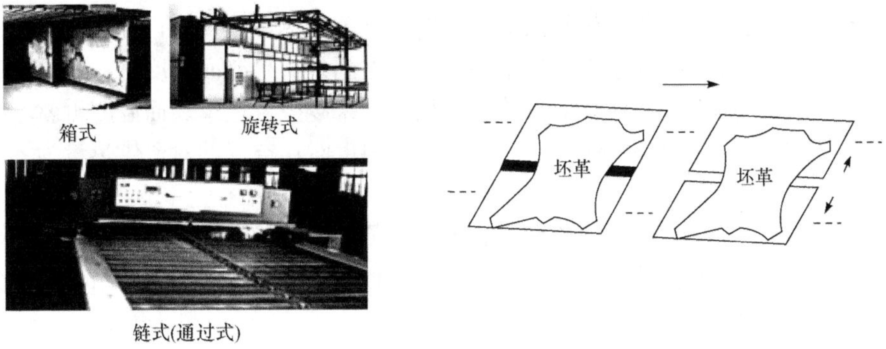


图 5-8 三类绷板机及操作原理

绷板干燥的工作特征：①箱式(或柜式)绷板干燥是将坯革绷开在金属绷板上后，推入箱式烘室中干燥，再拉出第二块金属绷皮板，将坯革绷开在金属绷皮板上后，推入箱式烘室中干燥，如此循环往复，达到坯革生产任务；②旋转式绷板干燥与箱式(或柜式)绷板干燥的原理相同，坯革是手工绷板，金属绷板可以机械化出入烘室；③链式(通过式)绷板干燥是将一单个的绷板连起来组成一条环形传送带。先将坯革借助人力绷开并夹挂在绷皮板上，每块绷皮板可以按要求向两边伸张，以使皮革进一步受到绷伸。绷皮板的拉伸可以借液压或气动装置实现，也可通过机械装置实现。

由于坯革是非均质的、延弹物兼塑性的材料，无论哪种方式绷板，用夹子手工绷张在坯革外边，无法使整张面积上均匀受力，导致中心部位、紧实部位受力较小；拉力方向受力大，未在拉力线部位受力小甚至不受力。由此可见，绷板操作是一种非均匀施力操作。

绷板干燥的控制参数：绷紧力、干燥温度、时间、夹子间距。

#### 5.1.4.4 贴板干燥

贴板干燥又称为铝板干燥或热板干燥，属于传导干燥方式。贴板干燥的操作方法又分粘板和不粘板两种。粘板就是采用胶黏剂将革粘贴在加热板上，由于能够将革在加热面上保持到干燥结束的胶较少，而且对于黏贴和收取革难以实现机械化，故基本没有采用。实际采用的是一种不用黏合剂的贴板干燥。铝板也可以用其他金属板材代替，如钢板等。

贴板干燥器由铝板(或钢板)、水浴槽和供热管线三部分组成。水浴槽为长方形或半圆形，工作时，将槽内盛一定量的水，通入蒸气加热水浴，保温，见图 5-9。

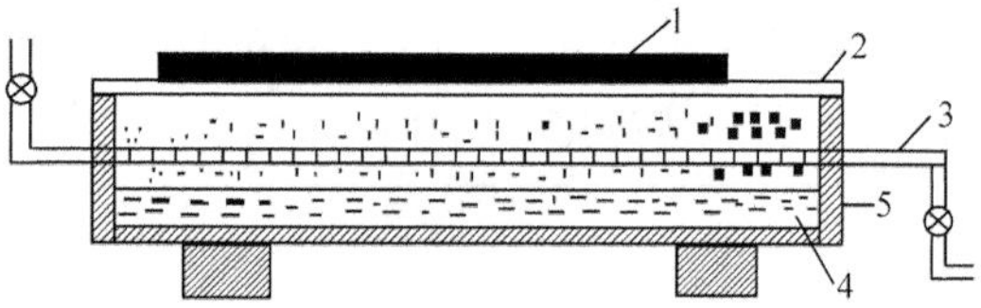


图 5-9　贴板干燥(传导干燥)器

1. 坯革；2. 铝板；3. 多孔蒸气管；4. 热水；5.水槽

贴板干燥法也属于接触法干燥，将革直接贴在加热的金属板上，热金属板通过热传导的方法给革及其中水分足够的热量使水分气化，产生的蒸气由周围介质(空气)吸收和排走。

贴板干燥属于常压下的传导供热法干燥，传给皮革的热量不仅来自传导还有对流。坯革表面的温度低于壁面温度，介于空气的干湿球温度之间，如果壁面温度进一步提高，那么由导热传递的热量越来越多，相应地对流传递的热量越来越少，坯革表面温度也就不断升高，当导热量多到足以使坯革表面温度等于空气的干球温度时，空气的对流供热量为零，这时干燥的供热才是纯粹的接触供热。

不粘板的贴板干燥是将湿革铺放在加热板上，革呈自由状态，用刮板将湿革推平，这样可以减少由于失去水分而使革面收缩，同时革纤维也不会因张力而折断，当革中水分干燥到40%～45%时，收缩开始加剧。

贴板干燥的工作特征：将湿坯革平铺在铝板上，以钝口刮刀将湿坯革推开，推平展，除去部分自由水分，并尽量将坯革平展。铝板的温度一般控制在 70～90℃，过高将会导致表面变性、硬化。干燥时间的长短可根据铝板的表面温度、湿坯革的状态及终点水分含量的要求来确定。贴板干燥时应注意的事项：①坯革不可过干，否则，坯革在铝板上贴不紧，影响坯革的平整度和干燥的均匀程度，若遇到湿坯革过干时，应用热水浸湿后再贴板；②坯革必须紧贴铝板，革身应尽量推平，尤其是腹肷部位；③严格控制干燥终点坯革水分含量。干燥过急或过干，都会导致坯革身骨板硬。贴板干燥终点的水分含量一般为 30%～40%。

贴板干燥控制参数：干燥时间、加热表面的温度、坯革贴面力。

#### 5.1.4.5　真空干燥

真空干燥属于传导供热法干燥的一种，是在负压下的接触法干燥。湿革中水分的气化以蒸发和沸腾两种形式进行，而沸腾气化的速度比蒸发气化的速度快得多。水分以蒸发的形式气化可以在任何温度下进行，而水分以沸腾式气化却只能在沸点的温度下进行。液体的沸点与压力有关，压力不同，液体的沸点也不同。压力越大则沸点越高，压力越小则沸点越低。常压下水的沸点是 100℃，对湿革中的水供给足够的热量使其温度达到沸点 100℃，水分沸腾变成蒸气。用这种方法来干燥皮革，显然是行不通的。因为水的沸点 100℃这一温度接近甚至超过了革的收缩温度，在这样高的温度下干燥皮革，不仅会导致革的收缩、变硬，还会损伤革纤维，破坏革的组织结构。在实施真空干燥操作时，操作者将湿革平铺在加热面板上，通过蒸气加热面板。将移动罩盖盖在加热面板上，形成一个密闭的干燥室，对这密闭干燥室内抽真空，造成干燥室内的负压状态，使湿革周围的气压降低。这样，湿革中的水分就可以在较低的温度下沸腾气化。表 5-1 列出了真空度与水的相应沸点的关系。

**表 5-1　真空度对应水的沸点**

| | | | | | | | |
|---|---|---|---|---|---|---|---|
| 真空度/($10^5$Pa) | 0 | 0.34 | 0.48 | 0.57 | 0.68 | 0.74 | 0.78 |
| 水的沸点/℃ | 100 | 89 | 82 | 78 | 71 | 67 | 62 |
| 真空度/($10^5$Pa) | 0.84 | 0.87 | 0.91 | 0.93 | 0.97 | 0.98 | 0.99 |
| 水的沸点/℃ | 56 | 51 | 44 | 38 | 21 | 11 | 0 |

同时，抽真空这一操作还可以把已经气化的蒸气快速而大量地排除，使湿革周围始终处于负压状态，革的内层和外层之间、革的表面及其周围的介质(极少量的空气和蒸气)之间始终保持较大的湿度梯度，这就更加加快了湿革中水分移动的速度，从而达到快速干燥的目的。

真空干燥机一般由机架、真空干燥箱、加热供水系统、气动驱动系统、真空抽气和冷凝系统、电器控制和供电系统等组成，其核心部分为真空干燥箱，它包括罩盖、加热面板及加热箱。进入 21 世纪，相对于“高温”真空，低温真空也被开发。利用温度与压力的关系，在较低的温度下用于制革干燥。根据真空度越高，沸点越低，湿革中的水分就越容易气化，干燥速率就越高。

从水的沸点而言，表 5-1 表达了可以采用负压降低沸点。无疑满足坯革干燥要求。低温干燥可以节省能量，只是对设备精度要求较高，价格昂贵。但在较低的温度下不易影响坯革内部分解或聚合，以及对热敏性物料的影响。同样，低温下对坯革内材料性能、结合状况以及坯革组织的结构影响较小，可以更好地保持坯革染整的效果。当然，高负压与高温对坯革结构性能的关系还有待于今后的探索。

迄今为止，国内常用的真空干燥机主要有单板、多板真空干燥机，见图 5-10。其中，多板真空与单板比较也具有节能高效的作用。

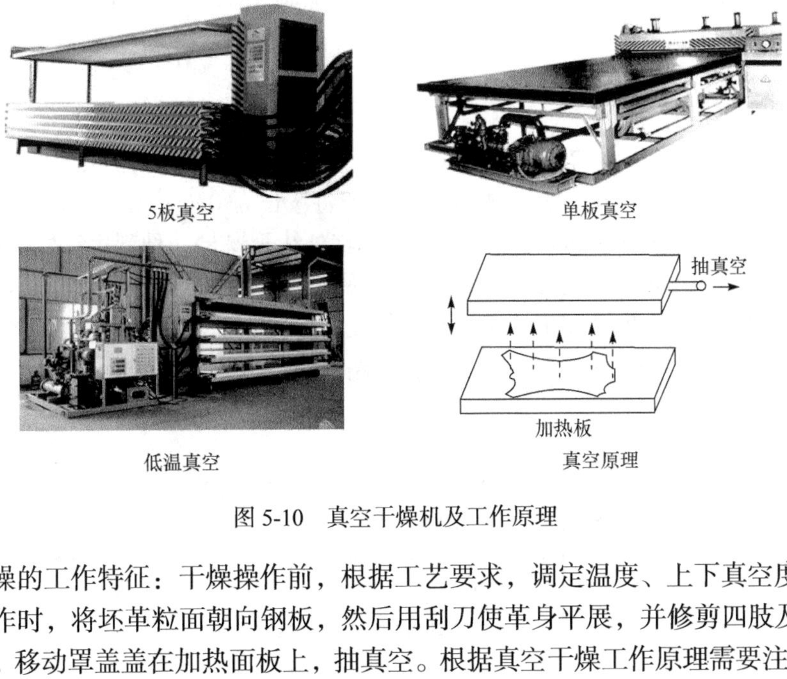


图 5-10　真空干燥机及工作原理

真空干燥的工作特征：干燥操作前，根据工艺要求，调定温度、上下真空度的差数及干燥时间。操作时，将坯革粒面朝向钢板，然后用刮刀使革身平展，并修剪四肢及腹肷易压成死折的部位。移动罩盖盖在加热面板上，抽真空。根据真空干燥工作原理需要注意坯革状态、成革要求确定操作方法。

坯革的状态主要包括坯革的水分含量及形态特质。坯革的水分含量：①根据前述坯革干燥过程的变化规律，坯革的初始水分含量对干燥速率的影响不大，革身与面积变化小。②鉴于真空干燥受到纵向压力，横向收缩会在一定程度上受到阻止；与挂晾干燥对比，真空干燥中坯革的收缩较慢并减少，可以认为真空干燥是半约束干燥。③真空干燥至水分含量在25%～30%时开始急剧收缩，水分含量约为 12%时，坯革有管皱现象，出现血管痕。④相同含水量时，温度越高，真空度越高，血管痕就越多。⑤高温真空干燥到水分含量为 35%～40%时，对最终所得的皮革手感柔软无多大影响。⑥当坯革干燥到水分含量低于 25%时，坯革会出现热损伤，得革率也大大降低。坯革的形态特质：坯革的厚度与革种与真空干燥的速度有很大影响。相同革种厚度影响较大，薄革干燥快；疏松结构的坯革干燥快；保水材料使用多坯革干燥慢。

成革的质量要求决定是否进行真空干燥或真空干燥的程度。真空干燥主要以干燥定型为平整细致革身为目的。按照成革要求，鞋面革、箱包革及加强革身平挺的绵羊服装革等可以采用真空干燥的方法。

真空干燥的参数控制：真空干燥的工艺参数主要包括加热接触表面的温度、真空时间和真空度。①加热面板的温度直接影响成革的质量、干燥速率(干燥时间)。加热面板温度越高，则干燥速率越高，坯革所需干燥时间就越短。加热面板的湿度由 60℃升到 90℃时，真空干燥的时间缩短约一半。但是，由于温度的升高，往往造成革的面积收缩率增大、伸长率减小。当加热面板的温度小于 90℃时，革的收缩变化不大。②真空的时间与水分除去。在温度压力确定后，真空的时间成为重要的控制因素。企业在固定生产某种革(牛皮、羊皮等)时，坯革厚度、调整柔软度及干燥程度往往需要随生产批次变化。由此，时间则成为习惯调整的参数。③真空度是水分去除的必要条件。提高或稳定真空度的关键在于设备状况，防止空气泄漏是操作前必须检查的。在干燥过程中的真空度越高，沸点越低，湿革中的水分就越容易气化，干燥速率就越高。

#### 5.1.4.6　红外线干燥

红外线一般是指波长为 0.75～1000μm 的电磁波。红外线又可分为近红外、中红外和远红外三种。划分这三种红外线的标准并不统一，一般将波长为 0.75～1.5μm 称为近红外，1.5～5.6μm 称为中红外，5.6～1000μm 称为远红外。远红外线干燥是一种利用红外线照射皮革，当红外线的发射频率和皮革中水分子运动的固有频率一致时，就会使皮革内水分子的运动加剧，温度升高、气化，从而实现了坯革的干燥。红外线干燥属于辐射干燥方式。在电磁波光谱中，有实际意义的热辐射波长位于 0.36～100μm，见图 5-11。

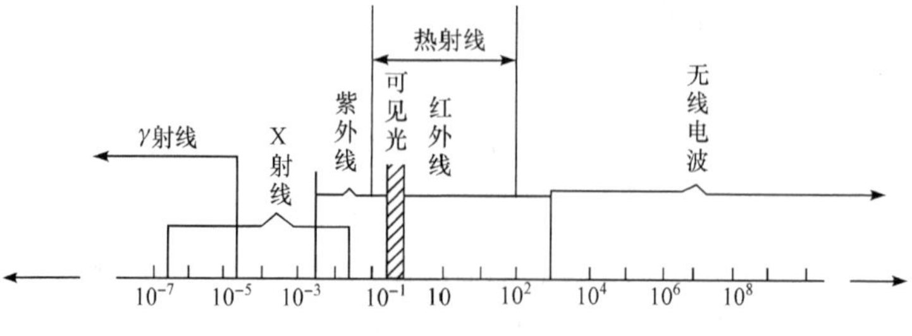


图 5-11　红外辐射区间

由于坯革表面的水分不断蒸发而吸收热，坯革表面的温度降低造成坯革内部温度比表面温度高，形成温度梯度。坯革的热扩散方向是由坯革内部指向皮革表面的。

红外干燥的工作特征：①干燥速度快，利用远红外线干燥器干燥皮革的速度比较快，采用红外线干燥时，其辐射能的传递是直接的，不需通过任何中间介质，避免了热损失；②干燥质量好，由于皮革表层及其表层以下的内层同时吸收远红外线，所以干燥较均匀，干燥后革的物理性能较好；③传热效率高，远红外线干燥与其他辐射干燥、介电干燥相比，耗能较少，仅为近红外线干燥的 50%，比高频干燥节电 30%～50%。若选用辐射能量大的辐射器能量消耗比对流法干燥还要少。

红外干燥的参数控制：干燥器发射的频率及功率。

#### 5.1.4.7　高频干燥

高频干燥时，采用的频率为 2～20MHz 的电磁波。将坯革置于两块电容极板之间，电容极板同交变电源连通，电容极板间产生电压交替变化的高频电场(电容极板的极性和极板间电场方向都交替变化)。这时，在成为介电质的坯革的水分子中，正电荷与负电荷中心的位置随电场方向而改变，分子发生骚动、分子间产生摩擦而发热，从而使坯革中水分得到足够的热量而气化，再由空气将蒸气带走，达到坯革干燥的目的。由于电源是高频变化，简称高频干燥法，见图 5-12。

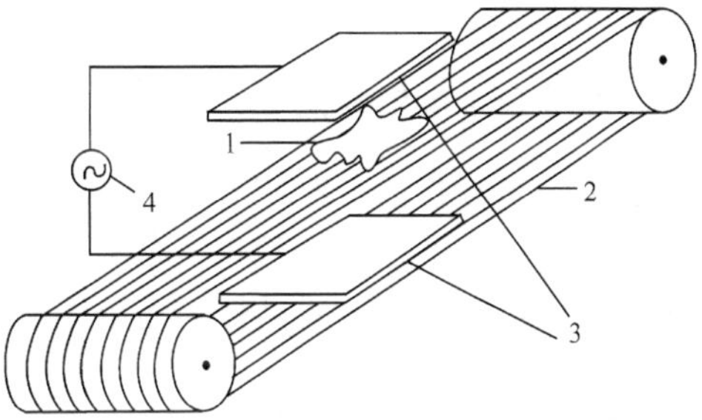

图 5-12　高频电流干燥机工作示意
1. 坯革；2. 传送带；3. 电容极板；4. 交流电源

高频干燥的工作特征：①干燥速度快，由于高频干燥是由电能转换为热能，高频电场与坯革之间不需要任何中间媒介，因而在被干燥的坯革通电的瞬间便产生热量，达到快速干燥的目的；②干燥均匀，革质量好，高频干燥对坯革有穿透作用，能够使处在高频电场作用下的坯革各部分同时被加热，坯革内外同时升温而得以均匀干燥，干燥后的坯革革身柔软、丰满，不会出现传导干燥中表面过热而内部欠热的现象；③操作简便、控温容易，易实现自动化；④高频干燥耗电量大，气化 1kg 水约需 8kW · h 电能。所以，一般推荐将高频干燥与其他干燥方法联合使用。

高频干燥的参数控制：干燥器发射的频率及功率。

#### 5.1.4.8　微波干燥

微波是一种更高频率的电磁波，频率为 300MHz～300kHz，与水分子共振频率相同。微波干燥原理与高频干燥基本相同。当微波辐射到物质上时，一部分反射，一部分被物质吸收，还有一部分则穿透物质继续传播，因而微波干燥具有选择性，只有吸收微波能的物质才能采用微波干燥。液体、含水和脂肪性的一些物质都在不同程度上吸收微波能；当微波遇到金属时被反射，因此不能加热金属；某些物质(如玻璃、云母、陶瓷等)微波能透过去，因此，也不能加热这些物质。坯革是含有水分和脂肪的物质，故能采用微波干燥。

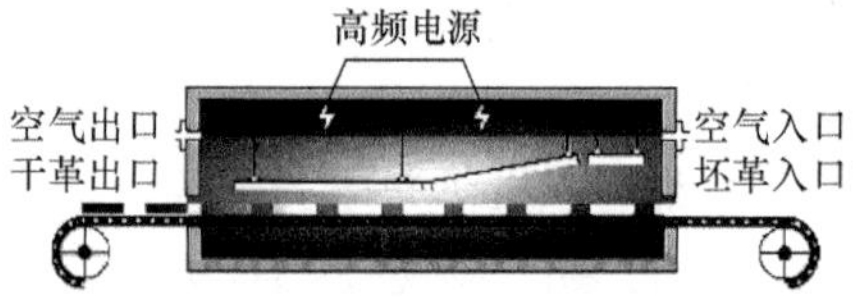


图 5-13　微波干燥器运行原理

将坯革铺放于传送带上，送到由高频电源连接的微波发生器下，由于微波场存在高频交替变化的电磁波振动，坯革中的水分子发生分子极化，被激励起来跟随微波场的交替变化而振动，从而相互间“激烈”地摩擦而生热，水分子获得足够的能量后气化，由周围的空气带走蒸气而达到坯革干燥的目的，见图 5-13。

微波干燥的工作特征：①干燥时间短，速度快，由于微波能具有高频辐射能，能够深入坯革内部，而不是只靠坯革自身的热传导，所以干燥时间短，速度快；②干燥质量好，从本质上讲，微波加热是分子加热，被加热物质本身就是一个热发生器，它的表面和内部同时产生热量，因而皮革干燥的强度均匀，而且在加热过程中还具有自动平衡的性能，不会造成皮革表面硬化的缺陷；③微波加热器对干物料有选择性，给推广应用和成批生产带来了一定的困难。同时由于微波装置价格较高，元件易损，使用时需防微波渗漏等原因，故目前微波干燥在皮革生产中还很少应用。

---

**思考题**

(1)使水蒸发的方式有哪些？

(2)列举两种干燥方法的优缺点。

---

### 5.1.5　坯革在干燥中的变化

坯革的水分含量一般≥70%，经过干燥后，成革的水分含量为 14%～18%。从表面上看，坯革的干燥过程就是一个除去多余水分的过程。事实上，坯革的干燥过程，不仅是由坯革失去多余水分转变成干革的过程，而是坯革化学性质形成及组织结构基本定型的过程。

#### 5.1.5.1　干燥坯革的收缩

皮革的尺寸是随其水分含量的变化而变化的，即皮革的长度、宽度、厚度对干燥和润湿特别敏感。皮革是一种具有三维立体网状结构的多孔物料，其多孔结构可以想象是由许许多多的腔体(毛细管或纤维间隙)构成的。每一个腔体就是皮革的一个组织单元。对于湿革来说，每个腔体里都存在一定量的内溶物，内溶物的组分一般是水、鞣剂、油脂、染料及其他化学物质等。未经干燥的湿革，由于其每一腔体都被内溶物所充满，从而表现出类似于充气气球一样的结构刚性。在干燥过程中，充满内溶物的腔体失去水分，使腔体因收缩而变小，从而，使整个坯革的面积收缩。水分除去得越多，面积收缩就越大。另外，当革纤维之间的距离达到足够近时，就会产生内聚力。随着干燥过程的进行，腔体内的水分不断被除去，使革纤维之间的距离不断靠近，皮革纤维之间随着水分的减少而使相互之间的接触面积增加，从而使内聚力增加。内聚力越大，则皮革的收缩也越大。影响皮革收缩的因素主要有三个方面。

1)坯革的线收缩

坯革的纤维束纹路的特征导致三个方向干燥收缩不同。从纵横向看，坯革各部位的纤维束纹路有一定规律，相应的毛细管方向也是如此，见图 5-14。当横着或顺(纵向或横向)着毛细管纹路时，将有不同的线收缩。因此，自由情况下，坯革在厚度方向上的收缩大大地超过纵向(顺脊背线)和横向的收缩。平均计，坯革的线收缩在其厚度方向上往往是长度方向的若干倍。正如铬盐坯革鞣制纤维束干燥后纵向约收缩 10%，而直径约 50%。由于编织角的差别，也有坯革的厚度收缩不明显。

2) 坯革的水分含量

坯革的面积随着水分的除去而不均衡减小。在干燥过程中，革的收缩程度取决于革中的水分含量，但这种收缩与水分关系是非线性的，见图 5-15。干燥初期(如线段 *AB* 所示)的较短时间内，坯革的面积收缩最为强烈。实验研究表明，*AB* 段的收缩主要是由于干燥前对坯革进行平展工艺操作。如果平展后堆置了很长一段时间才进行干燥，则曲线上就不存在 *AB* 这一线段。线段 *BC* 反映出从革中除去的水分含量与坯革的收缩之间呈线性关系。这一段内革中失去的是吸附水分与毛细管水分。可以证明，坯革中吸附水分含量的变化对革的收缩影响小。随着干燥过程的进行，坯革中毛细管水分逐渐被除去，革纤维必生黏结，造成坯革的体积缩小，从而使坯革的面积和厚度减小。毛细管水分除去的速度越快，则黏结程度越严重，坯革的收缩也就越大。曲线上的线段 *CD* 具有抛物线特性，表示在除去与皮革结合比较牢固的水分时，革的面积急剧减小。

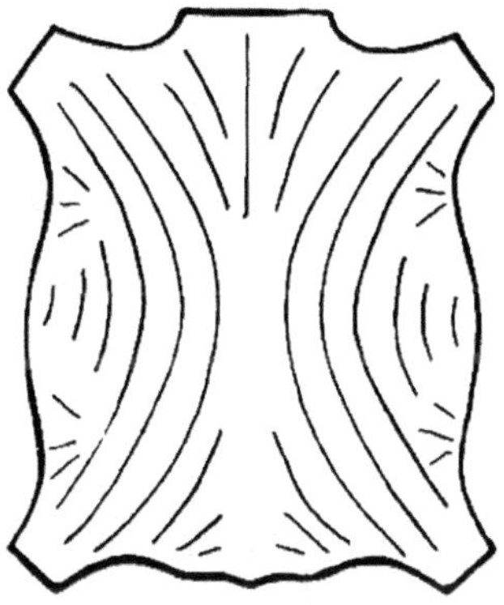

图 5-14　坯革的纤维束纹路

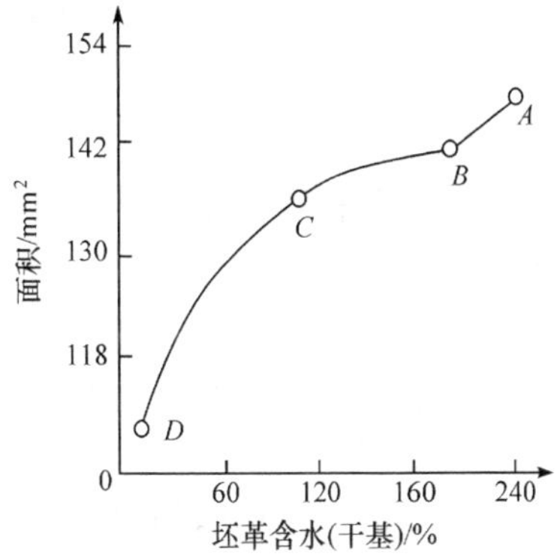


图 5-15　铬鞣面革含水与面积变化

3) 收缩应力

毛细管收缩力随表面张力的增加和毛细管半径的减小而增加。坯革经干燥除去水分后而发生收缩时的作用力，称为收缩应力。其大小与毛细管压力和分子间作用力的大小有关。

在干燥过程中，水分气化区总是由坯革表面向皮革的中心移动。在此情况下，水分首先在大细孔中气化，然后在毛细管从细孔凹形面气化(在毛细管壁全部润湿时)。由于这样的表面折曲，毛细管中的水处在小于大气压力之下，而毛细管壁经受相应的外部压力，见图 5-16。

由拉普拉斯定律可知，毛细压力值 $p$ 与液体表面张力 $\sigma$ 成正比，与毛细管半径 $r$ 成反比，即

$$p=\frac{2\sigma}{r}$$

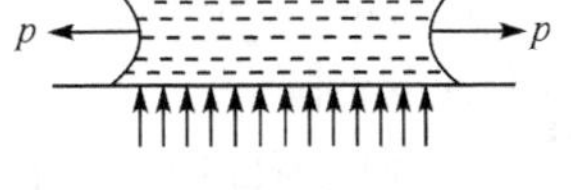


图 5-16　坯革的毛细管收缩受力示意图

毛细压力随表面张力的增加和毛细管半径的减小而增加。最细的毛细管壁受压特别大，承受的压力可以达到 30MPa。除去水分时，由于毛细压力的作用，皮组织中产生毛细收缩现象，并导致坯革收缩。收缩一直继续到毛细管壁具有足够的硬度并

能对抗毛细压力的作用时为止。当坯革的组织结构单元在毛细压力的作用下逐渐接近，彼此之间建立接触点并黏合在一起时，皮革的尺寸就急剧缩小。根据上述理论，干燥过程中，不约束的皮革内产生的收缩应力$\sigma_t$为

$$\sigma_t = \sigma_1 + \sigma_2 + \sigma_3 + \sigma_4$$

式中，$\sigma_t$为收缩应力；$\sigma_1$为全部充水的皮革中的应力，即液体表面张力；$\sigma_2$为毛细管收缩应力；$\sigma_3$为自黏力的应力；$\sigma_4$为皮革组织的弹性反抗应力。

显然，收缩应力包括液体表面张力、毛细管收缩应力、自黏力的应力及坯革组织的弹性反抗应力等。这些应力对坯革收缩的影响是各不相同的，而且每一个应用所起的作用表现在不同的干燥期。实验证明，对于完全充水的坯革来说，由毛细管中的液体表面张力所引起的应力一般是不大的，而且它所起的作用会很快结束。当毛细管水分除去时，坯革组织阻止收缩的弹性反抗应力的影响也逐渐表现出来。直至某一瞬间，各种作用达到平衡状态。到了干燥后期，随着水分的除去，坯革组织单元之间发生黏合，这种黏合在很大程度上能固定坯革组织的应变，增加其中产生的收缩应力。

4）干燥条件

干燥条件对革的收缩有很大影响。干燥速度越快，即温度越高，空气的相对湿度越低，则除去毛细管水分多，革的收缩就越大。

5）鞣剂的种类

使用不同鞣剂鞣成的革，其收缩率不同。例如，在自由状态下进行第一次干燥时，铬鞣革的面积收缩往往达到原始值的 30%以上，铬-植结合鞣革（在软革生产中）的面积收缩为10%～11%；而植鞣革的面积收缩一般不超过 5%。这种鞣剂鞣制后坯革的干燥收缩结果是鞣剂用量及其固定纤维能力的综合表达。

6）干燥前处理

在皮革干燥前，用加脂剂和表面活性剂处理坯革，减小或增大坯革在干燥中的收缩应力与材料的亲水性与吸收量相关。坯革经过加脂剂或表面活性剂处理后，加入坯革的脂类物质凝聚在皮革的组织单元上，使皮革的组织单元彼此分离，可以防止其干燥时彼此黏合；同铬配合物相遇不易生成牢固的交联键都能够降低收缩应力。

#### 5.1.5.2　坯革表面的硬化

坯革表面的硬化是指坯革在干燥过程中出现的表面收缩变硬的现象。用手触摸皮革时感觉革身发硬、干枯，手感缺乏丰满性、柔软性和弹性。造成皮革表面硬化的主要原因是坯革表面疏松，当干燥过于强烈，水分气化很快，坯革内部的水分来不及迁移到表面上时，致使皮革表面收缩黏结，形成一层干硬的膜，导致表面通透性变差，干燥速度急剧下降，进一步干燥发生困难。

正常的表面收缩可以通过做软恢复，成为“暂时硬化”。严重的表面硬化使纤维疏松不再复原，造成成革粒面紧实，成了“永久硬化”。随着后期做软，产生不连续折痕，形成松面或崩裂强度下降。

各部位表面收缩存在差别，干燥过快或表面填充不足，结果发生整张革的翘曲或粒面朝内的卷边。

表面的硬化对革身柔软及弹性影响较大。坯革被折时内外表面受力，见图 5-17。

但两种感官又是矛盾的，需要在干燥中获得平衡。

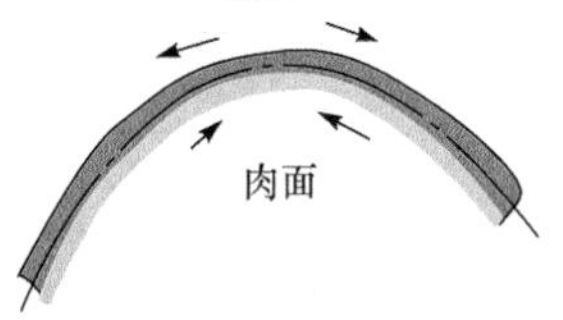

图 5-17　弹性与柔软平衡

### 5.1.5.3　坯革纤维的构型稳定增强

亲疏水结合增加使坯革结构更稳定。在湿革的自由水分中含有一定浓度的以溶液状态存在的各种材料，如鞣质、油脂、盐、染料及其他化学助剂等。这些物质，在皮革干燥的过程中，一部分随着水分的蒸发向外扩散而迁出表面；一部分会随着水分的蒸发在革内逐步被析出、固定。然而，随着干燥进行，坯革内水分减少，坯革的亲水性降低、亲油性上升。化学助剂出现重新分布，尤其在加热状态下。这种分布的时间随干燥速度加快而减少。这种亲疏性的转变，最终形成了革的柔软与丰满的感官。

在干燥过程中，坯革纤维间各种材料结合增加，包括疏水键也因革内亲水性下降而增加。例如，胶原侧链上的极性基与鞣质会继续发生作用，使鞣质产生补充结合；植物多酚因坯革脱水，亲油性增加，与胶原形成疏水键产生补充结合等。实验测定表明，干燥后的植鞣革的鞣制系数提高了 10%～20%。干燥过程中加入革中的油脂乳液进一步破乳，中性组分油脂在革内的分布更加均匀，对革纤维的润滑进一步增强。因此，干燥过程是完成坯革的组织单元的最后稳固过程，是铬鞣革的组织完成构型确定的过程。亲疏水的结合使坯革热稳定性大大提高，干态下铬鞣坯革的收缩稳定可以超过 200℃。

### 5.1.5.4　分段干燥处理

由含水≥70%的坯革一次性干燥至含水 14%～18%确定坯革组织构型，如果再经过压力、熨烫等操作，无论加脂多少、干燥快慢都会出现或多或少的、不可控制或恢复的不良结果。生产上为了解决这一不可预测的现象，往往采取组合干燥处理和分段干燥处理。组合干燥的目的是在坯革没有终端收缩或没有完全硬化前进行适当的做软或伸展操作，恢复不该的化学结合或物理黏结，然后再进行完全干燥。例如，挂晾干燥—回潮—做软—绷板干燥……挤水—真空干燥—回潮—做软—挂晾干燥……挂晾干燥—伸展—挂晾干燥……。分段干燥是利用各种干燥作用或功能不同，取长补短地进行全过程干燥，以期获得成革必要的感官要求。例如，挤水—真空干燥—挂晾干燥……挂晾干燥—回潮—绷板干燥；贴板干燥—挂晾干燥；挤水—真空干燥—电磁波干燥……。

## 思考题

(1) 简述干燥的缺陷分析。

(2) 干燥方案确定后，是否通过湿态整理进行调节？

(3) 一次干燥水分过低会出现什么症状？

(4) 干燥后表面色调变浅，可能由哪些因素引起？

(5) 如何减小干燥过程中的毛细收缩？

(6) 生产上不采用一次性干燥的目的是什么？

## 5.2　坯革的干态整理

湿革经过干燥，虽然水分含量可以达到成革的要求，但是，仅仅采用干燥成革的理化性能和感官特征仍然不符合成革的要求；或者单独进行一次性干燥难以获得满意的感官。如前所述，在干燥期间或干燥终端进行整理加工是必需的。

坯革的干态整理操作是整个坯革整理中的一部分，多为机器操作，也有少量的手工操作。通过干态整理不仅可以改变皮革的外观，更重要的是通过加工处理，获得理想的坯革组织构象，表达出坯革前加工中应有的内在和外观特征，为坯革最终成品(非涂饰)或良好涂饰做准备。

制革从手工业到机械化大生产，与制革发展史比较，皮革的机械化操作的时间较短，机械化生产也只有近 100 年。发展至 17 世纪初，工匠们使用一定形态的工具将动物皮转变为衣服和鞋革。这种工业化的制革文化是：工匠们运用一些低技术含量的工艺完成工艺过程；师傅用实际操作获得的经验传授给徒弟技艺，如用刀在板上去肉、削匀，在桌板上进行手工涂饰操作。随着制革厂皮源变多，生产增加，专业化程度和进步的企业精神与生产落后的现象产生了矛盾，手工工具变为机械化的操作，减少劳动力的趋势成为必然。

机械化发展促进了工业的变革，制革机械却落后 100 多年，这也是如今皮革工业技术水平滞后于其他行业技术水平的原因。最早发明的是刀轴类机械，1860 年发明的带刀剖层机开始使用，至今持续了 150 多年。直到 20 世纪，英国、德国和法国一直以转鼓、刀轴类机器、干燥和涂饰设备为主。20 世纪中叶起，通过电力驱动、液压驱动，带链变速、齿轮变速，计时卡控制、程序化控制等发展，发明了通过式挤水机、真空干燥机、振荡拉软机、电子测量仪、颜料节省器等。计算机数字化控制使传统手工与现代化操作相结合。节省劳力、减少工时、降低成本、稳定质量，直接影响了制革的生产规模及现代化理念。

根据时间顺序，制革机械的规模化进展经历了 1850 年前的转鼓、带刀剖层机；1900 年后的铲软机、旋转测量仪、液压熨平机、往复式滚压机、辊式去肉机、臂式拉软机、削匀机、联合测量仪、辊式伸展机等；1950 年后的液压机、真空干燥机、电子测量设备、通过式滚压机等；2000 年后的自动控制转鼓、振荡拉软、辊涂机等，流水线生产机械产生。迄今为止，机械操作已经成为制革过程中必不可少，且起着举足轻重的作用的环节。尤其在坯革的干整理过程中机械操作最为密集。

坯革干态整理是制革过程中对坯革进行一系列手工操作和机械操作的总称，是制革过程中决定成革的外观质量及其综合性能的重要加工过程。坯革整理的工艺操作包括挤水、平展、拉软、铲软、刮软、振荡拉软、转鼓摔软、磨革、打光、熨平、压花、抛光、净面、修边、起绒、搓纹等。

整理操作或是为下道工序做准备，或是直接为成革最终品质定型。这种最终品质包括成革的感官特征及物理力学性能。例如，挤水、净面等工序是为下一道工序做准备；磨革为平展操作做准备。拉软、摔软及转鼓摔软等操作可提高成革的柔软度，通常将这些操作统称为做软操作；真空、熨平操作可使皮革平整、粒面细致、革身紧实。

坯革整理是技术和艺术的结合，不同的整理操作，具有不同的功能，其结果直接关系到成革的内在及外观质量。

坯革整理工艺设计和工序的设置，一般应根据工厂设备状况、坯革的种类、成革的要求来确定。

有些品种的整理工序多、要求高、操作烦琐，而有些品种的整理操作却很简单。即使是同一品种，不同厂家的整理工艺也不尽相同。

实践证明，在皮革整理过程中，既要根据生产实际制订科学、经济、合理的工艺规程，又要按照坯革状态进行精心操作，只有“看坯做坯”，才能达到预期效果。

### 5.2.1　坯革整理的目的

正常的成革要求含水分 14%～16%，而湿操作完成后坯革含水分超过 80%。从湿态至干革随着水分失去，坯革发生了内部结构及外部形态的变化。未经整理的失水坯革，革身翘曲不平，面积收缩，粒面较为粗糙，手感僵硬，不能满足用户的需要，通过合理的一系列整理操作，可以打开黏结的革纤维，使之易于相对滑动，从而获得符合成品的质量要求。虽然每个加工工序的作用可以不同，但干态整理的最终目标是向着成革要求的目的进行。因此，综合坯革的干态整理工序，可以对各种成革的物理共性目的进行表达。

(1)改善成革的手感与外观。达到柔软、丰满、有弹性；革身平整、粒面细致或粒纹均匀、革里洁净，无操作伤。不同品种的皮革各有所侧重。例如，服装革要求以柔软为主，丰满和弹性应兼而有之；鞋面革则以丰满为主，柔软性和弹性应兼而有之。

(2)均化成革的物理力学性能。达到均匀的延伸、抗张、崩裂等物理力学性能。由于原料组织无法均匀，物理化学处理及材料吸收难以均匀。可以通过机械拉伸、热压的力量进行处理，获得完整张幅上的物性均匀，增加得革率。

### 5.2.2　做软整理的方法

做软操作的目的：利用机器或工具对坯革反复施以弯曲和拉伸作用，打开革纤维之间的黏结，松散革纤维，消除革纤维之间的内应力，使革柔软，从而消除因干燥而造成的板硬和翘曲。

#### 5.2.2.1　刮软拉软

刮软拉软是轻革整理中使坯革纤维松散的工艺操作之一。制革厂通常使用平台臂式刮软机(又称虎口式拉软机)或立式拉软机来进行拉软操作，见图 5-18。

拉软时革的弯曲角$\beta$越大，则革内纤维的变形也越大，做软后的革就越柔和、松软；拉力 $T$ 越大，对革的拉伸作用就越强烈，同时也会促进革内纤维的弯曲变形。因而做软后革纤维越松散，延伸性越小，面积增加。

1)刮软机工作特征

采用刮拉做软前，应根据革的纤维组织的紧密程度和坯革需要做软的程度来控制刮辊和刮刀的咬合深度。相对于立式拉软机而言，平台臂式刮软机的突出优点是可以根据坯革不同部位的具体情况进行不同程度拉伸，例如，对于较硬的部位多拉、重拉，较软的部位少拉、轻拉，从而使整张整批革的柔软程度接近一致。但平台臂式刮软机的最大缺点是工作口宽度很窄，一般只有 150mm，因而每次只能加工 150mm 宽的坯革，每张坯革需要多次操作才能完成整张皮的做软，工作效率很低，目前已不多见。

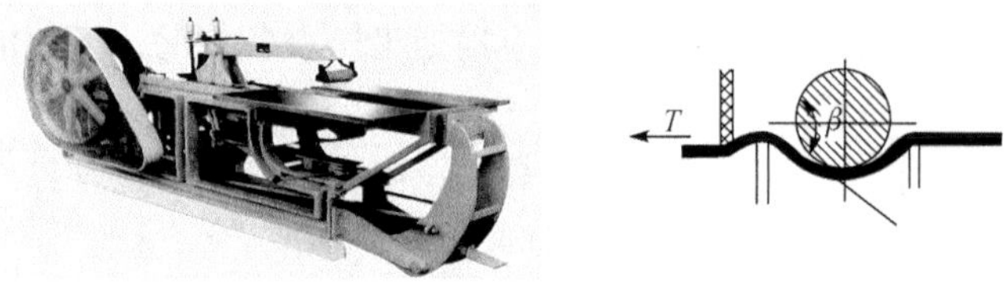


平台臂式刮软机及工作原理

立式拉软机及工作原理

图 5-18　两种刮软机

2) 刮软控制参数

刮软控制参数有咬合深度、拉刮速度、拉刮次数。

5.2.2.2　振荡拉软

振荡拉软是目前工厂采用最多的做软机械，加工宽度可以根据坯革进行选择。振荡拉软机是一种通过式松散革纤维组织的机器。根据固定齿(孔)板的数量，可分为单排(头)或多排(头)振荡拉软机，其齿和孔都应光滑无毛刺以免损伤传送带和坯革。

现代的振荡拉软机可以由两组或两组以上的振荡齿状板组成，各组齿状板的咬合深度可独立调节，因而能够实现不同程度的做软。振荡拉软机外形及工作原理见图 5-19。

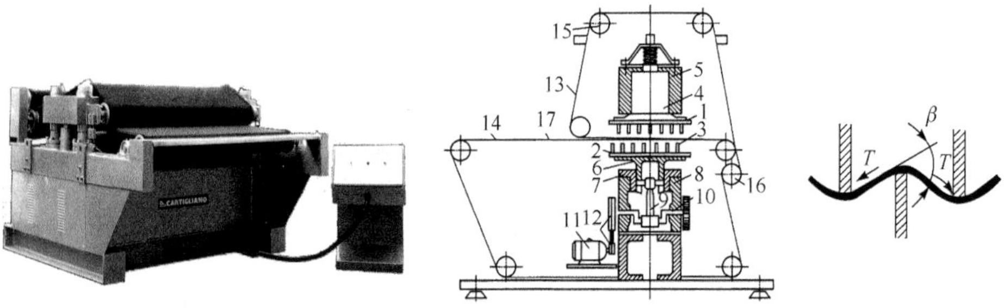


图 5-19　振荡拉软机及工作原理

1. 压力齿桩板；2. 振动齿桩板；3. 顶伸齿桩；4. 上活塞；5. 油缸；6. 下活塞；7. 套筒；8. 曲轴箱；9. 连杆；10. 曲轴；11. 电机；12. 皮带轮；13. 上传送带；14. 下传送带；15. 传动轴；16. 张力轴；17. 坯革

由于齿状板的振荡频率高，振幅可调，且机器的传送速度无级可调。振荡拉软机的做软操作是通过式，具有作用效果好、工作效率高，且革不直接受顶伸齿作用而不易受到损伤等优点，可制造要求轻、薄、软，宽幅的皮革。振荡拉软工序最适合于经真空干燥或绷板干燥后的铬鞣革或油性革的拉软，坯革经振荡拉软机处理后一般可达到预期的做软要求，且面积可增加 2%～6%。因此，振荡拉软机成为市场的主流。

1) 振荡拉软机工作特征

操作前，首先应检查坯革的水分含量，一般要求将坯革的水分含量控制在 25%～30%；

调节上、下压力齿桩板的啮合深度，通过压力来表示；咬合深度适宜逐渐加大以使革纤维受力由小到大成为渐进的加工方式而不易留下加工痕迹或拉伤坯革；根据坯革的状态和半成品革的要求需调节好供料速度，供料速度越快，生产效率越高，但革承受处理的时间就越短，做软效果越差，反之，供料速度越慢，生产效率越低，但革承受处理的时间就越长，做软效果便越好。

2) 振荡拉软控制参数

振荡拉软控制参数有振荡压力、通过速度、坯革软度。

#### 5.2.2.3　搓软

搓软是一种对革进行特殊的做软操作，也是美化皮革的一种方法。它是进一步提高轻革的柔软性，特别是加强对局部的处理以进一步缩小部位差的一种工艺操作。

搓软分为手工搓软和机器搓软。手工搓软可以对坯革的某些手感偏硬的部位进行局部处理，作用较为明显，可有效地缩小部位差，但劳动强度大，生产效率低。机器搓软利用搓刀将革送入上下两胶辊之间，使革处于弯曲，由于两胶辊转速不同而使革受到轻度拉伸，达到搓软的目的。机器搓软则既适用于整张坯革的搓软，又适用于坯革的局部搓软，做软效果好，生产效率高。手工搓软和机器搓软的原理见图 5-20。

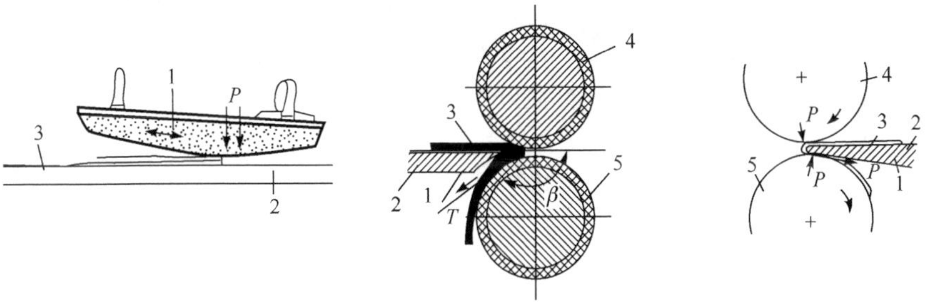


图 5-20　手工与机器搓软及原理

1. 搓软刀；2. 工作台；3. 革；4. 上胶辊；5. 下胶辊

1) 搓软的操作特征

搓揉坯革的肉面，使粒面向内弯折。搓软的另一个特征是搓纹。纹的形状视搓揉方式的变化，粒面上会出现不同的花纹。例如，采取纵向和横向交替搓揉，革面呈现方形花纹；若再从两个斜角各搓一遍，则花纹近乎圆形。搓纹操作要求仔细，使花纹均匀一致，见图 5-21。

由于搓软操作效率低，不适合大批量生产，仅仅用在少量高档特殊表观皮革的制造，如用于制造包袋具有很好的自然立体花纹。随着压花摔纹技术的发展，目前在企业使用搓软已经很少见。

2) 搓软控制参数

搓软控制参数有施加压力、搓软次数、搓软方向。

#### 5.2.2.4　铲软

铲软是一种借助于钝刀在坯革肉面上铲刮的机械作用，是使坯革柔软的工艺操作。铲软类机器的弯曲角都较小，不易对革造成损伤。

图 5-21　手工搓纹革

铲软机因利用旋转的刀轮对革进行铲软，称为旋转式铲软机，俗称飞轮铲软机(简称飞软机)，铲软机特别适合于小而软的革，如手套革和服装革，毛皮厂也常使用。铲软机主要是由装有铁质钝刀片的刀辊和工作台两部分组成的，见图 5-22。

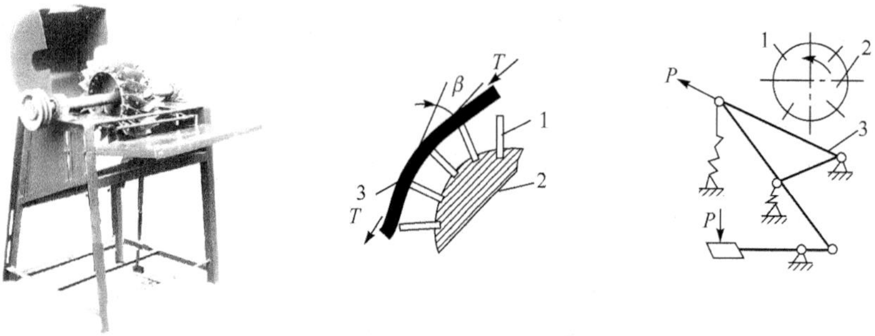

图 5-22　铲软机及原理

1. 刀片；2. 刀辊；3. 坯革

1)铲软的操作特征

铲软操作是将坯革粒面向下置于工作台上，双手紧握住坯革，脚踩踏板，使工作台带着坯革靠近转动的刀辊，以便刀辊上的钝刀不断地刮打坯革，使坯革柔软。铲软力由踩动脚踏板的力量所定。特别是要铲展革在干燥后的皱缩僵硬的周边，使整张顺利展平，适应后继工序的进行。刀轮式的铲刀装在飞轮上，用于铲软小、薄、软的坯革或毛革，如猪皮和羊皮。只是难以对具有裂口与破洞的坯革进行良好的操作。

2)铲软控制参数

铲软控制参数有施加压力、飞轮速度、铲刮方向。

### 5.2.2.5　转鼓摔软

转鼓摔软是目前制革厂普遍采用的一种做软方式，常用于绒面革、服装革、手套革等革的做软。这类操作需要的鼓滚作用很强烈，因此转鼓用于摔软时转速比用于铬鞣时高 20%～30%。通过转鼓摔软，可以松散坯革纤维，赋予坯革柔软、舒适的手感。

转鼓摔软一般在悬挂式硬质木转鼓或不锈钢转鼓中进行，需要在较高的速度下运转以达到较强的作用，直径为 2.5m 的转鼓用于摔软时，转速可达 26r/min。操作时，将回潮后的革置于转鼓中，通过鼓体对革的抛摔和摩擦，使革内各部分的纤维组织受到弯曲、拉伸、搓揉等作用而被松散。为了增强机械作用，应在鼓内加入一些球状介质作为助软物，如橡胶球、尼龙球、皂角籽等。

悬挂式硬质木转鼓在助软物的长期反复撞击下，鼓体内壁易损伤，形成木屑渣，黏附在坯革上，影响革的外观。为了解决这个问题，有的厂家就在悬挂式硬质木转鼓内安装内衬，以保护鼓体。内衬的材料一般选用镀锌板或不锈钢板。

现在，已有不少厂家采用不锈钢转鼓进行摔软，除了传统的圆筒形外还有八角形的。如图 5-23 所示分别为圆柱形不锈钢摔软转鼓和八角形不锈钢摔软转鼓。

1)摔软操作的工作特征

不锈钢摔软转鼓的自动化程度一般都较高，常配有变频调速系统、控温和控湿系统、吸尘系统。变频调速系统能让用户根据所需摔软强度调节转鼓旋转速度；控温系统能消除季节

图 5-23　圆柱形不锈钢摔软转鼓和八角形不锈钢摔软转鼓及摔软原理

和环境温差给皮革造成的影响；控湿系统有助于消除纤维黏结、缩曲和硬性，提高丰满度、柔软度；吸尘系统使摔软所产生的粉尘不断吸入除尘箱内，对消除静电所黏结的微细粉尘有独特的效果。

热量是影响气化干燥速度的关键因素。风量的作用是传递热量，带走已经气化的蒸气。空气搅动越快，干燥速度越快，即风量越大，干燥越快。由于热量和风量都与革的干燥速度成正比，因此必须严格控制热量和风量能保证坯革含湿及排湿速度，保证坯革纤维均匀收缩与分散平衡。

摔软时，除加入助摔材料外，还可以加入液态的表面处理助剂，如油脂、蜡剂类化料，边摔软边吸收，以满足对皮革手感、滑爽、光泽等需求。

2)转鼓摔软控制参数

转鼓摔软控制参数有温度、时间(相同转速)、装载量、助摔材料。

### 5.2.3　平展整理的方法

平展又称为伸展，现在行业内仍然沿用伸展这一术语。平展操作的目的：主要在于消除坯革粒面上的折痕和皱纹而改善革的外观，使粒面平细、革身平整；同时能够提高面积得革率，减少革的延伸率，并使各方向的延伸性接近；平展还能改变革身的紧实程度。坯革的平展可以在机器上进行，也可以手工进行。但随着工业的发展，后者已不再采用。

#### 5.2.3.1　挤水平展操作

挤水平展机一般适用于染色后坯革的挤水，其主要作用在于挤去坯革中的一部分水分，使水分及时降至 60%以下，以便缩短干燥时间，适合于后继工序的加工，同时平展坯革以消除其上的折痕、皱纹达到改善坯革的外观、增大面积、减小革的延伸性并使各方向上的延伸性缩小的效果。为便于施加较大的挤水压力，方便压力的调节，很多挤水平展机都采用液压系统提供挤水压力，其挤水辊的直径较大以保证挤水辊的刚度和均匀的压力，见图 5-24。

1)挤水平展操作的工作特征

挤水平展机的主要作用是挤水，平展是附加效应。对进行挤水的坯革需要有良好的脱水性、粒面强度，以及革内材料基本完成固定，不会因挤压而随水分被挤出。操作者将坯革平铺于供料辊上，然后踏动踏板，使托住坯革的供料辊向刀辊方向靠拢，利用带钝刀的螺旋刀片的摩擦和挤压作用，达到使坯革平展的目的。然而，挤水最终会因水分挤出而坯革被挤压硬化，给平展作用带来困难。调节水分挤出与平展的平衡十分重要。

2)挤水平展控制参数

挤水平展控制参数有挤水压力与伸展力的平衡、坯革脱水能力。

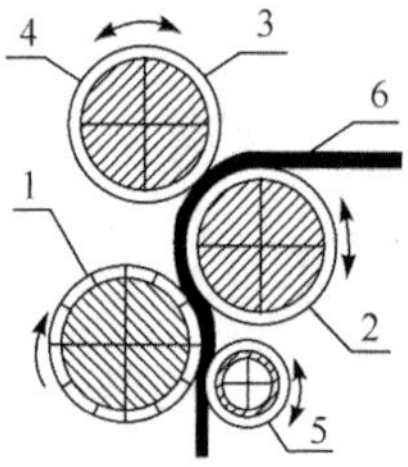


图 5-24　挤水平展机

1. 平展刀辊；2. 下挤水辊；3. 上挤水辊；4. 毛毡套；5. 供料滚；6. 坯革

### 5.2.3.2　干态平展操作

轻革平展机主要适用于对轻革干坯革的平展操作。干态平展操作是在平展机上进行，平展机是依靠带螺旋刀片的刀辊来处理皮革，见图 5-25。操作者将坯革铺于供料辊上，然后踏动踏板，使托住坯革的供料辊向刀辊方向靠拢，利用带钝刀的螺旋刀片的摩擦和挤压作用，达到使坯革平展的目的。平展时坯革的水分含量较低，其平展刀辊较挤水平展机的平展辊大，显示出平展为主要功能。

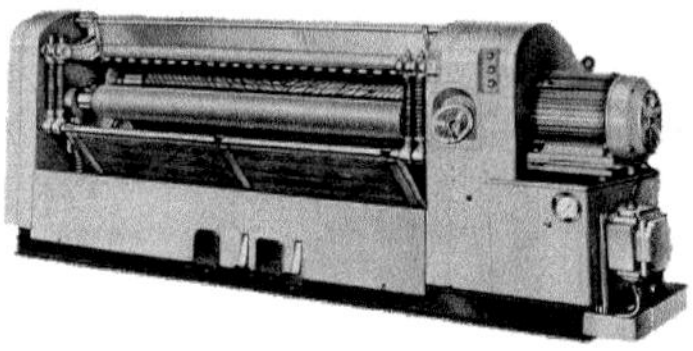

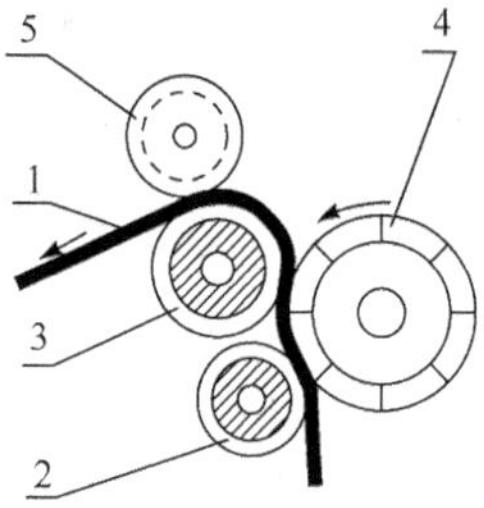


图 5-25　轻革平展机

1. 革；2. 供料滚；3. 下传送辊；4. 平展刀轮；5. 上传送辊

对于轻革的平展，还可选择热辊平展机。热辊平展机对皮革进行平展作用的同时起到熨平作用，经其加工后的革粒面平细、光滑，但热辊平展机的平展作用力一般不大，不宜用作轻革的第一次平展。热辊平展的传送辊(也称为热熨辊)是表面镀铬的钢辊，其内部可通过热油加热。

1)干态平展操作的工作特征

(1)坯革的水分含量。干坯革的平展一般是在加油之后，没有干燥的状态下进行的。实施平展操作时，对坯革水分含量有一定要求，含水 35%～40%。皮革是弹塑性物料，含水量大，平展效果不良，继续干燥导致收缩，粒面还会变粗，平展效应得不到保持；含水量太少，弹性好，塑性差，需较大的力才能打开革上的折痕和皱纹，很难达到所需的平展效果，却容易造成革的损伤，平展效果也差。为了保持平展效果，平展后堆置 12～24h。

(2)多次平展应用。平展往往与干燥交替进行，每一次平展的效果不同。例如，加工黄牛正面革时，将加油后的湿革晾干至含水 50%～55%时，进行第一次平展，其目的是使革内部水分分布均匀；接着继续干燥至含水 35%～40%时，进行第二次平展，其目的是使革身平整、粒面细致，当干燥至含水 30%左右时，进行第三次平展，其目的是使坯革保持平整、细致的粒面。值得提出的是，这种方法较适合塑性较好的坯革。

2) 干态平展控制特征参数

干态平展控制特征参数有坯革水分、伸展压力。

### 5.2.4　磨革的方法

磨革操作的目的：①获得坯革起绒制造绒面革，绒面革分正绒和反绒两种；②修饰坯革粒面，制造修面革，修面革分重修面与轻修面两种；③进行微调均匀成革的厚度，保证后继对厚度精确要求的加工；④改善肉面绒毛外观，均匀肉面绒毛或去除绒毛附着物。

磨革是生产绒面革和修面革所不可或缺的关键性机械加工工序，也是对坯革厚度的微调。磨革加工包括磨里、磨面和磨绒。

磨革操作在磨革机上进行，磨革机分为通过式和非通过式两种，都是利用表面缠砂纸或纱布的磨革辊对坯革进行磨削处理，见图 5-26。通过式磨革机的工作宽度一般较宽，可按处理皮张的宽度选择，需保证整皮张能够一次通过处理完毕。非通过式磨革机的工作宽度一般较窄，机器工作口宽度可以小于皮张宽度。因此，坯革需要两次或两次以上加工才能保证每个部位都磨到。

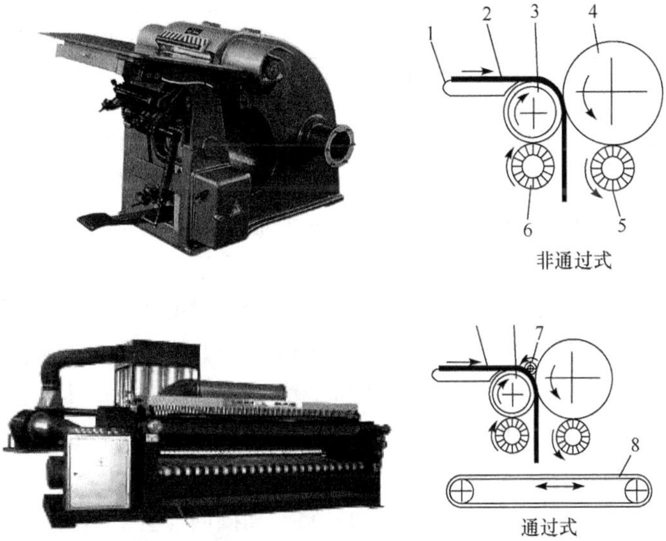


图 5-26　磨革机及工作原理

1. 工作台板；2. 革；3. 供料胶辊；4. 磨革辊；5、6. 刷辊；7. 压皮辊；8. 传送带

天然的坯革粒面难以保证均匀一致性，常会因动物生长期及加工过程产生伤残，最终影响到成革的外观。当涂饰难以遮盖缺陷时，除去表面瑕疵再进行涂饰是坯革提高品质档次的重要手段。

在生产实践中，可以对磨面分轻度磨面和重度磨面。轻度磨面时，将粒面磨去粒纹薄层，保留自然毛孔，涂饰后可以保留真皮的特质又起到掩盖粒面伤残的效果。重度磨面主要是为了生产修面革，主要目的仍然是消除粒面的伤残与瑕疵，便于后面的涂饰。

1) 磨革加工的工作特点

(1) 磨革过程的除尘。磨革机利用高速运动的磨粒在皮革的表面进行切削，在加工的过程中伴随着磨尘的产生。因为磨革的切削余量很小，切削下来的磨尘颗粒很小，自然沉降速度很慢，易造成粉尘四处飞扬，残留于革面和周围环境，影响后继的涂饰等加工，造成环境污染。因此，除尘机和扫灰机是磨革机的常用配套设备。从图 5-26 中可以看到有一个外接孔，用于连接抽风管道以便将磨革中产生的细小粉尘随空气吸入抽风管道后，经过滤器将空气和粉尘分离以免污染环境。

(2) 合理选择不同粒度的砂纸(布)。不同粒度留下的磨痕的宽窄、深浅和间距不一致，获得的绒毛长短、直径不同。磨粒越大时，绒毛越长，磨粒越小，绒毛越短。应按坯革特性和成革要求选取磨粒的粒度。粒度选择的原则是：硬革或粗革可选粒度号较低的砂纸(布)，反之则应选粒度号较高的砂纸(布)，合理在做法是按不同的品种要求来选择。粒度号有 80#、120#、200#、240#、300#、400#、600#等，随号数增大，磨绒细短、厚度减小。但砂纸(布)的代号略有区别，见表 5-2。此外，国内国外也存在区别，使用前需要根据说明进行选择。

**表 5-2　砂纸、砂布代号与粒度号数对照表**

| 砂纸代号① | $2\frac{1}{2}$ | 2 | $1\frac{1}{2}$ | 1 | 0 | 00 | 000 | 0000 | 00000 |
|---|---|---|---|---|---|---|---|---|---|
| 纱布代号(#) | — | — | — | 180 | 220 | 24 | 280 | 320 | 400，500，600 |
| 粒度号(上海) | 46 | 60 | 80 | 100 | 120 | 150 | 180 | 220 | 240，280，320 |
| 粒度号(天津) | 46 | 60 | 80 | 100 | 140 | 160 | 180 | 220 | 260 |

① 习惯上将 00000 写成 5/0，0000 写成 4/0，000 写成 3/0，00 写成 2/0，0 写成 1/0。

(3) 磨革辊还需轴向往复运动。由于革纤维的走向不一致和磨粒的不连续分布，很难产生均匀一致的磨面，为了减小磨面的不均匀性，磨革辊还需轴向往复运动以变换加工方向。由于轴向往复运动并非匀速，频率和行程太大反而造成磨削速度更不均匀，因此磨革辊轴向往复运动频率和行程的选择直接影响磨面质量。

(4) 干磨和湿磨。磨革加工分干磨和湿磨两种，干磨是磨干坯革或半干坯革，湿磨是磨湿革或半湿革。湿磨操作常在蓝皮削匀和平展后进行。坯革的水分含量较高，磨尘颗粒的质量较干磨时增加，自然沉降速度加快，能大大降低粉尘污染，但湿磨因升温会出现表面纤维变性。因此，湿磨机需要增加冷却装置。干磨对进一步平均革的厚度和改善坯革粒面效果较好，但除灰是一个关键问题，直接影响环境及后继成革质量。

(5) 坯革供送的方向。送皮的方向有纵向、斜向和横向三种。纵向是让皮张沿着与其背脊线平行的方向送入机器，横向是将皮张沿着与其背脊线垂直的方向送入机器。生产上常采用斜向和纵向送皮，分别称为斜磨和直磨，一般的顺序是第一次磨削采用斜向送皮，第二次为纵向送皮。只有在磨削带有较重的横形粗纹的面革或局部处理臀、肩部时，才采用横向送皮。

(6) 磨削的深度。一次磨革深度是一个需要根据磨革效果和生产效率两个方面的要求加以控制的因素。增大磨革深度可以提高效率，但所获得的革面比较粗糙，采用小磨革深度时，通常可以得到平滑和光洁的磨面。具体操作时应根据革面伤残的深浅程度灵活掌握。对伤残深的坯革，磨革深度可大些，或通过两次或两次以上的磨削。第一次磨削时取大的磨革深度以保证加工效率，最后一次取小的磨革深度以保证加工质量。对伤残浅的坯革，磨革深度就可小一点。但是，磨革的深度受砂粒度限制。

(7) 坯革的水分含量。水分含量是一个很重要的因素。如果水分含量太高，磨得的绒毛长，磨不深；若革太干则易造成磨削过度，甚至烧焦。干磨时的水分含量接近成革的水分含量，为 18%～22%，磨绒时的水分含量可高些，一般在 30%左右。湿磨常在蓝湿皮削匀后进行，坯革的水分含量一般控制为 40%～45%。

(8)坯革厚度均匀性要求。虽然磨革可以调节坯革厚度，但是效果是微小的。磨辊与供料辊之间的刚性间隙要求坯革厚度均匀才能磨削在张幅上的深浅均匀。应该说，磨革工序前要求削匀精度较高。

(9)磨革造成的缺陷是指在磨革过程中因操作不当而引起的一些缺陷：①磨面伤，即磨削深浅不一致及磨洞，主要因砂纸砂粒不均，坯革厚度、软硬不均，磨辊的轴向摆动装置损坏等；②磨痕，即磨削面出现线状痕迹，主要因砂纸松弛，磨革机的磨革辊与供料辊不平行等；③磨焦，即磨削面出现的绒毛变硬变色，主要因纤维受热而发生焦化变性，以及坯革含湿较高，收缩温度低，砂纸钝化后摩擦过度等；④磨光，即磨削面出现无绒(光板)现象，主要因坯革粒面太硬及表面油脂干扰，砂纸太细而一次进刀太深等；⑤跳刀痕，即磨削面出现横向破浪痕迹，主要因一次进刀太深、机器出现共振等。

磨革操作的控制参数有砂纸(布)的代号、一次磨革深度、坯革水分、除尘、坯革平整及厚度均匀性。

### 5.2.5　打光操作

打光的目的是使成革粒面变得平滑有光泽，并增加紧实性的机械加工操作。通过打光加工，可以改善鞋面革和鞋底革的物理力学性能和外观。根据加工对象不同，打光又分为轻革打光和重革打光两种。

由于要求打光后革面的光泽均匀，因此，打光对坯革的厚度、粒面的完整均匀性要求较高。随着材料挤水技术及现代涂饰技术的发展，革面的光泽能够达到打光的光泽，而且对坯革要求远不及打光前的坯革要求。因此，打光操作制革厂渐渐被抛光及仿打光涂饰替代。

### 5.2.6　抛光操作

抛光的目的是使革面具有良好的光泽，提高革的观感性。抛光又称磨光，是轻革加工的一种后整饰操作，包括涂饰前及涂饰后成品的抛光。抛光在抛光机上完成，对抛光前坯革的要求是粒面紧实、涂层坚牢，革身松软或松面的革不宜抛光。

抛光机的工作机构与磨革机相同，主要差别在于抛光辊上。若将磨革机上磨革辊换成抛光辊即可用来抛光。抛光机的工作辊一般有三种，分别是成型螺旋石辊、绒布辊和砂纸(布)包缠辊，成型螺旋石辊的磨粒较细且具有微孔以便吸收抛光膏，绒布辊采用多块圆环形的绒布片依次套到芯轴上并固定而成，抛光多用成型螺旋石辊和绒布辊，见图 5-27。为了保证弹性供料以补偿革的厚度差异，成型螺旋石辊、绒布辊和砂纸(布)包缠辊配套的供料滚分别是毡辊、钢辊和橡胶辊。

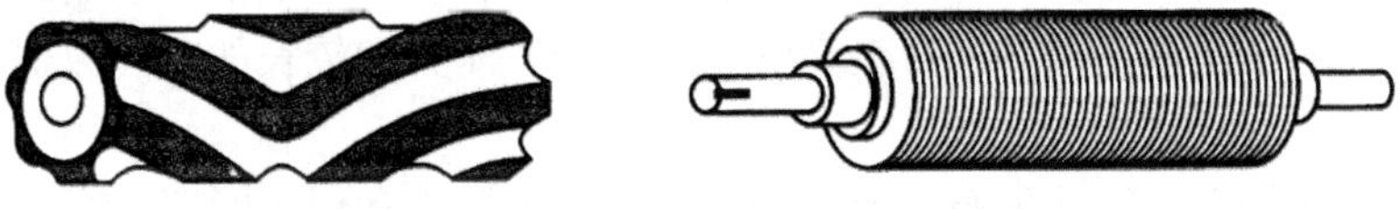

(a) 成型螺旋砂辊　　(b) 绒布辊

图 5-27　抛光辊示意

1) 抛光加工的工作特点

抛光机与磨革机有相同的工作特征，区别是供料辊的速度可调性以适应设备的多种用途和不同品种的抛光要求。

抛光机中最重要的工作部件是抛光辊，由于抛光辊的旋转速度很高，该辊的加工质量和装机质量的优劣直接影响整机的工作性能。

抛光辊可包覆各种布在革面上高速摩擦，使皮革粒面获得平整、柔和、光亮，改善粒面的轻微伤残缺陷，提高革的质量档次。

抛光时也可使用专用的抛光膏，以消除革面因摩擦产生的静电，增加光洁度。抛光时施加压力使革变形而产生滑动摩擦力，滑动摩擦力及伴随产生的热力效应，使革变得光滑而光亮。

2) 抛光操作的控制参数

抛光操作的控制参数有抛光辊表面材料特质、压力。

### 5.2.7　熨平和压花

熨平和压花的目的是使坯革受到纵向压缩获得改形整理。使革身平整、紧实；粒面毛孔平伏(或花纹显著)、光泽均匀；涂层黏着牢度增加。熨压的操作原理和使用设备是利用熨压机提供的温度和压力来达到操作效应。

熨压机有平板式和通过式两类，因通过式熨压机起熨压效应的机件为滚筒，也称为辊式熨压机。

压花的花纹是刻在花板上的。花纹的品种可以电脑刻制，可分为仿动物皮粒面花纹和非动物皮花纹。

两种类型的熨压机都属于多功能的机器设备，常配备有起多功能作用的部件。平板式熨压机常配备光板和花板，通过式(辊式)熨压机就配备光辊和花辊。通过式熨压机可配备多种热辊，熨压时只需更换起多功能作用的部件，可直接变更花式。

图 5-28 所示为平板式及通过式熨平压花机，左图为机器外形图，右图为该机的操作面板放大图。

#### 5.2.7.1　熨平操作

坯革在一定温度的环境中被施加压力，纤维变形得以固定，表面涂饰剂深入革内与革纤维结合，形成涂饰膜，使坯革粒面光滑、平整，涂层与粒面的黏着加强。因此，熨平操作多用于涂饰坯革。

坯革熨平水分。熨平前，应控制坯革水分在 18%～20%。坯革太湿，在高温高压下，水分气化，部分残留于涂层与革面间，容易造成涂层脱落或水迹印，也易造成革身变硬。

坯革品质特征。面革的熨平压力大于服装软革；松软坯革熨平易导致松面。提高底涂层与革的结合牢度的修面革，则需选择较高的温度、较大压力和较长的时间以保证涂层向革面的渗透。

温度、压力和保压时间的平衡。熨平操作的温度、压力和保压时间非常重要。三个操作参数间相互影响，需要合理组合才是关键。应根据成革要求和坯革状态，将几个操作参数作为一个整体来考虑。温度越低、压力越小，保压时间越短，熨平效果越差；而温度高，压力

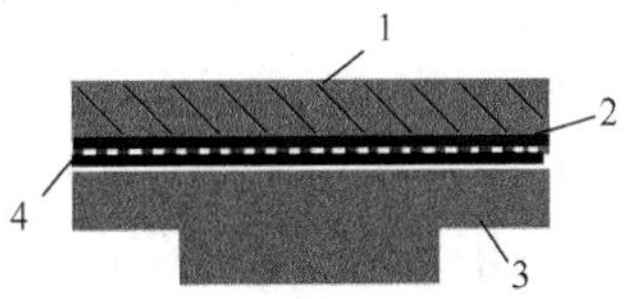


1. 上热板; 2. 平(花)板; 3. 下压板; 4. 坯革

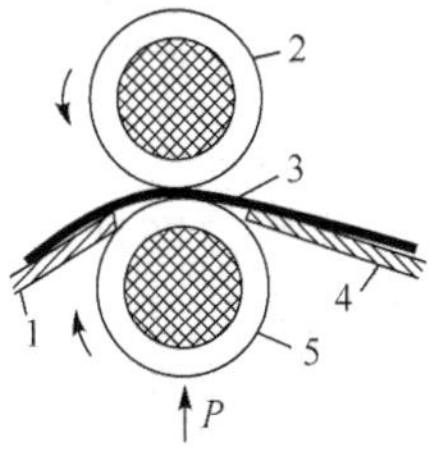


1. 前工作台; 2. 热光(花)辊; 3. 坯革; 4. 后工作台; 5. 下压辊

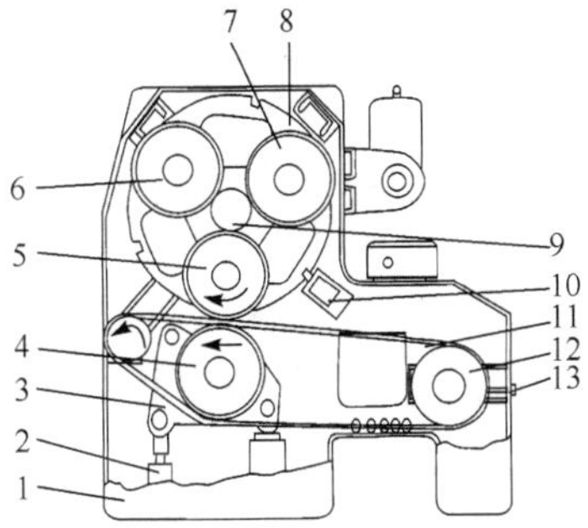


1. 机架; 2. 下压辊升降油缸; 3. 活动座板; 4. 下压辊; 5～7. 熨平(压花)辊; 8. 活动转盘; 9、10. 转盘定位油缸; 11. 毡套; 12. 张紧辊; 13. 张紧调偏装置

图 5-28　平板式和通过式熨平压花机及原理

大，保压时间长，则会造成革身瘪硬，涂层发黏，透气性和透水气性下降。高温可以引起表面化学材料变质变色。

### 5.2.7.2　压花操作

坯革在高温高压作用下，革面纤维软化变形，取得与花板同样的形状，同时促进涂饰剂与坯革接触面增加，涂饰剂向革内渗透，黏合力增强。因此，压花操作多用于涂饰坯革。

压花成型性。压花时需在革身上形成花纹并保持图案，就需要坯革具有良好的成型性，若只要求在涂层上形成花纹，就需要求涂层具有良好的成型性。

压花坯革水分。坯革的弹塑性与革内材料及水分有关。含水量低，塑性越好，压出的花纹越容易保持。过干的坯革压花也不容易产生形变。因此，压花时革的含水量通常略低于熨平。

温度、压力和保压时间的平衡。压花与熨平的三个操作参数相比，温度越高、压力越大，保压时间越长，才能保证花纹的形成与保持。

1) 板式熨压机的操作特征

板式熨压机的工作结构为两块互相平行的板，上压板是最主要的工作部件，为镀铬平板或刻有特殊花纹的花板，一般配有多块各种花纹的花板以按需供选择。选用平板时，就用于熨平，选用花板时，就用于压花。

皮革粒面向上铺放在工作台上后，启动油缸工作，工作台就随活塞杆上升，与上压板一起对革加热和施压，待加工完毕，工作台下降，可更换皮张的加工部位或换铺下一张皮。

平板熨平机的上压板大多由电加热，加工前设定温度，待上压板温度达到设定值后方可开始加工。施加的压力由调节液压油的压力来实现，加工时间长短由定时器控制。加热温度、施加压力和熨压时间都应在操作前设置好，可在熨平机的操作面板进行设置，同时显示实际的操作参数。

平板熨平机的优点是提供的压力大、加工效果好，缺点是生产率低，压花时常因压板面积小于坯革面积拼接，从而影响效果。

2）通过式熨压机的操作特征

通过式熨平机的主要工作部件是上下两根大直径（800mm 左右）的钢制空心辊筒。上辊为热熨辊，表面镀铬，内部装电热元件或热油液加热，可更换为花辊。下辊轴颈两端分别支撑在两个油缸上，由油缸提供压力。在下辊和张紧辊上套有传送毡带，坯皮张放置在传送带上后就被传送到熨辊和下辊之间被加工，最后从机器后端传出，熨压过程连续进行，从而实现了通过式加工。

温度、压力的调节和使用方式与平板式熨平机相似，但加工时间长短由传送速度控制。通过式熨平机的传送速度可调，传送速度越快，熨平时间越短，传送速度越慢，熨平时间越长。

为方便更换熨平压花辊，出现了多辊的通过式熨平机，见图 5-28，三辊熨压机，机器的工作机构由三根热辊和一根压辊组成，热辊安装在活动转盘上，转盘每转 120°就更换一根熨辊，可配置一根光辊、两根花辊。

通过式熨平机的优点是效率高，不会出现花纹拼接错位或两次熨压接缝处的重叠印痕，操作安全省力。缺点是因压力没有平板熨平机大，处理时间更短，表面作用效果较差，革身易受滚压被压缩。

为了保证花纹定型，通过式熨压机压花时传输速度较熨平慢，如 2～4m/min。

3）熨压操作的控制参数

熨压操作的控制参数有温度、压力、熨压时间或传送速度（通过式）。

### 5.2.8 修边

修边是坯革在生产过程中的修饰。由于机械加工过程中会在坯革边缘部位产生流丝、边部皱卷破碎、洞眼、撕裂口等缺陷。若不及时修边，可能会使缺陷进一步扩大降低成品等级，或浪费化工材料。因此，通过修去坯革无利用价值的部分，以及修正破损防止缺陷扩大。

面革修边多在湿革干燥后进行，有利于操作。软革修边一般在摔软前进行，以防止革在摔软时因革之间相互扭结而造成革的损坏。

修边应减小皮形损失，且尽量提高面积得革率。锐口需修剪成圆口，降低局部应力集中扩大创口导致破坏率。

### 5.2.9 净面与封里

净面与封里是坯革在生产过程中的辅助工序。整理工段的净面与封里目的在于去除坯革表面杂质、污物、色斑，为表面加工做准备。采用方法可以通过徒手操作或机械操作。

净面，多为手工净面。通常用纱布、绒布、海绵等进行揩拭，有干净面、湿净面。湿净面可用水、乙醇、氨水、脱脂剂等，或这些物质的混合物。

封里，可用手工或机器进行，将封里树脂喷涂在肉面，将吸附在肉面的微粒或粉尘进行黏合，防止因叠放而影响粒面洁净。尤其防止在后继涂饰加工中被黏合在粒面影响光洁。

### 5.2.10　起绒

绒面初步定型可以采用磨革处理，也可以仅通过削匀(以削代磨)完成。坯革完成磨削后仅解决了绒毛细致的初始状态，绒毛呈卧伏状，还未达到绒面革的质量要求，需要进行起绒整理，其目的是使卧伏状的绒毛竖起，呈现绒层，富有弹性及丝光感。

起绒的方法主要有转鼓干摔法、铲绒法及手工刷绒法。最常用的是转鼓干摔法起绒，机器铲绒一般只作为一种局部处理手段。

转鼓干摔法与转鼓摔软基本相同，为增加起绒效果，可从转鼓轴孔通入湿、热甚至助剂。转鼓干摔法起绒是通过面面摩擦作用产生，因此，要求机械作用强度较大，转速≥15r/min，为防止打结，转鼓内需要有凸桩、挡板，也可以加入助摔物以加强分离。

摔绒时坯革水分与摔软相同。收缩获得细绒可以多些水分进行脱水摔绒，也可以少些水分进行松弛式摔绒，可以获得均匀粗绒。

铲绒在铲软机上进行，通过铲刀的机械作用使革面绒毛竖起，这种方法往往在于简单均匀肉面的绒毛，少用于感官用绒面。

手工刷绒是一种手工起绒的方法，利用刷子梳刷绒面，使卧伏的绒毛竖起，绒头朝向整齐。这种方法更多用于摔绒绷板后调整绒面的均匀观感。

### 5.2.11　干燥、整理工艺示例

前已述及，皮革的干燥与整理对于皮革的质量与性能有着十分密切的关系。就工艺而言，干燥和整理之间是相互联系、相互依存、相互制约的。在某些功能上，二者之间又是相互独立、相互补充的。从加工特点上看，干燥与整理属于干态整饰工程的范畴，它明显地不同于湿态过程。湿态过程的加工技术特点是成批加工，加工过程以化学过程为主；而干燥与整理，则是单张加工，加工过程以物理过程为主。

干燥与整理的加工特点决定了其加工过程的繁杂性、技巧性和经验性。首先，干态整理的繁杂性主要表现在加工坯革的种类、状态，使用设备的种类、状态。即使生产相同品种品质的产品也需要采用不同的工艺措施，甚至不同的工艺路线。由此形成了制革企业自有的经验技术，最终获得殊途同归的结果。其次，无论采用什么途径，工程师的各种技能技艺都离不开“看皮做皮”、“好皮精加工，次皮深加工”的基本原则。最后，迄今为止，坯革干燥与整理仍处于实践挤水范畴，尚未建立起完整的理论体系，在整个加工过程中，坯革的状态变化尚不能以量化的方法来描述和表征，也没有合适的仪器设备来对在制品进行在线检测、监控。现场的工程技术人员仍然需要依赖于“眼看手摸”来进行质量控制和技术指导，工程师的经历与经验成为企业产品加工技术的支撑。

本节着重介绍若干常见的皮革产品的干燥与整理工艺，并对重点工序进行述评。以便对干燥整理过程有较好的认识。

#### 5.2.11.1　猪反绒服装革的干燥与整理

1)工艺流程

湿态染整后出鼓搭马→挂晾干燥→喷水回潮，静置→臀部铲软→转鼓摔软→绷板干燥→修边→二次转鼓摔软→冷绷板→刷绒→修边→检验分级→量尺→包装→入库。

2)操作要点

(1)挂晾干燥：在通风的凉棚中进行。颈部朝上，臀部朝下，用夹子或钢丝钩固定悬挂。挂晾 1～3d，干燥终点坯革的水分含量为 14%～18%。

(2)喷水回潮：逐张喷温水(35～40℃)回潮，喷水回潮完毕，将坯革堆放整齐，用塑料薄膜盖严，静置 24h 以上。要求经回潮后坯革的水分含量为 28%～32%。

(3)臀部铲软：用飞轮铲软机进行臀部铲软。

(4)转鼓摔软：摔软时间 6～8h。

(5)绷板干燥：在自动绷板机上进行。坯革水分 14%～20%。

(6)修边：修去无用边角，直口剪成圆口。

(7)二次转鼓摔软：摔软时间 4～6h，要求手感柔软、丰满，绒面有丝绸感，整张皮部位差基本消除。

(8)冷绷板：在自动绷板机上进行，也可以在框式绷板干燥机上进行。冷绷是在常温下进行绷板干燥，可使革平展而又不影响手感。

(9)刷绒：用刷绒机刷绒，整张刷到，不得漏刷。

(10)修边：将革边修剪整齐，修出皮形来，保证皮形完整。

(11)检验分级→量尺→包装→入库。

#### 5.2.11.2　山羊正面服装革的干燥和整理

1)工艺流程

湿态染整后出鼓搭马→挂晾干燥→喷水回潮，静置→颈部铲软→检查、修剪→转鼓摔软→出鼓搭马→平展→绷板干燥→修边，净面→喷底浆→烘干→通烫→喷面浆→手工拉伸→喷光亮，固定→转鼓摔软→出鼓搭马→冷绷→喷手感剂→手工拉伸→检验分级→量尺→包装→入库。

2)部分操作要点

(1)挂晾干燥：在通风的凉棚中进行。臀部朝上，颈部朝下，用夹子或钢丝钩固定悬挂。挂晾时间 1～3d，干燥终点坯革的水分含量为 14%～18%。

(2)喷水回潮：喷温水回潮，喷水完毕后，用塑料薄膜将皮盖严，静置过夜。

(3)颈部铲软：在自制飞轮机上铲软，专门铲颈部，其他部位可不铲。

(4)检查、修剪：逐张检查，将扯口直口修成圆口。

(5)转鼓摔软：在悬挂式木转鼓中进行，可加入一定量的助软物，如橡胶球之类，摔软时间 6～8h。要求坯革柔软、丰满，无僵硬感觉。

(6)出鼓搭马：摔软符合要求后，应立即出鼓搭马。

(7)平展：在平展机上进行伸展。将干坯革绒面朝上，粒面朝下，采用四刀法进行平展，即先横伸两刀，再竖伸两刀，注意接头。要求整张伸开、伸平，无折皱及伤皮现象。

(8)绷板干燥：在自动绷板机上进行。要求绷开、绷平，坯革水分含量为 14%～20%。

(9)修边净面：修去无用边角，用净面液净面，净面液配方为：水 1L，酒精 100mL，氨水(25%)20～25mL，用纱布团(或海绵)蘸上净面液，轻轻揩擦粒面。净面后，应将皮挂晾 2h 左右。直口剪口呈圆口。

(10)涂饰→检验分级→量尺→包装→入库。

#### 5.2.11.3　绵羊正面服装革的干燥和整理

1)工艺流程

湿态染整后出鼓搭马→真空干燥→挂晾干燥→摘皮静置→喷水回潮→铲软→检查，修剪→转鼓摔软→出鼓搭马→绷板干燥→修边→挑选分类→补伤封面→通烫→喷底浆→揩浆→平展→喷面浆→振荡拉软→固定→通烫→检验分级→量尺→包装→入库。

2)部分操作要点

(1)真空干燥：在真空干燥机上进行，坯革水分含量为 40%～45%。

(2)挂晾干燥：将经过真空干燥的坯革在凉棚里进行挂晾干燥，颈部朝上，臀部朝下。挂晾时间 1～2d，坯革水分含量为 14%～18%。

(3)摘皮静置：坯革挂晾干燥的水分含量达到要求后，摘皮静置 12h 以上。

(4)喷水回潮：对坯革进行喷温水回潮，喷水完毕，将坯革用塑料薄膜盖严，静置过夜。

(5)铲软：利用自制飞轮铲软机铲软，要求整张铲到，硬的坯革多铲、重铲，松软的坯革轻铲、少铲，甚至不铲。颈部重铲多铲，其他部位轻铲少铲。

(6)检查、修剪：逐张检查，将扯口、直口剪成圆口。

(7)转鼓摔软：在悬挂式木转鼓中进行。摔软时间 6～8h。要求坯革柔软、丰满，无僵硬感觉。

(8)出鼓搭马：摔软符合要求后应立即出鼓搭马。

(9)绷板干燥：在自动绷板机上进行。要求绷开、绷平。坯革水分含量为 14%～18%。

(10)修边：修去无用边角，直口剪成圆口。

#### 5.2.11.4　黄牛软鞋面革的干燥与整理

1)工艺流程

湿态染整后出鼓搭马→挤水平展→分割→真空干燥→挂晾干燥→喷水回潮→振荡拉软→绷板干燥→修边→净面→喷底浆→通烫→喷底浆→熨平→喷中层浆→熨平→喷光亮剂→通烫→修边→检验分级→包装→入库。

2)部分操作要点

(1)挤水平展：在挤水平展机上进行，要求伸开、伸平，整张坯革平展无死褶，挤水后坯革水分含量为 40%～45%。

(2)分割：沿脊背线将坯革一分为二，注意分割线要直。

(3)真空干燥：真空度 0.06MPa，温度 75℃左右，时间 3min。干燥后坯革水分含量为 30%～35%。

(4)挂晾干燥：在烘房里进行。干燥时间 14～18h，坯革水分含量 14%～20%，干燥达到要求后，摘皮静置。

(5)喷水回潮：用喷枪将 35～40℃的热水均匀喷施于坯革的肉面上，喷完后，将坯革铺平整，并用塑料薄膜盖严。回潮时间20～28h。回潮后坯革水分含量为28%～32%。

(6)振荡拉软：每2张一组，将坯革平铺于振荡拉软机的传送带上，视坯革的软硬程度，振荡拉软1～2次。要求坯革整张柔软，无硬边。

(7)绷板干燥：在自动绷板机上进行。要求坯革整张绷平，无荷叶边。绷板干燥后坯革水分含量为14%～18%。

(8)修边：修去无用边角，直口剪成圆口。

(9)净面：净面液配方为氨水(25%)5份，酒精10份，水85份，净面时，用毛巾蘸净面液，拧干，在坯革粒面上揩擦，要求整张擦到，不得漏擦。

#### 5.2.11.5　铬鞣黄牛修饰鞋面革的干燥与整理

1)工艺流程

湿态染整后出鼓搭马→挤水平展→分割→真空干燥→挂晾干燥→回潮→振荡拉软→绷板干燥→修边→粗磨→扫灰→检验→干填充→烘干→熨平→细磨→扫灰→净面→熨平→喷底浆→喷防黏层→压花→喷底层浆→喷面浆→压花→喷面浆→喷光亮剂→喷固定剂→压花→检验分级→量尺→包装→交库。

2)部分操作要点

(1)绷板干燥前同上。

(2)粗磨：在磨革机上进行。用2/0#砂布磨1～2道。若采用窄工作面的磨革机，要注意避免接头印。

(3)干填充：填充液配方为填充树脂1份，渗透剂0.2份，水1份。用海绵纱包蘸填充液涂刷于坯革表面上，松软部位多刷，紧实部位少刷或不刷。干填充液的用量为50～70g/m$^2$，静置24h。

(4)烘干：将干填充并经过静置过的坯革挂晾于烘房烘干，烘房温度35～40℃，烘干时间2～4h。

(5)熨平：在平板式熨平机上进行。温度75～80℃，压力6MPa，时间2s。

(6)细磨：在磨革机上进行。用5/0#旧砂布细磨1道，要求整张磨到。

(7)熨平：在熨平机上进行。温度70～80℃，压力180～210kg/cm$^2$，保压时间3s。

#### 5.2.11.6　铬鞣山羊鞋面革的干燥与整理

1)工艺流程

湿态染整后出鼓搭马→挤水平展→真空干燥→通道干燥→静置→喷油回潮→振荡拉软→平展→绷板干燥→修边→挑选分类→磨里→扫灰→磨面→扫灰→喷抛光剂→抛光→净面→喷底浆→烘干喷中层浆→烘干→喷顶层浆→烘干→喷固定剂→烘干→通烫→检验分级→量尺→包装→入库。

2)部分操作要点

(1)挤水平展：在挤水平展机上进行。采用四刀法进行挤水平展，先竖伸两刀，再横伸两刀，坯革的水分含量为50%～55%。要求整张伸开、伸平，基本消除坯革粒面皱纹，尤其是颈纹。

(2)真空干燥：在真空干燥机上进行。温度70℃，真空度0.02MPa，干燥时间1.5～2.0s。

要求坯革粒面细致，革身平整，水分含量为 35%～40%。

(3)通道干燥：采用通道干燥的方法。进口温度 60～70℃，出口温度 40～50℃。要求坯革水分含量为 18%～20%。

(4)喷油回潮：喷油液配方为亚硫酸化加脂剂 1 份，渗透剂 0.05 份，水 3.5～4.5 份(硬皮从低限，软皮从高限)。用喷枪将油乳液均匀地喷施于干坯革的肉面上，喷完后，将坯革铺平整，用塑料薄膜盖严，静置过夜。要求坯革水分含量为 25%～30%。

(5)振荡拉软：在振荡拉软机上进行。将坯革平铺于振荡拉软机的传送带上，视坯革的软、硬程度，振荡拉软 1～2 次。要求坯革整张柔软程度一致，革身无僵硬感觉，无硬边。

(6)平展：在平展机上进行。操作时，将坯革肉面朝上，平展革里。先横伸两刀，再纵伸四刀(分别是在颈部和臀部)。

(7)磨里：在磨革机上进行。用 180#砂布轻磨 1 道，要求革里绒毛细致、洁净，革身平整。

(8)磨面：在磨革机上进行。用 600#或 800#砂纸磨面，要求磨平毛尖，并去掉一层带有各种小缺陷的粒面，不得有任何磨面伤。

(9)抛光：在抛光机上进行。

(10)通烫：在通过式熨平机上进行。温度 60～70℃，压力 80～90kg/cm$^2$，速度 6～8m/min，要求喂皮平整，无压褶。

#### 5.2.11.7　黄牛沙发革的干燥与整理

1)工艺流程

湿态染整后出鼓搭马→挤水平展→湿绷板干燥→回潮→振荡拉软→转鼓摔软→绷板干燥→修边→磨里→磨面→扫灰→补伤→细磨→扫灰→底浆辊涂→喷中层浆→压花→摔纹→扫灰→喷上层→轻摔软→冷绷板→喷顶层→检验分级→量尺→包装→入库。

2)部分操作要点

(1)湿绷板干燥：在绷板干燥机上进行。将挤水平展过的坯革直接在绷板干燥机上进行绷板干燥。注意控制干燥速率。要求坯革绷开、绷平，坯革水分含量为 14%～18%。

(2)振荡拉软：在振荡拉软机上进行。将坯革平铺于振荡拉软机的传送带上，视坯革的软、硬程度，振荡拉软 1～2 次。要求坯革整张柔软程度一致，革身无僵硬感觉，无硬边。

(3)转鼓摔软：在专用悬挂式木转鼓中进行。加入适量的助软物。摔软时间 8～12h。要求整张柔软度基本一致。

(4)绷板干燥：在自动绷板干燥机上进行。要求绷开、绷平，使坯革定型，坯革水分含量为 14%～18%。

(5)磨里：在磨革机上进行。用 180#砂布轻磨 1 道，要求革里绒毛细致、洁净，革身平整。

(6)磨面：在磨革机上进行。先用 200#～240#砂纸磨面，要求全皮磨到，无漏磨，深浅一致。

(7)补伤、细磨：采用补伤树脂进行点补。再用 400#～600#砂纸磨面，要求全皮磨到，无漏磨，深浅一致。

(8)压花：在通过式压花机上进行，温度 80～90℃，压力 90～100kg/cm$^2$，速度 2～3m/min。

(9)摔纹：摔软转鼓中摔纹 3～4h，内温约 50℃，含湿 18%～20%，花纹清晰。

(10)冷绷板：轻绷，温度 25～30℃，时间 2～4h。

(11)喷顶层→检验分级→量尺→包装→入库。

**思考题**

(1)服装革与面革在干态加工中有什么区别?

(2)均匀磨粒面需要哪些准备工作?

(3)干态整理对水分有要求吗? 为什么? 举两例说明。

## 5.3　本章参考资料阅读

1)阅读有关制革工艺学资料

出版书：制革工艺专著及相关教材。

出版期刊:《中国皮革》、《皮革科学与工程》、*World Leather*、*JALCA*、*JSLTC*。

其他参考资料：皮革化学品公司产品说明书。

2)查询电子资料

查询关键词：皮革干燥；干整理；拉软；振荡；压花；熨平；摔软；绷板；真空干燥；干填充；鞋面革；家具革；服装革。

# 第 6 章　坯革的涂饰
# （LEATHER FINISHING）

市场上琳琅满目的各种颜色、风格、光亮度、功能的服装革、沙发革、包袋革、鞋面革、汽车坐垫革等成品革及其制品，给予人们美感、舒服的触感和无限的满足感。这些感受均来自坯革的涂饰，因此，在皮革的生产过程中，坯革的涂饰是制革生产或皮革商品的最后加工工段，也是至关重要的工段，被誉为对坯革的“化妆”，是技术与艺术的融合。完成涂饰前后坯革与成革的对比见图 6-1。

涂饰前　　涂饰后

图 6-1　涂饰前后的革

按照成品革的要求，有的革种需要涂饰，有的不需要涂饰，其中，需要涂饰的又有重涂与轻涂。按照主要功能要求可以分为遮盖型涂饰与手感型涂饰、使用性能涂饰与加工性能涂饰等。本章介绍遮盖型涂饰的工艺。

根据涂饰工艺的目的可以分为以下几种。

(1) 赋予成品革美观、均匀的外观，满足客户对皮革颜色、表面手感及光泽的要求。一般来说，未经涂饰的坯革粒面较为粗糙，没有光泽，表面颜色不鲜艳且可能存在颜色不均匀的现象。经过涂饰后的成品革表面光滑、平细，有适度的光泽(亮光、自然光或消光)，颜色鲜艳、均匀，手感舒适，具有美感且可以满足客户的要求。

(2) 提高成品革的表面化学和物理性能，满足不同产品的表面质量要求。涂饰可使成品革表面有一层保护性的涂层，其具有优良的物性，即耐热、耐寒、耐水、耐有机溶剂、耐干/湿擦、耐刮擦、阻燃等性能。

(3) 遮盖或改善坯革的伤残、革身的缺陷，提高革的利用率与质量档次。一般来说，作为天然产品的动物皮，都存在一定程度的自然伤残，即“无残不成皮”。在开剥、储藏和加工过程中也会造成一定的缺陷，如粗面、松面、色花等。涂饰可以弥补和改善坯革的伤残和缺陷，使次革变成好革，其利用率与质量档次均得到提高。另外，二层坯革在经过涂饰后也可大大地扩大其使用范围，并提高其价值。

(4) 赋予成品革不同的风格，增加革的品种。经过涂饰后可得到各种颜色的成品革，具有不同的风格，如苯胺革、双色革、压花革、漆革、仿古革、油蜡变革、龟裂革等。同时通过涂饰还可以赋予成品革各种效应和特殊功能，如抛光效应、打光和仿打光效应、擦色效应、仿古效应、三防革(防水、防油污、防雾化)等。

根据坯革的粒面情况，涂饰可分为以下几种类型。

1) 全粒面坯革的涂饰

涂饰直接在粒面上进行。通常要求坯革的粒面伤残少、无伤残或粒面缺陷易遮盖。

2) 磨去部分粒面坯革的涂饰或修饰粒面的涂饰

涂饰在粒面经过轻微磨削后的坯革上进行。通常用于坯革的粒面有较多伤残和缺陷，难以用正常涂饰（轻涂饰）遮盖的坯革。这种涂饰又根据磨削的轻重分为轻修面涂饰、半粒面涂饰及重修面（简称修面）涂饰三类。

3）二层坯革的涂饰或绒面革的涂饰

涂饰在坯革的绒面上进行。包括二层坯革、绒面坯革（磨削去除粒面的坯革及毛革两用革中肉面需要涂饰的坯革）。

根据采用的机械设备和涂饰方法的不同，可以分为刷涂法涂饰、揩涂法涂饰、喷涂法涂饰、辊涂法涂饰、帘幕法涂饰。要求薄（轻）涂饰的革，常用的方法有喷涂、辊涂、刷涂、揩涂等。

坯革的涂饰影响因素较多，涉及坯革的种类特征、化工材料品质、良好的操作条件，包括机械设备、手工的一系列操作过程。

本章分别从概述、涂饰剂的基本组成及其性能、成膜剂的成膜、皮革的涂层、涂饰前坯革的特征、皮革涂饰的种类、皮革的涂饰方法、皮革涂层常见的缺陷进行论述。

## 6.1　涂饰剂的基本组成及其性能

一般来说，皮革涂饰剂是指能涂覆在坯革表面并能形成牢固附着的连续薄膜的材料。皮革涂饰剂主要由成膜剂、着色剂、溶剂及助剂等按照一定比例配制而成，如图 6-2 所示。成膜剂，又称黏合剂，是能使涂层牢固地附着于坯革表面并形成连续和具有牢度的薄膜物质，是涂饰剂的基本组成成分；着色剂则赋予涂层所需要的颜色，是调节涂层色调的组成成分；溶剂和助剂在皮革涂饰中能够完善或加强涂层组分功能也已经成为不可缺少的成分。

- 皮革涂饰剂
  - 成膜剂
    - 合成树脂成膜剂
      - 聚丙烯酸类树脂
      - 聚氨酯类树脂
      - 聚丁二烯类树脂
      - 其他树脂类成膜剂
    - 天然产物基成膜剂
      - 蛋白类成膜剂
      - 改性酪素
      - 纤维素类成膜剂
  - 着色剂　颜料膏(分为含酪、无酪)、色浆、染料水
  - 溶剂　水、易挥发的有机亲水或疏水物
  - 助剂　蜡乳液、填料、消光剂、手感剂、交联剂、流平剂、增稠剂等

图 6-2　皮革涂饰剂的基本组成

### 6.1.1　成膜剂及其特征

成膜剂必须能够承载着色剂、助剂，黏合（固定）在坯革的表面并赋予涂层牢度。成膜剂按照溶剂或分散介质的不同，可分为溶剂型和水乳型；按照其来源和性质分类，见图 6-2。各种类型的成膜剂还需要进行不同功能的区分，包括物理性能及化学性能强弱（高低），如按照膜的软硬程度进行区分，又可以分为特软、软、中软、中硬、硬型。

市场上使用的成膜剂中，合成树脂类成膜剂主要有聚丙烯酸类树脂成膜剂、聚氨酯类树

脂成膜剂、聚丁二烯类树脂成膜剂。

#### 6.1.1.1　聚丙烯酸类树脂成膜剂

聚丙烯酸类树脂成膜剂是以丙烯酸及酯类单体为基通过自由基共聚合而成的乳液，其反应示意式如图 6-3 所示。

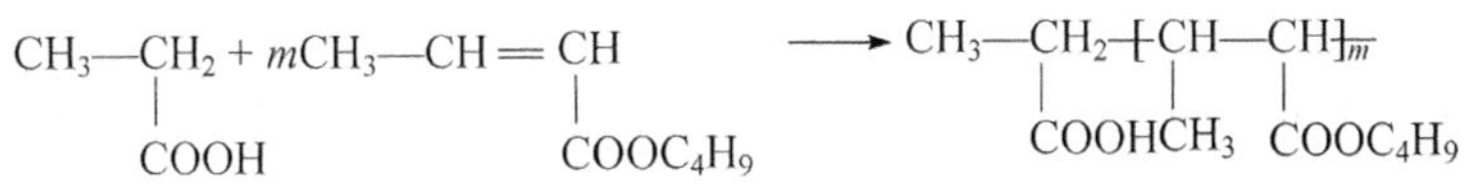

图 6-3　聚丙烯酸类树脂的合成反应

聚丙烯酸类树脂乳液在 20 世纪 40 年代后期逐渐被应用于皮革的涂饰中。早期的聚丙烯酸类树脂乳液成膜耐热性较差，对温度敏感，热黏冷脆，且易被有机溶剂溶解。后来，通过采用不同的乙烯基类单体及聚合方法研究与开发，逐渐呈现一系列的功能优良的产品，其中有德国 LanXess 公司的 Primal SB、Primal ST、Primal SCL 系列产品，荷兰 STAHL 公司的 RA 系列产品，德国 BASF 公司的 Lepton Binder 系列产品，意大利 ICAP 公司的 ICACRIL 597、599 等系列产品，德瑞（TFL）公司的 RODA cryl 系列产品，西班牙 PIELCOLOR 公司的 RE 系列产品等。我国在 20 世纪 70 年代实现聚丙烯酸类树脂乳液的工业化生产并将其应用于皮革工业，当时最有代表性的是上海皮革化工厂的软 1 树脂、软 2 树脂和中 1 树脂。目前，多种聚丙烯酸类树脂商品应用于生产。

聚丙烯酸类树脂乳液的特征：良好的乳液稳定性、优良的成膜性能，与涂饰常用的着色剂、多种涂饰助剂、多种涂饰用树脂成膜剂有很好的共混性。

聚丙烯酸类树脂成膜的特征：具有良好的耐光性、较好的黏着性、较好的物理力学强度、较高的光泽度、良好可加工性（优良的压花定型性）、优良的耐有机溶剂性。

聚丙烯酸类树脂乳液成膜剂种类较多，主要有填充型、自交联型、阴阳离子型，其柔软度及光泽度不同。

#### 6.1.1.2　聚氨酯类树脂成膜剂

聚氨酯类树脂成膜剂是由异氰酸酯为基与聚酯多元醇或聚醚多元醇缩聚形成的乳液。其反应示意式如图 6-4 所示。

$$n\text{OCN(CH}_2)_6\text{NCO} + n\text{HO(CH}_2)_4\text{OH} \longrightarrow \text{+OCNH(CH}_2)_6\text{NHCOO(CH}_2)_4\text{O+}_n$$

图 6-4　聚氨酯类树脂的合成反应

1937 年德国 Bayer 公司首次合成聚氨酯，1972 年率先开发了水性聚氨酯皮革涂饰材料并逐渐用于皮革的涂饰中。20 世纪 80 年代，我国也相继研究和生产出水性聚氨酯涂饰剂。与聚丙烯酸类树脂成膜剂比较，聚氨酯类树脂成膜剂具有更加优良的性质。目前已广泛用于各种坯革涂饰中。几乎生产涂饰剂的皮革化工材料公司都有此类产品，如 STAHL 公司的 RU 系列产品，LanXess 公司的 BAYDERM Bottom 10UD、50UD、91UD 等系列产品，TFL 公司的 RODA PUR 系列产品，意大利 ICAP 公司的 IDROTAN 系列产品，西班牙 PIELCOLOR 公司的 UR 系列产品等。

聚氨酯类树脂乳液特征：优良的成膜性能，与多种涂饰助剂、多种涂饰用树脂成膜剂有良好的共混性。

聚氨酯类树脂成膜特征：具有良好的黏着性，优良的物理力学强度、耐热耐寒性，较高的光泽度，酯族聚氨酯具有良好的耐光性(芳族类聚氨酯易黄变)、优良的抗剪切性能，但压花定型性较差。

聚氨酯类树脂乳液成膜剂种类较多：有溶剂型、水分散型和阴阳离子型。

#### 6.1.1.3　聚丁二烯类树脂成膜剂

聚丁二烯类树脂成膜剂是以 1,3-丁二烯单体为基通过自由基共聚反应形成的共聚物，其产物结构示意式如图 6-5 所示。

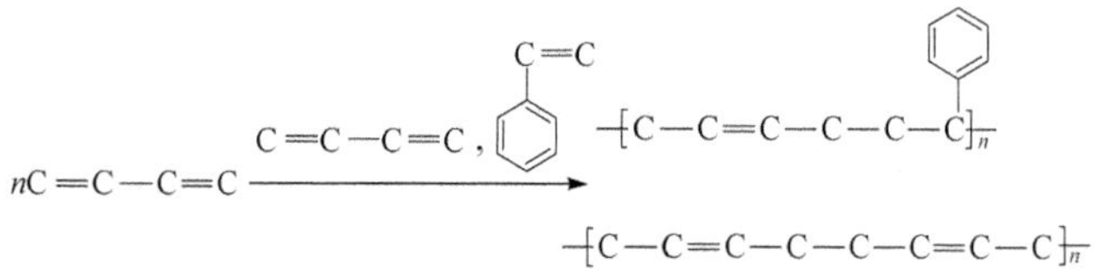

图 6-5　聚丁二烯类树脂的结构

聚丁二烯类树脂来源于石油产品加工，在 20 世纪 70 年代开始用于皮革的涂饰，如 LanXess 公司的 EUDERM Resin 50B-N。由于成本及膜性能特征等原因，聚丁二烯树脂乳液应用于皮革涂饰量较少。

聚丁二烯类树脂乳液特征：优良的成膜性能。

聚丁二烯类树脂成膜特征：具有极好的遮盖性能、良好的物理力学强度、极好的离板性，耐黄变差(主链结构中存在碳碳双键)。

聚丁二烯类树脂乳液成膜剂的特征：水分散液，不同柔软度，中低的光泽度。

#### 6.1.1.4　其他树脂类成膜剂

随着对产品功能要求的增加或新型原料的应用，不时有一些新的成膜剂被开发，如聚乙烯醇树脂、环氧树脂、酚醛树脂等。但由于性能或成本问题没有或极少应用于商品化生产。另一类树脂是具有较多功能的复合树脂，常称为综合树脂，于 20 世纪 90 年代后期被开发。它是采用多种成膜剂及涂饰助剂复配而成，目的是除了能完成成膜剂的基本功能外，能够同时呈现多种功能。这些树脂能够使操作简化，最佳发挥成膜树脂与助剂的功能，如黏合力、遮盖性、填充性、可磨性、热压离板性及成型性等。但是，这类树脂多用于底层涂饰，少用于中层及以上层。使用时可以单独成膜，也可以与其他树脂及助剂复合成膜。迄今，较多皮革化工材料公司已有此类产品，如 LanXess 公司的 EUDERM Compact FFN DP2029、Compact ON-C、NP DP2002，德瑞公司的 RODA base 系列产品，STAHL 公司的 RC 系列产品，Merio Resin 系列产品，西班牙 PIELCOLOR 公司的 CP 系列产品等。

#### 6.1.1.5　以天然产物为基的成膜材料

1) 蛋白类成膜剂

单纯的蛋白能干燥成膜，但由于缺乏涂饰成膜剂的主要功能，不能作为成膜剂使用。然而，目前的蛋白类成膜剂是经过接枝改性后的蛋白类材料，以下简称蛋白类成膜材料。蛋白类成膜材料主要成分是蛋清、酪素和明胶。在合成树脂出现前，蛋清、酪素用于皮革的涂饰具有较长的历史，因此，这类成膜材料被皮革涂饰重视。尽管对原来的蛋白质进行了改性，蛋白类成膜材料仍然存在以下基本共性：①良好的黏着性，可涂饰形成膜；②耐熨烫、打光，具有良好的熨平/压花时的离板性能，改善成品革的堆积性；③可赋予涂层自然的光泽、舒适的手感；④抗溶剂性能好；⑤良好的卫生性能；⑥成膜硬脆，缺乏延伸性；⑦不耐水及酸碱。

根据天然蛋白类成膜材料特征，没有经过改性的天然蛋白，缺乏曲挠性及延伸性，不能单独用于成膜。因此，这些物质往往也不被称为成膜剂，更多地作为助剂使用，如可以通过交联固定作为光亮剂。

2) 改性酪素

改性酪素是一类通过树脂接枝改性后提高了成膜延伸率及疏水性的材料。为了保留蛋白类材料的天然特质，更好地将其应用于皮革涂饰，国内外研究人员对其进行了多种改性方法。就酪素而言，分别采用乙烯基类单体、异氰酸酯单体等改性，研制并生产出系列改性酪素产品。如 LanXess 公司的 Lustre 2061-C、2062-C，德瑞（TFL）公司的 RODA bind 系列产品，STAHL 公司的 BI 与 Melio Top 系列产品，Trumpler 公司的 TRUPOFIN BINDER 系列产品，意大利 ICAP 公司的 ICATOP LM40、LM50、LM58，西班牙 PIELCOLOR 公司的 LP、LK 系列蛋白成膜剂，武汉天马实业总公司的酪龙黏合剂等。

改性酪素涂饰后的涂层光泽柔和、黏着牢固、耐熨烫、手感自然，能保持天然皮革的透气、透水气等卫生性能，提高了耐水溶性。但与其他树脂类相比，仍存在涂层较硬、耐湿擦性能不足、易黄变等不足。

3) 纤维素类成膜剂

硝化纤维素（NC）、醋酸纤维素（CAB）是靠溶剂及增塑剂获得延伸的成膜物，也称光油。纤维素来自光合作用（年产几十亿吨），是最丰富的高分子材料，纤维素化学结构中的基本结构单元是葡萄糖，以 $\beta$-1,4-糖苷键连接，见图 6-6。纤维素的分子间以氢键作用力聚集，不溶于水但可溶于一定浓度的 NaOH 溶液。涂饰用纤维素光油、光亮剂由纤维素衍生物构成，即分别按照不同改性方法将纤维素酯化改性得到如硝化纤维、醋酸纤维。

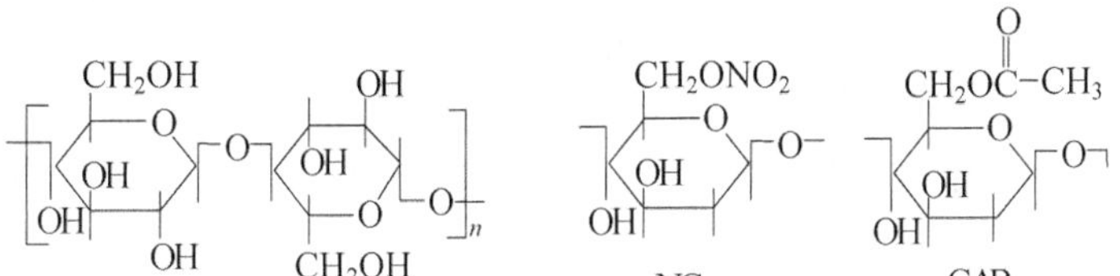


图 6-6　纤维素的酯化产物硝化纤维素与醋酸纤维素

硝化纤维素、醋酸纤维素中的酯化程度直接影响纤维素成膜剂的性能，如硝化纤维素类成膜剂的含氮量为 11.8%～12.3%，其膜硬脆，靠溶剂及增塑剂协助成膜，靠分散助剂分散在溶剂或水中。因此，按照分散介质不同，可分为溶剂型、乳液型两种。两种纤维素衍生物成膜剂基本性能见表 6-1。

**表 6-1　两种纤维素酯基本特性**

| 特性 | NC | CAB | 特性 | NC | CAB |
|---|---|---|---|---|---|
| 易燃性 | 高 | 低 | 混溶性 | 差 | 差 |
| 耐热、紫外光 | 差 | 好 | 溶剂可溶性 | 好 | 差 |
| 耐水 | 好 | 好 | 干燥特征 | 快 | 极快 |
| 耐酸性 | 差 | 差 | 手感 | 较硬 | 较软 |

纤维素类成膜剂与蛋白类相似，延伸性与曲挠性靠增塑剂获得。良好的光泽、舒适的手感和抗水性能，使它们均用于坯革的顶层光亮剂。由于较弱的黏合性能，该类材料多用于涂饰过程中的隔离层，主要起到隔离、防黏板作用。一些生产涂饰剂的公司大多有类似的产品，如 LanXess 公司的 ISODERM LA83-N、LA85-N-c，STAHL 公司的 LW 和 LS 系列产品，Melio EW 系列产品，德瑞公司的 RODA lac 系列产品，西班牙 PIELCOLOR 公司的 LA、LB、LU 系列产品。

### 6.1.2　着色剂及其特征

色彩斑斓的皮革及其制品广受消费者喜爱。皮革的颜色主要来源于皮革的着色剂，如颜料膏、色浆及染料水。着色剂能使成品革的表面呈现美观的色调及颜色效应，遮盖坯革原有的缺点。

1）颜料

颜料是不溶于水的并具有一定颜色的细分散粉末，分为无机颜料和有机颜料。无机颜料一般为金属氧化物，具有鲜艳的色泽及良好的遮盖力。金属氧化物颜料对光和热稳定性好。有机颜料则是不溶性有机物或色淀。有机颜料遮盖性较好但不及金属氧化物颜料。颜料的特性包括遮盖力、着色力、分散度、耐光性、耐热性和耐酸碱性等。

颜料的遮盖力是指涂饰坯革时，颜料能遮盖坯革的底色而不露底的能力，通常用每遮盖 $1m^2$ 所需要颜料的质量（单位 g）来表示。颜料遮盖力的强弱取决于颜料和成膜剂的折射率之差，数值越大，遮盖力越强。颜料的遮盖能力大小与颜料的种类、形状、粒度的分布及分散程度有关。通常，无机颜料的粒径为 0.1～2.15μm，而有机颜料的粒径为 0.01～1.0μm，具有较佳的遮盖能力；不同种类颜料的最佳遮盖力的粒径大小也不同。红色颜料的粒径为 550～530nm、绿色颜料的粒径为 500～530nm、蓝色颜料的粒径为 440～480nm、白色颜料的粒径为 400～700nm 时，其遮盖效果最好。遮盖力大小不同的颜料在涂饰剂中的用量也不同，遮盖力较强的颜料，用量相应较小，遮盖力弱的颜料则用量较大。

颜料的着色力是指该颜料与另一种颜料混合后显示其颜色强弱的能力。颜料的着色力与自身的性质和分散度有关。分散度越大，着色力越强。

2）颜料膏与色浆

将颜料制备成溶剂型和水分散型。溶剂型的称为油墨，主要用于溶剂型涂饰剂，如与溶剂型硝化纤维成膜着色。水分散型称为颜料膏，具有良好的流动性，又称色浆。颜料膏与色浆的分散介质有酪素、树脂类物质。根据颜料膏分散介质是否有酪素，将其分为有酪颜料膏和无酪颜料膏，基本性质见表 6-2；也可按照颜料的类别，将其分为有机颜料膏和无机颜料膏，其性能区别见表 6-3。

**表 6-2　有酪颜料膏和无酪颜料膏的基本性能比较**

| 性能 | 有酪颜料膏 | 无酪颜料膏 |
|---|---|---|
| 填充性 | 好 | 差 |
| 成膜性 | 好 | 差 |
| 耐热性 | 好 | 差 |

续表

| 性能 | 有酪颜料膏 | 无酪颜料膏 |
|---|---|---|
| 耐光性 | 较差 | 好 |
| 耐水洗性 | 差 | 好 |
| 涂层硬度 | 较硬 | 软 |
| 涂层的离板性 | 好 | 差 |
| 涂饰剂或涂层的防腐性 | 差 | 好 |

**表 6-3　有机颜料膏和无机颜料膏基本性能比较**

| 性能 | 有机颜料膏 | 无机颜料膏 |
|---|---|---|
| 透明度 | 好 | 不好 |
| 遮盖力 | 较差 | 强 |
| 耐高温 | 中等(≤300℃) | 强(≤1000℃) |
| 颜色鲜艳度 | 好 | 一般 |
| 对超声波是否产生反应/火花 | 不会 | 有可能会(尤其是黑色或深棕色) |

颜料膏可广泛用于聚丙烯酸类树脂、聚氨酯类树脂、综合树脂等成膜剂的着色。在涂饰的配方中，按照所需要的颜色，分别采用不同比例的颜料膏进行调配。调色规律可根据减色原理进行搭配，参见表 6-4。

**表 6-4　一些颜色的颜料膏的搭配效果**

| 颜色 1 | 颜色 2 | 颜色 3 | 目标颜色 |
|---|---|---|---|
| 红色 | 黄色 | — | 橙色 |
| 红色 | 蓝色 | — | 紫色 |
| 黄色 | 蓝色 | — | 绿色 |
| 紫色 | 黄色 | — | 黑色 |
| 蓝色 | 橙色 | — | 黑色 |
| 紫色 | 橙色 | — | 深棕色 |
| 红色 | 绿色 | — | 黄色 |
| 蓝色 | 绿色 | — | 军绿色 |
| 红色 | 蓝色 | — | 紫红色 |
| 红色 | 黄色 | 蓝色 | 黑色 |

按照颜料膏或色浆所带电荷不同，可将其分为阴离子型、阳离子型和非离子型。在应用时分别与相容的离子或电荷的涂饰剂组分进行搭配。

根据颜料膏的遮盖性能，分为遮盖型和透明型。超细型颜料可替代染料用于效应层的着色和苯胺效应革的涂饰。

在 LanXess 公司、TFL 公司、STAHL 公司、Trumpler 公司、西班牙 PIELCOLOR 公司、

意大利 SIMIA 公司等及国内部分公司都有系列的颜料膏产品。

3)染料水

在涂饰过程中，为了使坯革的无涂层或薄涂层实现调色，通常采用染料水补充或增加着色。所使用的染料有金属络合染料水、耐晒醇溶型染料、酸性染料等。其中最常用的为非水溶性金属配合染料(如 1∶2 金属配合物)，主要有黑色、白色、灰色、浅棕色、棕色、蓝色、柠檬黄色、绿色、黄色、橙色、红色等。

非水溶性染料水需要用溶剂溶解。为了满足水基涂饰，还需要用水稀释。用染料水参与涂饰可以提高涂膜色调的鲜艳度或某种效应，但是由于染料水的浓度及染料水主要成分为染料，遮盖性较颜料构成的颜料膏及色浆差，因此，坯革的伤残、瑕疵甚至色花都难以用染料水进行遮盖。TFL 公司、STAHL 公司、LanXess 公司等及一些国内公司有系列的染料水产品。

染料水和颜料膏对涂层的作用差别见表 6-5。

**表 6-5　染料水和颜料膏的基本性能比较**

| 种类性能 | 染料水 | 功能 |
|---|---|---|
| 颜色种类 | — | 色谱宽 |
| 遮盖力 | 好 | 差 |
| 着色力 | 弱 | 强 |
| 颜色饱满度 | 弱 | 好 |
| 附着力 | 强 | 弱 |
| 渗透性 | 强 | 差 |
| 耐黄变性 | 差 | 好 |

### 6.1.3　溶剂及其特征

#### 6.1.3.1　溶剂的种类

在皮革涂饰过程中，为了溶解或分散树脂、降低涂饰浆液的黏度、改善涂层的流平、成膜等性能，需要采用不同类型的溶剂，主要是水和有机溶剂。

不同类型的有机溶剂所起到的作用不同。根据溶解理论，有机溶剂按照氢键强弱和形式，主要分为弱氢键溶剂、中等氢键溶剂(或氢键接受型溶剂)和强氢键溶剂(或氢键授受型溶剂)三种类型，如图 6-7 所示。

- 溶剂
  - 水
  - 有机溶剂
    - 弱氢键溶剂，如烃类、卤代烃类等
    - 中等氢键溶剂(或氢键接受型溶剂)，如酮类、酯类、醚类等
    - 强氢键溶剂(或氢键接受型溶剂)，如乙醇、异丙醇、正丁醇、异丁醇、甲氧基丙醇等

图 6-7　皮革涂饰用溶剂的分类

弱氢键溶剂主要包括石油类溶剂(包括石油醚、白油或松香水、高芳烃的石油溶剂等)、

苯系溶剂（包括甲苯、二甲苯等）、氯代烃（二氯甲烷、三氯甲烷）、硝基烃（硝基甲烷等）。芳香烃能溶解很多树脂，但价格较脂肪烃高。商业上脂肪烃溶剂是直链脂肪烃、异构脂肪烃、环烷烃及少量芳烃的混合物。

中等氢键溶剂，即氢键接受型溶剂，主要是酮、酯和醚类。主要有丙酮、丁酮、甲基异丁基酮、乙酸乙酯、乙酸丁酯、乙二醇醚、丙二醇醚等。其各有优缺点，即酮类溶剂较酯类溶剂便宜，但酯类溶剂较酮类溶剂气味芳香。

强氢键溶剂，即氢键授受型溶剂，主要为醇类溶剂及部分醚类溶剂，常用的有乙醇、异丙醇、正丁醇、异丁醇、甲氧基丙醇、丙二醇单醚、乙二醇单醚、吡啶等。

这三类部分溶剂及其物理性质见表 6-6。

**表 6-6　部分溶剂的物理性质**

| 溶剂 | 沸点/℃ | 相对挥发速度 (25℃)/[g/(min·m$^2$)] | 相对密度 (25℃)/(g/cm$^3$) |
|---|---|---|---|
| 石脑油 | 119～129 | 1.4 | 0.742 |
| 200#溶剂汽油 | 158～197 | 0.1 | 0.772 |
| 甲苯 | 110～111 | 2.0 | 0.865 |
| 二甲苯 | 138～140 | 0.6 | 0.865 |
| 1,1,1-三氯乙烷 | 73～75 | 6.0 | 1.325 |
| 丁酮 | 80 | 3.8 | 0.802 |
| 甲基异丁基酮 | 116 | 1.6 | 0.799 |
| 2-庚酮 | 147～153 | 0.46 | 0.814 |
| 异佛尔酮 | 215～220 | 0.02 | 0.919 |
| 乙酸乙酯 | 75～78 | 3.9 | 0.894 |
| 乙酸异丙酯 | 85～90 | 3.4 | 0.866 |
| 乙酸正丁酯 | 118～128 | 1.0 | 0.872 |
| 乙酸-1-甲氧基-2-丙酯 | 140～150 | 0.4 | 0.966 |
| 乙酸-2-丁氧基乙酯 | 186～194 | 0.03 | 0.938 |
| 1-硝基丙烷/硝基 | 112～133 | 1.0 | 0.987 |
| 甲醇 | 64～65 | 3.5 | 0.789 |
| 乙醇 | 74～82 | 1.4 | 0.809 |
| 异丙醇 | 80～84 | 1.4 | 0.783 |
| 正丁醇 | 116～119 | 0.62 | 0.808 |
| 1-丙氧基-2-丙醇 | 149～153 | 0.21 | 0.89 |
| 2-丁氧基乙醇 | 169～173 | 0.07 | 0.901 |
| 二甘醇单丁基醚 | 230～235 | <0.01 | 0.956 |
| 乙二醇 | 196～198 | <0.01 | 1.114 |
| 丙二醇 | 185～190 | 0.01 | 1.035 |

6.1.3.2　涂饰剂中溶剂的挥发

在皮革涂饰过程中，溶剂的挥发可分为两个阶段。第一阶段，溶剂的挥发速度主要受单一溶剂挥发的温度、蒸气压、表面积和表面空气的流动速度的因素影响，其挥发速度与纯溶剂相同。但随着溶剂的进一步挥发，其挥发速度突然变慢，此时就进入第二阶段，即溶剂的挥发速度不再是由表面溶剂的挥发所控制，而是由溶剂从涂膜内到表面的扩散所控制，溶剂的挥发速度与膜厚度的平方成正比。通常当溶剂挥发到 70%～80%时，即为第二阶段，如图 6-8 所示。

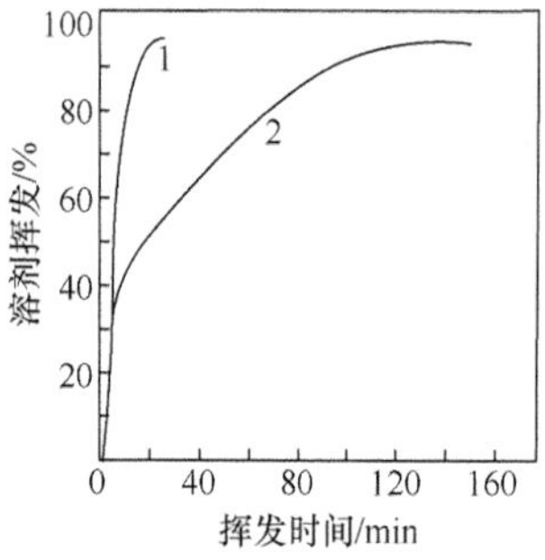


图 6-8　溶剂的挥发阶段

1. 100%甲基环己烷；
2. 40%长油度醇酸树脂的甲基环己烷

6.1.3.3.　水性涂饰剂中水的挥发

水性涂饰剂中水的挥发与通常的溶剂挥发的第一阶段类似，也受温度、相对湿度、空气流动速度等因素的影响。但随着大量的水挥发后，挥发速度减慢，表面层凝集，水分子必须通过表面层挥发。

**6.1.4　助剂及其特征**

在皮革涂饰剂中，助剂可以增加或改善涂层功能，或者是改善涂饰操作的重要组分。常用的助剂有蜡乳液、填料、消光剂、手感剂、交联剂、流平剂、渗透剂、增稠剂等。

6.1.4.1　蜡乳液

蜡乳液主要作用是解决涂层黏着性、改善手感、遮盖伤残及增强消光（不熨压）。为了防止皮革上层涂饰的黏着性及熨压离板性，可以在涂饰层内加入蜡乳液。但防黏是两面效应，因为蜡乳液也是破坏涂层黏着力的材料，需要适当使用。蜡乳液可以改善最终成革的手感、遮盖皮革粒面轻微的伤残等。在不经过打、抛光的前提下，有良好的消光作用。

蜡乳液是包括植物蜡、动物蜡、矿物蜡等采用适当比例的乳化剂乳化而成的乳液。植物蜡主要有巴西棕榈蜡、米糠蜡等；动物蜡则主要有蜂蜡、川蜡（虫白蜡）等；矿物蜡主要有蒙旦蜡（又称褐煤蜡、地蜡）、微晶蜡、石蜡等；合成蜡则主要为聚乙烯蜡、聚氧乙烯蜡等。

按照所带电荷不同，有阳离子蜡乳液和阴离子蜡乳液，分别赋予涂层不同的性能。国内外皮革化料公司都有相应的产品，如 LanXess 公司的 WAX Cl-c、WAX E-c、KWS-C、KWF-C，德瑞公司的 RODA WAX 系列产品，西班牙 PIELCOLOR 公司的 AA 系列产品，STAHL 公司的 FI-50、MELIO WAX 178、MELIO WAX 187 等。根据功能描述，还有梦幻效应变色蜡、带树脂的蜡剂及其他可赋予涂层双色效应、蜡变效应的蜡等。

6.1.4.2　填料

皮革涂饰中的填料主要作用是改善涂层的饱满性、可加工性及最终成革的手感。填料较多被用于避免涂层间的发黏。含有填料的涂层成膜不透明，有较强的遮盖力、填充性，因此也作为消光材料使用。

填料多以 $SiO_2$、高岭土、蛋白质、蜡乳液与合成高分子类化合物为组分或是它们的复合体，属非成膜物质。 国内外皮革化料公司均具有相应的产品，如 STAHL 公司的 FI-1261、

MELIO Filler D，意大利 ICAP 公司的 ICAFILLER MR、ICAFILLER 1583，LanXess 公司的 EUDERM Nappa Soft S-C、Soft F-C 等。

### 6.1.4.3　消光剂

通过消光剂对射入光的漫反射，达到遮盖粒面不均匀造成的瑕疵，获得均匀光泽的效果。消光剂是具有均匀粒径的硅溶胶、硬脂酸盐及其衍生物、水溶性丙烯酰胺类聚合物、二氧化钛、蜡乳液等的复合物，通过表面铺盖，使粗糙的表面同一方向的折射光强度降低，达到消光的目的。消光原理见图 6-9。

图 6-9　不同平面对光的散射情况

国外皮革化料公司有消光剂产品如意大利 ICAP 公司的 5430，LanXess 公司的 Matting SN-c、HE-6，德瑞公司的 RODA Mat 5801，STAHL 公司的 MerioMattpaste 系列产品，西班牙 PIELCOLOR 公司的 7335-AM、7340-AM 等。国内一些公司也有同类的产品。

### 6.1.4.4　手感剂

用于调节皮革涂层具有不同触感的助剂统称手感剂。手感不同，物质的种类不同，如有机硅酮、天然蜡与合成蜡、油脂类、合成树脂类。分别赋予革涂层的滑感、蜡感、油感、润湿感及黏滞感等。国外皮革化料公司大多有此类产品，如 STAHL 公司的 HM 系列产品、MELIO WF 系列产品、LanXess 公司的 Additive 2229W、德瑞公司的 RODA feel 系列产品、西班牙 PIELCOLOR 公司的 AT 系列产品等。国内一些公司也有同类的产品。

### 6.1.4.5　交联剂

将线形或支链大分子以化学键形式连接成网状结构的反应称为交联。凡是高分子链内能够与官能度大于 2 的单体反应都可发生交联。交联反应在高分子材料制造上是一类非常重要的化学反应，是改变聚合物性能的一个重要方法。

在皮革的涂饰过程中，聚氨酯类树脂、聚丙烯酸类树脂、纤维素衍生物（包括硝酸纤维素、醋酸纤维素等）、酪素及聚丁二烯类树脂等成膜剂多为线形高分子聚合物，其力学性质、抗热性、抗水性及抗溶剂性等往往难以满足使用条件。因此，为了提高涂层的牢度，在涂饰剂中采用交联剂对其进行必要的交联，增强分子结构，使分子链间不易产生滑动，而且可以封闭亲水基团，使其耐水性、耐溶剂性、耐摩擦性及力学性能均得以提高。同时，也可增强涂层间的黏着性能。交联剂的交联反应示意图见图 6-10。

通过交联使聚合物的链段运动受影响，强度提高。轻度交联的涂膜有较高的耐热性和强度，且对韧性的影响较小。如果交联度提高，成膜的韧性降低、脆性增加。因此，若交联剂使用不当，容易使涂层变硬，甚至出现裂面等现象。

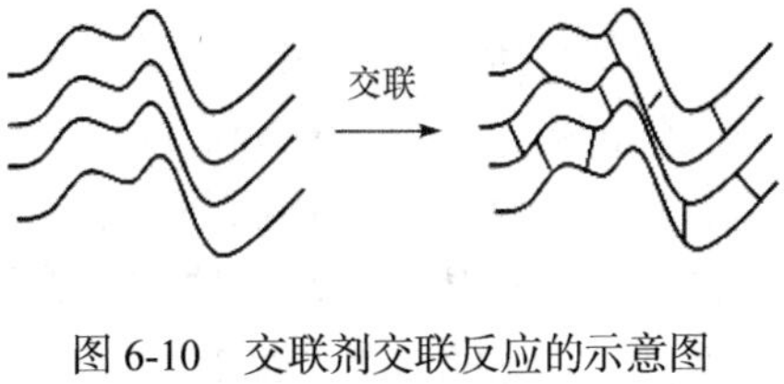


图 6-10　交联剂交联反应的示意图

目前常用的交联剂有氮丙啶类、异氰酸盐类、聚碳化二亚胺类、环氧化物类、聚脲类。它们的性能及反应特征见表 6-7。STAHL 公司的 XR 系列产品、Aqualen AKU、LanXess 公司的 AQUADERM XL 系列产品、德瑞公司的 RODA link 系列产品等都是交联剂。

**表 6-7　不同种类交联剂的特点**

| 种类 | 反应的基团 | 反应速率 | 适用期 | 完成交联/h | 特性 |
|---|---|---|---|---|---|
| 聚碳化二亚胺类 | —COOH | 慢 | 约 36h | 4～8 | 干爽，可再涂，交联效果一般；低毒性 |
| 环氧化物类 | —NH—、—OH、—COOH | 中等 | 约 30d | 2～24 | 需要高温交联 |
| 异氰酸酯类 | —NH—、—OH、—NHCONH—、—COOH | 快 | 约 8h | 24 | 交联反应较快，可再涂；不耐存放，易与水反应 |
| 氮丙啶类 | —COOH、—OH | 很快 | 1～2d | 0.5～1 | 易反应，交联效果佳；高毒性 |
| 聚脲类 | —NH—、—OH、—NHCONH—、—COOH | 快 | 1～2d | 4～8 | 环保，再涂性好 |

#### 6.1.4.6　流平剂

流平剂是一种协助涂饰剂能够平整光滑成膜的高沸点助剂。流平剂能够有效地降低皮革涂饰剂与坯革之间的表面张力、调整溶剂蒸发速度，降低黏度改善涂饰剂的流动性，延长成膜干燥时间，使得涂膜平整、光滑、均匀。流平剂主要有表面活性剂，以及一些高沸点溶剂。常见的该类产品有 LanXess 公司的 PRIMAL leveler MA-65，STAHL 公司的 LA-1688、Melio LV-03 等。

#### 6.1.4.7　渗透剂

渗透剂的主要成分大多为表面活性剂，有阴离子、阳离子及非离子型。其中阴离子与非离子型使用较多。另外，有些溶剂也可以用作渗透剂。

渗透剂主要用于底层涂饰中，根据革的品种不同，调节涂饰剂的渗透程度。特别是在坯革的干填充中，其作用是使填充性树脂或底层涂饰剂更好地润湿革面并向革内渗透，增强涂层与坯革的接着。常见的该类产品有 LanXess 公司的 PRIMAL leveler MA-65，STAHL 公司的 PT-4235、Melio P-4899 等。

#### 6.1.4.8　增稠剂

增稠剂是一种可使涂饰剂增稠，防止出现流挂现象的流变助剂。增稠剂主要有无机复合物、有机纤维素类、聚丙烯酸类树脂和聚氨酯类增稠剂。无机增稠剂是一类吸水膨胀而形成触变性的凝胶矿物，主要有膨润土、硅酸铝等。纤维素类增稠剂有甲基纤维素、羧甲基纤维素、羟乙基纤维素、羟丙基甲基纤维素等。聚丙烯酸树脂增稠剂有水溶性的聚丙烯酸盐和丙烯酸、甲基丙烯酸的均聚物或共聚物乳液增稠剂。聚氨酯类增稠剂是近年来新开发的缔合型增稠剂。常见的该类产品有 LanXess 公司的 ACRYSOL 系列产品、STAHL 公司的 RM 系列产品、德瑞公司的 RODA visc D 等。

**思考题**

(1) 列表描述各类成膜剂的共性与个性。
(2) 颜料的遮盖能力与哪些因素相关?
(3) 如何区别助剂中的溶剂与稀释剂? 请举例。
(4) 简述提高光泽及消光的原理及方法。

## 6.2　成膜剂的成膜

成膜是指涂覆在坯革表面的成膜剂或涂饰剂由液体状态转变成固态薄膜的过程。整个成膜过程包括水、溶剂的蒸发及薄膜结构的形成。成膜过程既有物理作用，又有化学作用。另外，成膜的性能与涂饰剂的组成结构、成膜条件(温度、湿度、涂膜厚度等)和坯革的性能等密切相关。

皮革涂饰剂中的主要成分之一是成膜剂，故其成膜过程就显得更为重要。常用的成膜剂有溶剂型和乳液型，其成膜过程区别较大，导致其成膜的物理机械性能也相差较大。

### 6.2.1　溶剂型成膜剂的成膜

#### 6.2.1.1　成膜过程

溶剂型成膜剂是以高聚物为分散相、有机溶剂为连续相的均相体系，其成膜致密，光亮度高，性质比乳液型成膜剂好。在溶剂型成膜剂的成膜过程中，薄膜的形成是有机溶剂和稀释剂的挥发成分挥发的结果。挥发成分的挥发速度是影响成膜速度的重要因素。而挥发速度与挥发成分的蒸气压有关。蒸气压越大，挥发就越快。溶剂和稀释剂从成膜剂溶液中挥发的过程，可分为以下三个阶段。

第一阶段：当成膜剂溶液涂于坯革表面时，液态薄膜中大量的稀释剂和溶剂开始由涂膜下层向上扩散，涂膜表面的浓度增大，逐渐形成了一层溶剂的饱和蒸气并开始挥发。

第二阶段：先在成膜剂的表面形成一层很薄的膜，即为黏性凝胶，然后逐渐变成干凝胶，且随着液态薄膜的变薄而不断增加。在此过程中，溶剂和稀释剂的蒸发需要克服整个涂膜的扩散阻力及凝固涂膜表面的阻力。

第三阶段：与成膜剂结合最紧密的溶剂开始挥发，膜收缩至稳定。

#### 6.2.1.2　影响成膜的因素

成膜剂成膜的好坏直接影响皮革涂层的物理机械性能。影响其成膜的因素较多，有成膜剂自身因素、稀释剂因素和其他因素，如相对湿度、温度、涂层厚度等。

1) 挥发成分的影响

稀释剂、有机溶剂在成膜后应该全部挥发到空气中，不残留在薄膜内。但两者挥发的顺序对成膜过程及效果影响较大。如果有机溶剂先于稀释剂挥发，那么就会使树脂沉淀出来。若挥发组分挥发太快，薄膜温度迅速降低，这样会使薄膜周围的潮气大量凝结在薄膜表面上，使薄膜发白。因此，在选择有机溶剂和稀释剂时要注意其挥发所需要的温度及挥发速度。

2)相对湿度

在溶剂型成膜剂成膜过程中，空气的相对湿度也非常重要。如果空气的相对湿度太大，则不利于其成膜，同时还会造成成膜发白的现象。

3)涂层厚度

在成膜过程中，成膜剂先后处于不稳定状态、亚稳定状态和稳定状态。由不稳定状态到稳定状态的过程中，厚膜干燥会产生相当大的内应力，使薄膜收缩，从而影响皮革表面粒纹，手感较差。因此，为了减小收缩作用，在涂饰过程中可以多次少量，尽可能减小薄膜的内应力。

溶剂型成膜剂所形成的膜均匀一致、致密度高、透明而有光泽，但膜的透气性和透水气性都不好，厚膜更是如此。为了尽可能保持皮革的卫生性能，采用薄层涂饰也是一种有效措施。

溶剂型成膜剂成膜过程中有机溶剂的挥发会对环境造成污染。因此，为了环保和穿着舒服的要求，越来越多的皮革产品采用水性涂饰。

### 6.2.2 乳液型成膜剂的成膜

#### 6.2.2.1 乳液型成膜剂的成膜过程

乳液型成膜剂是一种以高聚物为分散相、水为连续相的非均相存在体系。乳液型成膜剂的成膜过程比溶剂型成膜剂复杂。在成膜过程中，随着水挥发，乳液粒子慢慢接近，直至相互黏结融合，最后形成连续的涂膜。成膜过程的示意如图 6-11 所示，可分为以下三个阶段。

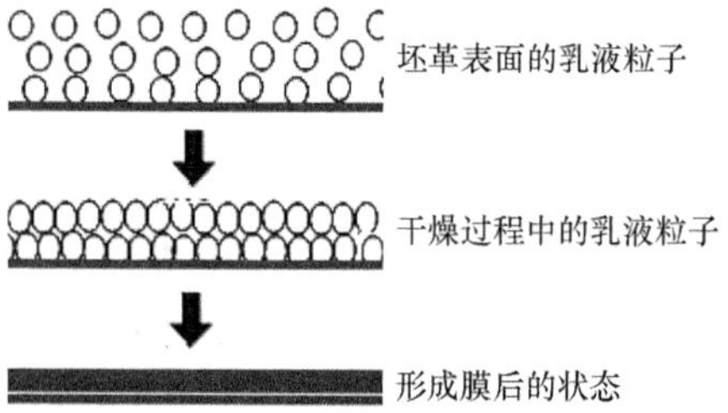


图 6-11 乳液型成膜剂的成膜过程

第一阶段(水的蒸发和被坯革吸收)：当乳液涂饰剂或成膜剂涂饰到坯革上之后，水分挥发和被坯革吸收。随着涂饰剂或成膜剂中水分的逐渐减少，聚合物微粒逐渐相互接近而达到密集的充填状态。同时，组分中的乳化剂及其他水溶性助剂留在微粒间隙的水中，聚合物分散粒子间距离缩小，最后粒子间相连并形成一定程度的定向排布。

第二阶段(融合过程)：水分继续挥发，高聚物微粒表面吸附的保护层被破坏，裸露的微粒之间相互接触且其间隙逐渐变小。当间隙小至毛细管径大小时，由于毛细管的作用，其毛细管压力高于聚合物微粒的抗变形力，微粒发生变形且凝聚、融合成连续的薄膜。

第三阶段(扩散过程)：乳化层被破坏，聚合物粒子间依靠自黏力相互作用，形成光整的薄膜。乳化剂溶解在聚合物中或者部分被坯革吸收。

#### 6.2.2.2 影响成膜的因素

与溶剂型成膜剂相比，乳液型成膜剂成膜影响因素较多。主要有成膜剂本身、坯革及操作因素(如坯革的相对湿度、涂层厚度及组分材料等)。

1)乳液的稳定性

随着水分的蒸发，乳液中单个聚合物球状粒子逐渐互相接触，涂饰剂各组分浓度升高，乳液粒子互相靠近、变形、破乳、融合联结，最后形成连续均匀的薄膜。乳液型成膜物所含的聚合物的结构不同，涂饰剂组分不同，其抵抗环境的能力就不同。乳液的稳定性高，变形、破乳、融合联结慢，流平时间长，涂层均匀性好。相反，破乳过早难以形成理想的涂膜。

乳液粒径大小也影响其成膜。如果粒径小，涂饰剂组分之间混合均匀性好，形成的膜质量均匀，膜强度、光泽度好。反之，如果粒径大，则在成膜时聚合物粒子较大，导致成膜质量下降。

2）坯革表面的影响

成膜剂的成膜情况与坯革表面的均匀性、吸收水分的能力、坯革的延伸性等密切相关。

坯革表面的多孔性、高吸湿性可使水加快从涂饰剂排出，成膜速度过快，成膜不理想。

坯革表面疏水过强，使乳液形成连续膜困难，膜的黏结牢度低，成膜不理想。

涂饰剂接触坯革表面后，表面存在或迅速析出的酸、鞣剂、盐等，均会导致涂饰乳液过早破乳，不利于成膜。

坯革表面太干但易吸湿膨胀，涂饰乳液干燥成膜后随着粒面干燥收缩，涂层光泽降低。

因此，在涂饰前，需要对坯革进行预处理。

3）涂层厚度的影响

在涂饰过程中，涂层的厚度也是决定形成涂膜是否完好的一个重要因素。涂层厚，水分挥发多，涂膜干燥慢，表面不断被挥发的水分作用，膨胀、收缩，最终使膜面平整、光泽下降。尤其是厚的涂层中一些水分难以挥发，导致膜的流挂或长期具有黏性，使后继加工难以及时进行。

4）成膜的环境

温度：乳液型成膜剂只有在适当的温度下才能融合成膜。能形成连续薄膜的最低温度，称为该乳液型成膜剂的最低成膜温度（minimum film temperature，MFT）。如果环境的温度高于乳液型成膜剂的最低成膜温度，则聚合物粒子软、易于变形且成膜好。相反，如果环境的温度低于乳液型成膜剂的最低成膜温度，则成膜剂或涂饰剂中的水分挥发缓慢，所含的高聚物不能融合成完整、连续地成膜，而呈现粉状或开裂状的不连续的膜。在涂饰剂中，助剂的加入能降低成膜温度，如增塑剂的加入能降低成膜温度，而正常涂饰配比下颜料膏的加入则会使最低成膜温度升高5～10℃。

空气的相对湿度、流速：乳液成膜剂中所含水分蒸发的速度与空气的相对湿度、流速有关。当相对湿度、流速适中时，水分蒸发缓慢，聚合物粒子有充分时间缓慢蠕动，达到最低能量的排列。当空气的相对湿度低而流速高，水分蒸发较快，聚合物粒子的排列还没有达到合理的排列状态就由于过早的失水而相互黏结成膜，这样形成的膜是不完整的，会出现开裂、脱落的现象。

成膜的时间：成膜剂的成膜需要一定的时间，所需时间的长短与外界条件如温度、相对湿度等有关。理论上讲，成膜时间长对膜质量有利，但效率低。需要根据生产需要及产品质量进行调节。

5）涂饰剂组分的影响

皮革涂饰剂中的多种成膜剂、颜料膏、助剂、溶剂等成分会对成膜剂的成膜过程及成膜质量产生影响。

混合成膜剂的影响：皮革涂饰剂中的成膜剂一般由多种成膜剂组成。如果乳液是由成膜较软和成膜较硬的聚合物乳液组成，那么在成膜过程中成膜较软的聚合物粒子受到外界压力容易变形，而成膜较硬的聚合物粒子则包埋在成膜较软的聚合物形成的薄膜中，这样形成的薄膜容易粉化、涂层的耐干/湿摩擦性能差。因此，在成膜剂的搭配中，采用成膜软硬程度较为接近的且具有良好相容性的聚合物乳液，即成膜中软的与中软的、成膜中硬的与中硬的、成膜硬的和硬的搭配。

涂饰助剂的影响：在皮革涂饰剂中包含的颜料膏、填料、蜡乳液等不成膜物质会缩小聚合物分子间的接触表面，阻碍聚合物粒子的凝结，致使其形成不均匀的薄膜。因此，加入助剂的量也会影响其成膜。过多的助剂不利于皮革涂饰剂成膜质量。因此，在皮革涂饰剂配方中，成膜剂与非成膜物质存在一定的比例，才可保证其成膜及其性能。

**思考题**

(1)乳液成膜剂在坯革表面成膜与哪些因素相关？请列表描述。

(2)哪些成膜因素需要平衡考虑？

# 6.3 皮革的涂层

皮革涂层由坯革特征、皮革的品种决定。因此，鞋面革、服装革、家具革、箱包革、汽车坐垫革等对其涂层的性能要求不同。

皮革涂层也具有一般的共性指标，即色调、光泽、手感、柔软性、均匀性、透气性、耐水性、耐干/湿摩擦性能、抗挠曲性等。

要赋予或区别涂饰层的多功能性，不是仅通过一种材料或者一层涂饰就可以达到的，而是需要对涂饰剂配方、多层构造及各层操作紧密组合才能达到涂层性能的要求。

## 6.3.1 皮革涂层的结构

一般地，皮革涂层按照组成和功能自下而上分为底层、中层、上层和顶层(手感层)，如图 6-12 和图 6-13 所示。与坯革接触的一层为底层，随后依次为中层、上层和顶层。

一般来说，涂饰中如果采用的涂层越多、工序越繁琐，那么被涂饰的坯革及涂饰后的成品革的档次或等级就低。

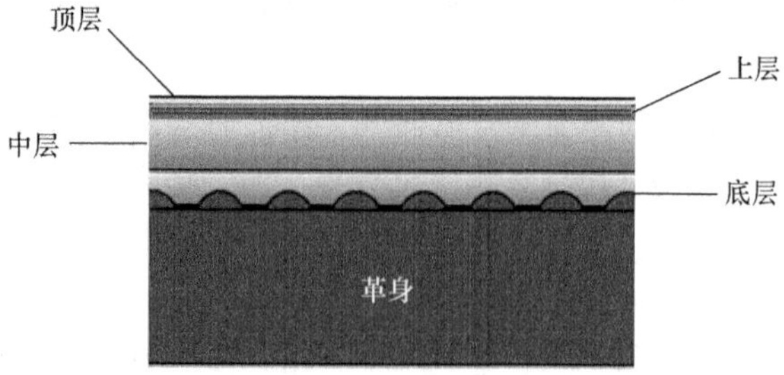


图 6-12 皮革涂层结构示意图

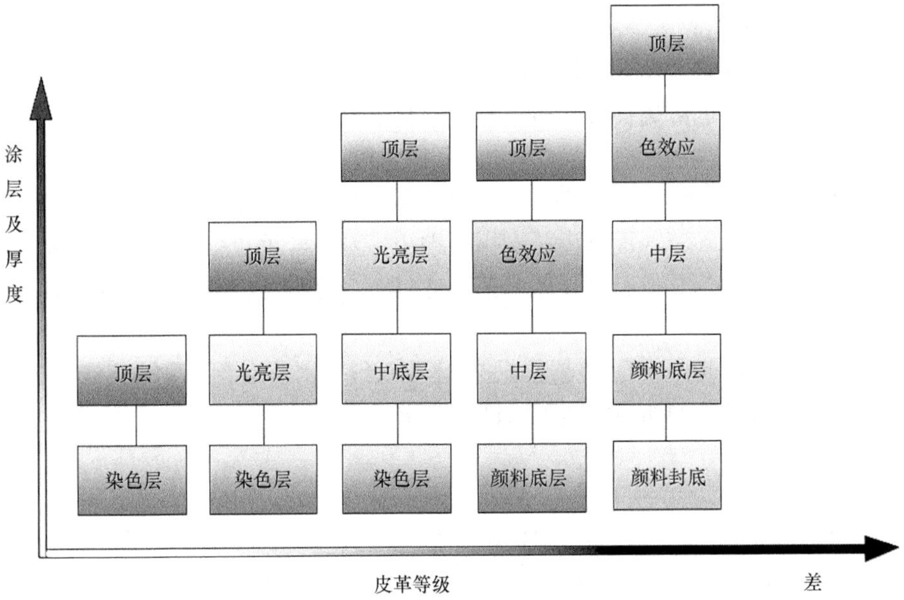


图 6-13　皮革涂层与等级示意图

#### 6.3.1.1　底层涂饰层

底层是与坯革黏合的第一层，具有强的黏合力并阻止革内及外层材料的迁移或穿透。作为与坯革表面的连接层，后续涂层不会因为底层黏着力弱而出现脱层现象。为了增强底涂层与坯革的黏合，通常采用特软、软或具有渗透性的成膜树脂作为主要成膜物。

底层涂饰可分为底涂预处理-底涂与直接底涂两类。底涂预处理又分为预底涂、封底、饱释等处理。具体采用哪种底涂方式可依据坯革的特点进行选择。

(1) 底涂预处理-底涂。为了改善涂饰可操作性以及提高成革的感官价值。底涂预处理的主要作用是：防止涂饰剂过多渗入革内影响手感、调整革面色调、改善粒面的饱满、提高粒面对涂层的承受能力等。

(2) 防止涂饰剂过多渗入革内的预处理要求涂饰剂不能渗入革面太深，保持坯革原有的柔软度，通常对坯革采用封底预底涂的方法。该法采用少量的树脂喷或涂于坯革表面，通过树脂对粒面毛孔的填充与收缩形成隔离层，使后继的涂饰材料难以渗透到坯革中，从而保证了坯革的柔软度。这种预底涂后可以采用阳离子树脂、阴离子树脂或两者混合成膜剂进行涂饰。

(3) 调整革面色调的预处理要求调整色调接近成革的色调。当染色处理没有达到成革色调时，涂饰前采用染料、染料与树脂进行底涂预处理。前者仅调色，后者兼有防渗透功能。其中使用的染料采用配合物染料(络合染料)，该类染料需要溶剂型、水与溶剂两性型，提高涂层的耐湿摩擦级别。

(4) 改善粒面的饱满性预处理通常为饱饰底涂的预处理或渗透性预处理，该处理主要用于浅层粒面松软的坯革。经过饱饰底涂的预处理的坯革承受后继层的涂饰能力被提高。

(5) 阳离子底涂采用阳离子成膜树脂、阳离子颜料膏、阳离子蜡乳液等组分与水或溶剂组成底涂，通过与坯革表面的阴电性的材料聚集、结合获得很好的遮盖性能。获得良好的成膜后也使革内材料及后继的涂饰材料难以渗透到革内，从而保证了坯革的柔软度。

(6)阴离子底涂采用阴离子成膜树脂、阴离子蜡乳液等组分与水或溶剂组成底涂，通过阴离子成膜剂使坯革表面形成均匀薄膜。除了阻止革内材料嵌入涂层外，也阻止上层涂饰剂渗入革内；除了具有很好的隔离性外，对上层也有良好的黏结性(接着性)，保证了后继成膜的均匀性。

(7)饱饰性底涂具有渗透、填充性。主要用于粒面略松软及有瑕疵的坯革。通过适当的填充作用，可使涂饰后的坯革粒面饱满、支撑后继更多量及收缩更强的涂层。因此，在饱饰底涂的涂饰剂中，不仅包括软成膜剂，还包括一些具有良好渗透性和填充性的材料，如中硬性树脂、填充蜡等。

底涂层要求成膜树脂柔软且黏结性好，在坯革上形成水不溶及不易被其他材料穿透的膜。但其还不能完全遮盖坯革的伤残或达到涂饰的要求。

#### 6.3.1.2　中层涂饰层

中层涂饰层是补充皮革色调与遮盖瑕疵并提升涂层强度的膜层。中层也称面浆层，是在底层基础上的对坯革伤残的进一步遮盖及色调调整，在中层膜中需要掺入色料、填料等助剂；中层膜与成革涂层的性质有关，该层的成膜较底层成膜略硬，这样可以提高涂层的化学和物理牢度。因此，中层涂饰层主要由成膜中软、中硬的树脂成膜剂、颜料膏、填料、蜡乳液、染料水等组成。

#### 6.3.1.3　上层涂饰层

上层涂饰层是最终决定成革涂层的物理力学、化学等性能的膜层。上层，也称光亮层或清光层，需要承受环境影响，包括光、热、湿、力(拉伸、摩刮、冲击)的作用。因此，上层涂饰层是外界的抵抗层，也是皮革的保护层。鉴于上层与外界的联系，皮革的色泽、手感也与上层相关。

上层需要采用成膜较硬的、具有特定光泽的成膜剂作为主要膜的支撑树脂，如丙烯酸光亮剂、聚氨酯光亮剂、硝化纤维光亮剂等。这些成膜剂可以单独或搭配使用，也可以配合少量的助剂调整膜性能，如增塑剂、交联剂、消光剂等。高级别耐干/湿摩擦的上层涂饰中不掺入色料，除非加入专用的色漆或有色光油。

#### 6.3.1.4　顶层涂饰层

顶层涂饰层是最终层，是皮革的美感层，也起着适当的保护皮革涂层的作用。顶层的涂饰可获得成革的手感、光泽及效应。根据使用性能(功能)的需要，顶层可以成膜，也可以不成膜。为了更长久的保持涂层的手感，可在其中加入少量成膜较硬的树脂。成革的手感有滑爽感、油及蜡感、黏滞等；成革的光泽有高光、中光、亚光甚至暗光；协助上层使成革获得仿古、梦幻、龟裂等效应。

### 6.3.2　皮革涂层的特征

涂层的功能特性有色调、光泽、手感、黏着、柔软、均匀、透气、耐水、耐干/湿摩擦、抗曲挠等。

#### 6.3.2.1　涂层的黏着性能

皮革的涂层要求与坯革及其所接触的涂层有很好的黏着力，也称上下接着性(顶层要求下接着性)。事实上，各层还要求对涂层内各助剂有稳定的接着力，也称包容性。

涂层的黏附力是单位标准宽度试样的涂层剥离力，单位为 N/cm$^2$。无论成品革在干态、湿态时，或受环境作用，均要求涂层与坯革及涂层之间有较强的黏附力。涂层的黏附力主要来自成膜树脂。成膜树脂不仅要求自身有很好的黏附功能，而且要将涂层中颜料膏、手感剂、消光剂等其他不成膜物质同时黏合在涂层中。就各涂层树脂的黏附能力的大小来说，软树脂、中软树脂、中硬树脂、硬树脂、光亮树脂依次降低。因此，随着各层树脂硬度增大，非成膜助剂的用量也应该随之减少。

1)涂层的黏附理论

涂饰过程主要表现在成膜剂黏合过程。根据黏附理论，涂层与坯革，涂层与涂层，成膜剂与助剂之间可以通过机械契合理论、静电理论、扩散理论、弱边界层理论、流变学理论、吸附理论、酸碱作用理论等进行描述。

表面黏合是指当两个固体已发生接触，需要一定的力或能量才能再次使它们分开的现象。弹性体之间的黏合与表面自由能及良好的吻合直接相关。

皮革涂饰有近百年历史，但对涂饰中的理论讨论极少。随着工业的发展，涂饰材料增加，皮革使用功能要求提高，进行涂饰中的黏合意义大大增加。

(1)机械楔合黏结。涂层的黏结是基于黏合剂和被黏体之间的楔合。根据这个理论，在被黏物质表面不规则有利于黏结，粗糙表面比光滑表面有更大的可黏面积。

(2)表面吸附黏结。原子、分子间距离足够小时，必然要发生相互的作用。这些作用中，较强的是化学键力，其值在 10～102kJ/mol。其次是氢键和范德华力，其值在 10kJ/mol 以下。表面吸附黏结是以吸附现象的规律来解释黏附现象，认为界面间相互作用主要是范德华力。在具有足够的分子接触的情况下，聚合物黏合剂和被黏体分子间作用力就可以提供足够的黏合强度。

(3)互相扩散黏结。由热力学的观点来看，两种物质互相扩散或混合的过程，服从自由能变化规律。对应的两种物质的溶解度参数 $\delta_1$ 和 $\delta_2$ 必须接近或相等。界面上两种聚合物间的 $\delta$ 值相差越小，剥离强度越高。这种扩散作用还受到工艺因素影响，可导致两相间浸润状态的改善，如增加接触时间；升高接触温度；增加两黏结物的压力；加入增塑剂。事实上，扩散黏结是一种深度吸附现象。

(4)静电黏结。根据黏结破坏面的带电现象和破裂处的放电现象认为，黏结可以是胶黏剂和被黏体间静电引力作用的结果。

(5)酸碱作用黏结。Fowkes 提出了黏附的酸碱作用理论。这个理论认为，胶黏剂和被黏体可按其电性质，即接受质子的能力来分类。凡能接受质子的为碱性，反之为酸性。这个学说解释了纯粹用范德华力未能圆满解释的粒子酸碱作用理论，也是分子间作用力相互作用的一种形式，是吸附理论的一种补充。

2)皮革涂饰的黏附力

皮革涂饰的黏附力取决于坯革的表面的化学和物理特征、成膜剂本身特征、涂饰剂组分特征，涂饰操作的温度、成膜时间及施加的压力。实践中，对坯革表面进行净化处理、选择成膜剂及提高成膜剂比例、添加增塑剂或溶剂、提高成膜温度及熨压涂层等都是增加涂层黏附强度的方法。

#### 6.3.2.2　涂层的遮盖功能

涂层的遮盖功能是指涂饰剂涂覆于坯革上，借助于光的吸收、散射和反射而不能见到坯革的真实表面，以达到掩盖瑕疵或营造新的表面的能力。

为了消除坯革存在伤残、色花的观感，在皮革的涂饰过程中要求涂层对坯革有良好的遮盖性。对于大部分有色的涂饰而言，可采用颜料膏完成遮盖。颜料的用量、品种品质会呈现不同程度的遮盖能力，需要根据遮盖要求进行确定。

#### 6.3.2.3　涂层的光泽效应

涂层的光泽是皮革光亮度、可视性的基本特征。对于成革品质而言，涂层的光泽是一项很重要的观感指标。光泽度高低代表皮革表面反射光光通量的大小。反射光光通量越大，光泽度越高。

采用相同组成的涂饰剂及涂饰方法，皮革涂层表面越平细，光泽度越高。同理，皮革涂层表面部位差越小，光泽度越均匀。

相同皮革涂层表面，涂饰剂组成不同，或者涂饰方法不同，光泽度也不同。

皮革涂层的光泽度可以通过后加工进行调整。光泽度可以用光泽仪进行测试。

1) 高光型

对天然皮革粒面进行提高光泽的加工，如熨平、抛光、打光后能够显示一种自然光泽，在质量评价上称为自然光泽或亚光。当采用高摩尔分子折射度的聚合物成膜剂，获得良好的自然及压迫后流平，可获得高光泽度的表面，称为“镜面”效应。因此，高光泽度需要靠树脂及适当的平整处理获得。事实上，要获得高光效应不易，而对高光进行消光是容易的。

2) 消光型

涂层的消光是指采用必要的途径，如材料选择、机械处理，使入射到涂层的光线仅部分反射到观察者眼内而呈现的效果。作为皮革涂饰上层的硬树脂或光亮树脂成膜后均具有较高的光泽，但是市场上多数产品并非需要高的光泽，尤其是通过合成树脂产生的非自然光泽。因此，消光往往成为常用的手段。通过消光处理后可以获得不同的光泽效应，涂层具有更柔和、自然、优雅的外表。常见的服装革、汽车内饰革都要求消光。

消光处理以漫反射为主，阻止了光线从涂层内折射出。由此可知，消光处理往往兼有对坯革表面的某些伤残起到掩蔽的作用。

对涂层消光的控制方法较多。根据涂膜流变性控制干燥的速度，如利用干燥时溶剂的挥发而产生的涂膜收缩及流平特征；增加涂层光散射物质，如颜料体积浓度、消光剂；对涂膜进行机械处理，如摔软摩擦增加表面粗糙。

3) 光效应处理

通过上层及顶层的助剂处理，成革表面出现一些特殊的光效应。采用两种反差较大的染料喷色，形成微面积上不均匀或凌乱但整体错落有致的醒目、立体或梦幻的视觉效果。采用特殊的树脂、助剂或材料，辅助成膜及特殊加工方式使涂层产生皱褶、裂纹、闪光及表面焦化等感官效应，增加产品的特色与品种。

#### 6.3.2.4 涂层的软硬和延伸

涂层的软硬和延伸是皮革手感的直接反映，是迎合并改善皮革品质、获得真皮感的基础。当皮革品种受到拉伸、曲挠、折叠、挤压时，需要涂层良好的软硬和延伸性配合，甚至协助皮革的回弹恢复原型。

1）涂层软硬度

涂层的软硬度对成革的手感和质量非常重要，涉及成品革柔软指标。对涂层的总体要求与坯革的柔软度基本保持一致。不同的革制品对涂层的软硬度要求不同，如服装革中纳帕革的涂层较软，而家具、箱包革的涂层要求较硬。

在涂饰配方的设计及操作中，除需要考虑成膜树脂膜自身的软硬度、树脂用量及渗透入坯革内的程度外，还需要考虑涂饰剂的其他组成对涂层的软硬度的影响。一般地，颜料膏、酪素、填料等的加入会使涂层变硬；蜡液、手感剂、消光剂、染料水基本不影响涂层的柔软度；加脂剂、渗透剂、柔软剂、流平剂可使涂层变软。但改变涂层软硬度的助剂对涂层的强度均有不确定的影响，而使涂层柔软的助剂往往使涂层强度降低，甚至发黏。

2）涂层的延弹性

皮革制品在使用中受到拉伸、曲挠、折叠，当受力消除后涂层也应与皮革一起还原，这就要求涂层有相应的延伸性与回弹性。

坯革各部位的延伸性有所不同，腹颈部的延伸率大，正身部位延伸率小。另外，厚实的坯革受绷力作用或弯折时，其表面的延伸程度比内层的大，因此皮革涂层的延伸率都应比革的延伸率大，而回弹性应与革匹配。

在涂饰剂的组成中，软性成膜材料的延伸性好，但回弹性差；硬树脂延伸性差而回弹性好。但蛋白类和纤维素类成膜材料、颜料膏、手感剂、消光剂等的加入则会影响延弹性，故在工艺设计时应该控制其用量。

3）涂层的耐曲挠性

皮革涂层的耐曲挠性是皮革制品的重要性能指标之一，影响涂层的伸长率和韧性。皮革在使用过程中会受到反复的弯曲和延伸造成涂层开裂，因此要求皮革涂层具有良好的耐曲挠性，使商品寿命延长。对不同用途的商品革的要求不同，如鞋面革的伸长率小于30%，服装革、手套革的伸长率高于30%。

涂层的耐曲挠性与成膜剂的种类有关，聚氨酯类、聚丙烯酸类树脂、聚丁二烯类树脂成膜剂有很好的耐曲挠性，而蛋白类和纤维素类成膜剂的耐曲挠性差。除成膜剂的影响外，在涂饰剂的组成中，染料膏、助剂的加入都会不同程度地降低耐曲挠性。

#### 6.3.2.5 涂层的耐干/湿摩擦和抗有机溶剂性能

1）耐干/湿摩擦性

涂层的耐干/湿摩擦性是有色涂层皮革质量的重要指标之一，代表皮革制品在使用过程中颜色是否褪去或是否污染接触物品的现象。

涂层的耐干摩擦性能取决于树脂膜的耐磨、耐热性能。采用硬树脂增强抵抗是关键，降低涂层表面的摩擦系数也是解决耐干擦的一种方法。由此，增加树脂膜的光泽度及合理利用助剂也是解决的途径。

涂层的耐湿摩擦性取决于树脂膜抗湿热膨胀及溶解性的能力。同样，首先是涂饰树脂膜的耐湿擦性，其次是采用色料的用量和助剂的品种。增加涂层的强度和减少抗水差的助剂是解决耐湿摩擦性能低的问题的关键。

2)抗有机溶剂性能

涂层的抗有机溶剂性能是皮革抵抗外界非水污染的性能。抵抗有机溶剂的溶胀甚至溶解主要依靠树脂膜，但也不能离开助剂的作用。不同类型成膜剂的耐水耐部分溶剂性能情况见表 6-8。

**表 6-8 不同成膜剂的耐水耐部分溶剂性能情况**

| 成膜剂 | 耐水 | 耐丙酮 | 耐甲苯 | 耐乙酸酯类 |
|---|---|---|---|---|
| 聚丙烯酸类树脂 | 良 | 良 | 良 | 良 |
| 聚氨酯类树脂 | 中 | 差 | 良 | 良 |
| 聚丁二烯类树脂 | 优 | 优 | 良 | 良 |
| 硝化纤维素 | 优 | 良 | 良 | 溶解 |
| 蛋白类/改性蛋白 | 差/较差 | 优 | 优 | 优 |

涂层的抗有机溶剂性能与抗水性能相互对立。如果涂层的抗水性增强，则抗有机溶剂性能下降，反之亦然。为了平衡两种性能，最好的办法是加强涂饰膜结构的稳定性，可采用高性能树脂(高强度、抗膨胀)，减少非交联助剂的使用，进行树脂内及各组分之间的交联，建立网状结构。

#### 6.3.2.6 涂层的耐寒热及老化性

涂层的耐寒热及老化性决定皮革加工及其商品的使用寿命。在涂饰过程中，对涂层进行压花、熨平、抛光、打光等机械操作，可提高涂层在较高温度下的稳定性。皮革商品的使用受到自然环境的长时期作用，因此，皮革涂层需要能够经受光、热、冷、湿的作用。

1)耐寒热性

对于涂饰后的加工，涂层需要耐受的是热，如热熨、热压花作用。根据不同的加工要求，涂膜需要不同的抵抗能力。单独受热时，涂层需要抵抗热作用而不产生流动变性；在受热熨时涂膜需要适当的流平与可塑定型性；在进行热压花时，除要求涂层能够可塑定型外，还需要抗热剪切。为了涂层在经受这些加工时达到相应的工艺要求，对助剂的使用需要慎重。

由于不同层的成膜树脂性能需要确定黏附力及其他各种性质，但难以保证抗热、热熨、热压花的机械加工作用。因此，良好的助剂配比成为重要的手段。根据助剂特征，适当地选用可以提高涂膜的抗热抗压能力的助剂，防止热与热压时出现黏结现象；提高热压流平性、可塑性、抗剪切能力。

在使用过程中，皮革制品受光、热、冷、湿作用导致涂饰膜老化变质，表现在涂饰膜变色、变硬、脆化等方面。与革纤维相比，不耐老化是合成树脂的通病，难以用普通材料解决。然而，皮革产品更多地需要的是涂层的耐寒热性。要达到在较高的温度环境中涂层不发黏、在天气寒冷时涂层不硬化甚至脆裂的问题，关键在于树脂膜的品质。

树脂膜的耐寒热性能可用玻璃化温度($T_g$)和熔融温度($T_m$)来衡量。$T_g$是高分子材料从玻璃态到橡胶态的转变温度，$T_m$ 是高分子材料从橡胶态到熔融态的转变温度，分别是高分子材料使用的下限和上限温度。$T_g$ 越低表明该树脂的耐寒性越好，反之，耐热性越好。虽然不同品牌树脂、不同涂饰层的配方有不同的 $T_g$ 与 $T_m$，但对于具有相同基本结构的成膜树脂存在着共性特征，见表 6-9。工艺中可以根据这些共性进行选用，然后根据助剂的品种进行调整。

**表 6-9　不同类型成膜剂的耐寒热性**

| 成膜剂 | 耐寒热性 |
|---|---|
| 蛋白类 | 极佳的耐热性，耐熨烫，可打光、耐寒性差 |
| 聚丙烯酸类树脂 | 耐热变形，有黏性，有热冷脆缺陷 |
| 聚氨酯类树脂 | 优良的耐寒热性 |
| 聚丁二烯类树脂 | 优良的耐寒冻裂性及热压成型性 |
| 硝化纤维素 | 优良的耐热性，耐寒性差 |

在涂层设计中，成膜剂的搭配使用非常重要，在皮革制造中可根据涂层需要、产品使用环境进行调整。在成膜剂配方中，若成膜软的组分比例大，则成膜的耐寒性好；若成膜硬的成分含量高，则成膜的耐热性好。

在涂层中加入的交联剂的种类、交联程度对涂层的耐寒热性也有较大的影响。交联程度大，涂层的耐热性提高，而耐寒性降低。

在涂层中加入增塑剂可以提高其耐寒性，加入硬质材料，如颜料膏、填料、蛋白等则可以提高涂层的耐热性能。

2)耐老化性

皮革制品在使用的过程中需要经受环境的光、热、冷、湿作用是指涂层在这些环境下发生的性质的变化。主要原因是成膜剂大分子的游离基导致分子氧化、裂解、增塑剂的挥发等。客观上表现为涂层硬化、脆裂、发黏或变色等，致使革制品不能继续使用。

涂层的耐老化性主要与涂层的结构密切相关。例如，聚丁二烯类树脂结构中含有双键，容易被氧化剂氧化，涂层会变暗、发脆、发黄；硝化纤维素涂层中随着增塑剂的迁移也会出现涂层脆化、氧化变黄；芳香族聚氨酯的成膜由于苯环和醚键易吸收紫外光，出现发黄、硬化现象；含带有杂质的助剂、钛白颜料、过渡金属离子的涂层等均会因光产生游离基而诱发树脂层老化。因此，易老化的涂饰材料及杂质不宜进入涂层，尤其是不宜用于白色革或浅色革的涂饰。

#### 6.3.2.7　涂层的卫生性能

涂层的卫生性能是指涂层的透气性和透水气性。卫生性能良好的皮革做成的衣服或皮鞋使人穿着舒服，这也是真皮最重要的使用价值之一。

革的卫生性能与涂层的种类、厚度、紧密度有关。成膜剂的种类不同，透水气性也不同。同样厚度的涂层，具有天然结构的蛋白类膜具有很好的透水气性，较少阻碍皮革内外的水蒸气迁移。硝化纤维的透水气性次之，其他合成树脂几乎没有透水气性。

溶剂型涂饰剂形成的涂层的透水气性比乳液型涂饰剂形成的涂层差。

无论哪种涂饰材料，涂层越厚，透水气性能越差。

熨平、打光、压花等机械操作均会增加涂层的紧密度，使涂层的透水气性能下降。

助剂的掺入难以确定对涂层的透水气性能的影响。通常亲水性强的物质透水气性能较好。

#### 6.3.2.8 涂层的其他性能

皮革涂层除了基本的性能外，有些革需要在特定的环境中使用，还需具备一些与革身配套的特殊性能。

1）阻燃性

皮革阻燃性主要被家具、汽车、航空及一些易接触火焰的皮革所要求。对皮革的阻燃性的评价通常采用垂直燃烧实验法和需氧指数实验法。国内外均有相关标准检测皮革的阻燃性。

皮革的阻燃性由革身及涂层的阻燃性构成。加入皮革内的化工材料，如鞣剂、加脂剂、填充剂会影响皮革的阻燃性，皮革涂层的阻燃性也与形成涂层的材料相关。根据国际市场要求，皮革阻燃剂需要满足毒性安全性指标。

2）雾化性

随着皮革制品使用的卫生性要求的提高，对皮革中挥发性物质（VOC）的限制要求也逐步提高。目前，汽车革、航空革一直要求雾化性指标。当皮革使用环境的温度升高，革内及涂层内的一些小分子挥发进入空气，会黏附在窗玻璃上影响视觉或被人体吸收引起伤害。因此，皮革制造中材料的选用十分关键。对涂饰而言，助剂的选用及树脂内溶剂、游离单体的存在是影响雾化性的重要因素。

---

**思考题**

（1）叙述坯革各涂饰层的功能，如何获得这些功能？

（2）皮革涂饰应该有哪些重要功能？

---

## 6.4 涂饰前坯革的特征

成品革有服装革、鞋面革、箱包革、家具革（含沙发革、椅套革等）、汽车坐垫革等。除不同的革品种对其涂层的性能要求不同外，不同的革品种对涂饰前坯革的特征也有基本要求，如此才能保证相应的涂饰操作顺利完成。

### 6.4.1 坯革的特征测评与分析

坯革的状态决定涂饰工艺操作的流程并最终影响成革的质量。因此，在涂饰前，首先对坯革的特征进行观察和评估，然后根据坯革的状态，选择合适的工艺流程进入涂饰操作。这种基本特征包括坯革的粒面及革身的状况。粒面的状况表现在完整、平整、伤残、色调、细致、饱满等；坯革的状况表现在革身的柔软度、延伸性、含湿量、吸水性、可熨性、热塑性等。以下以几种常见的坯革状态进行讨论。

#### 6.4.1.1　坯革的平整

坯革的平整影响涂饰剂分布的均匀性剂成革的色光，要求涂饰前完成，涂饰中轻微修正。坯革的平整包括革身的平整及革面的平细状况，表现在革身的翘曲及革面的折痕。革身的翘曲主要来源于在平整操作后没有消除或增加革内的内应力，存放后出现翘曲。可从以下几个方面进行分析：①革内纤维分散均匀性；②革内材料的分布均匀性；③水分的分布均匀性；④干燥、拉软、熨压操作的方法。

革面的折痕主要来源于胶原纤维间不理想的结合，干燥后定型，可以从以下几个方面寻找原因：①鞣剂固定期间革的状态不良；②干燥期间革的状态不良；③折叠情况下进行真空、熨压；④含湿堆放或折叠堆放时间过长；⑤血筋与刀伤引起的折痕。

#### 6.4.1.2　坯革的延弹性

涂饰层能够保证延弹均匀，但坯革延弹存在部位差。这种部位差将影响涂层平整、色光均匀性。坯革的延弹性不均匀可从以下几个方面寻找原因：①革内纤维分散均匀性；②革内材料的分布均匀性；③水分的分布均匀性；④干燥、拉软、熨压操作的方法。

#### 6.4.1.3　坯革的吸水性

坯革单纯的吸水性影响成膜连续，粒面吸水膨胀将影响膜结合牢度。坯革的吸水性可从以下几个方面寻找原因：①坯革表面疏水影响水性乳液吸收；②坯革表面活性剂过多，吸水太强；③坯革表面电解质过多，涂饰剂乳液过早破乳沉积。

#### 6.4.1.4　坯革表面疏松

坯革的疏松将影响对涂层干燥的收缩、熨压引起的结壳感(起壳)，难以完成理想的涂饰操作；成革后受拉伸表面起皱，难以抵抗皮革产品受环境力量的作用。坯革的疏松可从以下几个方面寻找原因：①坯革粒面毛孔扩散过于松弛；②坯革涂饰前革身太软，无法进行涂饰；③坯革粒面已经起绒。

#### 6.4.1.5　坯革的色调

对有色涂饰的坯革而言，坯革与成品革色调的色差大，或者坯革整面色调不均(色花)，需要加强遮盖。大量颜料遮盖，导致涂层太厚过硬。坯革的色调问题可从以下几个方面寻找原因：①复鞣阴电过强，染料着色下降，颜色过淡(败色)；②染色用染料色调不对；③鞣剂、复鞣剂、染料表面结合不均；④坯革受氧化还原作用。

#### 6.4.1.6　坯革表面杂质

坯革表面杂物影响成膜乳液渗透及成膜，继而影响膜的黏合力、物理强度及其他质量指标。坯革的表面杂物问题可从以下几个方面寻找原因：①终端水洗不够，含盐、浮色、油脂；②干加工过程黏灰、铬屑。

### 6.4.2 涂饰坯革表面处理

#### 6.4.2.1 坯革的无施加物整理

1)平整、平细处理

通过改变约束干燥与非约束干燥的水分范围进行调整;利用机械加工原理与作用对涂饰前坯革进行必要而适当的处理,如采用真空、伸展、熨压、绷板进行加工,注意水分与坯革的承受力。适当损失丰满度及柔软性是必需的。最终需要与成革质量要求进行平衡。

2)净面处理

在生产过程中,坯革粒面可能附着盐、浮色、油脂、灰尘、铬屑等污物,影响涂饰剂的黏结和涂饰的效果,可对其进行净面。使用的材料为水与有机溶剂(乙醇、丙醇、丙酮)、氨水、乙酸、脱脂剂等混合物。具体用量根据坯革具有的污物特征与附着程度而确定。

#### 6.4.2.2 坯革的施加物整理

1)色调处理

对坯革表面的色差与色花需要用色料进行预处理。为了减轻涂层的负担,可以在涂饰前进行色调的调整。采用溶剂型或水油两性金属络合染料进行处理。方法可以用喷染(轻度调色)。将染料与水混合后均匀地喷在坯革表面。用量要适当,如纯染料的 5～7g/m$^2$。过多的喷染不仅难以解决遮盖,同时也降低了涂饰的黏合力。表面粗糙或经过轻磨的坯革采用喷染效果不良,需要辊染(辊涂)才能解决匀染遮盖,否则易产生浮色及阴暗面效应。

2)填充处理

对表面空松、过软的坯革需要进行填充,增加粒面紧实,减少折纹,克服起壳。

填充配比:填充材料往往没有专用,需要根据坯革特征、树脂及材料的有效物含量进行适当的配比,基本配方有丙烯酸树脂或聚氨酯树脂(1)、油蜡物(0～0.5)、渗透剂(0.2～0.3)、水(1～3)。

填充类型:需要根据坯革的粒面状况进行。在工艺术语中有两类填充体系,即修面填充与全粒面填充。事实上在这两类之间没有明确的界限,需要根据坯革粒面的松弛状况、成品革的要求、磨革的深浅进行判别或试验。

填充操作:根据现场条件及坯革状况可以进行刷填、揩填、喷填(轻填)、滚填(重填)。根据操作的方式,适当调整各物质配比。填充后的革需要静置,依靠重力、扩散渗入革面。必要时可以采用机械力,如伸展、真空进行强化。

3)补残处理

作为天然产物的皮革,自身或多或少地存在伤残和缺陷。同时,在后期的加工过程中可能增加人为伤残。为了遮盖坯革粒面的伤残并提高其档次,在涂饰前进行补残处理,也称补伤。

补残处理:有点补和面补两种方法。

对粒面上明显的斑点式伤残,直接采用补伤膏或补伤膏与少量成膜树脂对伤残处进行点补,然后进行底涂遮盖,实现整张皮革表面观感一致。

对伤残不够明显或者伤残分布密度大的坯革,无法用点补解决时,则采用面补方法,如揩涂、辊涂。

为了遮盖补残部位与未补残部位的色差，通常采用：①点补与面补结合；②在补残的配方中加入消光剂和遮盖性强的树脂；③将面补工序与底涂工序联合操作。

针对具有较大伤残的坯革，在点补或面补干燥后，需要进行磨革操作，使粒面光滑、均匀，消除因补残出现新的“伤残”。

**思考题**

(1) 简述涂饰前坯革的特征与涂饰的关系。

(2) 列举皮革涂饰中遮盖伤残的方法。

(3) 试描述解决涂层耐干湿擦的级别。

# 6.5　皮革涂饰的种类

依据坯革的特征和市场要求，皮革涂饰可根据表面观感、成膜方式特征进行分类描述。

## 6.5.1　苯胺涂饰

苯胺涂饰或苯胺效应涂饰，涂饰剂中无颜料组分的涂饰。自然状态下可以直接看清涂饰前坯革表面的涂饰。苯胺涂饰是针对无明显缺陷的、染色均匀鲜艳、粒面平细的坯革进行的一种涂饰，赋予该皮革薄的无色或有色的涂膜。

苯胺革的特点是涂层透明，皮纹自然，真皮感突出。

苯胺革的涂饰前，应该对坯革进行挑选和组批，要求其粒面没有明显的缺陷且粒面色调均匀鲜艳。

苯胺涂饰层组分组成为染料、透明成膜树脂、透明助剂、水(或溶剂)。操作方法有喷涂、辊涂、熨压、抛光，达到粒面平细，涂层通透。苯胺革的涂层结构如图 6-14 所示。

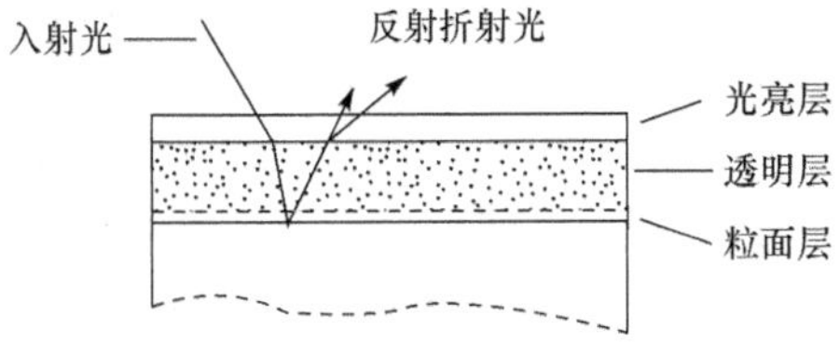


图 6-14　苯胺革的涂层结构

## 6.5.2　半苯胺涂饰

半苯胺涂饰的涂饰剂中有少量颜料组分的涂饰。通过拉伸和绷顶能够看清涂饰前坯革表面的涂饰。相对于苯胺涂饰，半苯胺涂饰属少颜料涂饰，但颜料膏的用量及涂层的厚度有一定的限制(涂层厚度不超过 20μm，总用量固体不超过 $20g/m^2$)，外观上具有苯胺效应，但由于坯革的粒面被颜料轻度遮盖，无法清晰可见，故称为半苯胺涂饰革。

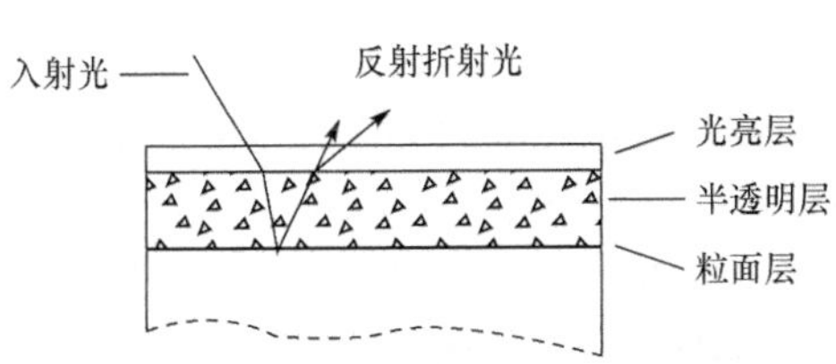


图 6-15　半苯胺革的涂层结构

与苯胺涂饰要求的坯革有所不同，半苯胺涂饰的是有轻微伤残的粒面或轻微磨面的坯革。

半苯胺涂饰层组分组成为染料、少量颜料、透明成膜树脂、透明助剂、水(或溶剂)构成。操作方法有喷涂、辊涂、熨压、抛光，达到粒面平细，涂层通透。半苯胺革的涂层结构如图 6-15 所示。

### 6.5.3　仿苯胺涂饰

仿苯胺涂饰是以颜料为主要遮盖粒面，而中上层为透明的涂饰。根据苯胺涂饰原理，仿苯胺涂饰要求仿真粒面，观感上给以苯胺效应。相对于苯胺涂饰，仿苯胺涂饰属颜料涂饰，但颜料膏的用量仅限于底涂层。坯革的粒面被底层颜料遮盖后进行仿真粒面压花，粒面花纹与相应的革种相同或类似。中上层涂饰与苯胺涂饰相同。

仿苯胺涂饰坯革的粒面可以进行轻、重磨面，目的是保证粒面在底层涂饰后能够营造仿真粒面。

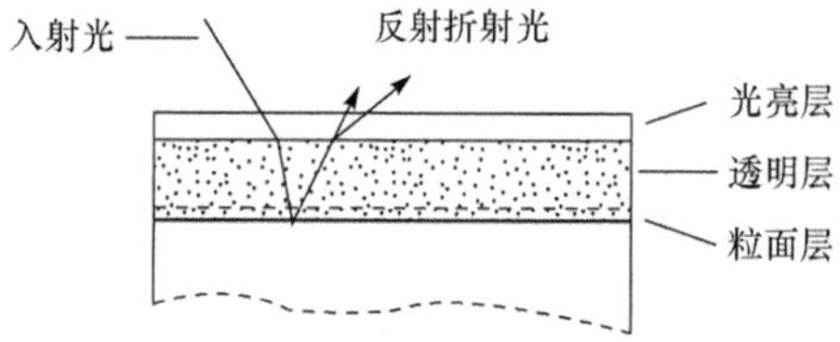

图 6-16　仿苯胺革的涂层结构图

仿苯胺涂饰层组分分为两层，底层组成为染料、颜料、成膜树脂、助剂、水(或溶剂)。操作方法有喷涂、辊涂、造粒面。中上层为染料、透明树脂、透明助剂、水(或溶剂)。操作方法有喷涂、辊涂、熨压、抛光，达到涂层通透。仿苯胺革的涂层结构如图 6-16 所示。

### 6.5.4　颜料涂饰

颜料涂饰是除上层及光亮层外以颜料为主要遮盖的涂饰。颜料涂饰是对较为严重伤残粒面的坯革或者需要进行特殊效应表面的革种进行的涂饰。颜料膏的用量为涂层含量 10%～20%，涂层较厚。

颜料涂饰坯革粒面往往伤残较重，在涂饰前需要进行补伤、磨面、填充等预处理。

颜料涂饰层组分组成为颜料、成膜树脂、助剂、水(或溶剂)。操作方法有喷涂、辊涂、熨压、抛光，达到成革要求。

### 6.5.5　发泡涂饰

发泡涂饰是一种利用泡沫进行补残遮盖的涂饰。发泡涂饰是在补残或低涂层中加入发泡树脂，获得更有效的伤残遮盖与填充。

发泡树脂可以通过热进行发泡成膜，称为热发泡树脂。也可以通过机械搅拌形成一种气溶胶，称为机械发泡树脂。两种发泡涂饰树脂均具有很好的遮盖力，通常用于伤残较重的坯革或无粒面坯革的涂饰。

热发泡的条件视发泡树脂的性能和要求而确定温度及发泡增厚程度，一般温度在 100℃以上进行有效的发泡，形成带有诸多微小气孔的发泡层。使用时注意一次性发泡完成，否则会出现二次发泡，影响涂层发泡质量和性能。热发泡涂饰先将发泡树脂涂饰在革面，然后进行热压发泡，再进行后继涂饰。

机械发泡是采用发泡装置使发泡树脂与空气均匀混合，并使空气均匀地保存在涂层中。因此，气泡的大小、数量或密度及在涂层中的分布均匀性是机械发泡的关键，也需要根据涂层要求确定。机械发泡涂饰需要先将发泡树脂发泡稳定后进行涂饰。

发泡涂饰层组分组成为颜料、发泡树脂、成膜树脂、助剂、水(或溶剂)。操作方法有喷涂、辊涂、熨压、抛光，达到成革要求。无论何种发泡树脂涂饰，虽然有极好的填充、遮盖效果。但是，在涂层中存在气泡将影响涂层成膜树脂的连接，由此将降低涂层的强度。涂饰操作中涂层内发泡树脂的用量必须严格控制。

### 6.5.6　移膜涂饰

移膜涂饰是在坯革的表面增加一层致密树脂薄膜，形成成革的表面或可再涂的表面的涂饰。移膜涂饰通常是对粒面伤残非常严重或无粒面的坯革的一种涂饰，利用树脂人造坯革表面提高皮革的物性及感官价值。

在坯革面上或通过一次性形成一层高强度的膜。该膜的主要成分为聚氨酯，几乎没有透水气功能，仅保存了内面的吸湿功能。移膜涂饰对移膜的厚度有一定的限制，要求膜的厚度低于总厚度的 20%。否则，无法作为真皮革。

移膜涂饰分为干法移膜和湿法移膜。

干法移膜是在坯革上直接贴一层已制备好、确定了皮革的花纹和色泽的膜，这种移膜方法相对来说较为简单，而且对环境的污染较小，但是其对坯革的厚度及表面均匀性要求较高，需要在坯革的预处理操作上进行配合。

湿法移膜是采用辊涂机将成膜物辊涂在坯革上，通过交联使之在坯革上形成一层高强度的膜。相对于干法移膜，湿法移膜方法的灵活性好、花色品种多且对坯革的要求较低，膜的强度和光泽可调。但是，湿法移膜树脂目前多为溶剂型，移膜树脂中的有机溶剂的挥发对环境造成一定的影响。

### 6.5.7　效应涂饰

按照市场的需求，不同效应涂饰的皮革逐渐增加。常见的有打光效应、抛光效应、擦色效应、仿古效应、金属效应、龟裂效应、拉伸变色效应等。效应涂饰是一种功能特征，涂层可以遮盖坯革的缺陷，提高革的档次，增加使用功能。每一种效应涂饰都有自身的特点，本节对部分效应涂饰进行描述。

#### 6.5.7.1　油蜡变效应涂饰

油蜡变效应是指坯革在经过油或蜡的处理后在外力作用下拉伸、从肉面层向粒面层用力顶起或向内向外曲折后，粒面对光出现不同纹路的反射差，呈现出发白变浅的现象，该现象在外力消除或按捂后又会慢慢接近甚至恢复至本身颜色的一种效应。根据油与蜡的比例可以获得拉伸变色、梦幻变色、折痕变色，见图 6-17。

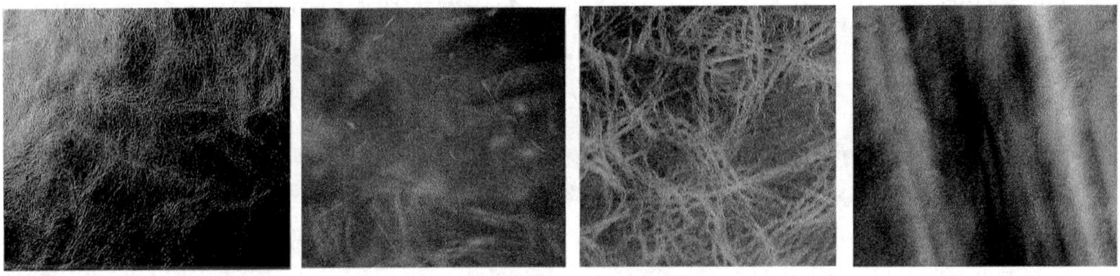

图 6-17　油蜡涂饰表面的效应

油蜡变效应的皮革可以是全粒面，也可以是修面革、二层革，主要用于户外鞋、休闲鞋、船舰人员鞋及劳保鞋。如果在坯革上使用具有防水性的油蜡处理后就可以得到防水油蜡变皮革，可以满足劳保鞋和户外鞋的防水需求。

油蜡变效应皮革的涂饰过程或工艺路线一般为：封底→喷或辊油(蜡)→熨平→接着层及涂饰层。油蜡变效应对坯革的特点有一定的要求。一般要求坯革的革身紧实富有弹性、粒面平细、伤残少。坯革从表面至较深层含有植物丹宁，以便承载不同量的油蜡助剂。底涂的目的是保持坯革有良好黏着力，均匀吸收油蜡助剂，面层需要用高质量聚氨酯树脂。

油蜡变效应根据使用油蜡的不同分为水性油蜡变和溶剂性油蜡变。水性油蜡变是用水性油、水性蜡对坯革通过喷涂或辊涂的方式进行的效应涂饰。溶剂性油蜡变则是指采用一些溶剂性油在加热条件下溶解并通过辊涂机涂布到坯革上的涂饰。

高温熨平的主要作用在于促进革内油剂的均匀分布，增加革身的紧实度和革面的平滑度，增强皮革表面的颜色，加强变色效果并利于可能需要的后继涂饰。因此，无论是水性油蜡处理，还是溶剂性油蜡处理后，在放置过夜后使用平板压花机(平板或砂板)或通过式熨烫机进行熨平。

#### 6.5.7.2　双色效应涂饰

双色效应涂饰广义上是指使皮革具有两个(也有两个以上颜色)色调进行涂饰。其中一个为底色，另外的颜色是底色之外的颜色，两色对比度较大。双色效应能赋予皮革更多的色彩观感，也能够遮盖伤残和提高皮革的利用率。

双色效应涂饰不同，对坯革的要求不同，涂饰过程的操作不同，如喷色、压花、熨平、抛色等，革样见图 6-18。

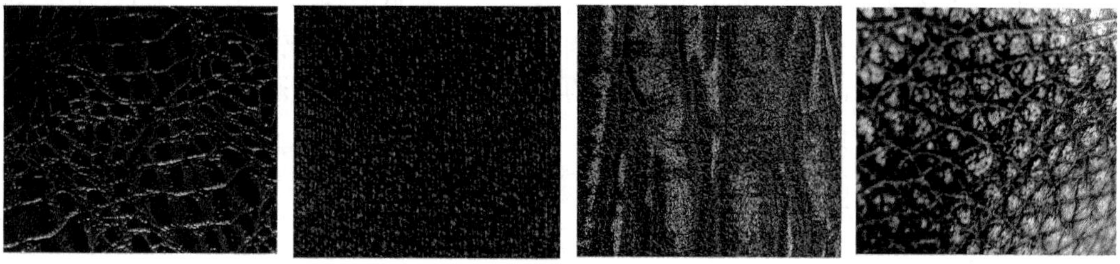

图 6-18　双色效应涂饰

喷涂双色效应革：涂饰工艺同常规涂饰工艺，观感要求顶层与上层色差，色差的程度因品种要求不同，色差的观感是上深下浅或上浓下淡。这种色差是通过两种喷涂获得：①按照粒面的凹凸情况通过滚涂对凸出部分上色获得；②按照平整涂层通过非均匀或雾状喷涂表面进行深(浓)色非完全遮盖(点状、分块、花样)而获得。基本工艺流程：封底→底涂→中层→(摔软→)熨压→喷上层(第二色)→顶层(或手感层)。

擦色双色效应革：涂饰工艺同常规涂饰工艺，观感要求顶层与上层色差，色差的程度因品种要求不同，色差的观感有两种：①按照粒面的凹凸情况获得下深上浅或下浓上淡。这种色差是通过多凸出部分抛擦获得。通过涂层在经受抛、擦作用下部分或完全脱去，使下层色调被显出而获得色差。②按照平整涂层上获得上深下浅或上浓下淡。这种色差是通过抛擦表面层显露出下层而获得。通过涂层在经受抛、擦作用下部分或完全脱去深(浓)色最上层，使浅(淡)下层色调被显出而获得色差。基本工艺流程：封底→底涂→中层→(摔软→)熨压→喷上层(第二色)→抛(擦)→顶层(或手感层)。

### 6.5.7.3　漆皮效应涂饰革

漆皮效应革简称“漆革”，涂饰后皮革表面呈现镜面状。该效应主要是赋予皮革一种特殊的风格，是制造女鞋女包的主要革种，见图 6-19。

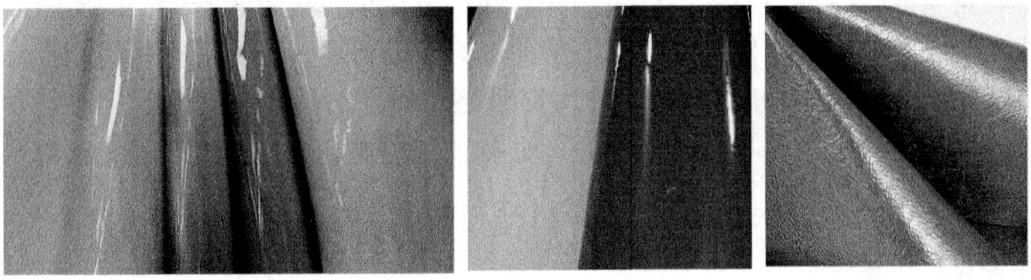

图 6-19　漆皮效应涂饰

漆皮效应革对坯革的要求较高，要求坯革粒面伤残少且粒面紧实、革身丰满、柔软、厚度均匀、无松面现象。

平滑光洁的坯革是制造漆皮效应革的基础。因此，坯革需要通过磨削除去表面毛孔的凹凸，用填充树脂填平或覆盖表面的孔、缝、绒，用细砂纸磨去因坯革本身及加工带来的不平整细致瑕疵，用平整、绷力、熨压解决革身延伸及革面平展。为了保证亮度，涂饰采用弹性、韧性好的、硬而亮的聚氨酯树脂(也称高光树脂)，附加交联剂、手感剂。制备高光型需要溶剂型组合，但为了减少污染，稍低光亮的漆皮效应革可以用水乳型组合。涂饰通过辊涂上层和顶层完成。漆皮效应涂饰的工艺路线：磨革→填充→刮补伤→磨革→底层(辊涂)→熨平→中上层(辊涂)→顶层(辊涂)。

### 6.5.7.4　其他效应涂饰革

根据花式品种、提高坯革附加值、增加皮革使用价值等要求，开发制造了多种效应革。

金属效应涂饰又称珠光效应，是在效应层中加入金属粉(如金、银、铜粉)，能使成革在光的照射下发射出光泽。金属效应可以掩盖革面的伤残，从而提高成品革的档次。

石磨效应涂饰是指压花后的成品革的花纹的底和顶呈现不同颜色。凸起的部分被磨去了表面的部分涂层，可以显出底层颜色或微绒的手感，再次涂饰可以在凹部成膜，也可以全面覆盖成膜，类似双色观感。

龟裂纹效应涂饰是通过某种工艺涂饰后使涂层裂开并呈现乌龟壳状的现象。该效应不仅能遮盖坯革的伤残，而且可赋予皮革及革制品不同的风格，提高成品革的档次。龟裂纹效应革也具有双色观感。根据龟纹形态及革的软硬度要求进行树脂复配选择，龟裂树脂在干燥及拉软后产生裂纹但尽可能较少以降低黏合。为了使龟裂明显，龟裂层与下层需要确定色差。在龟裂层上需要光亮层和手感层的涂饰遮盖。

通过涂饰完成的特殊效应随着材料及加工设备进步而增加，如焦化、荧光、阴暗等效应。与涂饰相结合进行增加观感的立体效应更是不胜枚举，需要在实践中发明及生产开发。

## 思考题

(1)简述皮革涂饰种类与使用价值的关系。

(2)在没有确定产品特征的情况下，根据坯革确定涂饰类型。

# 6.6　皮革的涂饰方法

在皮革的涂饰工段，与设备、材料相同，涂饰方法也直接决定着涂饰的质量与效率。皮革涂饰是一个复杂的技术操作过程，良好的涂饰方法是将设备、材料以理想的操作联系在一起，达到目标产品质量。常用的涂饰过程中有揩涂、刷涂、喷涂、辊涂、帘幕、淋浆等。涂饰过程中还包括对涂层与革身的调整作业，如熨平、压纹、真空、摔软、抛磨等。本节对常见的涂饰方法进行介绍。

## 6.6.1　涂饰设备及操作

### 6.6.1.1　刷涂/揩涂

刷涂/揩涂是传统的、最常采用的、成本较低的涂饰方法。刷涂所用的工具为马鬃刷。揩涂一般是用纱布或棉布将棉球或泡沫塑料等包裹成团做成简易的擦子，见图 6-20。刷涂/揩涂是在操作时将刷子/包裹好的海绵蘸上涂饰剂浆液，迅速而均匀地涂在革面上。

图 6-20　揩/刷涂用的海绵及刷子

揩涂可以做到涂层薄、有效覆盖好并完整，多用于全粒面革、轻修面革的底层强遮盖型涂饰。刷涂多用于树脂、油脂的填充，修面及绒面坯革等涂饰。

刷涂/揩涂方法的优点有：操作简单，设备方便、投资小（刷浆台、刷子或海绵等即可）；在涂饰过程中，可根据坯革的具体特点和局部需要进行适当调整，如张与张之间及在同一张内进行轻重调节；在操作过程中，用手施以压力，这样可促进涂饰材料的渗透，赋予革良好的填充功能；由于仅在坯革面上进行揩涂，因此可以节省浆料。

刷涂/揩涂方法的缺点是：涂层均匀性较差，劳动强度大、效率低，容易产生揩痕、刷痕。因此，刷涂/揩涂法逐渐被其他涂饰方法所替代。

### 6.6.1.2　喷涂

喷涂是皮革涂饰的重要方法之一。喷涂方法有空气喷涂和高压无气喷涂两种。空气喷涂是靠压缩空气气流使涂饰剂出口产生负压，其自动流出并在压缩空气气流的冲击混合下被充分雾化，涂饰剂在气流推动下射向皮革表面而沉积的喷涂方法。高压无气喷涂则是利用高压泵，对涂饰剂施加 10～25MPa 的高压，以 100m/s 的高速从喷枪小孔中喷出，与空气发生激烈冲击而雾化并射在皮革表面。该雾化过程不使用压缩空气，故又称为无气喷涂。在坯革的涂饰过程中，绝大多数都是空气喷涂。

1）空气喷涂

空气喷涂的优点为涂饰效率高，涂膜厚度均匀、光滑平整，外观好。缺点则是在涂饰过程中，涂饰剂的利用率低、浪费大，对环境造成污染。

空气喷涂设备主要由空气压缩机、油水分离器、喷枪、空气胶管及输漆罐等组成，如图 6-21 所示。气助式喷枪的工作原理是借助低气压形成无气雾化，具有有气喷涂（极好的涂层）和无气喷涂（极少的雾尘）的特点。

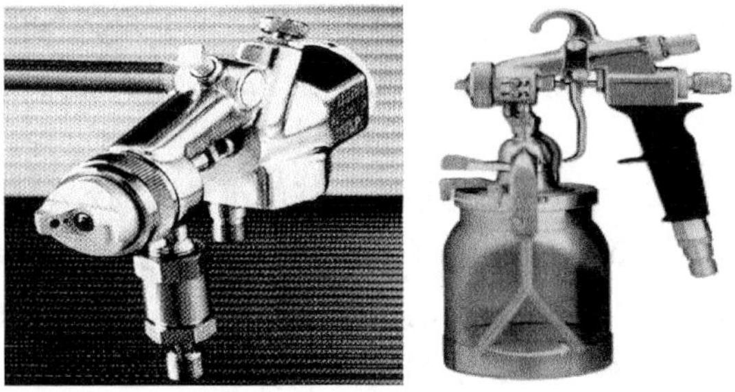

图 6-21　喷枪

在喷涂过程中，空气喷涂利用压缩空气使浆料从喷枪的喷嘴以一定的粒度分散喷射到坯革的表面。而空气的压力通常由喷枪调节，涂饰剂液在容器内以两种方式带出：一种是由空气流动造成真空而被吸出，与压缩空气同时射出枪外，即有气喷涂(压缩空气喷涂)，其喷出的涂饰剂液粒度小，射出速度高，有利于薄层涂饰，见图 6-22(a)。另一种是用压缩空气对涂饰剂液加压使之从喷枪嘴中喷出并单独射出散布在坯革面上，这种方式称为无气喷涂(又称气助式喷涂、高容低压喷涂)，其喷出的涂饰剂液的液粒度大，喷出的量也大，射速较小，多用在涂层较厚、涂饰剂液黏度较大时的涂饰，如二层修面、发泡涂饰等，见图 6-22(b)。

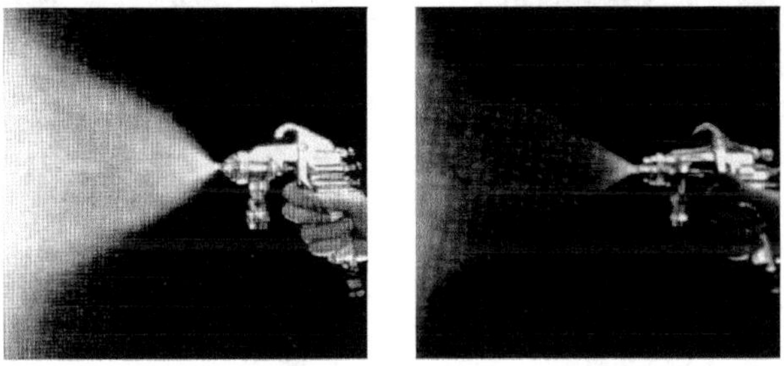

(a)　　(b)

图 6-22　压缩空气喷涂(a)与气助式喷涂(b)

喷涂方式可用手工操作和机器操作。手工喷涂操作方法是人手持喷枪，逐张进行喷涂，然后将坯革挂晾在空气流通处或烘房内烘干，如此一层层重复完成涂饰。机器喷涂操作则是将多把喷枪分布均匀地安装在一种能够旋转运动的机架上，坯革用传送带传送，经过喷枪口下方直接喷涂(旋转速度为 16r/min 左右,喷枪与待喷涂坯革表面的高度距离为 150mm 左右)，转盘上配有超声探头，遇到坯革面时开关打开喷射。被喷后的坯革被传送带直接送入烘道干燥，直接完成一次喷涂，如图 6-23 所示。

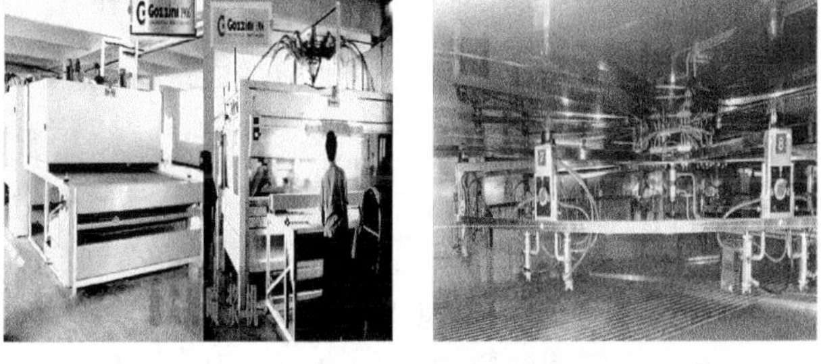

图 6-23　旋转式喷涂机

手工喷涂的投资少，场地灵活，操作简单，故障容易排除，并且可根据坯革的状况差异及时局部调整或改善。但是手工喷浆的劳动强度较大，而且受人为的因素影响较大。机器喷涂效率较高，均匀性好，适合大批量生产。机器喷涂的工作效率大大提高。

2）高压无气喷涂

高压无气喷涂采用高压无气喷枪进行涂饰，其优点是涂饰效率高，由于高压喷涂喷出量大，涂料粒子喷射速度快，涂饰效率比空气喷涂高 3 倍以上；可喷涂较高黏度的涂饰剂液。当喷涂高黏度的涂饰剂液时，可得到较厚的涂层，因此可以减少喷涂次数；由于没有空气喷涂时的气流扩散作用，涂料漆雾飞散少，因此高压无气喷涂的利用率高，环境污染低。但该喷涂方法也存在着缺点，即喷出的量和喷雾的幅度不能调节，否则需要更换喷嘴。涂膜外观质量比空气喷涂差。高压喷涂喷枪及喷嘴见图 6-24，与常规的压缩空气喷涂相比，其喷涂效果见图 6-25 所示。

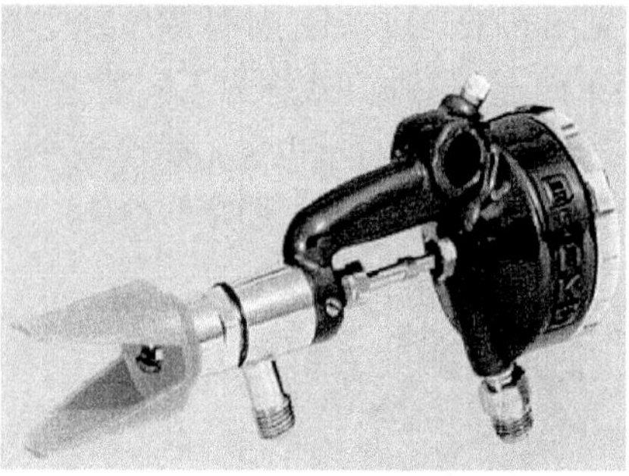

图 6-24　高压无气喷枪与喷嘴结构

图 6-25　压缩空气喷涂与高压无气喷涂

无论是空气喷涂，还是高压无气喷涂，影响喷涂效果的主要因素包括涂饰剂浆液的黏度、喷涂压力、枪口至坯革表面的距离、单位时间喷量等，它们需要进行相互平衡、协调。

3）静电喷涂

静电喷涂（又称自旋式喷雾涂饰）是利用喷杯高速旋转产生的离心力，将杯内浆液甩出，在高压电场作用下，浆料微粒进一步“雾化”并因静电感应而带负电荷，带负电性的浆料微粒被处于电场中并且被带正电的坯革吸住，从而均匀地涂布在革上。

静电喷涂的主要优点是涂层均匀细致、效果很好且节省浆料、不污染环境，一般适于面革的各层喷涂。缺点是在涂饰时需要高压静电场，因此设备复杂，安全性低。喷杯的构造特殊，每只杯都单独由一台微型电机驱动，杯内的有关元器件容易损坏。因此，静电喷涂方法应用得很少。

### 6.6.1.3　辊涂

1）辊涂的特点及作用

辊涂是被企业广泛使用的一种涂饰方法。辊涂机将涂饰浆液均匀分布在辊上，由辊将浆液涂布在坯革上，形成均匀涂层性。辊涂操作方法的优点有：涂饰剂的用量少，涂层均匀，工作效率高。根据辊的表面形态及运动特征可以获得套色、印花、辊油、辊蜡等功能。

辊涂操作可分为正向辊涂（或顺向辊涂）和逆向辊涂，其工作原理见图 6-26 和图 6-27。二者所用的涂饰辊有所区别，逆（反）向辊涂采用的是梯形辊或线形 G 辊，而正（顺）向辊涂采用是涂饰辊或印花辊，结构示意见图 6-28。

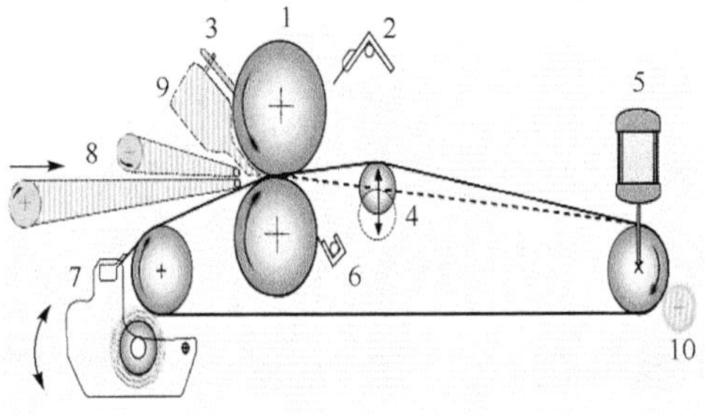

图 6-26　正向辊涂

1. 顺向涂饰辊；2. 刮刀板；3. 前挡板固定件；4. 传送轴；5. 电机；6. 废料槽；7. 清洁系统；8. 坯革传送带；9. 前挡板；10. 传送过渡轴

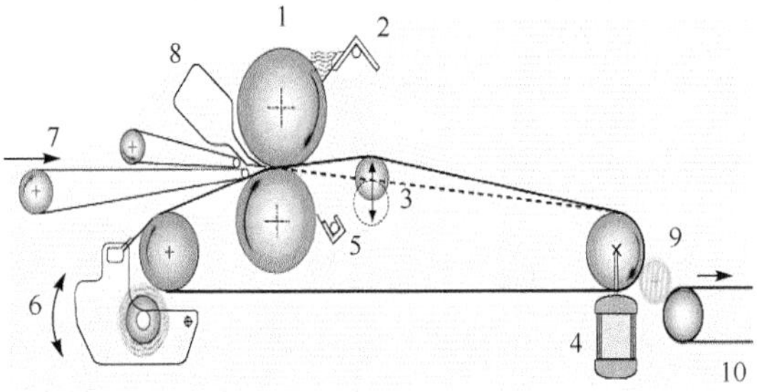

图 6-27　逆向辊涂

1. 逆向梯形辊；2. 刮刀板；3. 传送轴；4. 电机；5. 废料槽；6. 清洁系统；7. 传送带；8. 前挡板；9. 传送过渡轴；10. 传送装置

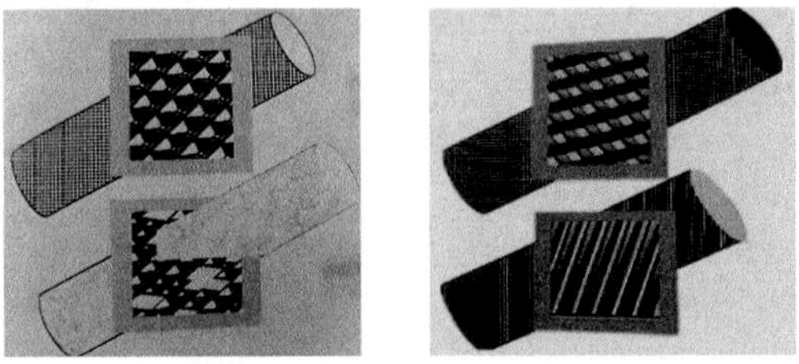

(a)　(b)

图 6-28　正向辊涂用辊(a)和逆向辊涂用辊(b)

辊涂机大多为双辊式和三辊式，可根据花色品种的要求更换涂饰辊。辊涂所用的辊都有不同型号，其相应的涂布量也不同，具体见表 6-10。辊涂的具体过程是坯革由供料辊传送带送往涂辊处，涂饰液浆槽直接贴在涂饰辊上。当涂饰辊旋转时，槽中的涂饰浆料被辊表面带起，均匀地辊涂在革面上。涂饰后的皮革由出皮传送装置传给烘道进行烘干，操作示意及设备外形见图 6-29。

**表 6-10　正向、逆向辊涂中不同型号辊与对应的涂布量**

| 辊涂方式 | 辊型号 | 涂布量/($g/ft^2$) |
|---|---|---|
| 正向辊涂 | 6L | 14～18 |
| | 10L | 10～14 |
| | 16L | 6～9 |
| | 24L | 4～7 |
| | 40L | 1～3 |
| | 48L | 1～2 |
| | 60L | 1 |
| 逆向辊涂 | 10/B | 24～33 |
| | 10/C | 18～27 |
| | 20/B | 15～25 |
| | 20/C | 12～18 |
| | 30/A | 10～16 |
| | 30/X | 8～12 |

续表

| 辊涂方式 | 辊型号 | 涂布量/(g/ft$^2$) |
|---|---|---|
| 逆向辊涂 | 30/C | 5～10 |
| | 30/F | 3～6 |
| | 40/F | 1～2.5 |
| | 14G | 12～18 |
| | 17G | 10～16 |
| | 21G | 7～14 |
| | 25G | 5～10 |
| | 30G | 3～7 |
| | 40G | 2～5 |
| | 50G | 1～2 |

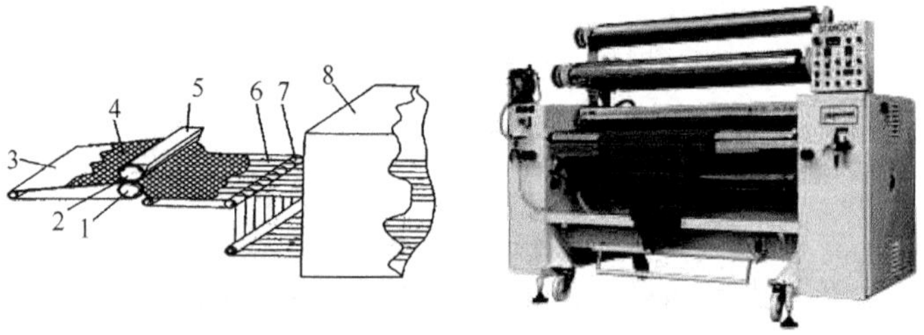


(a) 辊涂操作示意　　(b) 皮革辊涂机

图 6-29　辊涂操作示意图

1. 传送辊；2. 涂饰辊；3. 供料传送带；4. 坯革；5. 料浆槽；6. 出皮传送带；7. 干燥室传送带；8. 干燥室

逆向辊涂是指在操作中涂饰辊表面和坯革接触处的运动方向与坯革的传送方向相反，通常用于修面革、二层革等的底层涂饰、顶层涂饰及辊油、辊蜡等操作。

正向辊涂则是指二者运动方向相同，主要用于坯革的封底、涂层表面的套色、印花等。在正向辊涂操作中，涂饰辊的线速度应略高于皮革的传送速度，利用速度造成的革面与涂饰辊表面之间的摩擦作用，使革以平整的状态被辊涂涂饰。

根据涂饰皮革的种类、风格，选择不同辊涂方式，见表 6-11。

**表 6-11　根据皮革风格、种类选择辊涂层举例**

| 辊涂方式 | 皮革品种 | 工序 |
|---|---|---|
| 正向辊涂 | 家私革 | 接着层 |
| | 鞋面革 | 磨革层 |
| | 手袋革 | 抛光层，底涂，效应层 |
| 逆向辊涂 | 修面革 | 填充 |
| | 二层革 | 底涂 |
| | 手袋革 | 油蜡层 |
| | 软面革 | 效应层 |
| | 小动物皮革 | 顶涂 |
| | 家私革 | — |

2）辊涂操作

坯革经辊涂操作的涂饰效果与多种因素有关，其中有坯革的厚度均匀度、平整度、亲和性、涂饰剂浆料的黏度及辊涂机的精度与稳定性等，都是辊涂质量的重要保证。

辊涂对涂饰剂浆料的黏度有一定的要求。如果黏度太小，那么涂层太薄不易连续且用量大，出现流淌现象。但如果其黏度太大，则展开均匀度差。采用逆向辊涂方式的涂饰浆液的黏度通常控制在 25～30s（4 号伏特杯）。

对坯革而言，首先，要求有均匀的厚度及均匀的表面特征，以保持成膜均匀；其次，坯革表面亲和浆料应好，以防止浆料成膜困难及起泡。

#### 6.6.1.4　帘幕

帘幕涂饰过程是 20 世纪 80 年代引入国内的设备与技术。帘幕涂饰的原理是，储存于容器中的涂料（涂饰剂或填充性树脂）通过一条可以调节宽度≤1mm 的窄缝（溢流式则通过一个极为光滑的流出面）形成帘幕流在一条输送带上运动的坯革面。没有使用的涂料流回到一个槽中进行再循环。涂饰了的坯革通过一个干燥通道进行干燥。根据要求不同，坯革可以涂饰一次或重复几次。用于树脂填充时可在填充液被吸收后将皮革取下搭马。涂料可以通过压头的大小、窄缝的宽度、输送带的速度及涂料的黏度加以控制。帘幕涂饰机器和工作原理如图 6-30 所示。该法主要用于涂层较厚的修面革或漆革。

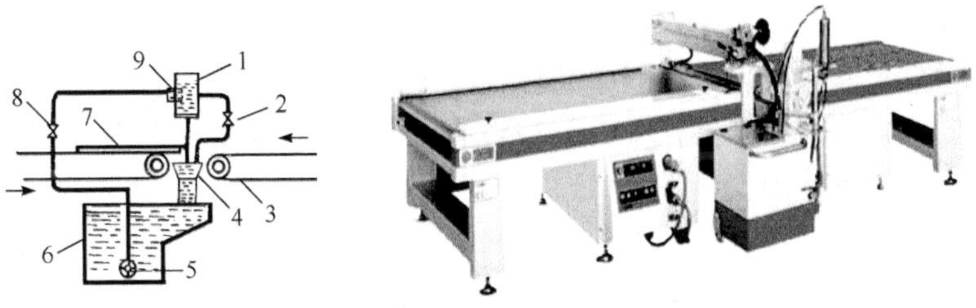


(a) 帘幕涂饰原理　　(b) 帘幕涂饰机

图 6-30　帘幕涂饰的原理及设备

1. 压力头；2. 回路流量调节；3. 疏松带；4. 涂料接收器；5. 泵；6. 涂料容器；7. 皮革；8. 流量调节阀；9. 过滤器

帘幕涂饰需要涂料有高度的铺展能力，对流出后产生一个稳定而完整的帘幕是十分重要的，可以防止帘幕的破裂和产生不规则的表面。在泵送过程中帘幕涂料的黏度应尽可能保持稳定，不应有显著的变化，不宜采用触变性的涂料。为了保持稳定的黏度，应不断搅拌盛料容器中的涂料，以防止在静置过程中涂料黏度的增加。用于帘幕涂饰的涂料的黏度一般应比刷涂和喷涂的涂料黏度要高，为了增加形成帘幕的稳定性，通常使用的黏度在 20～30s。坯革经过帘幕涂饰后通过较长距离的烘箱。

帘幕涂饰的涂层厚，效率高，操作简单。但过厚的涂层给良好的平滑的膜及干燥成膜带来困难，若控制不当，则容易造成流淌或起泡现象。

#### 6.6.1.5　淋浆

在帘幕机上通过高位槽使涂饰剂浆料以帘幕的形状均匀地涂布在坯革表面。淋浆涂饰是坯革涂饰的方法之一，其工作原理是当铺在传送带上的坯革被送至淋浆斗的下方时，即被从淋浆斗底部狭缝漏出的连续浆膜所浇淋，淋上了浆的革接着被传入干燥装置使涂层烘干。未淋在革面上的浆液则直接落入皮革传送带下方的浆料储槽内，如图 6-31 所示。该涂饰法的优点是涂层均匀、平滑、操作卫生。而缺点是要求坯革表面平整且不适合薄型坯革的涂饰。

淋浆涂饰的效果与淋浆所使用涂饰剂的黏度、淋浆斗底部缝口的宽度和坯革的传送速度有关。淋浆所用的涂饰剂一般应具有内聚力高、黏度稳定(常温时，控制在 16～22s)、泡沫少、对电解质稳定和不腐蚀金属等性能。可通过调节这些参数来调节以达到满意的涂饰效果。一般地，淋浆涂饰用于高度光泽涂层的坯革的涂饰，如漆革及其他亮光型成革等，也可用于树脂填充等。

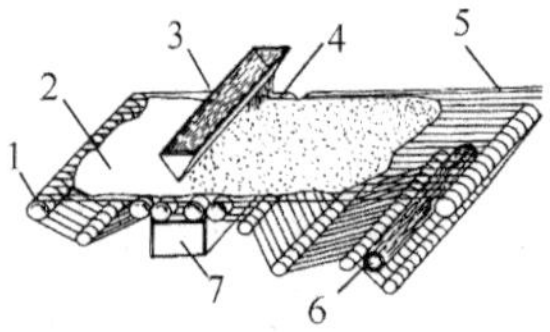


(a) 淋浆机工作原理

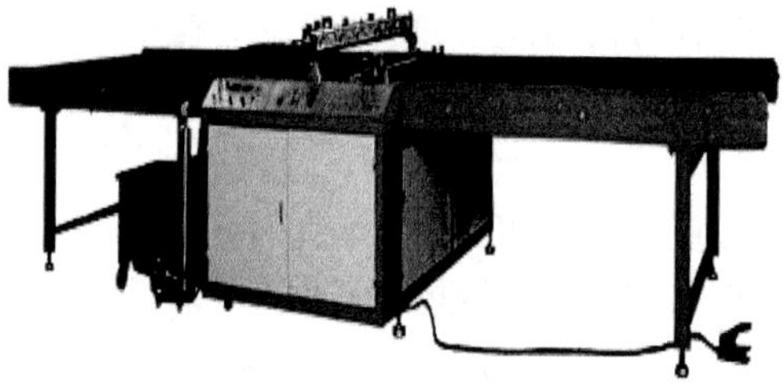

(b) 淋浆涂饰机

图 6-31　淋浆涂饰的原理及设备

1. 皮革输入传送带；2. 革；3. 淋浆斗；4. 皮革转传送装置；5. 皮革输出传送带；6. 传送绳清洗刷辊；7. 浆料储槽

### 6.6.2　涂饰操作控制

在坯革的涂饰过程中，可根据坯革品种、市场要求和生产情况合理设计和应用涂饰的操作方法。在每种涂饰的设备与操作中，掌控影响涂饰操作因素可以调整涂饰的效果，为成革的感官及表面物性打好基础。

#### 6.6.2.1　多次少量法

多次少量法多用于服装及软革的涂饰。在喷涂、辊涂过程中，采用多次少量喷涂及辊涂完成必要的涂饰。这样，每一层的喷涂量少，涂层薄，涂层遮盖性好，相对均匀性和成革的透气性好。但涂层的透明度差、强度差且劳动强度大、效率低。

#### 6.6.2.2　少次多量法

少次多量法多用于鞋面革、家具、汽车用革。在喷涂、辊涂、帘幕涂饰过程中，采用少次多量法。其与喷涂的多次少量法正好相反，涂层膜的透明度好、生产效率高、膜强度高，但坯革表面受涂层的收缩力大，涂饰后粒面紧实。

#### 6.6.2.3　成膜条件

1) 干燥温度

在涂饰剂涂布后的涂层需要进行干燥，其可加速并促进涂饰浆液成膜。但需要根据涂层的情况调整其干燥的温度。如果温度高，那么其成膜较快。但如果涂层较厚，高温且流速快，则容易使涂层表面的结膜太快，而内部未干成膜，这样会造成涂层的光泽变暗，膜的收缩力大，从而使涂层表面变粗。如果温度太低，不利于成膜且成膜后的强度差。通常较厚的涂层的干燥温度≤80℃。较薄的、需要交联的涂层干燥温度可以高些。

2) 干燥时间

理论上讲，膜的成熟稳定需要时间。高温成膜急，需要时间重新根据内应力蠕动平衡；低温成膜慢，膜内的水分、溶剂需要足够时间迁出，成熟时间较长。对有交联剂掺入的涂层，需要根据交联剂交联的温度、完成交联的时间进行安排。随着干燥时间或存放时间的延长，涂层的物性提高。同样，掺入交联剂的涂料，也需要考虑时间与温度，防止涂饰前的不必要交联产生，影响涂饰剂的有效成膜性能。

### 6.6.3　涂饰操作中的其他关联性操作

在涂饰过程中，刷涂/揩涂、喷涂、辊涂、帘幕及其干燥装置是将涂饰剂液涂布在坯革的表面并在干燥后形成较为连续的涂层。为了使涂层与坯革、涂层与涂层之间能更好地黏结，保证涂层的柔软度、平整度、光亮度、强度，或使涂层形成适当的花纹或效应等，还需要其他机械操作的配合，如熨平、压花、抛光、打光、摔软、振软等。

#### 6.6.3.1　涂饰过程中抛光加工

抛光是通过旋转的抛光辊与坯革或涂层表面之间高速摩擦，达到改善表面光泽的目的。抛光是皮革涂饰前、中、后的机械操作之一，可以根据产品品种品质的要求决定是否需要。

抛光机如图 6-32 所示。抛光辊是有多种形式，如表层为毛刷、毛毡、布、玛瑙等。

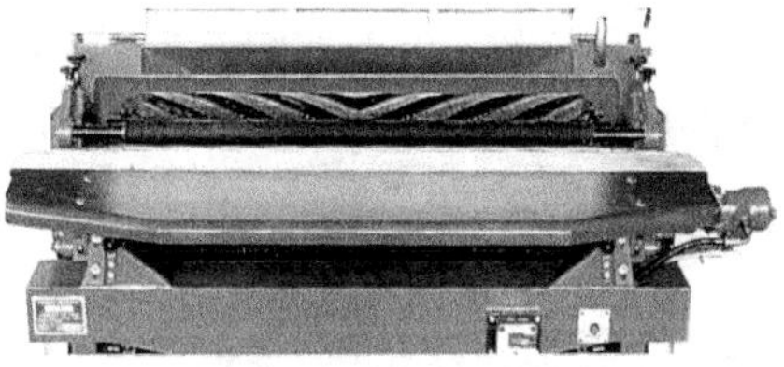

图 6-32　毛毡辊抛光机

抛光后的坯革外观和手感发生明显改变，如涂层表面光亮度提高、光泽柔和、粒面紧实平滑、涂层坚牢，涂层及坯革粒面的平细度和平整度提高。但革身松软、松面的坯革、柔软的或耐热不良的涂层不宜进行抛光操作。

#### 6.6.3.2　涂饰过程中熨平/压花

熨平/压花是改善坯革表面观感或涂层黏结及强度的操作。为了使涂层更好地与坯革黏着，提高涂层的平细度、增加花纹改变表观，对涂饰前、涂饰中或涂饰后采用熨压机在较高温及压力下对坯革进行作用。

1) 熨平

熨平有台式熨平和通过式熨平两种。在熨压机上安装金属平板或光辊(常用铝金属或不锈钢金属)，如图 6-33 所示。在熨平操作中，应根据成革要求、坯革的状态调整熨平机的温度、压力和熨压时间。其中温度主要涉及涂层的抗热黏性及流平性；压力涉及革身的抗压性及涂层的流平性；时间涉及前两种参数的综合。

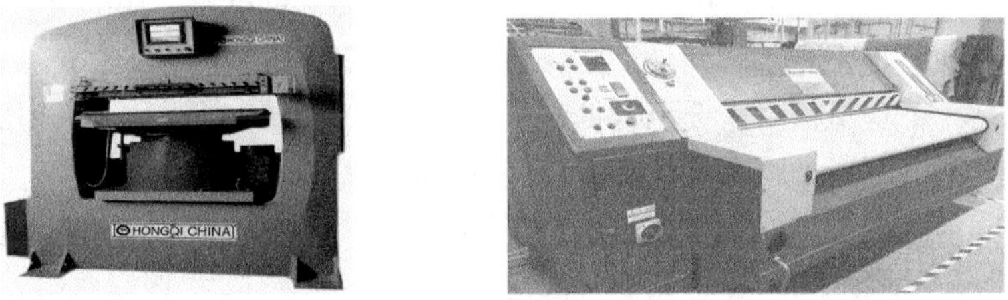


(a) 台式熨平(或压花)机　　(b) 通过式熨平机

图 6-33　熨平机

温度低，压力小，时间短(或转速快)，熨平的效果差；温度高，压力大，时间长(或转速慢)则熨平的效果好，但革身扁薄板硬程度提高。

涂层软、黏，革身疏松时需要温度低、压力小、时间短(或转速快)；涂层硬、黏性低，革身紧实可以采用温度高、压力大、时间长(或转速慢)。

对于非正常情况或特殊处理时，可以将温度、压力、时间三种作用的强弱交叉使用，如仅要求出光效果时，可以采用高温、低压、快速熨平。

熨平要求坯革厚度、紧实均匀，以免出现光泽部位差，如亮点、亮斑或暗点、暗斑。

底层的熨平举例：①目的是使坯革表面平整，加强黏合及封底；②条件是温度 70～75℃，压力 6.0～7.0MPa，时间 1～2s。

上层的熨平举例：①目的是使涂层紧实增强，革身平整，增加表面光泽；②条件是温度 100～120℃，压力 9.0～10.0MPa，时间 2～4s。

2)压花

压花采用的设备与熨平的类似，也有板式和通过式两种。在熨压机上安装金属花纹板或花辊(常用铝金属或不锈钢金属)。通过式压花机工作原理与通过式熨平机一样，只是为了方便更换花纹，机器上专门配置 2 或 3 个常用的花纹辊，以便更换方便，如果需要熨平或熨光，则可以用光辊，外形如图 6-34 所示。压花操作控制参数与熨平相同，也是温度、压力及时间。根据成革要求、坯革的状态调整压花机的温度、压力和熨压时间。其中温度涉及涂层的抗热黏性及涂层可塑性；压力涉及革身的抗压性及涂层花纹的定型性；时间涉及前两种参数的综合。

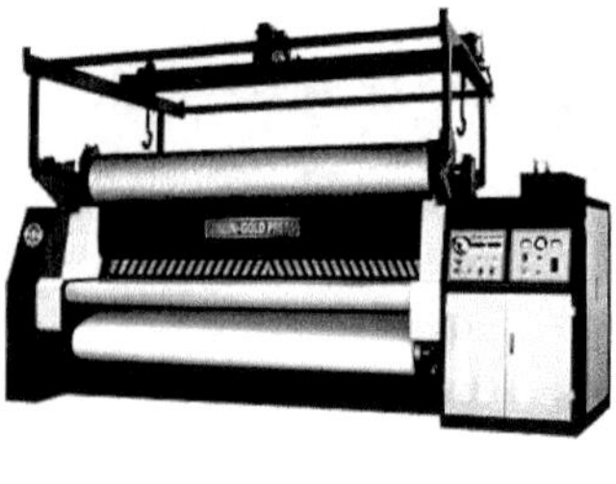

图 6-34　通过式压花(熨平)机

压花对坯革或涂层作用的方式相同，在温度、压力和时间三个参数下使坯革或涂层表面形成人造花纹。压花的目的有多种：①仿制天然动物皮粒面获得真皮感；②仿制动植物表面以获得自然纹饰及立体的美感；③提高皮革可加工性，如便于磨花、便于制造双色效应；④提高涂层的黏合面积增强黏合，如底层的细纹压花；⑤其他功能，如遮盖、防滑、消光等。由此，压花操作被广泛用于多种皮革品种品质的加工。

板式压花机是将熨平机的光板换成具有所要求花纹的花纹板，而通过式压花机则是利用不同的花纹辊进行辊压的操作。二者各有优缺点。板式压花机占地面积小，操作灵活，但在对大张幅坯革的压花过程中容易出现接板印，或接板处的花纹不连续。而通过式压花机则可以避免此现象，整张皮革的花纹均匀、美观，但多种花纹更换有限。

压花要求坯革厚度、紧实均匀，以免出现花纹部位差，导致花纹光泽甚至花纹不均，尤其对需要后继摔纹、摔软操作的坯革会出现花纹观感不均甚至局部花纹消失。

温度低、压力小、时间短(或转速快)，压花的效果差；温度高，压力大，时间长(或转速慢)则压花的效果好(花纹清晰)，但革身扁薄板硬程度提高。

涂层软、黏，革身疏松时需要温度低、压力小、时间短(或转速快)；涂层硬、黏性低，革身紧实可以采用温度高，压力大，时间长(或转速慢)。

对于非正常情况或特殊处理时，可以将温度、压力、时间三种作用的强弱交叉使用，如仅要求压涂层时，可以采用高温、低压、快速压花。

底层的压花举例：①目的是使坯革表面平整，加强黏合及封底；②压花条件是温度 70～

75℃，压力 6.0～7.0MPa，时间 1～2s(或 2.0～4.0MPa，速度 8～10m/s)。

上层的熨平举例：①目的是使涂层紧实增强，革身平整，增加表面光泽；②条件是温度 100～120℃，压力 9.0～10.0MPa，时间 2～4s。

#### 6.6.3.3　涂饰过程中摔软

涂饰过程中摔软的主要目的除第 5 章中使坯革革身柔软外，也有其他作用。

(1)使涂层的柔软，丰满。经摔软使部分渗入粒面的树脂与坯革纤维黏结松动，使涂层更活络，改善成革手感。

(2)使涂层花纹明显、立体感增强。经摔软过程的揉搓作用使压花后的纹路更清晰，无花纹的可以根据坯革收缩出现自然花纹(摔平纹除外)。

(3)使涂层光泽下降获得消光效果。经摔软中坯革内外表面的摩擦使涂层微粗化导致光泽下降。

(4)其他作用。如涂层产生龟裂效应、仿古脱色、立体双色等，摔软转鼓见第 5 章图 5-5。

涂饰坯革摔软需要防止粒面涂层出现黏着作用使表面粘灰影响光洁。对一些潜在的松面坯革受摔软时的剪切作用导致连接粒面涂的涂层与真皮层分离进而导致松面、松壳。

涂层摔软时可以加入一些材料使摔软结果更理想。例如，加入光滑轻质的助软材料使坯革革身与涂层伸缩均化；加入一些专用油蜡增加成革的手感。

涂层摔软时可以调节温度、湿度及时间，有助于获得更理想的效果。

#### 6.6.3.4　涂饰过程中烘干

涂饰后的干燥作用是除去涂层中和渗入坯革中的水及其他稀释剂或溶剂，完成成膜。干燥可以加快并更好地成膜，加强涂层的交联效果(加交联剂)，也可促进油/蜡层的渗透与流平。烘干过程一般在烘房或烘干生产线上进行。刷涂/揩涂后的坯革采用自然或烘房中挂晾干燥。而辊涂、喷涂、帘幕、淋浆涂饰的坯革则在烘干生产线上干燥。涂层干燥情况与烘房、烘干线中的温度、湿度、空气流速、干燥时间相关。除了涂层干燥要求外，在烘箱式干燥线上还需要将烘箱的长度、速度、供热能量作为考虑因素。图 6-35 为双喷干燥线。

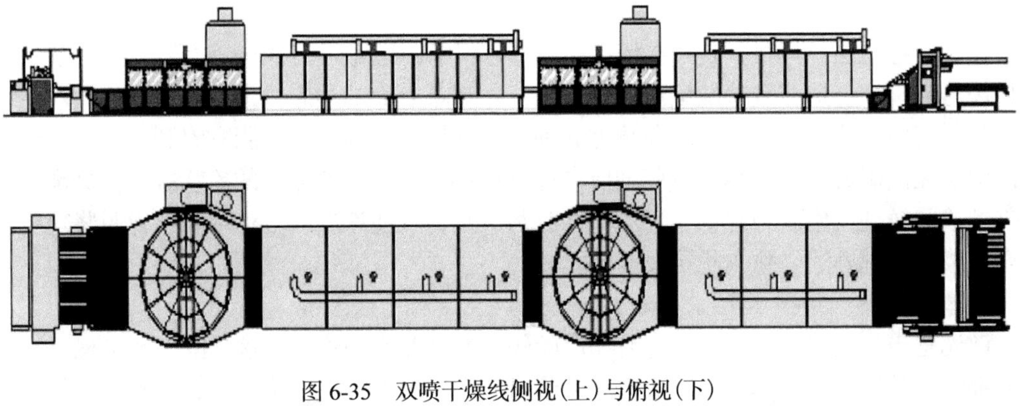

图 6-35　双喷干燥线侧视(上)与俯视(下)

**思考题**

⑴设计一种皮革产品涂饰过程的设备操作流程，列出必要的参数。

⑵服装软革与鞋面革涂饰应该有何区别?

⑶列出增加成膜的强度方法，并给出简要解释。

## 6.7　皮革涂层常见的缺陷

坯革的涂饰质量对成品革的感官质量、得革率及使用性能具有决定性的作用。皮革的涂饰质量包括涂饰剂的配方、涂饰剂配制、涂饰操作方法、坯革的状态、涂饰设备等。在涂饰过程中由于多种因素的同时影响，甚至条件之间存在对立关系，不可避免出现各种缺陷。缺陷的出现往往是多因素造成的，难以单纯地进行明确表达原委。本节就坯革涂饰过程中部分常见缺陷的名称现象、可能的原因及克服方法进行阐述。

1)刷痕

刷痕是在刷涂过的坯革表面上出现的直线形条纹的痕迹。形成刷痕的可能原因是刷浆液的黏度太大，刷浆液成膜太快，刷浆时浆液的用量太大。已经出现刷痕的坯革，如果较轻，则可在后继工序中采用适当的补救措施，如增喷涂次数及熨平操作。但是，如果刷痕较重，则采用磨革机磨去涂层，重新进行涂饰。

2)粒点

粒点是在涂饰坯革的涂层上出现的发散的小颗粒。导致其形成的原因是刷涂或揩涂的工具未清洗干净，附有大量的树脂小颗粒；单独使用海绵，未用纱布包裹，且使用次数太多，海绵渣脱落；喷枪及管道喷过涂饰剂后，未认真清洗；涂饰环境的卫生条件差，尘埃凋落于坯革的涂层上；修面革在磨革后除尘不净，坯革表面上有革灰；坯革的肉面细、短的纤维脱落，黏附在其他皮张的涂层上。对于涂层已经出现粒点的，采用人工或细砂纸轻磨涂层，净面后再进行后继工序的操作。

3)脱浆

脱浆又称脱层、掉浆，是指在坯革的涂饰过程中，涂/刷在坯革粒面(或磨面)上的浆料或涂层脱落的现象。形成脱浆缺陷可能的原因有：坯革表面的油脂含量过高，致使涂层在坯革表面的附着力下降；压花板或压花辊上有油脂，在压花过程中使油脂黏附到涂层上，致使后继的涂层无法附着；涂饰剂中成膜剂所占比例过小，容易导致涂层的粉状脱落；涂饰剂中成膜剂的成膜较硬，附着力降低；坯革里面脏污严重，致使涂层黏着不牢而出现脱浆现象。针对已脱浆的处理办法是除去脱层，再涂。

4)散光

散光是当将坯革或成品革拉伸时涂层的颜色发生改变的现象。该缺陷一般出现于成革的腹肷部等延伸性较大的部位。形成散光缺陷可能的原因有：在涂饰剂中，成膜物质与非成膜物质的比例略小或成膜物质中成膜硬的成分较多，导致其成膜延伸率变小；涂层过厚，坯革的延伸性大于涂层的延伸性。涂饰剂单独延伸率大，掺入颜料及助剂后延伸率迅速降低，要考虑助剂与成膜剂之间的相容性。

5) 裂浆

裂浆是指成革(或坯革)在折叠、曲挠、顶伸或拉伸的外力作用下，涂层出现裂缝的现象。形成裂浆可能的原因与散光相同，只是在程度上要更为严重一些，主要有：皮革的延伸性大于涂层的延伸性；成膜剂的曲挠性较差；非成膜物的用量过大；涂层太厚。

6) 涂层发黏

涂层发黏是指经过涂饰的坯革在高温、高压熨平或压花时出现黏板现象，或者用手摸涂层时有黏手的感觉，当将坯革的革面对叠后的分开时有黏结声。形成涂层发黏可能的原因主要有：涂饰剂中成膜软的成膜剂所占比例过大；实施涂饰的过程中，每层涂层都没有干透；涂层抗水性太弱或没有干燥完成成膜就进行上层涂饰，结果出现窜层。

7) 不耐干/湿擦

不耐干/湿擦又称涂层掉色，是指在干、湿擦拭中出现色牢度低的现象。形成涂层脱色的可能原因主要有：涂饰剂中上层色料含量高，其中染料水过多；涂层干燥不足出现窜层；光亮剂强度差或涂层太薄，抗摩擦能力差；未交联或交联程度不够。

8) 涂层发白

涂层发白是指涂饰操作过程中或成革涂层上及花纹底下出现的呈雾状并难以擦去的白色现象。形成涂层发白的可能原因主要有：皮革或涂层未完全干燥就进行固定；喷硝化纤维光亮层时，革中水分过大或空气湿度过大；涂饰剂配方不当，白色成分析出。

如果出现发白现象，通过溶解及磨革操作磨去整个涂层，然后重新进行涂饰。

9) 涂层流浆

涂层流浆是指在涂饰过程中坯革的涂层上出现的不规则的条痕。这种条痕不论是采用什么涂饰方法时都会出现。形成涂层流浆的可能原因主要有：涂饰剂的浆液用量太大；涂饰剂流平性好但坯革表面平整不足。一旦发现有涂层流浆现象应该立即调整涂饰方法。

**思考题**

从坯革、涂饰剂、操作三个方面对涂饰常见两例缺陷进行解释。

## 6.8　本章参考资料阅读

1) 阅读有关制革工艺学资料

出版书：制革工艺专著及相关教材。

出版期刊：《中国皮革》、《皮革科学与工程》、*World Leather*、*JALCA*、*JSLTC*。

其他参考资料：皮革化学品公司产品说明书。

2) 查询电子资料

查询关键词：皮革涂饰；皮革涂饰剂；改性酪素；皮革色料；涂料的增稠；皮革消光；皮革光亮；涂层的压花；压花成型性；皮革涂层功能；熨平；摔软；绷板；真空干燥；粒面填充；鞋面革；家具革；服装革。

# 第 7 章　典型制革产品染整工艺
# (DYEING AND FINISHING PROCESS OF TYPICAL PRODUCTS)

通过前面的学习，已经基本上掌握了制革染整的基本理论和工艺要领；了解并熟悉了制革生产工艺的全过程。但是，由于是分章节叙述，我们还未能对制革工艺有一个整体的了解。为了更加全面、完整地了解皮革产品的生产工艺，并对生产工艺进行分析，从中了解制革工艺方法、制革生产工艺过程中所用的皮革化学品与成革性能之间的关系。由此可以对皮革产品生产工艺中出现的关键问题做出方向性判断，也可以对新型产品的工艺设计及操作方法做出必要的论证。本章对若干典型皮革产品的制造工艺进行了介绍，并对各种制造工艺进行了点评。

## 7.1　服装革生产工艺

服装革属于软革类，是用于制作大衣、夹克、背心、皮裤、皮裙等的皮革的总称。通常，服装革是用猪皮、牛皮、羊皮及二层皮为原料，经铬鞣或以铬鞣为主的结合鞣方法制成。现在逐渐开始流行无铬鞣制的服装革，一般有正面(光面和苯胺)和绒面两种。

一般来说，服装革的总体性能要求是：①丰满、柔软，有较大的延伸性；②耐洗、耐汗、耐脱色性能好；③卫生性能好，即透气和透水气性好。而对于具体某一皮革品种来说，又有一些特殊的性能要求。例如，要求光面服装革：粒面光滑细致，涂层薄而坚牢、耐水性好、延伸性大，耐候性良好；苯胺服装革：色泽鲜艳柔和、粒纹清晰，真皮感强；绒面服装革：绒毛细、短、密、均匀且有丝光感等。

### 7.1.1　猪正面服装革生产工艺

#### 7.1.1.1　主干流程

挑选分类→挤水→摔软→出鼓搭马→削匀→修边→称量→回软→水洗→复鞣→水洗→中和→水洗→染色加油→套色→水洗→出鼓搭马→真空干燥→挂晾干燥→回潮→转鼓摔软→出鼓搭马→绷板干燥→剪边→挑选分类→封面→点补→检验→刷浆→检查→通烫→摔软→出鼓搭马→喷面浆→喷光亮→摔软→出鼓搭马→冷绷→通烫→喷手感→成品。

#### 7.1.1.2　工艺规程要点

(1)挑选分类。

(2)挤水。

在挤水机上进行。要求皮张平展、无挤水伤、无死折；坯革水分 50%～55%。

(3)摔软。

将剖层后的坯革置于摔皮转鼓中，加入适量的玉米粉(一般用量为百张坯革 2.5～3.0kg)，转动 30～40min。

(4)出鼓搭马。

逐张搭马平整，严禁压折。

(5)削匀。

先粗削，削匀厚度 1.15～1.25mm(双层)；后精削，削匀厚度 1.05～1.10mm(双层)。

操作方法：将皮肉面向上铺平整，先削臀部，然后由臀部到颈部削一道，再掉头削颈部。削完头道后，经检验合格，再进行精削。

质量要求：厚度均匀一致；无削匀伤；无跳刀、缠辊子现象。

注意事项：按照机器性能要求调试好机器；严格控制供料速度，禁止高速操作；切削要控制好切削量，做到少量切削、多次切削；要勤磨刀。

(6)修边。

剪去无用边角，直口剪成圆口。

(7)称量。

准确点数称量，作为以下各工序之计料依据。

(8)回软。

技术规定：水(40～45℃)150%，脱脂剂 BAYMOL AP-N-C 0.2%～0.3%，甲酸 0.3%。

操作方法：调好液比、内温后，加入平平加和甲酸，转动 60～120min。

质量要求：坯革完全恢复到柔软状态，无硬边、硬心。

注意事项：削匀坯革称量后，应根据皮坯干湿情况适当的比例增减质量，以调整后的质量作为以下各工序的计料依据。

(9)水洗。

闷洗 10min，排水。

(10)复鞣。

技术规定：水(38～40℃)150%～200%，PAK-N-C 2.0%，加脂剂 OSL 2.0%转 20min，LEUKUTAN 970 2.0%转 20min，LEUKUTAN 1084 2.0%转 40min，甲酸 0.5%(1∶10 水稀释)转 20min，含铬复鞣剂 HN 2.0%，铬粉($B$=33%)4.0%转 60min，甲酸钠 1.0%转 30min，碳酸氢钠 0.3%转 30min。

质量要求：坯革粒面细致，手感丰满，稍有发泡感；终点 pH=4.0～4.2。

(11)水洗。

闷洗 10min，排水。

(12)中和。

技术规定：水(30～34℃)100%～150%，PAK-N-C 2.0%，甲酸钠 1.0%转 30min，碳酸氢铵 1.5%，碳酸氢钠 0.5%转 20min，LEVOTAN LB 2.0%，LEMING HDB 2.0%转 40min。

材料说明：单宁精 PAK-N-C 是中和复鞣剂，LEVOTAN LB 是复鞣剂，LEMIN HDB 是韩一的高浓度加脂剂。

质量要求：中和均匀、全透，用甲基红检查臀部切口全黄；终点 pH=5.0～6.0。

注意事项：中和温度应严格控制，切忌过高；中和结束后应立即水洗进行染色加油，切忌中和后停鼓过夜；如因特殊原因(停水、停电或机器设备故障)导致中途停鼓应重新中和。

(13)水洗。

技术规定：水(30℃)200%，闷洗 2 次，每次 10min。

(14)染色加油。

技术规定：水(30℃)30%～50%，黑色染料 2%，MFA 复鞣剂 2.0%，单宁精 PR-C 1.5% 转 30min，LEMIN ACN-E 4%，LEMIN HDC 6%，DT-F601 4%，DT-F606 6%，LEVOTAN LB 2%转 30min，补水 150%，升温至 55℃，转 60min，单宁精 VR 2%，R83 1%，防霉剂 0.2%～0.3%转 30min，甲酸 2%(1∶10 水稀释)，分两次加入，转 20min×2。

材料说明：PR-C 是分散和匀染材料，LEMIN CAN、LEMIN HDC、DT-F601 和 DT-F606 是加脂剂，VR 是合成单宁，R83 是丙烯酸复鞣剂。

质量要求：染色均匀，无色花、色差；色相符合要求；加脂深透，无表面油腻现象；终点 pH = 3.2～3.6。

注意事项：甲酸应事先用 8～10 倍冷水稀释后转动中从转鼓轴孔加入；如需加入铬液，则应从转鼓轴孔中缓缓加入；加脂剂应充分乳化后加入。

(15)套色。

技术规定：水(50℃)150%～200%，黑色染料 0.8%转 20min，甲酸 0.8%转 20min，铝单宁 0.7%转 20min，阳离子加脂剂 JAT 1.0% 转 15min。

操作要点：套色中的染料要化开加入，甲酸、铝单宁和阳离子加脂剂都要稀释后加入，否则容易引起色花。

(16)水洗。

流水洗 10min，要求洗净浮色。

(17)出鼓搭马。

坯革出鼓后立即带水搭马，深色革搭马后静置过夜。要求搭马平整，切勿压折。

(18)真空干燥。

时间 3min，温度 50℃，坯革水分 15%～20%。

(19)挂晾干燥。

挂晾干燥至水分全干。

(20)回潮。

坯革干燥水分达到要求后，摘皮堆放静置过夜。

(21)转鼓摔软。

技术规定：每百张皮加入橡胶球 30～40kg(大皮从高限，小皮从低限)，转鼓转速 14～16r/min，摔软时间 6～8h(按坯革柔软程度确定具体摔软时间)。

操作方法：经检查、修剪后，将皮逐张装入摔软转鼓中，转动 6～8h，检查柔软程度。判定转鼓摔软是否合格的具体方法是“标样比较法”，即每批转鼓摔软过的坯革与标样的柔软程度相比较，刚摔软过的坯革(带温)柔软程度超过标样即为合格。

质量要求：经转鼓摔软后的坯革，手感柔软，有弹性，无僵硬感觉。

(22)出鼓搭马。

转鼓摔软符合要求后，应立即出鼓搭马。注意：经转鼓摔软后的坯革不得在转鼓中停放时间过长，更不能出鼓堆放。转鼓摔软后的坯革在出鼓时，应立即将皮铺放平整，不得延误，不得有褶皱。

(23)绷板干燥。

绷板干燥在自动绷板机上进行。

工艺条件：温度 45～50℃，坯革水分 14%～20%。

操作方法：将坯革粒面朝上，脊线对准铝板中间间隙，先用夹子夹住中间定位，然后夹住四肢部位绷开，最后夹住其他部位。每张皮绷板夹子不得少于 16 个。

质量要求：坯革水分符合技术规定；坯革平展，无皱折、无荷叶边，臀部无兜；无扯破皮现象；绷板温度及坯革水分含量符合工艺要求。

注意事项：绷板干燥后的坯革要码放整齐，不得压折；绷板时，坯革要放平放正。

(24)修边。

剪去无用边角，直口剪成圆口。

(25)挑选分类。

将坯革分成以下三类：基本无伤残，不需进行补伤的；粒面有伤残，经过修补可达到掩饰伤残的目的的；粒面伤残严重，无法采用一般方法进行修补的。

操作方法：逐张按标准进行挑选分类，挑选分类完毕后，应写明类别、数量与批号，如在挑选分类时发现坯革臀部有兜，应及时修好。

(26)封面。

技术规定：无酪颜料膏 10 份，聚氨酯 801 8 份。聚氨酯 802 20 份，GROUND CL 15 份，BX-463 5 份，水 55～60 份。

操作方法：逐张进行封面操作，要求喷料均匀，喷量适当。

(27)点补。

技术规定：GROUND CL 300 份，BX-463 150 份，蜡 A 40 份，聚氨酯 801 65 份，无酪颜料膏 40 份。

操作方法：用竹签或海绵将补伤膏涂于坯革粒面伤残处，涂补面积与伤残面积基本相等。涂伤补伤膏后，应将伤残处绒毛轻轻压平。

质量要求：凡肉眼可见且“发毛”的粒面伤残，一律进行点补，无漏补；补伤处经刷补后，无明显伤残痕迹(原皮鞭伤除外)。

注意事项：癣癞、疤痕及虱疗等伤残皮剔出待轻磨后再刷补；使用完后应将补伤膏盖好、密封，并将补伤工具清洗干净。

(28)检验。

对点补过的坯革逐张检验，不合格的一律返修。注意：为保证良好的补伤效果，提高成革等级率，补伤皮经检验后，由检验员打上工号，以利于成革后检查补伤质量，帮助补伤操作工改进补伤操作。

(29)刷浆。

技术规定：无酪颜料膏 190 份，GROUND CL 250 份，BX-463G 60 份，蜡 A 40 份，氨酯 801。250 份，水 500 份。用量一般为 65～80g/张。

操作方法：用海绵沙包蘸补伤浆涂刷于坯革粒面上，整张刷到、刷均匀，不得刷花。

质量要求：刷浆均匀，色泽基本一致，无漏刷和刷花等缺陷；无浆点及其他沾污。

注意事项：刷补完后应整张收浆，以使色泽、光泽基本一致；革边要刷到、刷均匀；浆不能涂刷得太厚，以免引起“抓面”；当天配制的刷浆液要当天用完。

(30)检查。

逐张检查。将轻微癣癞皮、臀部发暗皮及伤残严重遮盖不好的皮剔出，局部或全部刷一道浆。

(31)通烫。

在通过式滚烫机上进行，温度 60～70℃，压力 80～90bar(非法定单位，1bar=$10^5$Pa，下同)。

要求：喂皮平整，无压折。

(32)摔软。

不加助软物，转速 13～18r/min，摔软时间 1～2h。

(33)出鼓搭马。

出鼓搭马时，两人将坯革绷平后平铺于马凳上，头尾相对，堆放整齐。

(34)喷面浆。

技术规定：无酪颜料膏 130 份，BX-463G 60 份，蜡 A-30 份，聚氨酯 801 100 份，聚氨酯 802 140 份，水 600 份。

操作方法：在喷浆干燥机上进行，轻喷 2 遍，用量 50g/张。

要求：喷浆均匀，无浆点、无流浆等现象。

(35)喷光亮。

技术规定：ISODERM LA 83 水性硝化棉光亮剂 1 份，水 1.5 份，手感剂 SF 0.1 份。

操作方法：在喷浆机上进行，轻喷 1～2 遍，用量 25～30g/张。

要求：喷浆均匀，无发白现象。

(36)摔软。

不加助软物，转速 13～18r/min，时间 2～4h。

(37)出鼓搭马。

出鼓搭马时，2～4 人将坯革绷平后平铺于马凳上，头尾相对，堆放整齐。

(38)冷绷。

在绷板干燥机上进行，常温操作。

操作方法：将坯革粒面朝上，脊线对准铝板中间间隙，先用夹子夹住中间定位，然后夹住四肢部位绷开，最后夹住其他部位。每张皮绷板夹子不得少于 16 个。

(39)通烫。

在通过式滚烫机上进行，温度 60～70℃，压力 80～90bar。

要求：喂皮平整，无压折。

(40)喷手感。

技术规定：ADD-2229 3 份，水 400 份。

操作方法：在喷浆干燥机上进行，轻喷 1 遍，用量 30g/张，整张喷到、喷均匀。

(41)成品。

### 7.1.2　猪反绒服装革生产工艺

#### 7.1.2.1　工艺流程

挑选分类→挤水→摔皮→平展→补伤→剖层→大机器削匀→修边→滚锯末→出鼓搭马→

小机器削匀→修边→称量→回软→水洗→复鞣→挤水→滚锯末→湿磨→修边→称量→回软→水洗→复鞣→水洗→中和→水洗→染色加油→套色→表面处理→水洗→出鼓搭马→挂晾干燥→静置→回潮→摔软→出鼓搭马→绷板干燥→修边→检验分级→量尺→包装→入库。

#### 7.1.2.2　工艺规程要点

(1)挑选分类。

按照蓝湿革挑选分类标准执行。

(2)挤水。

在挤水机上进行。要求皮张平展、无挤水伤、无死折；坯革水分 50%～55%。

(3)摔皮。

(4)平展。

(5)补伤。

技术规定：面粉 3 份，立德粉 1 份，水及胶水适量。

操作方法：将蓝湿革坯革肉面朝上平铺于工作台上，检查蓝湿革伤残，用补伤剂贴补肉面的描刀伤、削薄、小刀洞等伤残处。贴补完毕，再撒上滑石粉。

(6)剖层。

技术规定：1.50～1.60mm(双层)。

质量要求：厚度均匀一致，符合工艺要求；无剖层伤、跳刀。

(7)大机器削匀。

技术规定：1.4～1.5mm(双层)。

操作方法：将皮肉面向上铺平整，先削臀部，然后由臀部到颈部削一道，再掉头削颈部。

质量要求：厚度均匀一致，符合工艺要求；无削匀伤；无跳刀、缠辊子现象。

(8)修边。

剪去无用边角、须边等。

(9)滚锯末。

将剖层后的坯革置于悬挂式木转鼓中，加入适量细锯末粉，100 张 3.5～4.0kg，转动 30～40min。

(10)出鼓搭马。

逐张搭马平整，严禁压折。

(11)小机器削匀。

技术规定：0.95～1.05mm(双层)。

操作方法：将皮肉面向上铺平整，排刀削匀。

质量要求：厚度均匀一致，符合工艺要求；无接头印、无削匀伤；无跳刀、缠辊子现象。

注意事项：按照机器性能要求调试好机器；严格控制供料速度，禁止高速操作；切削要控制好切削量，做到少量切削、多次切削；要勤磨刀；排刀削匀的坯革要立即交湿磨工序。

(12)修边。

(13)称量。

准确点数称量，作为以下各工序之计料依据。

(14)回软。

技术规定：水(40～45℃)150%，脱脂剂 AP-N-C 0.3%～0.5%，甲酸 0.3%转 60min。

操作方法：调好液比、内温后，加入脱脂剂和甲酸，转动60min。

质量要求：坯革完全恢复到柔软状态，无硬边、硬心。

(15)水洗。

技术规定：水(25℃)200% 转20min。

(16)复鞣。

技术规定：水(40～45℃)150%，铬粉($B$=33%)3.0%转60min，甲酸钠1.0%转30min，碳酸氢钠0.3%转40min。

操作方法：调好液比和内温，加入铬粉，转动60min，再依次加入其他材料。

质量要求：坯革粒面细致、手感丰满，稍有发泡感，终点pH=4.1～4.2。

(17)挤水。

在挤水机上进行。要求皮张平展、无挤水伤、无死折；坯革水分40%～45%。

(18)滚锯末。

将剖层后的坯革置于悬挂式木转鼓中，加入适量细锯末粉，100张3.5～4.0kg，转动30～40min。

(19)湿磨。

在通过式干湿两用磨革机上进行。先粗磨、后细磨。

操作方法：粗磨用80#砂纸磨臀部(约磨至全皮1/3处)。细磨用120#(或150#)中砂纸，先从颈部磨至全皮1/3处，再从臀部磨至颈部(通过式)，最后从颈部磨至臀部。

质量要求：严格控制坯革的水分含量40%～45%；无叠磨、跳磨、漏磨及磨破。

注意事项：供料速度必须严格控制；及时取排刀削匀过的坯革，防止因风干而磨光、磨焦、磨伤；防止磨错(磨粒面)。

(20)修边。

修去无用边角，直口剪成圆口。

(21)称量。

准确点数称量，作为以下各工序之计料依据。

(22)回软。

技术规定：水(40～45℃)150%～200%，脱脂剂AP-N-C 0.3%～0.6%，甲酸0.5%转动60min。

操作方法：调好液比、内温后，加入脱脂剂和甲酸，转动60min。

质量要求：坯革完全恢复到柔软状态，无硬边、硬心。

(23)水洗。

技术规定：水(25℃)200%，闷洗两次，每次10min。

(24)复鞣。

技术规定：水(40～45℃)150%～200%，脂肪醛DC 2.0%转动30min，含铬复鞣剂HN 4.0%转动60min，大苏打2.0%转动40min，碳酸氢钠0.3%转动30min。

以后每小时转动5min，过夜，次日转动20min。

操作方法：调好液比和内温，加入改性戊二醛，转动40min；含铬复鞣剂，转动60min，再加入大苏打，转动40min，再加入碳酸氢钠提碱至pH=4.1～4.1，自动间转过夜。

质量要求：坯革粒面细致、手感丰满，稍有发泡感；终点pH=4.0～4.2。

(25)水洗。

流水洗 20～30min。

(26)中和。

技术规定：水(35～40℃)150%～200%，中和鞣剂 TANIGAN PAK-N-C 2%，甲酸钠 1.2%转 20min，碳酸氢铵 2.0%，碳酸氢钠 1.0%转 60min。

操作方法：调好液比、内温后，加入中和鞣剂、甲酸钠转动 20min 后，再加入碳酸氢铵和碳酸氢钠，转动 60min。

质量要求：中和均匀、全透，用甲基红检查臀部切口全黄(pH 约 6.0)。

注意事项：中和温度应严格控制，切忌过高；中和结束后应立即水洗进行染色加油，切忌中和后停鼓过夜；如因特殊原因(停水、停电或机器设备故障)导致中途停鼓应重新中和。

(27)水洗。

技术规定：水(25℃)200%，闷洗两次，每次 10min。

(28)染色加油。

技术规定：水(50～55℃)150%～200%，匀染剂 1%转 10min，染料 *x*%转 20min，加脂剂 14%～16%，皮革防霉剂 0.2%转 60min，甲酸 0.5%转 20min，染料 *x*%转 20min。甲酸 0.5%转 20min，甲酸 2.0%分两次加入，每次转 20min。

操作方法：按规定调好液比、内温，加入匀染剂，转动 10min；加入事先完全溶解的染料，转动 20min；加入事先乳化完全的加脂剂及皮革防霉剂，转动 60min。从转鼓轴孔加入事先用 8～10 倍冷水稀释过的甲酸，转动 20min。加入事先完全溶解的染料，转动 20min；从转鼓轴孔加入事先用 8～10 倍冷水稀释过的甲酸，转动 20min。

质量要求：染色均匀，无色花、色差；色相符合要求；加脂深透，无表面油腻现象；终点 pH=3.4～3.6。

注意事项：甲酸、硫酸等应事先用 8～10 倍冷水稀释后转动中从转鼓轴孔加入；如需加入铬液，则应从转鼓轴孔中缓缓加入；加脂剂应充分乳化后加入。

(29)套色。

(30)表面处理。

(31)水洗。

(32)出鼓搭马。

搭马要平整，头尾一致，保持清洁，防止污染。

(33)挂晾干燥。

时间 1～3d，坯革水分 14%～20%。

(34)静置。

坯革干燥水分达到要求后，摘皮堆放静置过夜。

(35)回潮。

要求回潮后坯革水分 20%～25%。

(36)摔软。

技术规定：8～12h(按皮张柔软程度确定具体摔软时间)。

操作方法：经修剪后，将皮逐张装入摔软转鼓中，转动 8～12h，检查柔软程度。

质量要求：经转鼓摔软后的坯革，手感柔软，有弹性，无僵硬感觉。

(37)出鼓搭马。

转鼓摔软符合要求后，应立即出鼓搭马。注意：经转鼓摔软后的坯革不得在转鼓中停放时间过长，更不能出鼓堆放。转鼓摔软后的坯革在出鼓时，应立即将皮铺放平整，不得延误，不得有褶皱。

(38)绷板干燥。

绷板干燥在自动绷板机上进行。45～50℃，坯革水分为14%～20%。

操作方法：将坯革粒面朝上，脊线对准铝板中间间隙，先用夹子夹住中间定位，然后夹住四肢部位绷开，最后夹住其他部位。每张皮绷板夹子不得少于16个。

质量要求：坯革水分符合技术规定；坯革平展，无皱折、无荷叶边，臀部无兜；无扯破皮现象；绷板温度及坯革水分含量符合工艺要求。

注意事项：绷板干燥后的坯革要码放整齐，不得压折；绷板时，坯革要放平放正。

(39)修边。

修去无用边角，直口剪成圆口。

(40)检验分级。

(41)量尺。

(42)包装。

(43)入库。

### 7.1.3 绵羊正面服装革生产工艺

#### 7.1.3.1 主干流程

分类组批→挤水→滚锯末→摔皮→削匀→修边→称量→脱脂回软→水洗→复鞣→水洗→二次复鞣→水洗→中和→水洗→染色加油→水洗→出鼓搭马→挑选分类→静置→真空干燥→挂晾干燥→静置→回潮→铲软，摔软→绷板干燥→干削匀→修边→刷尘(扫灰)→挑选分类→封面→抛光→通烫→喷底浆→平展→拉软→喷中层浆→喷顶层浆→喷手感→检验分级→量尺→包装→入库。

#### 7.1.3.2 工艺规程要点

(1)分类组批。

(2)挤水。

在通过式挤水机上挤水，要求坯革水分含量为45%～50%。

(3)滚锯末。

(4)摔皮。

(5)削匀。

技术规定：1.10～1.20mm(双层)。

操作方法：将皮肉面向上铺平整，先削颈部，然后由臀部到颈部削一道。

质量要求：厚度均匀一致，符合工艺要求；无削匀伤；无跳刀、削破等缺陷。

注意事项：按照机器性能要求调试好机器；严格控制供料速度，禁止高速操作；切削要控制好切削量，做到少量切削、多次切削；要勤磨刀。

(6)修边。

修去无用边角，直口剪成圆口。

(7) 称量。

准确称量，作为以下各工序之计料依据。

(8) 漂洗。

技术规定：水(32～35℃)150%，BAYERMOL AN2-C 1.5%，甲酸 0.3%。

操作方法：按规定调好液比、内温，加入 BAYERMOL AN2-C，转动 40min。然后，转动中从转鼓轴孔加入事先用 8～10 倍冷水稀释过的甲酸，转动 30min。终点 pH=3.6～3.8。

(9) 水洗。

技术规定：水(25℃)200%～250%，每次转动 10min，转动 2 次。

(10) 复鞣。

技术规定：水(35～40℃)150%，加脂剂 1.0%，CHROMOSAL B 铬粉 4.0%，甲酸钠 1.0%，碳酸氢钠 0.3%。

操作方法：按规定调好液比、内温，加入加脂剂，转动 30min。然后加入 CHROMOSAL B 铬粉，转动 90min。再加入甲酸钠，转动 30min，加入碳酸氢钠转动 30min，停鼓过夜，次日转 30min 后水洗。

(11) 水洗。

技术规定：水(25℃)200%～250%转动 10min。

(12) 二次复柔。

(13) 水洗。

(14) 中和。

技术规定：水(30℃)150%，甲酸钠 0.8%，碳酸氢钠 1.0%。

操作方法：按规定调好液比、内温，加入甲酸钠，转动 20min。然后加入碳酸氢钠，转动 40min。检查中和程度。要求中和全透，pH=5.0～6.0。

(15) 水洗。

流水洗 10min。

(16) 染色加油。

技术规定：水(50℃)150%，染料 $x$%，ATLASOL 800-R 合成加脂剂 4.5%，PRVOL BA 合成加脂剂 3.5%，亚硫酸化鱼油 1.0%，PREVENTOL WB 皮革防霉剂 0.3%，甲酸 1.0%，染料 1.5%，甲酸 1.5%，R4B 阳离子固色剂 0.4%，阳离子油 1.5%。

操作方法：按规定调好液比、内温，加入染料、加脂剂及防霉剂等，转动 60min。转动中从转鼓轴孔缓缓加入事先用 8～10 倍的冷水稀释过的甲酸，转动 20min。再加入规定量的染料，转动 20min。转动中从转鼓轴孔缓缓加入事先用 8～10 倍的冷水稀释过的甲酸，转动 20min。加入阳离子固色剂，转动 20min。最后加入阳离子油，转动 30min。

(17) 水洗。

技术规定：水(25℃)200%～250%转动 10min。

(18) 出鼓搭马。

(19) 挑选分类。

(20) 静置。

(21) 真空干燥。

将坯革在真空干燥机上进行真空干燥。真空度 0.02MPa，温度 80℃，时间 20s。坯革水分含量 40%～45%。

(22)挂晾干燥。

时间 1～3 天，坯革水分含量 14%～20%。

(23)静置。

静置 24h。

(24)回潮。

(25)铲软、摔软。

在自制飞轮铲软机上铲软。要求颈脊部及臀背部多铲、重铲，其他部位轻铲、少铲或者不铲，在转鼓中摔软 8～10h。

(26)绷板干燥。

绷板干燥在自动绷板机上进行。温度 45～50℃，水分含量 14%～20%。

操作方法：将坯革粒面朝上，脊线对准铝板中间间隙，先用夹子夹住中间定位，然后夹住四肢部位绷开，最后夹住其他部位。每张皮绷板夹子不得少于 16 个。

(27)干削匀。

在宽辐削匀机上削匀。削匀厚度 1.1～1.2mm。要求削匀吃刀深度适当，厚度均匀一致，肉面绒毛一致。

(28)修边。

修去无用边角，直口剪成圆口。

(29)刷尘(扫灰)。

在自制扫灰机上进行，要求整张扫到、扫净。

(30)挑选分类。

根据坯革粒面伤残情况将坯革分成基本无伤残、粒面带有伤轻度伤残及粒面伤残严重三类。然后，针对粒面伤残情况确定涂饰方案。

操作方法：逐张按标准进行挑选分类，挑选分类完毕后，应写明类别、数量与批号，如在挑选分类时发现坯革臀部有兜，应及时修好。

(31)封面。

技术规定：水 200 份，FI-17-701 70 份，FI-1283 30 份，PP-17-732 20 份，LW-5344 30 份，RA-17-750 60 份。

操作方法：在喷浆干燥机上进行。将坯革平铺在喷浆干燥机的传送带上，尽量铺放平整，避免搭接、折叠。轻喷 1～2 次，要求整张喷到、喷均匀。

(32)抛光。

在抛光机上进行。

(33)通烫。

在通过式滚烫机上进行。温度 60～70℃，压力 80～90bar，速度 4～6m/min。要求喂皮平整，无压折。

(34)喷底浆。

技术规定：水 300 份，FI-1283 30 份，PP-11-564 75 份，BI-18-128 60 份，WT-2581 50 份，RA-2394 150 份，LD-5900 20 份，HM-443 5 份，RC-2349 50 份，FI-50 60 份。

操作方法：在喷浆干燥机上进行。将坯革平铺在喷浆干燥机的传送带上，尽量铺放平整，避免搭接、折叠。轻喷3次，要求整张喷到、喷均匀。喷完底浆后要进行手工收边。

(35)平展。

利用平展机进行平展。采用一次四刀法进行平展。要求整张平整、无皱折。

(36)拉软。

在振荡拉软机上进行。

(37)喷中层浆。

技术规定：水100份，EX-59-812 50份，EX-59-868 50份，HM-443 3份。

操作方法：在喷浆干燥机上进行。将坯革平铺在喷浆干燥机的传送带上，尽量铺放平整，避免搭接、折叠。轻喷1次。要求整张喷到、喷均匀。

(38)喷顶层浆。

技术规定：水100份，BAYDERM FINISH TV 10份，LA 300N-C 90份，EUDERM WAX CL-C 6份，ADDTIVE 2229W 1份。

操作方法：在喷浆干燥机上进行。将坯革平铺在喷浆干燥机的传送带上，尽量铺放平整，避免搭接、折叠。轻喷1次。要求整张喷到、喷均匀。

(39)喷手感。

(40)检验分级。

(41)量尺。

(42)包装。

(43)入库。

### 7.1.4　绵羊服装革工艺

#### 7.1.4.1　主干流程

蓝湿革分类组批→蓝皮挤水→削匀→修边→称量→漂洗脱脂→水洗→复鞣→水洗→中和→水洗→填充染色→加脂→水洗→出鼓搭马→静置→挤水伸展→真空干燥→挂晾干燥→回潮→振软→摔软→绷板→刮补→烫光→摔软→喷浆层→烫光→喷浆层→喷保护层→摔软→喷顶光→烫光。

#### 7.1.4.2　部分工艺规程要点

(1)蓝皮挤水。

在蓝皮挤水机上进行。

(2)削匀。

双层厚度0.90mm，在削匀机上进行。

(3)漂洗脱脂。

技术规定：水(45℃)200%，DESORAUX SHN 0.5%，甲酸0.5%，DESOAGENDN 3.0%。

操作方法：按规定调好液比、内温，加入DESORAUX SHN和DESOAGENDN，等转鼓转动起来从鼓轴孔加入事先用8～10倍冷水稀释好的甲酸，转动90min；终点pH为3.5左右，排液。

(4)复鞣。

技术规定：水(38℃)150%，DESOPON DPF 1.0%，DESOATEN DC 2.0%，甲酸0.3%，

DESOATEN FB 1.0%，DESOATEN CR 3.0%，铬粉（$B$=33%）4.0%，甲酸钠 1.0%，碳酸氢钠 0.7%。

操作方法：按规定调好液比、内温，等转鼓转动起来从鼓轴孔加入事先乳化好的 DESOPON DPF 和用 5 倍水稀释的 DESOATEN DC，转动 30min；加入用 8～10 倍冷水稀释好的甲酸，转动 10min，测 pH 在 3.5 左右；然后从鼓门加入铬粉和 DESOATEN FB，等转鼓转动起来从鼓轴孔加入 DESOATEN CR，转动 60min；加入甲酸钠，转动 30min；最后分两次加入。用温水完全溶解好的碳酸氢钠，转动 60min；排液，终点 pH 为 4.0 左右。停鼓过夜，次日转 20min。

(5) 中和。

技术规定：水（35℃）150%，甲酸钠 2.0%，DESORAUX AU 1.5%，DESOATEN A-15-N 1.5%，DESORAUX AU 1.0%，碳酸氢钠 0.5%。

操作方法：按规定调好液比、内温，从鼓门加入甲酸钠和 DESOATEN A-15-N，等转鼓转动起来从鼓轴孔加入 DESORAUX AU，转动 20min；然后从鼓轴孔加入 DESORAUX AU 和用温水完全溶解好的碳酸氢钠，转动 60min；终点 pH=5.5～6.0，排液。

(6) 填充染色。

技术规定：水（38℃）100%，OSL 1.0%，DESOATEN RST 1.5%，DESOATEN HPS-N 2.0%，栲胶 AM 1.5%，DESOATEN A-17-N 3.0%，DESOATEN BTL 3.0%，阴离子染料（配方另订）$x$%，热水（70℃）100%。

操作方法：按规定调好液比、内温，等转鼓转动起来从鼓轴孔加入事先乳化好的 OSL，分别用 2 倍水稀释的丙烯酸复鞣剂 DESOATEN RST 和马来酸酐-丙烯酸 DESOATEN HPS-N，转动 40min；从鼓门加入栲胶 AM 和双氰胺树脂 DESOATEN A-17-N，等转鼓转动起来从鼓轴孔加入 DESOATEN BTL，转动 60min；加入阴离子染料，转动 40min；补热水，升内温至 50℃。

(7) 加脂。

在填充染色液中进行。

技术规定：DESOPON DPF 2.0%，DESOPON SO 4.0%，DESOPON SK70 4.0%，DESOPON PM 1.0%，DESOPON QL 1.0%，DESOPON LB 1.0%，DESOATEN SS 2.0%，甲酸 3.0%。

操作方法：在填充染色液中进行，加入事先乳化好的 DESOPON DPF、DESOPON SO、DESOPON SK70、DESOPON PM、DESOPON QL 和 DESOPON LB 混合油乳液，转动 40min，从鼓门加入 DESOATEN SS，转动 20min；分三次加用 8～10 倍冷水稀释好的甲酸，转动 60min。

(8) 真空干燥。

温度 55℃，时间 2min，干燥一次，在真空干燥机上进行。

(9) 振软。

速度 6m/min，挡位 3 挡，在振荡拉软机上进行。

(10) 绷板干燥。

在绷板干燥机上进行。

(11) 刮补。

技术规定：软蜡 30 份，手感蜡 10 份，DSOADDI AW5110 30 份，DSOADDI AF5220 10 份，复合树脂 40 份，颜料膏 5 份。

操作方法：在补伤台上进行，刮补 2 遍。

(12)烫光。

温度 80℃，压力 50bar，在通过式烫光机上进行。

(13)摔软。

摔软转鼓上进行，摔软 2～3h。

(14)喷浆层。

技术规定：水 400 份，DESOCOR CP6310 30 份，软蜡 20 份，DSOADDI AW5110 40 份，颜料膏 80 份，染料水 20 份，DESORIN DP3430 60 份，DESORIN DA3120 100 份，DESORIN DU3220　120 份，DESOCOR CH6102 2 份，DESOCOR CH6103 2 份。

操作方法：在喷浆干燥机上进行，喷 3～4 遍。

(15)烫光。

温度 100℃，压力 40bar，在通过式烫光机上进行。

(16)喷浆层。

上述浆层再喷 3 遍。

(17)喷保护层。

技术规定：水 100 份，DESOCOR CH6102 2 份，DESOCOR CH6103 2 份，硝化棉 100 份。

操作方法：在喷浆干燥机上进行，喷 2 遍。

(18)摔软。

在摔软转鼓上进行，摔软 8h。

(19)喷顶光。

技术规定：水 100 份，DESOCOR CH6102 10 份，DESOCOR CH6103 10 份，硝化棉 10 份。

操作方法：在喷浆干燥机上进行，喷 1 遍。

(20)烫光。

温度 130℃，压力 30bar，在通过式烫光机上进行。

### 7.1.5　绵羊服装革生产工艺

#### 7.1.5.1　主干流程

削匀→修边→称量→回湿→排液→复鞣→排液→水洗→中和→排液→水洗→填充→染色→加脂→固定→排液→水洗→出鼓搭马→平展→真空干燥→晾干→回湿→摔软→削匀→修边→摔软→绷板干燥→封底→烫平→刮补→烫平→绷板→摔软→底涂→烫光→喷面浆→烫平→喷顶层光油→烫平→摔软→修边→成品

#### 7.1.5.2　部分工艺规程要点

(1)削匀。

单层 0.8mm。

(2)称量。

(3)回湿。

技术规定：水(45℃)150%，BH-1180 1.5%，甲酸(85%)0.5%。

操作方法：按规定调好液比、内温，等转鼓转动起来从鼓轴孔加入脱脂剂 BH-1181 和事先用 8～10 倍冷水稀释好的甲酸，转动 60min；终点 pH 为 3.5 左右，排液，35℃水洗两次。

采用酸性条件下回水，对革面进行漂洗。BH-1180 作为高效的非离子脱脂剂，耐酸，用于蓝湿革回水，可协助水快速渗透并具有脱脂清洗效果。

(4) 复鞣。

技术规定：水（35℃）100%，RT-1910 0.7%，FT-2001 0.5%，RT-1603 3%，RT-1701 2%，甲酸（85%）0.5%，铬粉（*B*=33%）4%，RT-1503 3%，FT-2001 1%，甲酸钠 0.8%，碳酸氢钠 0.8%。

操作方法：按规定调好液比、内温，等转鼓转动起来从鼓轴孔加入事先热水乳化好的耐酸加脂剂 FT-2001 和用 5 倍水稀释的噁唑烷 RT-1910，转动 30min；加入 5 倍温水稀释的耐酸小分子丙烯酸树脂 RT-1603 转动 30min；加入 5 倍温水稀释的两性氨基树脂 RT-1701；加入用 8～10 倍冷水稀释好的甲酸，转动 10min，测 pH 在 3.5 左右；然后从鼓门加入铬粉和含铬单宁 RT-1503，待转鼓转动起来从鼓轴孔加入耐酸加脂剂 FT-2001，转动 60min；加入甲酸钠，转动 15min；最后分两次加入用温水完全溶解好的碳酸氢钠，转动 45min；终点 pH 为 4.0 左右。停鼓过夜，次日转 20min。

采用铬复鞣，复鞣前加入 FT-2001 耐酸性加脂剂具有优良的耐酸、碱、电解质和铬鞣剂等稳定性，前面使用 0.5%可以帮助 RT-1603 丙烯酸复鞣剂，RT-1701 两性氨基树脂有效均匀渗透，后期与铬鞣剂、RT-1503 含铬单宁等材料一起加入，可以增强铬的均匀渗透和吸收效果，增加铬的吸尽效果，并帮助皮革获得均匀的效果。同时，RT-1503 含铬单宁不仅可以提高皮革的丰满度和粒面平细，还能提高铬粉的分散和匀染效果，保证绵羊鞋面的饱满度。

(5) 中和。

技术规定：水（35℃）200%，PAK 1.5%，甲酸钠 1%，碳酸氢铵 0.4%，碳酸氢钠 0.3%，RT-1708 1%。

操作方法：按规定调好液比、内温，从转鼓门加入 PAK 和甲酸钠，转动 15min；从转鼓门加入碳酸氢铵，等转鼓转动起来从鼓轴孔加入事先化开的碳酸氢钠，转动 40min；从鼓门加入双氰胺树脂 RT-1708，转动 20min，最终 pH 约为 5.3。

RT-1708 双氰胺树脂用于中和后期，一方面可以进一步调节皮革的中和效果，另一方面可以获得很好的选择填充性能，而且由于其收敛性小，粒面平细，不会影响皮革的撕裂强度，可以使皮革舒展，更有利于后期材料的渗透填充而不会不影响皮革粒面的紧实平细度。

(6) 填充。

技术规定：水（35℃）100%，RT-1608 2%，RT-1703 3%，RT-1708 1.5%，RT-1858 2%，RT-1856 1%，ATO 1%，RT-1650 1.5%，RT-1851 2%，FT-2001 0.5%。

(7) 染色。

技术规定：染料 *x*%。

操作方法：按规定调好液比、内温，从鼓门加入三聚氰胺树脂 RT-1703、双氰胺树脂 RT-1708、合成鞣剂 RT-1858、两性鞣剂 RT-1856 和坚木栲胶 ATO，待转鼓转动起来从鼓轴孔加入 3 倍水稀释的马来酸酐聚合物 RT-1608、两性聚合物 RT-1650 和液体合成鞣剂 RT-1851，转动 40min；加入用 3 倍水乳化的加脂剂 FT-2001，转动 30min；加入事先用温水化开的阴离子染料，转动 30min。

RT-1608 马来酸酐聚合物具有很好的填充性能，能帮助提高皮革的丰满度，柔软而又紧实，收敛性小，皮革粒面细致而有弹性。RT-1703 密胺树脂具有很好的丰满柔和的手感，配伍性能和耐光性能都比较好。RT-1858 合成鞣剂是一支摔软性能好的替代型合成复鞣剂，赋予皮革很好的粒面紧实性和填充性，对植物单宁分散效果好，耐光性能好。RT-1856 是一种两性聚合物树脂，填充效果优异，可以赋予皮革良好的身骨。RT-1650 是一种两性聚合物鞣剂，复鞣填充性能好，同时成革的粒面紧实平细，可以使皮革获得舒展的粒面和平整性，匀染效果好。RT-1851 是一种增厚耐摔的替代型合成加脂剂，提高皮革的轻盈，柔软和丰满度，而且对栲胶分散效果好，非常适合白色和浅色革的生产。

(8) 加脂。

技术规定：染色浴（35℃），FT-21902.5%，FT-2270 3.5%，FT-2300 2%，FT-2207 0.5%，FT-2001 1%，FT-2005 1%，甲酸（85%）1.2%。

操作方法：在填充染色液中进行，加入事先乳化好的混合油乳液，转动 90min；分两次加用 8～10 倍冷水稀释好的甲酸，转动 45min；终点 pH 为 3.5 左右；凉水水洗 15min，排水。

FT-2190 高含量磷脂加脂剂具有极佳的柔软度和油感饱满的手感，皮革粒面细致，赋予成革良好的垂感，能很好地提高皮革的耐撕裂效果。FT-2270 是一种填充性能较好的结合型加脂剂，耐干洗效果好，乳化渗透性能好。FT-2300 硫酸化牛蹄油乳化性能好，帮助皮革获得很好的滋润感，同时也能提高皮革绒面的丝光效应。FT-2207 是高含量鱼油加脂剂，渗透效果好，与纤维结合效果好，可赋予皮革优异的柔软度而又不影响皮革的丰满度。FT-2005 是一种羊毛脂加脂剂产品，不仅赋予皮革一定的蜡质手感而不影响皮革整体的柔软度，还能很好地改善皮革的抗静电效果。

(9) 水洗。

水（25℃）150%，5min，排液，出鼓搭马 12h。

(10) 平展。

(11) 真空干燥。

温度 45～50℃，时间 1～2min。

(12) 晾干。

挂晾干燥。

(13) 回湿。

回湿 24h。

(14) 摔软。

摔软转鼓，摔 4h。

(15) 削匀。

均匀达到成革要求的厚度。

(16) 摔软。

摔软转鼓，摔 5h。

(17) 绷板干燥。

干燥时间 6h。

(18) 封底。

技术规定：水 300 份，Resin PU 1210K 20 份，Polishground K 100 份。

操作方法：在喷涂干燥机上进行，喷 1 次，静置过夜。

(19) 烫平。

120℃/20bar，通过式辊烫机烫光。

(20)刮补。

技术规定：Stucco 008 50 份，Softfiller WS 50 份，Polish wax 947 40 份，Filler Valioso 20 份，Compact FL 40 份，Resin A 1818 20 份，Soft 83 5 份，Thickener A 15 份，Wax 17 20 份，Polishground K 20 份。

操作方法：刮补 2 次，静置过夜。

(21)烫平。

温度 80℃，压力 30bar，通过滚烫机。

(22)绷板。

常温绷板 5h。

(23)摔软。

摔软 2h。

(24)底涂。

技术规定：水 500 份，Resin PU 1616K 100 份，4389-AK 30 份，Top CP 20 份，Wax KH 80 份，Resin PU 1210K 75 份，Polishground K 20 份，Driver S 20 份，K-Pigment 阳离子膏 40 份。

操作方法：在喷浆干燥机上进行，喷 2 次，要求均匀，静置 3h。

(25)烫光。

100℃/20bar，通过式辊烫机烫光。

(26)喷面浆。

技术规定：水 500 份，Resin PU 1020 100 份，Resin A 1520 150 份，Wax Touch 100 份，Polishwax 947 50 份，Resin PU 3030 50 份，Soft 29 5 份，Aquatex 颜料膏 120 份。

操作方法：在喷涂干燥机上进行，喷 2 次。

(27)烫平。

100℃/20bar，通过式辊烫机烫光。

(28)喷顶层光油。

技术规定：水 100 份，Aqualac NC 634 100 份，Soft 21 1 份，Soft 83 5 份。

操作方法：在喷涂干燥机上进行，喷 1 次，要求均匀。

(29)烫平。

120℃/30kg，通过式辊烫机烫光。

(30)摔软。

常温摔软 5h。

(31)修边。

(32)成品。

## 7.2　鞋面革生产工艺

鞋面革属于鞋用革中的一大类产品，可分为正面革的绒面革及多脂面革。其中，以正面革为主。正鞋面革又可分为普通型、软档型和效应型三类。而绒面革则可分为正绒面革和反绒面革两类，详见表 7-1。

通常，猪、牛、羊、马皮等都可以用作鞋面革的原料。目前，也有用绵羊皮制作鞋面革的。鞋面革一般采用铬鞣或以铬鞣为主的结合鞣法。成革厚度因原料皮及用户要求确定，一般分为薄型、中厚型及厚型，也有只分为薄型和厚型两种规格的。最薄的山羊鞋面革仅 0.4mm，而最厚的黄牛正鞋面革则大于 2.0mm。

**表 7-1　常见鞋面革的分类**

<table>
<tr><td rowspan="19">黄牛鞋面革</td><td rowspan="3">普通型</td><td colspan="2">粒面(正)鞋面革</td></tr>
<tr><td rowspan="2">修饰鞋面革</td><td>轻修</td></tr>
<tr><td>重修</td></tr>
<tr><td rowspan="4">柔软型</td><td colspan="2">全粒面软鞋面革</td></tr>
<tr><td colspan="2">半粒面软鞋面革</td></tr>
<tr><td colspan="2">修饰软鞋面革</td></tr>
<tr><td colspan="2">磨砂软鞋面革</td></tr>
<tr><td rowspan="10">效应革</td><td rowspan="2">苯胺效应革</td><td>全苯胺效应革</td></tr>
<tr><td>半苯胺效应革</td></tr>
<tr><td rowspan="4">变色效应革</td><td>油变鞋面革</td></tr>
<tr><td>蜡变鞋面革</td></tr>
<tr><td>擦色鞋面革</td></tr>
<tr><td>抛光变色鞋面革</td></tr>
<tr><td rowspan="4">其他效应</td><td>滴水鞋面革</td></tr>
<tr><td>印花效应鞋面革</td></tr>
<tr><td>龟裂纹效应鞋面革</td></tr>
<tr><td>珠光效应鞋面革</td></tr>
<tr><td colspan="3">正绒面革</td></tr>
<tr><td colspan="3">反绒面革</td></tr>
</table>

### 7.2.1　鞋面革基本性能要求

总体要求：革身丰满、挺阔、柔软，具有一定的弹性、延伸性和可塑性，以适应制鞋时绷楦工序的工艺要求；具有一定的耐拉伸、耐曲折及耐碰擦的性能，不易断裂；具有优良的耐水性、透气性和透水气性等。不同鞋面有理化指标标准(QB/T 73—2010)，而感官指标随品种不同而异。

正鞋面革：要求革面平滑细致，无裂面、管皱及松面现象。颜色均匀一致，色泽鲜亮，涂层粘坚牢，不脱色、掉浆；革身丰满、柔软而有弹性，厚度均匀、平整；革里洁净，无油腻感。

苯胺鞋面革：除了全面达到上述要求之外，还要求具有透明的涂层，使粒纹清晰可见，充分显示出真皮的特点，革色鲜艳，浓淡适宜，构成不规则而美观的图案，具有一定的艺术性。

变色效应鞋面革：除了全面达到正面革的要求之外，还要求变色效应明显，立体感强，风格突出。

### 7.2.2 黄牛鞋革的工艺过程

#### 7.2.2.1 主干流程

挑选分类→挤水→剖层→削匀→修边→称量→漂洗→水洗→复鞣→水洗→中和→水洗→填充→染色加油→加脂→水洗→出鼓搭马→静置→挤水平展(→分割)→真空干燥→挂晾干燥→回潮→拉软→绷板→阳离子预底涂→熨烫→喷底浆→压花→喷面浆→喷顶光→熨烫→量尺→入库。

#### 7.2.2.2 部分工艺规程要点

(1)剖层。

剖层厚度1.25～1.35mm，要求厚度均匀，无操作伤。

(2)削匀。

削匀厚度 1.10～1.15mm，要求厚度均匀一致，符合工艺要求，无削匀伤，无跳刀削薄现象。

(3)漂洗。

技术规定：水(35～40℃)150%，脱脂剂AN2-C 0.2%，甲酸(85%)0.3%。

操作方法：调好液比、内温，加入脱脂剂转动 10min。转动中从转鼓轴孔缓缓加入事先用8～10倍冷水稀释过的甲酸，转动30～60min，终点pH=3.4～3.6，排水。

(4)复鞣。

技术规定：水(35～40℃)150%，CHROMOSAL B铬鞣粉剂4.0%，BLANCOROL RC含铬单宁2.0%，Eskatan GLH 1%。

操作方法：按规定调好液比、内温，加入CHROMOSAL B铬鞣粉剂、Eskatan GLH，转动60min，再加入BLANCOROL RC含铬单宁，转动60min，pH=3.8～4.0，转5min，次日，转动15min，控水水洗。

(5)中和。

技术规定：水(35℃)150%，中和单宁 PAK 2.0～3.0%，碳酸氢钠 0.2%～0.4%，甲酸钠1.0%～2.0%，LEUKOTAN 8090 2%～3%，RETINGAN R16-C 2%～3%。

操作方法：按规定调好液比、内温，直接加入甲酸钠和中和单宁PAK，盖好鼓门转动30min，加入事先用8～10倍温水溶解完全的碳酸氢钠，转动30～40min，再加入LEUKOTAN 8090、RETINGAN R16-C转60min。要求中和程度：用溴甲酚绿检查臀部切口为均匀蓝绿色。

(6)染色加油。

技术规定：水(35～40℃)150%，分散鞣剂LEVOTAN C-C 1%～2%，丙烯酸树脂AR 4%，密胺树脂D 3%，双氰胺树脂R7 4.0%，合成单宁OS 2.0%，荆树皮栲胶4.0%，匀染剂TF-2N-C 2%，合成单宁TANIGAN VR 4%，染料*x*%，甲酸1.0%。

(7)加脂。

技术规定：水(50℃)150%，亚硫酸化牛蹄油178 4.0%，合成加脂剂800R 4.0%，合成加脂剂DXV 4%，羊毛脂加脂剂WS 2.0%，皮革防霉剂0.2%。

操作方法：按规定调好液比、内温，加入LEVOTAN C-C转10min，再加丙烯酸树脂AR，转动40min，再加入荆树皮栲胶和分散单宁及氨基树脂和染料，转动60min，从转鼓轴孔加入65～

70℃热水升温至 50℃，再加入稀释的甲酸，转动 20min，排水，换浴。调好温度和液比，将乳化完全的加脂剂和 30L 皮革防霉剂加入，转动 60min，从转鼓轴孔分两次加入事先用 8～10 倍冷水稀释过的甲酸，转动 30min，加入阳离子加脂剂，转动 10min。测终点 pH=3.4～3.6，排液。

(8) 水洗。

(9) 出鼓搭马。

(10) 静置。

(11) 挤水平展。

在挤水平展机上进行。要求伸开、伸平、整张坯革平整。无死折，坯革水分含量 45%～50%。

(12) 真空干燥。

在真空干燥机上进行。真空度 0.2MPa，时间 1～2min，温度 70℃。要求坯革水分含量 30%～40%。

(13) 挂晾干燥。

将坯革在通风的晾棚中自然挂晾干燥，或者挂晾线上挂晾干燥。要求坯革水分含量 14%～18%。

(14) 回潮。

(15) 拉软。

(16) 绷板。

(17) 阳离子预底涂。

技术规定：水 35 份，阳离子黑色颜料膏 4 份，BAYSIN X-tra Lucido Cationic K1 朗盛 6 份，4080 德瑞 8 份，RPU K 050 阿帕 10 份。

操作方法：用刷浆板刷浆于坯革粒面上，要求整张刷到，无漏刷、无流浆等缺陷。挂晾静置 6～8h，烘干。

(18) 熨烫。

在熨烫机上进行。熨烫温度 100℃左右。要求整张熨到，坯革平展熨平，无烫伤粒面现象。

(19) 喷底浆。

技术规定：水 45 份，黑色颜料膏 8 份，EUDERM Luster EUDERM Luster L 朗盛 6 份，PRIMAL Compact PTR-C 朗盛 15 份，EUDERM Nappa Soft S-C 6 份，1435-UR 皮尔卡乐 10 份，PRIMAL SB-150 朗盛 8 份。

操作方法：用刷浆板刷浆于坯革粒面上一遍，要求整张刷到，无漏刷、无流浆等缺陷。轻喷 1 次。要求整张喷到、喷均匀。烘干。

(20) 压花。

在压花机上进行。选择花板，压花温度 90℃，压力 50bar，时间 1s。

(21) 喷面浆。

技术规定：水 45 份，黑色颜料膏 5 份，黑色染料水 2 份，EUDERM Luster EUDERM Luster L 朗盛 8 份，PRIMAL Compact PTR-C 朗盛 15 份，EUDERM Wax CL-C 朗盛 5 份，1435-UR 皮尔卡乐 12 份，PRIMAL SB-150 朗盛 8 份。

操作方法：在喷浆干燥机上进行。轻喷 2～3 次。要求喷到，喷均匀。

(22) 喷顶光。

技术规定：水 35 份，BAYDERM X-tra Finish TV 朗盛 20 份，KF-905 芬尼康 5 份，5230

科莱恩 1.5 份，AKU 科莱恩 0.6 份。

操作方法：在喷浆干燥机上进行，轻喷 1 次。要求喷到，喷均匀。坯革湿擦不掉色。

(23)熨烫。

在熨烫机上进行。温度 100～120℃，压力 30bar，速度 8～10m/min。

操作方法：将坯革粒面向上放置于熨烫机毡板上，进行熨烫。要求整张熨平，无压折，粘板等现象。

本工艺属于制造黄牛鞋面革的现代工艺。现代工艺与传统工艺的根本不同在于：①湿态整理工程，特别是复鞣与填充；②干燥整理的机械化和自动化程度大大提高，手工操作得以最大限度地减少，从而使工人的劳动强度大大降低；③采用大量的新型涂饰材料，大大改善了成革的物理、机械性能和感官性能。

### 7.2.3 黄牛软(正面)鞋面革的生产工艺

#### 7.2.3.1 主干流程

挑选分类→挤水→剖层→修边→削匀→修边→检验→称量→复鞣→水洗→中和→水洗→填充染色→加脂→套色→水洗→出鼓搭马→静置→挤水平展→分割→真空干燥→静置→挂晾干燥→烘干→静置→回潮→振荡拉软→摔软→绷板干燥→挑选分类→修边→阳离子预底涂→喷底浆→通烫→喷底浆→机器熨平→喷中浆→机器熨平→喷中层浆→喷面浆→喷光亮剂→通烫→振荡拉软→修边→检验分级→量尺→包装→入库。

#### 7.2.3.2 部分工艺规程要点

(1)复鞣。

技术规定：水(35℃)150%，Tergolix AN 0.3%，Tergotan LS(Clariant)3%。

操作方法：按规定调好液比、内温，加入 Tergolix AN，转动 15min。再加入 Tergotan LS，转动 45min。

(2)中和。

技术规定：水(32～36℃)150%，Sandotan CSC(Clariant)2%，Catalix WN 3%，Tergotan EF 2%，Sandotan DSN 2%，碳酸氢钠 0.5%。

操作方法：按规定调好液比、内温，加入 Sandotan CSC，转动 20min，加入 Catalix WN，转动 20min，加入 Tergotan EF，转动 60min，然后加入 Sandotan DSN 和碳酸氢钠，转动 60min。要求终点 pH 约 5.0。

Tergolix AN 液剂是一种两性分散剂，因而作为天然油脂和铬盐的分散剂，同时也可以用以稳定加脂乳液。在预复鞣中使用，可促进铬盐和天然油脂在坯革横截面上的均匀分布，提高皮革的柔软度。Tergotan LS 液剂是一种微粒树脂鞣剂，可赋予成革以紧实而富有弹性的粒面，并具有一定的填充效果。这种粒面不会被后继工序的填充工艺操作所破坏。先用含铬合成鞣剂 Sandotan CSC、Tergotan EF 进行复鞣，并同浴加入阳离子型加脂剂 Catalix WN，以提高坯革的柔软度。Tergotan EF 具有选择填充作用，可以有效地改善坯革局部松散的情况，减少坯革部位差。Sandotan DSN 是一种两性芳香族磺酸与缓性盐类的混合物，适合用铬鞣革的中和复鞣，并兼有匀染作用。该材料用于中和复鞣，其作用较为温和、均匀，不会对粒面造成不良损害。

(3) 填充染色。

技术规定：水（32～35℃）100%～120%，Sandotan SGN（Clariant）4%，Tergotan SN（Clariant）4%，Sandotan VX（Clariant）2%，Dermagen GP（Clariant）1%，染料 2%。

操作方法：按规定调好液比、内温后，一次性加入全部材料，转动 45min。

本复鞣工艺使用了三种具有不同填充作用的复鞣剂，Sandotan SGN 粉剂是阴离子型苯酚缩合物，具有很强的填充作用。Sandotan VX 和 Tergotan SN 具有良好的填充作用，同时，可以保持粒面的平细和柔软的手感。Dermagen GP 是一种两性染色助剂，具有良好的匀染效果。工艺中采用复鞣、染色同浴，属于紧密型工艺。

(4) 加脂。

技术规定：水（50～60℃）100%～120%，Sandolix FFS 3%，Sandolix SPE 4%，Sandolix WWL 3%，Sandolix ZO 2%，甲酸 1%。

操作方法：按规定调好液比、内温，加入事先用 65～70℃热水乳化完全的油脂，转动 45min。然后，在转动中从转鼓轴孔加入事先用 8～10 倍冷水稀释过的甲酸，转动 30min。

软鞋面革要求手感丰满柔软、紧密坚实，加脂过程应进一步提高上述性能。Sandolix ZO 能使成革丰满、柔软，并保持坚实的粒面，Sandolix FFS 和 Sandolix SPE 均能赋予成革柔软的手感，Sandolix WWL 除了具有加脂作用之外，还能起到分散油脂的作用，使合理的加脂剂组分能充分发挥作用。

(5) 套色。

技术规定：水（50～55℃）100%～120%，Dermafix OT 0.8%，甲酸 0.5%，Catalix GS 1.5%。

操作方法：按规定调好液比、内温，加入 Dermafix OT 转动 15min，然后加入 Dermacarbon AF dil，转动 15min。在转动中从转鼓轴孔加入事先用 8～10 倍冷水稀释过的甲酸，转动 20min。最后加入 Catalix GS，转动 20min。

现代软正鞋面革强调“重染轻涂”，以保持成革的真皮感天然粒纹，所以一般都要进行顶染（或称套色）。Dermafix OT 属于阳离子型季多基烷撑聚酯，特别适合做套色的中间处理，可以达到特别饱和的颜色和完全遮盖性的染色效果。Catalix GS 是一种阳离子型加脂剂，其有效成分是弱阳离子型脂肪酸缩合物，在用甲酸固色后加入，可促使阴离子型加脂剂更好地固定于革内，增加粒面的弹性，并赋予坯革以滑爽、舒适的蜡感。

(6) 真空干燥。

在真空干燥机上进行。真空度 0.09MPa，温度 45℃，时间 2.5min。将坯革粒面向下平铺于镀铬钢板上，用力将坯革整张推开、推平。要求重颈脊、腹肷及四肢皱纹多且深的部位，并将荷叶边、死折剪平整。真空干燥后，挂晾干燥至水分含量为 14%～18%，烘干，至水分含量为 8%～9%。

(7) 静置。

将皮摘下，堆放整齐，静置 6～8h。

(8) 回潮。

20～24h。

(9) 振荡拉软。

(10) 摔软。

将坯革放入摔软转鼓内摔软 2～4h。

(11)绷板干燥。

出鼓绷板整平。

(12)阳离子预底涂。

技术规定：水 35 份，阳离子黑色颜料膏 4 份，BAYSIN X-tra Lucido Cationic K1 朗盛 6 份，4080 德瑞 8 份，RPU K 050 阿帕 10 份。

操作方法：用刷浆板刷浆于坯革粒面上，要求整张刷到，无漏刷、无流浆等缺陷。挂晾静置 6～8h，烘干，熨烫。

(13)喷底浆。

技术规定：水 35 份，颜料膏 8 份，EUDERM Wax CL-C 朗盛 4.5 份，1435-UR 皮尔卡乐 12 份，PRIMAL SB-150 朗盛 8 份，渗透剂 EUDERM Driver MOP-C 朗盛 2 份。

操作方法：用刷浆板刷一遍浆于坯革粒面上，要求整张刷到，无漏刷、无流浆等缺陷。轻喷 1 次。要求整张喷到、喷均匀。烘干。

(14)喷面浆。

技术规定：水 45 份，黑色颜料膏 5 份，黑色染料水 2 份，EUDERM Luster EUDERM Luster L 朗盛 8 份，PRIMAL Compact PTR-C 朗盛 15 份，EUDERM Wax CL-C 朗盛 5 份，1435-UR 皮尔卡乐 12 份，PRIMAL SB-150 朗盛 8 份。

操作方法：在喷浆干燥机上进行。轻喷 2～3 次。要求喷到、喷均匀。

(15)喷光亮剂。

ISODERM LA85-N-C 朗盛，用水 1∶1 稀释，搅拌均匀。

操作方法：喷光亮剂在喷浆干燥机上进行。轻喷 1～2 次。要求喷到、喷均匀。

### 7.2.4 黄牛修饰鞋面革的生产工艺

#### 7.2.4.1 主干流程

挑选分类→挤水→平展→补伤→剖层→削匀→修边→检验→称量→漂洗→水洗→复鞣→水洗→中和→水洗→填充→ 染色加油→水洗→出鼓搭马→分割→挤水平展→真空干燥→喷水回潮→静置→振荡拉软→绷板干燥→修边→挑选分类→粗磨→扫灰→检验→干填充→真空→补伤磨革→烘干→熨平→细磨→扫灰→净面→封里→刷底浆→烘干→喷底浆→喷防黏层→压花→喷中浆→压花→喷面浆→喷顶光→熨烫→检验分级→量尺→包装→入库。

#### 7.2.4.2 部分工艺规程要点

(1)补伤。

对肉面伤残(主要是描刀伤、挖伤)等较严重的坯革进行补伤。补伤膏配方。

(2)漂洗。

技术规定：水(35～40℃)150%～200%，Tetrapol SAF 0.3%，甲酸 0.2%。

操作方法：按规定调好液比、内温，加入 Tetrapol SAF 和甲酸，转动 60min。

(3)复鞣。

技术规定：水(35～40℃)100%～120%，CHROMOSOL B 铬鞣粉剂 2%，Lutan CRN 铬铝鞣剂 2%。

操作方法：按规定调好液比、内温，加入 B 铬鞣粉剂和 CRN 铬铝鞣剂，转动 60min。

(4) 中和。

技术规定：水 (35～40℃) 100%～120%，中和剂 Tanigan PAK-N-C 2.5%，碳酸氢钠 1.0%，甲酸钠 1.0%，马来酸酐树脂 2%。

操作方法：在复鞣同浴进行，先加甲酸钠和中和剂，转动中从转鼓轴孔加入事先用 10～15 倍温水溶解完全的碳酸氢钠，转动 60min，再加入马来酸酐树脂转动 60min。终点 pH 约 5.0。

(5) 填充。

技术规定：水 (30～32℃) 80%～100%，Levotan C-C 2%，Relugan D 1.5%，Relugan RE 4%，Retingan R7 3%，Tanigan OS 2%，荆树皮栲胶 MIMOSA ME 4%。

操作方法：按规定调好液比、内温，先加入 Levotan C-C 转动 10min，再加入 Relugan D 和 Relugan RE，转动 30min，再加入 Retingan R7、Tanigan OS、荆树皮栲胶 MIMOSA ME，转动 40min。

(6) 染色加油。

技术规定：水 (50～55℃) 100%～120%，工业氨水 (30%) 0.5%，黑色染料 2.5%，F-360 加脂剂 (SMIT) 2.0%，BA (司马) 3%，DT 合成加脂剂 3%，WP (SMIT) 4%，30L 皮革防霉剂 0.2%，马来酸酐树脂 2.5%，甲酸 1.5%。

操作方法：填充后同浴进行。转动中从转鼓轴孔加入事先用 5～8 倍冷水稀释过的氨水，转动 10min，加入黑色染料，转动 40min。加入 70～80℃热水，提高内温到 50～55℃，然后加入事先用 65～70℃热水乳化完全的加脂剂和皮革防霉剂，转动 45min，加入马来酸酐树脂转动 40min。在转动中从转鼓轴孔分两次加入事先用 8～10 倍冷水稀释过的甲酸，转动 30min。排液。如果有需要套色，换浴进行即可。

(7) 粗磨。

用 280#砂纸磨 1 道。若用工作宽度窄的磨革机磨面，要注意避免接头印。

(8) 干填充（一般坯革）。

技术规定：水 7 份，填充树脂 PRIMAL PRIMAL FGR 朗盛 2 份，渗透剂 EUDERM Driver PE-C 朗盛 1 份。

(9) 干填充（松软坯革）。

技术规定：水 6 份，填充树脂 PRIMAL FGR1 份，PRIMAL 863 朗盛 2 份，渗透剂 EUDERM Driver PE-C 2 份。

操作方法：用滚涂机或淋幕机操作，上浆量 200～250g/$m^2$，静置过夜。

(10) 真空。

在真空机上进行。温度 60～70℃，时间 45～60s。使填充树脂与皮纤维充分结合固定，达到不松面的目的。

(11) 补伤磨革。

用补伤膏刮补 1～2 遍，干燥，用 400#砂纸磨面，从颈部到臀部磨 1 道。

(12) 封里。

技术规定：水 40 份，EUDERM Luster L 60 份。

操作方法：在喷浆干燥机上进行。将封里液均匀地喷施于革里，以防坯革在后继工序叠放时沾附灰尘、脏物等。

(13)刷底浆。

技术规定：水 15～20 份，颜料膏 10 份，PRIMAL Compact PTR-C 35 份，EUDERM Nappa Soft S-C 10 份，PRIMAL SB-150 12 份，WH-1 改性酪素乳液 6 份。

操作方法：用棕刷蘸底浆，刷于革面，全张刷到、刷均匀，不得有刷子印、浆点及浆道等缺陷。

制造修饰鞋面革时，底浆可以手工刷涂，也可以喷涂，在实施喷涂时，底浆配方的水量应适当加大。目前，用辊涂的方法来进行修饰鞋面革的底涂，效果更佳。

(14)喷防黏层。

技术规定：水 40 份，ISODERM LA85-N-C 40 份，

操作方法：在喷浆干燥机上进行。将坯革粒面向上平铺在喷浆干燥机的传送带上，将防黏液均匀地喷涂在底浆涂层上，以防坯革在堆放过程中发生黏结。

(15)压花。

在熨平机上进行。温度 90℃，压力 150～180bar，时间 2s。要求整张压到，花纹清晰，无压折，无接头印。

(16)喷面浆。

技术规定：水 45 份，黑色颜料膏 5 份，黑色染料水 2 份，EUDERM Luster EUDERM Luster L 朗盛 8 份，PRIMAL Compact PTR-C 朗盛 15 份，EUDERM Wax CL-C 朗盛 5 份，1435-UR 皮尔卡乐 12 份，PRIMAL SB-150 朗盛 8 份。

操作方法：在喷浆干燥机上进行。轻喷 2～3 次。要求喷到、喷均匀。

(17)喷顶光。

技术规定：水 35 份，BAYDERM X-tra Finish TV 朗盛 20 份，KF-905 芬尼康 5 份，5230 科莱恩 1.5 份，AKU 科莱恩 0.6 份。

操作方法：在喷浆干燥机上进行，轻喷 1 次。要求喷到、喷均匀。坯革湿擦不掉色。

(18)熨烫。

技术规定：在熨烫机上进行。温度 100～120℃，压力 60～80bar。

操作方法：将坯革粒面向上放置于熨烫机毡板上，进行熨烫。要求整张熨平，无压折，粘板等现象。

### 7.2.5　黄牛擦色鞋面革的生产工艺

#### 7.2.5.1　擦色革特点

粒面有伤残的坯革一般用于制造修饰鞋面革，其产品档次低，附加值不高。为了提高皮革的附加值，人们利用修饰鞋面革的坯革，研究开发出擦色鞋面革新品种。擦色鞋面革具有以下特点。

(1)成革光洁、平滑、美观，经擦色后的光洁度、亮度均匀，且越擦越亮，越擦越光滑。由于成革在擦拭后底色不同，有一定的反差。同时，有自然的色泽变化带，因而更增强了擦色效果，赋予成革以立体感强、色调活泼自然、风格独特。

(2)擦色革底色与效应色的搭配要合理，才能给人以舒适、明快的美感。例如，当底色为紫红色、黄棕色时，效应色可分别为棕色或黑色。即使底色多为鲜亮的浅色，面色与底色有相同的色调，但色泽更深、更浓厚，使擦色后色既协调又自然，效果明显。

(3)擦色革涂层厚，只压平板，也可以压粗花纹。要求革身紧实、挺阔、不松面，延伸率小，涂层耐湿擦不脱色。

#### 7.2.5.2 主干流程

上接“静置”工序，挑选分类→挤水→平展→剖层→削匀→修边→检验→称量→漂洗→水洗→复鞣→中和→水洗→染色填充→加脂→顶染→水洗→出鼓搭马→挤水平展→绷板干燥→喷水回潮→静置→振荡拉软→摔软→干整理及涂饰(涂饰见要点)。

#### 7.2.5.3 部分湿态整理工艺规程要点

(1)称量。

(2)水洗。

技术规定：水(40℃)200%，BAYMOL AND-C 脱脂剂 0.2%，LEVOTAN CGA-C 回水助剂 0.5%转动 60min，pH=2.9～3.0，控水。

(3)复鞣。

技术规定：水(35℃)100%，BAYGENAL Black UP 黑染料 1.0%转动 10min，LEVOTAN GTA-C 改性戊二醛 2.0%转动 10min，Turpon OSL 三甘酸油脂 1.0%转动 20min，CHROMOSAL B 铬粉 4.0%60min，pH3.0，甲酸钠 1.0%转动 30min，碳酸氢钠 0.5% 90min，pH=3.87，控水。

(4)中和。

技术规定：水(35℃)120%，TANIGAN PAK-S 中和单宁 2.0%，甲酸钠 2.0% 30min，碳酸氢钠 1.0%，碳酸氢铵 2.0%，LEVOTAN LB 柔软聚合物 2.0%，转动 120min，O/N(停鼓过夜)，次日转动 30min，pH=6.3，控水。

(5)水洗。

技术规定：水(40℃)200%转动 10min，控水。

(6)染色填充。

技术规定：水(40℃)70%，LEVOTAN C-C 聚氨酯 1.0%转动 10min，LEUKOTAN 1084 大分子丙烯酸 2.0%转动 30min，TANIGAN BN 合成单宁 4.0%，RETINGAN ZFplus 三聚氰胺 4.0%，TANINGAN OS 分散单宁 3.0%转动 30min，TANINGAN HO 合成单宁 2.0%，RETINGAN R7 双氰胺 2.0%，BAYGENAL Black TDR 黑染料 2.0%转动 60min。

(7)加脂。

技术规定：LEVOTAN LB 柔软聚合物 2.0%，BAYKANOL Licker Additive L 卵磷脂 3.0%，BAYKANOL Licker 2022-N 合成油 5.0%，TRUPON DB 卵磷脂 2.0%，CORIPOL MK 合成油 4.0%转动 30min，水(50℃)150%转动 30min，甲酸(85%)1.0%转动 10min，甲酸(85%)1.0%转动 10min，甲酸(85%)1.0%转动 30min，pH=3.5，控水。

(8)顶染。

技术规定：水(50℃)100%，RETINGNA R4B-T 固色剂 0.5%转动 15min，BAYGENAL Black UP 黑染料 1.0%转动 10min，甲酸(85%)1.0%转动 10min，CATALIX GS 阳离子油 0.5%转动 10min，控水。

(9)水洗。

技术规定：水(25℃)200%转动 10min，控水。

#### 7.2.5.4 涂饰工艺规程要点（Ⅰ）

(1)喷底浆。

技术规定：水 150 份，颜料膏 100 份，渗透剂 EUDERM Driver PE-C 20 份，PRIMAL Compact PTR-C 300 份，聚氨酯 BAYDERM Bottom UTN100-C 朗盛 80 份，PRIMAL SB-150 120 份，EUDERM Nappa Soft S-C 80 份，酪素 UT 60 份。

操作方法：在喷浆干燥机上进行。将坯革粒面向上平铺在喷浆干燥机传送带上，重喷 1～2 次底浆。要求整张喷到、喷均匀。

(2)机器熨平。

用平板熨平机熨平，温度 70～75℃，压力 18MPa，保压时间 2s。

(3)喷面浆。

技术规定：水 200 份，颜料膏 100 份，BAYDERM Bottom 51UD 朗盛 50 份，BAYDERM Bottom UTN100-C 朗盛 200 份，EUDERM Luster L 朗盛 70 份。

操作方法：在喷浆干燥机上进行。喷面浆 2～3 次。要求整张喷到、喷均匀。

(4)喷光亮剂。

技术规定：水 100 份，BAYDERM Finish F3 朗盛 100 份。

操作方法：在喷浆干燥机上进行。轻喷 1～2 次。

(5)喷溶剂层。

技术规定：ISODERM Lustre MGN-C 朗盛 100 份，BAYDERM Fluid NXN-C 朗盛 15 份，乙酸丁酯 200 份。

操作方法：在喷浆干燥机上进行。重喷 1 次。

(6)喷效应浆。

技术规定：ISODERM LO 87 朗盛 60 份，ISODERM LO 89 朗盛 100 份，ZYMONOL Wax T-L 朗盛 20 份，溶剂型颜料膏 30 份，乙酸丁酯 200 份。

操作方法：在喷浆干燥机上进行。喷效应浆 1 次，要求整张喷到、喷均匀。

(7)检验分级。

(8)量尺。

(9)包装。

(10)入库。

#### 7.2.5.5 涂饰工艺规程要点（Ⅱ）

(1)干填充。

技术规定：水 550 份，PT-415 150 份，RA-2393 100 份，RI-2060 200 份。

操作方法：用棕刷蘸浸渍液，刷于革面，要求重刷一次，做到腹肷部等松软部位多刷，臀背部位少刷或用辊涂机滚涂，辊涂量 150～200g/m$^2$。刷完/辊完后，静置过夜。

(2)真空干燥。

在真空干燥机上进行。温度 70～75℃，真空度 0.06MPa，时间 1min。

(3)二次粗磨。

用 400$^{\#}$砂纸磨面，从颈部到臀前部磨一道。

(4)底浆辊涂。

技术规定：水 100 份，XR-2519 15 份，RA-2055 15 份，RU-3989 150 份，RU-3908 150 份，RA-2394 100 份，FI-1261 75 份，LA-1688 25 份，PP-19-200 100 份，EM-4408 10 份。

操作方法：在辊涂机上进行。顺向辊涂 2 次。

(5)面浆辊涂。

技术规定：XR-2519 15 份，WT-2586 100 份。

操作方法：在辊涂机上进行，顺向辊涂 1 次。

对于擦色鞋面革来说，涂层的耐摩擦及耐刮性是非常重要的。在面浆配方中使用 XR-2519，该品是一明亮水溶性脂肪族聚氨酯分散液，具有优良的曲挠性、耐摩擦性、抗老化性及抗汗等性能，使用后能提高涂层的耐磨耗性和耐刮性。

(6)喷光亮剂。

技术规定：水 1 份，LW-465 2 份。

操作方法：同前。

(7)喷效应浆。

技术规定：水 100 份，LW-456 200 份，LD-5915 15 份，LD-5924 10 份。

操作方法：在喷浆干燥机上进行。喷效应效 2 道。要求整张喷到、均匀一致。

(8)检验分级。

(9)量尺。

(10)包装。

(11)入库。

### 7.2.6 黄牛变色鞋面革的生产工艺

黄牛变色鞋面革是最近几年流行起来的品种，因为其涂层通透，颜色层次感强，非常有质感，因而很受消费者喜爱。变色革因为是苯胺涂饰，所以粒面伤残较少的可做平面皮，而粒面伤残较多的可做摔纹革以遮盖伤残。工艺规范见表 7-2。

**表 7-2　工艺规范**

| 工序 | 用量/% | 材料名 | 时间/min | 说明 |
|---|---|---|---|---|
| 水洗 | 300 | 水(40℃) | 40 | 完成后控水 |
| | 0.2 | BAYMAL AN2-C 脱脂剂 | | |
| 水洗 | 200 | 水(30℃) | 10 | 完成后控水 |
| 铬复鞣 | 100 | 水(30℃) | 40 | |
| | 2.0 | HA-16 丙烯酸 | | |
| | 3.0 | RA-15 丙烯酸 | | |
| | 4.0 | CHROMOSAL FM 铬粉 | 40 | |
| 中和 | 1.0 | TAMOL M 中和单宁 | | |
| | 2.0 | 甲酸钠 | | |
| | 0.6 | 碳酸氢钠 | 60 | pH=4.6～5.0，控水 |

续表

| 工序 | 用量/% | 材料名 | 时间/min | 说明 |
| --- | --- | --- | --- | --- |
| 水洗 | 300 | 水(30℃) | 10 | 完成后控水 |
| 复鞣 | 100 | 水(35℃) | | |
| | 2.0 | HA-16 大分子丙烯酸 | | |
| | 2.0 | RA-15 中分子丙烯酸 | 30 | |
| | 3.0 | Levotan L 柔软聚合物 | | |
| | 2.0 | Levotan C-C 分散稳定聚合物 | 30 | |
| | 3.0 | Relugan D 三聚氰胺 | | |
| | 2.0 | Retingan R7 双氰胺 | | |
| | 2.0 | Tanigan OS 分散单宁 | | |
| | 4.0 | MIMOSA ME 荆树皮栲胶 | | |
| | *X* | 染料 | 60 | |
| 填充 | 100 | 水(70℃) | 20 | |
| | 3.5 | MT 马来酸酐聚合物 | | |
| 固定 | 0.7 | 甲酸(85%) | 10 | 对色 |
| | 0.8 | 甲酸(85%) | 20 | pH=3.5，控水 |
| 加油 | 200 | 水(50～55℃) | 30 | |
| | 3.0 | 1583 阳离子油蜡 | | |
| 水洗 | 300 | 水(30℃) | 5 | 控水 |
| 出鼓搭马，挤水伸展，真空干燥，挂晾干燥，静置，振软 | | | | |

这是一个针对伤残较多的蓝皮来做的变色摔纹革，皮坯需要磨面，所以工艺开始加了丙烯酸，填充结束加了马来酸酐，都是为了增加皮坯的耐磨性。

因为栲胶对涂饰用的油蜡有很好的包容性，这样涂饰油蜡滚涂以后粒面会有较多的油蜡，对变色效果贡献较大，所以变色革最好加至少 4%的栲胶。浅色革因为颜色较浅淡，不适合加栲胶，通常成品的变色效果都较弱。

最后的阳离子油蜡对变色效果影响最大，如果需要强的变色效果这一步必不可少。这是因为复鞣用的阳离子油蜡有一定的结合性，能在皮表面牢固地结合，涂饰时滚涂的油蜡由于相似相溶与表面的阳离子油蜡结合，保证皮革表面有足够的油蜡，也就有我们需要的变色效果。

也有一些变色革只加阴离子的动物性油脂，涂饰用水性的油蜡，但那种变色革的变色效果要弱很多。优点是好控制、易操作，因为加阳离子油蜡容易引起整张颜色不均匀、对色难、磨革难等问题。

干整理根据皮革的品种来决定绷板干燥还是真空干燥，这对变色效果没有影响。

### 7.2.7　美国黄牛皮纳帕鞋面革

#### 7.2.7.1　主干流程

蓝湿革分类组批→挤水→削匀→修边→称量→回湿→水洗→复鞣→中和→水洗→填染→加脂→水洗→出鼓搭马→静置→挤水平展→真空干燥→挂晾干燥→回潮→振软→摔软→绷板干燥→阳离子封底→静置→烫光→喷发泡浆→压毛孔板→静置→振软→烫光→刷阳离子底浆→烫光→喷中层浆→压毛孔板→喷中层浆→喷顶光→烫荡拉软→真空干燥。

#### 7.2.7.2　部分工艺规程要点

(1)挤水。

在蓝皮挤水机上进行。

(2)削匀。

厚度 1.15～1.20mm，在削匀机上进行。

(3)回湿。

技术规定：水(45℃)250%，草酸 0.5%，甲酸 0.4%，DESOAGENDN 0.2%。

操作方法：按规定调好液比、内温，加入草酸和 DESOAGENDN，待转鼓转动起来从鼓轴孔加入事先用 8～10 倍冷水稀释好的甲酸，转动 60min；终点 pH 为 3.4 左右，排液。

(4)复鞣。

技术规定：水(35℃)100%，DESOATEN FB 1.5%，DESOPON SO 1.0%，DESOATEN DC 2.0%，DESOPON PM 0.5%，DESOATEN NHK 3.0%，DESOATEN RST 2.0%，DESOATEN DHN 3.0%，铬粉 3.0%。

操作方法：按规定调好液比、内温，从鼓门加入 DESOATEN FB，转动 15min；从鼓轴孔加入事先乳化好的 DESOPON SO 和 DESOPON PM 混合油乳液及用 5 倍水稀释的 DESOATEN DC，转动 30min；加入事先用 2 倍水稀释好的 DESOATEN NHK 和 DESOATEN RST，转动 40min，测 pH 为 3.9 左右；然后从鼓门加入铬粉和 DESOATEN DHN，转动 60min；加入甲酸钠，转动 40min；终点 pH 为 3.3 左右。

(5)中和。

技术规定：DESORAUX AU 2.5%，碳酸氢钠 0.3%，DESOPON DPF 2%，DESOATEN RST 1%。

操作方法：在复鞣液中进行，待转鼓转动起来从鼓轴孔加入 DESORAUX AU，转动 30min；加入用温水完全溶解好的碳酸氢钠，转动 30min；从鼓轴孔加入乳化好的 DESOPON DPF 和用 2 倍水稀释好的 DESOATEN RST，转动 40min。停鼓过夜，次日转 20min。

(6)填染。

技术规定：水(35℃)30%，DESOPON SO 1.0%，DESOATEN CL 2.0%，DESOATEN RST 2.0%，DESOATEN HPS 3.0%，DESOATEN BTL 4.0%，DESOATEN A-17 4.0%，DESOATEN FB 2.0%，DESOPON LB 1.0%，栲胶 X8 3.0%，OS 2.0%，阴离子染料(配方另订)$x$%，热水(70℃)150%。

操作方法：按规定调好液比、内温，等转鼓转动起来从鼓轴孔加入事先热水乳化好的 DESOPON SO 和 2 倍水稀释的聚氨酯树脂复鞣剂 DESOATEN CL，转动 5min；加入用 2 倍水稀释的丙烯酸复鞣剂 DESOATEN RST 和马来酸酐-丙烯酸 DESOATEN HPS，转动 40min；从鼓门加入 DESOATEN FB、双氰胺树脂 DESOATEN A-17、分散单宁 OS 和栲胶 X8，待转鼓转动起来从鼓轴孔加入 DESOATEN BTL 和事先化好的阴离子染料及乳化好的 DESOPON LB，转动 60min；补热水，升内温至 53℃。

(7) 加脂。

技术规定：DESOPON DPF 3.0%，DESOPON SO 3.0%，DESOPON PM 3.0%，DESOPON QL 3.0%，DESOPON LB 2.0%，甲酸 1.5%，DESOPON EF 1%，DESOPON PM 0.5%。

操作方法：在填充染色液中进行，加入事先乳化好的 DESOPON DPF、DESOPON SO、DESOPON PM、DESOPON QL 和 DESOPON LB 混合油乳液，转动 50min；分两次加用 8～10 倍冷水稀释好的甲酸，转动 40min；加表面油 DESOPON EF 和 DESOPON PM，转动 10min。

(8) 挤水平展。

在挤水平展机上进行。

(9) 真空干燥。

温度 55℃，真空度 0.09MPa，时间 3min，2 次，在真空干燥机上进行。

(10) 振软。

速度 6m/min，挡位 3 挡，在振荡拉软机上进行。

(11) 摔软。

在摔软转鼓进行。

(12) 绷板干燥。

在绷板干燥机上进行。

(13) 阳离子封底。

技术规定：水 400 份，阳离子蜡 60 份，阳离子酪素 120 份，阳离子聚氨酯 80 份，阳离子颜料膏 50 份，ECS 40 份。

操作方法：在补伤台上进行，刷 1 遍。在喷浆干燥机上进行，喷 1 遍。

(14) 烫光。

温度 120℃，压力 60bar，在通过式烫光机上进行。

(15) 喷发泡浆。

技术规定：非离子油 20 份，DESOADDI AW5110 60 份，DESORIN DA3130 100 份，低温发泡树脂 5 份，颜料膏 40 份。

操作方法：在喷浆干燥机上进行，喷 1 次。

(16) 刷阳离子底浆。

技术规定：水 400 份，阳离子蜡 60 份，阳离子酪素 160 份，阳离子聚氨酯 80 份，阳离子颜料膏 50 份，ECS 40 份。

操作方法：在刷台上进行，刷 1 次。

(17) 烫光。

温度 120℃，压力 60bar，在通过式烫光机上进行。

(18) 喷中层浆。

技术规定：水 400 份，ECS 40 份，DESOADDI AW5110 70 份，DESORIN DA3130 90 份，颜料膏 70 份，DESORIN DP3430 70 份，DESOADDI AF5220 30 份，DESORIN DA3120 70 份，

DESORIN DU3220 80 份，染料水 20 份。

操作方法：在喷浆干燥机上进行，喷 2 遍。

(19)压毛孔板。

温度 90℃，压力 60bar，时间 2s，在压花机上进行。

(20)喷中层浆。

喷 2 遍。

(21)喷顶光。

技术规定：水 100 份，DESOCOR CH6102 6 份，DESOCOR CH6103 3 份，硝化棉 100 份。

操作方法：在喷浆干燥机上进行，喷 1 遍。

(22)烫光。

温度 120℃，压力 50bar，在通过式烫光机上进行。

(23)振荡拉软。

速度 10m/min，挡位 3 挡，在振荡拉软机上进行。

(24)真空干燥。

温度 60℃，真空度 0.09MPa，时间 60s，在真空干燥机上进行。

### 7.2.8　山羊油蜡光苯胺软鞋面革生产工艺

#### 7.2.8.1　主干流程

取大生产蓝湿革：挑选组批→挤水→滚锯末→削匀→修边→称量→漂洗→水洗→铬复鞣→中和→水洗→染色填充→加油→套色及表面油→出鼓搭马→静置→挤水平展→真空干燥→通道干燥→喷水回潮→静置→振荡拉软→绷板干燥→修边→挑选分类→磨里→扫灰→磨面→扫灰→喷抛光剂→抛光→净面→喷中浆→烫光→喷中浆→喷顶层浆→喷手感剂→熨平。

#### 7.2.8.2　工艺规程要点

(1)挑选组批。

按照蓝湿坯革分类组批规定，挑选 3 级以上的蓝湿革；国外进口混种羊及绵羊土种蓝皮也可制作鞋面革。

(2)挤水。

在通过式挤水机上进行。蓝湿革 2 张，平铺于通过式挤水机的传送带上，进行挤水，要求坯革水分含量为 50%～55%，无压白、无挤爆伤皮现象。

(3)滚锯末。

在悬挂式木转鼓中滚锯末。

(4)削匀。

厚度 0.75～0.8mm。

操作方法：在削匀机上进行，要求厚度均匀一致、无削匀伤。

(5)修边。

修去无用边角，直口剪成圆口。

(6)称量。

准确称量，作为以下各工序之计料依据。

(7)漂洗。

技术规定:水(35～40℃)250%～300%，BLANCOROL CGA-C(LANXESS)0.5%，PELTEC AN2-C 0.5%。

操作方法：按规定调好液比、内温，加入化料，转动 30min。

(8)水洗。

流水洗 10min。

(9)铬复鞣。

技术规定:水(35～40℃)100%～150%，CHROMOSAL BF 铬鞣粉剂($B$=40%～45%)5.0%，甲酸钠 0.8%，KRI-A 多金属络合鞣剂 2.0%。

操作方法:按规定调好液比、内温,加入 CHROMOSAL BF 铬鞣粉剂、甲酸钠,转动 60min，加入 KRI-A 多金属络合鞣剂，转动 90min，停鼓过夜。次日转动 30min，排液，终点 pH=3.8～4.0。

(10)中和。

技术规定：水(28～32℃)120%～150%，TANIGAN PAK-N-C 2%，碳酸氢钠 0.8%。

操作方法：按规定调好液比、内温，加入化料，转动 60min。终点 pH=5.0～5.5。

(11)水洗。

流水洗 10min。

(12)染色填充。

技术规定：水(35℃)120%～150%，染料 $x$%，BAYTIGAN AR 4.0%，ALPA TP340 4.0%，TANIGAN PR-C 4.0%，TANIGAN AN 4%，TANIGAN F 4.0%，RETIGAN R 75%，ATO 坚木栲胶 4.0%，槟榔栲胶 GL 2.0%，ATLASOL GFN 羊毛脂 1.0%，甲酸 1%。

操作方法：按规定调好液比、内温，加入事先用 65～70℃热水溶解完全的染料，转动 20min，加入 BAYTIGAN AR 及 ACPA TP340，转动 30min，加入其他填充化料转动 90min。再在转动中从转鼓轴孔加 70℃热水调至内温 50℃，转动 30min。加入事先用 8～10 倍冷水稀释过的甲酸，转动 30min，排液。

(13)加油。

技术规定：水(50℃)120%～150%，蛋白填料 BAYKANOL PFM-C 2.0%，ALPA H50 合成加脂剂 1.5%，ATLASOL 178 合成牛蹄油 2.0%，ALPA E123 0.5%，PREVENTOL WB 皮革防霉剂 0.2%，德瑞 TGR 两性丙烯酸树脂 2%，甲酸 1.5%。

操作方法：按规定调好液比、内温，加入 BAYKANOL PFM-C，转动 30min，加入油脂及皮革防霉剂转动 40min，加入 TGR 两性丙烯酸树脂转动 30min，再在转动中从转鼓轴孔加入事先用 8～10 倍冷水稀释过的甲酸，转动 40min，排水，冷水洗一次。

(14)套色及表面油。

技术规定：水(45℃)120%～150%，铬铝鞣剂 1.0%，染料 1.0%，甲酸 1.0%，阿帕油脂 E123 0.5%。

操作方法：按规定调好液比、内温，加入铬铝鞣剂，转动 15min，加入染料转动 15min，加入甲酸转动 15min，加入阿帕油脂 E123 转动 15min，水洗。

(15)出鼓搭马。

水洗结束后，将皮出鼓搭马，静置 12h 以上。

(16)静置。

(17)挤水平展。

在挤水平展机上进行，采用三刀法挤水平展，先竖伸一刀，再横伸两刀，要求回刀两次。坯革水分含量为 55%～60%。要求整张伸开伸平，消除地面皱纹，尤其是颈脊部皱纹。

(18)真空干燥。

在真空干燥机上进行。温度 70℃，真空度 0.02MPa，时间 1.0～1.5min，坯革水分含量为 35%～40%。

(19)通道干燥。

进口温度 60～70℃，出口温度 40～50℃，要求坯革水分含量达到 14%～18%，革身挺实，弹性好，变形性小。

(20)喷水回潮。

用喷枪施 45～50℃热水于革面。喷好后，堆置，用塑料薄膜盖严，陈化 48h 以上。

(21)静置。

通道干燥达到要求后，摘皮堆置 24h 以上，平衡坯革的水分含量。

(22)振荡拉软。

在振荡拉软机上进行。每 3 张 1 组振软。

(23)绷板干燥。

在通过式绷板干燥机上进行。温度 55～60℃，扩伸宽度 15～20min，速度 3m/min。

(24)修边。

修去无用边角，直口剪成圆口。

(25)挑选分类。

按照《山羊打光苯胺鞋面革干坯革分类组批规定》执行。

(26)磨里。

在磨革机上进行。用 600#砂布轻磨，要求皮里细致、平整。

(27)扫灰。

在扫灰机上进行，整张扫到，除净革灰、脏物。

(28)磨面。

一般不需要磨面；较粗的皮面，用 800～1000#进口砂纸磨面，磨平毛尖，并掉一层带有各种小缺陷的粒面，杜绝跳辊印、砂峰以及明显接头印及不均匀的现象。

(29)扫灰。

同前。

(30)喷抛光剂。

技术规定：水 150 份，BAYSIN LUCIDO L 40 份，BAYDERM BOTTOM SMS 10 份，高光蜡 50 份，金属络合染料水 5～10 份。

操作方法：在喷浆干燥机上进行。喷 1 道。

(31)抛光。

在抛光机上进行，要求整张抛到，粒面细腻、光滑。

(32)净面。

技术规定：水 10 份，工业乙醇 1 份，工业氨水(25%)0.25 份。

操作方法：用毛巾蘸净面液，拧开，轻轻揩擦坯革粒面，要求整张揩到。

(33)喷中浆。

技术规定：水 250 份，颜料膏 0～20 份，改性酪蛋白底涂剂 BAYSIN LUCIDO L 150 份，PRIMAL 863 50 份，BAYDERM FINISH TV 50 份。

操作方法：在喷浆干燥剂上进行，喷 1 道。要求整张喷到、喷均匀。

(34)烫光。

在进口烫皮机进行，温度 100℃，压力 50bar，速度 6～8m/min。

(35)喷中浆。

配方同上，1～2 次。

(36)喷顶层浆。

技术规定：水 650 份，改性酪蛋白顶涂剂 250 份，BAYDERM FINISH TV 120 份，EUDERM WAX CL 30 份，交联剂 5 份。

操作方法：在喷浆干燥剂上进行，喷 1 道。要求整张喷到、喷均匀。

(37)喷手感剂。

技术规定：水 100 份，EUDERM WAX CL 2 份，手感剂 2229W 1 份。

操作方法：在喷浆干燥机上进行。喷 1 道。

(38)熨平。

在通过式熨平机上进行。温度 170～175℃，压力 10MPa。

山羊油蜡光苯胺鞋面革要求革身坚实耐盘。因此，在湿态整饰中应加强复鞣与填充。在复鞣中作用 KRA 多金属配合鞣剂，具有较好的选择填充作用，赋予坯革以耐机械作用的性能。填充以栲胶为主，可使革身坚实。

为使成革粒面平滑、细致，粒纹清晰自然，采用了喷抛光剂抛光的工艺措施。先喷抛光液后再进行抛光，可以通过抛光的机械作用将油蜡及蛋白材料堵塞于毛孔之中，起到封闭作用，对于纤维组织疏松、毛孔大的腹肷部位有着明显的填充作用，使整张坯革粒面平细、革身挺实、弹性大，可以有效地解决腹肷部位松软、延伸率大等问题，为防止成革腹肷部位的散光裂浆打下基础。

在抛光液的配方中加入适量的金属络合染料，可以起到喷染的作用，使成革色泽更加浓艳，反差好。

### 7.2.9 山羊仿打光鞋面革生产工艺

#### 7.2.9.1 主干流程

分类组批→挤水→滚锯末→削匀→修边→称量→漂洗→水洗→复鞣→中和→水洗→染色复鞣→加油→水洗→套色及表面油→水洗→出鼓搭马→静置→挤水平展→真空干燥→挂晾干燥→喷水回潮→静置→振荡拉软→绷板干燥→修边→二次真空干燥→挑选分类→磨里→扫灰→磨面→扫灰→喷抛光剂→抛光→净面→喷底浆→烫光→喷中层浆→喷顶层浆→熨平。

#### 7.2.9.2 部分工艺规程要点

未列举的工序同软鞋面革工艺。

(1)漂洗。

技术规定：水(35～40℃)250%～300%，PELTEC AN2-C 0.3%，BLANCOROL CGA-C 0.5%。

操作方法：按规定调好液比、内温，加入化料，转动30～60min，排液，pH=3.6～3.8。

(2)复鞣。

技术规定：水(30～35℃)120%～150%，BlancorolZB-33(Lanxess)4.0%，Blancorol RC(Lanxess)4.0%，乙酸钠1.5%，碳酸氢钠2.0%。

操作方法：按规定调好液比、内温，加入Blancorol ZB-33，转动30～40min，加入Blancorol RC，转动60min，加入乙酸钠和碳酸氢钠，转动90min，过夜。

(3)中和。

技术规定：水(30～35℃)120%～150%，Tanigan PAK-N(Lanxess)2%，碳酸氢钠0.5%。

操作方法：按规定调好液比、内温，加入Tanigan PAK-N，转动中从转鼓轴孔加入事先用温水溶解完全的碳酸氢钠，转动60min，终点pH=4.8～5.0。排液。

(4)染色复鞣。

技术规定：水(35～40℃)100%～120%，TANIGAN PR-C 4.0%，氨基树脂Retingan R7(Lanxess)5%，阴离子型染料(配方另订)$x$%，Baytigan AR(Lanxess)4.0%，Tanigan AN 4.0%，Tanigan F 6.0%，槟榔栲胶10%，羊毛脂1.0%，甲酸(85%)1.0%。

操作方法：按规定调好液比、内温，加入TANIGAN PR-C，转动10～15min。加入Baytigan AR转动30min，加入事先乳化完全的羊毛脂，转动20min，加入其他化料转动60～90min。转动中从鼓轴孔加70℃热水调至内温50℃，转动30min，分两次加入事先用8～10倍冷水稀释过的甲酸，间隔10min，加完甲酸后转动20min，排液。

(5)加油

技术规定：水(50～55℃)120%～150%，BAYKANOL PFM-C 5.0%，阴离子型染料(配方另订)1.0%转动30min，亚硫酸化牛蹄油ATLASOL 178 3%，ALPA E123 0.5%，ALPA H50 1.0%转动40min，LEVODERM P 4081 5.0%转动30min，甲酸0.5%。

(6)套色及表面油。

技术规定：水(40～45℃)150%～200%，铬粉1.5%，染料1.5%，甲酸1.0%，阳离子油ATLASOL 310-B 0.5%。

操作方法：按规定调好液比、内温，加入铬粉，转动15min。加入染料，转动15min。加入甲酸，转动15min。加入ATLASOL 310-B，转动15min，水洗出鼓。

(7)挤水平展。

出鼓次日。

(8)真空干燥。

(9)挂晾干燥。

至坯革水分含量为14%～18%。

(10)喷水回潮。

过夜。

(11)振荡拉软。

(12)二次真空干燥。

在真空干燥机上进行。温度70～80℃，真空度0.02MPa，时间1min。

(13)喷抛光剂。

技术规定：水 380 份，颜料膏(配方另订)30 份，Euderm WAX CL 50 份，Euderm Lucido L 50 份，Bayderm Prebottom HL 100 份，Bayederm Bottom 10UD 50 份，Eukanol Paste G 50 份，金属络合染料液 40 份，异丙醇 100 份。

操作方法：在喷浆干燥机上进行，喷 1 遍，抛光。

(14)喷底浆。

技术规定：水 430 份，颜料膏 100 份，Euderm WAX CL 30 份，Euderm Lucido L 100 份，Euderm Soft Filler SB 50 份，Euderm Lucido G3 100 份，Euderm Bottom 25A 100 份，Bayderm Bottom 50UD 50 份，Euderm Resin 40B 50 份，Eukanol Paste G 30 份，金属络合染料液(配方另订)10 份，异丙醇 50 份。

操作方法：在喷浆干燥机上进行，喷 2 遍。

(15)烫光。

在通过式熨平机上进行，温度 100～110℃，压力 5MPa。

(16)喷中层浆。

技术规定:水 530 份,Euderm Soft Filler SB 50 份,Euderm Lucido G3 200 份,Bayderm Bottom 50UD 100 份，金属络合染料液(配方另订)20 份，异丙醇 50 份，Bayderm Finish 80UD 50 份。

操作方法：在喷浆干燥机上进行，喷 1 遍。

(17)喷顶层浆。

技术规定：水 620 份，Isoderm Base HGN 300 份，乙酸丁酯 50 份，Zymonol TL 20 份，Persiderm SIN 10 份。

操作方法：顶层浆的配制是先将 Isoderm Base HGN、乙酸丁酯混合均匀后，加水 150 份乳化，然后再加入水 470 份，最后加入 Zymonol TL 和 Persiderm SIN 搅拌均匀后备用。喷顶层浆在喷浆干燥机上进行，重喷 1 道。

(18)熨平。

利用平板式熨平机熨平，温度 100～110℃，压力 10MPa，时间 1s。

### 7.2.10　山羊鞋面革

#### 7.2.10.1　主干流程

蓝湿革分类组批→挤水→削匀→修边→称量→漂洗→水洗→复鞣→水洗→中和→水洗→填充染色→加脂→水洗→出鼓搭马→静置→挤水平展→真空干燥→挂晾干燥→回潮→振软→摔软→绷板干燥→喷染→喷阳离子底浆→抛光→烫光→喷中层浆→烫光→喷中层浆→喷顶光→压光板。

#### 7.2.10.2　部分工艺规程要点

(1)挤水。

在蓝皮挤水机上进行。

(2)削匀。

厚度 0.75mm，在削匀机上进行。

(3)漂洗。

技术规定：水(40℃)200%，甲酸 0.3%，DESOAGENDN 0.5%。

操作方法：按规定调好液比、内温，等转鼓转动起来从鼓轴孔加入 DESOAGENDN 和事先用 8～10 倍冷水稀释好的甲酸，转动 60min；终点 pH 为 3.3 左右，排液。

(4)复鞣。

技术规定：水(40℃)150%，DESOPON SO 0.5%，DESOATEN DC 2.0%，甲酸 0.3%，DESOATENDST 0.2%，DESOATEN CAN 2.0%，DESOATEN CR 3.0%，铬粉 4.0%，甲酸钠 1.0%，碳酸氢钠 0.7%。

操作方法：按规定调好液比、内温，待转鼓转动起来从鼓轴孔加入事先热水乳化好的 DESOPON SO 和用 5 倍水稀释的 DESOATEN DC，转动 20min；加入用 8～10 倍冷水稀释好的甲酸，转动 10min，测 pH 为 3.5 左右；然后从鼓门加入铬粉和 DESOATEN CAN，待转鼓转动起来从鼓轴孔加入 DESOATEN CR，转动 60min；加入甲酸钠，转动 30min；最后分两次加入用温水完全溶解好的碳酸氢钠，转动 60min；排液，终点 pH 为 4.0 左右。停鼓过夜，次日转 20min。

(5)中和。

技术规定：水(35℃)150%，甲酸钠 1.5%，DESOATEN NP 2.0%，DESOATEN RST 3.0%，碳酸氢钠 0.3%。

操作方法：按规定调好液比、内温，从鼓门加入甲酸钠和 DESOATEN NP，待转鼓转动起来从鼓轴孔加入 DESOATEN RST，转动 20min；然后从鼓轴孔加入用温水完全溶解好的碳酸氢钠，转动 60min；终点 pH=5.0，排液。

(6)填充染色。

技术规定：水(38℃)100%，SO 1.0%，DESOATEN RST 3.0%，DESOATEN HPS-N 4.0%，DESOATEN A-15 4.0%，DESOATEN A-17 2.0%，DESOATEN SS 5.0%，栲胶 ME 3.0%，栲胶 2404 2.0%，DESOATEN FB 2.0%，OS 2.0%，阴离子染料(配方另订)$x$%，热水(70℃)100%。

操作方法：按规定调好液比、内温，待转鼓转动起来从鼓轴孔加入事先乳化好的 SO 和用 2 倍水稀释的丙烯酸复鞣剂 DESOATEN RST，转动 30min；加入用 2 倍水稀释的马来酸酐-丙烯酸树脂 DESOATEN HPS-N，转动 30min；从鼓门加入 DESOATEN A-15、DESOATEN A-17 和 DESOATEN SS，转动 30min；从鼓门加入栲胶 2404、DESOATEN FB、分散单宁 OS 和阴离子染料，转动 60min，加入事先用温水化开的阴离子染料，转动 40min；补热水，升内温至 50℃。

(7)加脂。

技术规定：DESOPON SO 2.0%，DESOPON SK70 2.0%，DESOPON PM 0.5%，甲酸 3.0%。

操作方法：在填充染色液中进行，加入事先乳化好的 DESOPON SO、DESOPON SK70 和 DESOPON PM 混合油乳液，转动 60min；分三次加用 8～10 倍冷水稀释好的甲酸，转动 45min；终点 pH 为 3.3 左右。

(8)挤水平展。

在挤水平展机上进行。

(9)真空干燥。

温度 55℃，压力 0.08MPa，时间 2min，在真空干燥机上进行，1 次。

(10)摔软。

在摔软转鼓中进行。

(11)喷染。

技术规定：水 750 份，染料水 50 份，ECS 200 份。

操作方法：在喷浆干燥机上进行，喷 2 遍。

(12)喷阳离子底浆。

技术规定：水 500 份，ECS 50 份，阳离子酪素 200 份，阳离子聚氨酯 100 份，阳离子蜡 50 份，阳离子涂料 50 份。

操作方法：在喷浆干燥机上进行，喷 2 遍。

(13)抛光。

在抛光机上进行。

(14)烫光。

温度 120℃，压力 40bar，在通过式烫光机上进行。

(15)喷中层浆。

技术规定：水 550 份，DESORIN DA3140 100 份，DESORIN DU3240 100 份，DESORIN DP3440 140 份，DESOADDI AW5110 35 份，颜料膏 35 份，DESOCOR CH6103 7 份。

操作方法：在喷浆干燥机上进行，喷 2 遍。

(16)烫光。

温度 120℃，压力 40bar，在通过式烫光机上进行。

(17)喷中层浆。

喷 2 遍。

(18)喷顶光。

技术规定：水 500 份，DESOCOR CH6101 10 份，DESOCOR CH6103 20 份，硝化棉 500 份。

操作方法：在喷浆干燥机上进行，喷 2 遍。

(19)压光板。

温度 100℃，压力 100bar，时间 2s，在压花机上进行。

### 7.2.11 山羊反绒鞋面革生产工艺

蓝皮制作要求：①灰皮去肉后不能抽脊；②不要复灰；③不要削酸皮，浸酸后直接进入油预鞣及铬鞣工序，其他同鞋面革蓝皮制作要求。

#### 7.2.11.1 主干流程

分类组批→挤水→滚锯末→削匀→修边→称量→漂洗→水洗→复鞣→中和→水洗→填充及加油→水洗→平展→真空干燥→挂晾干燥→回潮→静置→摔软→绷板干燥→修边→磨面→除灰→磨绒→称量→回水→染色及加油→挂晾干燥→鼓摔→绷板干燥→磨绒→扫灰→称量→回水→染色及加油→套色→水洗→挂晾干燥→鼓摔→绷板→修边→成品。

#### 7.2.11.2 工艺规程要点

(1)分类组批。

挑选肉面无刀伤且较厚实的蓝皮。

(2)挤水。

(3)滚锯末。

(4)削匀。

先轻削正面中被线，再削肉面，厚度要求 0.8～1.0mm。

(5)修边。

(6)称量。

(7)漂洗。

同仿打光鞋面。

(8)水洗。

(9)复鞣。

技术规定：水(30～35℃)120%～150%，Blancorol ZB-33 4.0%，Blancorol RC-A 4.0%，乙酸钠 1.5%，碳酸氢钠 2.0%，LEUKOTAN 970 2.0%。

操作方法:按规定调好液比、内温，加入 Blancorol ZB-33，转动 30～40min，加入 Blancoroc RC-A，转动 60min，加入乙酸钠及碳酸氢钠，转动 30min，加入 LEUKOTAN 970，转动 60min，停鼓过夜。

(10)中和。

同仿打光鞋面。

(11)水洗。

(12)填充及加油。

技术规定：水(35～40℃)100%～120%，TANIGAN PR-C 4.0%，氨基树脂 Retingan R7(Lanxess)8%，Baytigan AR(Lanxess)3.0%，Tanigan AN 4.0%，Tanigan F 10%，BAYKANOL PFM-C 4.0%，羊毛脂 1.0%，甲酸(85%)2.0%，BLANCOROL AC-I 1%～2%。

操作方法:按规定调好液比、内温，加入 TANIGAN PR-C，转动 10～15min。加入 Baytigan AR 转动 30min，加入事先乳化完全的羊毛脂，转动 20min，加入其他化料转动 60～90min。转动中从鼓轴孔加 70℃热水调内温至 50℃，转动 30min，分两次加入事先用 8～10 倍冷水稀释过的甲酸，间隔 10min，加完甲酸后转动 30min。加入 BLANCOROL AC-I 转动 30min，排液。

(13)水洗。

(14)平展。

同仿打光鞋面。

(15)真空干燥。

正面向上，温度 70～80℃，真空度 0.02MPa，时间 60s。

(16)挂晾干燥。

要求全干。

(17)回潮。

正面喷水。

(18)静置。

过夜。

(19)摔软。

(20)绷板干燥。

（21）修边。

（22）磨面。

用 320#砂纸，头尾方向对磨一次。

（23）除灰。

（24）磨绒。

用 320#砂纸四方向对磨一次，除灰；再用 500#砂纸四方向对磨一次，除灰；最后用 800#砂纸四方向对磨一次。

（25）称量。

以干皮重计。

（26）回水。

技术规定：水（50℃）1000%，PELTEC ADN-C 2.0%，PELTEC BH 2.0%，氨水 2.0%。

操作方法：按规定调好液比、内温，加入化料，转动 30～60min，停鼓过夜，次日水洗。

（27）染色及加油。

技术规定：水（50℃）600%，匀染剂 BAYKANOL SL 4.0%，染料 $z$%，亚硫酸化合成油 ATLASOL 800-R 6.0%，甲酸 2.0%。

操作方法：按规定调好液比、内温，加入匀染剂，转动 20min；加入染料及油脂，转动 60min，转动中加入稀释好的甲酸，转动 30min，水洗。

（28）挂晾干燥。

（29）鼓摔。

摔 2h。

（30）绷板干燥。

（31）磨绒。

用 800#砂纸四方向对磨，并由尾向头通过磨一次。

（32）扫灰。

（33）称量。

（34）回水。

同前。

（35）染色及加油。

同前。

（36）套色。

技术规定：水（50℃）600%，铬粉 CHROMOSAL B 3.0%，染料 $y$%，甲酸 2.0%，TRUMPLER SWS 3.0%，朗盛绒面手感剂 S1 3.0%。

操作方法：按规定调好液比、内温，加入铬粉转动 15min；加入染料，转动 15min；转动中加入稀释好的甲酸，转动 15min；加入化好的油脂及手感剂，转动 20min，水洗。

（37）挂晾干燥。

（38）鼓摔。

1～2h。

（39）绷板。

（40）修边。

（41）成品。

### 7.2.12　绵羊鞋面革生产工艺

#### 7.2.12.1　主干流程

坯革剖层→削匀→称量→回湿→复鞣→中和→填充→染色→加脂→水洗→出鼓搭马→挤水平展→真空干燥→晾干→回湿→摔软→削匀→摔软→绷板干燥→喷涂。

#### 7.2.12.2　工艺规程要点

（1）坯革剖层。

（2）削匀。

（3）称量。

单层 0.8mm。

（4）回湿。

技术规定：水（45℃）150%，BH-1180 1.5%，甲酸（85%）0.5%转动 60min，pH 约 3.5。

采用酸性条件下回水。BH-1180 作为高校的非离子脱脂剂，耐酸，用于蓝湿革回水，可协助水快速渗透并具有脱脂清洗效果。

（5）复鞣。

技术规定：水（35℃）100%，RT-1910 0.7%，FT-2001 0.5%转动 30min，RT-1603 3%转动 30min，RT-1701 2%转动 30min，甲酸（85%）0.5%转动 10min，铬粉（$B$=33）4%，RT-1503 3%，FT-2001 1%转动 60min，甲酸钠 0.8%转动 15min，碳酸氢钠 0.8%转动 45min，静置 12h，pH 约 4.0。

采用铬复鞣，复鞣前加入 FT-2001 耐酸性加脂剂，使其具有优良的耐酸、碱、电解质和铬鞣剂等稳定性，前面使用 0.5%可以帮助 RT-1603 丙烯酸复鞣剂、RT-1701 两性氨基树脂有效均匀渗透，后期与铬鞣剂、RT-1503 含铬单宁等材料一起加入，可以增强铬的均匀渗透和吸收效果，增加铬的吸尽效果，并帮助皮革获得均匀的效果。同时，RT-1503 含铬单宁不仅可以提高皮革的丰满度和粒面平细，也还能提高铬粉的分散和匀染效果，保证绵羊鞋面的饱满度。

（6）中和。

技术规定：水（35℃）200%，PAK1.5%，甲酸钠 1% 15min，碳酸氢铵 0.4%，碳酸氢钠 0.3%转动 40min，RT-1708 1%转动 20min，pH 约 5.3。

RT-1708 双氰胺树脂用于中和后期，一方面可以进一步调节皮革的中和效果；另一方面可以获得很好的选择填充性能，而且由于其收敛性小，粒面平细，不会影响皮革的撕裂强度，可以使皮革舒展，更有利于后期材料的渗透填充而不会不影响皮革粒面的紧实平细度。

（7）填充。

技术规定：水（35℃）100%，RT-1608 2%，RT-1703 3%，RT-1708 1.5%，RT-1858 2%，RT-1856 1%，ATO 1%，RT-1650 1.5%，RT-1851 2%转动 40min，FT-2001 0.5%转动 30min。

（8）染色。

染料 $x$%转动 30min。

RT-1608 马来酸酐聚合物具有很好的填充性能，能帮助提高皮革的丰满度，柔软而又紧实，收敛性小，皮革粒面细致而有弹性。RT-1703 密胺树脂具有很好的丰满、柔和手感，配伍性能和耐光性能都比较好。RT-1858 合成鞣剂是一种摔软性能好的替代型合成复鞣剂，赋予皮革很好的粒面紧实性和填充性，对植物单宁分散效果好，耐光性能好。RT-1856 是一种两性聚合物树脂，填充效果优异，可以赋予皮革良好的身骨。RT-1650 是一种两性聚合物鞣剂，复鞣填充性能好，同时成革的粒面紧实平细，可以使帮助皮革获得舒展的粒面和平整性，匀染效果好。RT-1851 是一种增厚耐摔的替代型合成加脂剂，提高皮革的轻盈度、柔软度和丰满度，而且对栲胶分散效果好，非常适合白色和浅色革的生产。

(9)加脂。

技术规定：染色浴(35℃)。FT-2190 2.5%，FT-2270 3.5%，FT-2300 2%，FT-2207 0.5%，FT-2001 1%，FT-2005 1%，转动 90min，甲酸(85%)1.2%，2 × 10min+30min，pH 约 3.5。

FT-2190 高含量磷脂加脂剂具有极佳的柔软度和油感饱满的手感，皮革粒面细致，赋予成革良好的垂感，能很好地提高皮革的耐撕裂效果。FT-2270 是一种填充性能较好的结合型加脂剂，耐干洗效果好，乳化渗透性能好。FT-2300 硫酸化牛蹄油乳化性能好，帮助皮革获得很好的滋润感，同时也能提高皮革绒面的丝光效应。FT-2207 是高含量鱼油加脂剂，渗透效果好，与纤维结合效果好，可赋予皮革优异的柔软度而又不影响皮革的丰满度。FT-2005 是一种羊毛脂加脂剂产品，不仅赋予皮革一定的蜡质手感而不影响皮革整体的柔软度，还能很好地改善皮革的抗静电效果。

(10)水洗。

技术规定：水(25℃)150%，转动 5min，排液。

(11)出鼓搭马。

12h。

(12)挤水平展。

(13)真空干燥。

温度 45～50℃，时间 1～2min。

(14)晾干。

挂晾干燥。

(15)回湿。

24h。

(16)摔软。

摔软转鼓，摔 4h。

(17)削匀。

均匀，达到成革要求的厚度。

(18)摔软。

摔软转鼓，摔 5h。

(19)绷板干燥。

(20)喷涂。

### 7.2.13　牛皮二层面革的制造

所谓的二层，就是已经通过片皮机片去了头层，又分为片灰碱皮和片蓝湿皮。二层革在 2000 年之前大多制成鞋里或手套等档次较低的产品。而随着原料皮价格的上涨，以及技术的进步，如今的二层皮品种越来越多，特别是在运动鞋领域占有一席之地，很多品牌的运动鞋大多都是用二层制作的，其特点是透气性好，特别是成本相对面皮要低很多。主要品种为二层绒面革和二层PU贴膜革，还有少量的二层坐垫革。

一般说来，鞋面革的要求是：①丰满、柔软、有弹性；②绒面革要求绒毛均匀，不掉色；③PU贴膜革要求贴膜层牢固，表面光滑细致，真皮感强；④登山鞋一般要求具有很好的防水性。

#### 7.2.13.1　二层绒面革生产工艺

1）主干流程

分类组批→分割头部→回软→挤水→片皮→削匀→修边→称量→回水（或消斑）→水洗→复鞣→水洗→中和→水洗→染色填充→加脂固定→排水→固定→水洗→出鼓搭马→（贴板或真空）干燥→挂晾→振荡拉软→磨革→扫灰→摔软→喷色→固定→手感层→摔软→成品。

2）工艺规程要点

（1）分类组批。

片蓝湿皮的二层皮大多是以货柜形式进口的，一般按照质量及产地进行组批。

（2）分割头部。

将头部割下可制作二层PU贴膜革，因头部纤维松散不适宜做绒面革。

（3）回软。

因长途运输和存放时间长，皮含水量低。

（4）挤水。

用通过式挤水机进行操作。

（5）片皮。

用精密片皮机按照品种厚度要求进行操作。

（6）削匀。

用削匀机按照品种厚度要求进行操作，削底面。

（7）修边。

用剪刀修去无用之物。

（8）称量。

作为后继工序的用料基准。

（9）回水。

技术规定：水（35～40℃）150%，TJ-A124 0.5%，TJ-A9811 0.6%，甲酸0.4%，草酸0.6%。

操作方法：调好水量和水温后，先加入环保型脱脂剂TJ-A124和消斑剂TJ-A9811，再加入甲酸和草酸转动2h。

注意事项：消斑剂TJ-A9811与酸一定要分开加入。

二层皮的回水相对头层皮要难很多，特别是进口的二层蓝皮，皮内的含水量非常低，大部分还生长有程度不同的霉斑，所以在回水时都要加入消斑剂TJ-A9811，用量要根据霉斑的程度来确定，特别是生产彩色绒面革更要注意用量，当用量超过2.0%时，后期还需使用焦亚硫酸钠来进行还原，以杜绝六价铬的产生。回水一定要透，这是做好二层绒面革的关键点之一。上述主要是做片蓝皮的二层皮，片灰碱皮的二层皮回水相对容易些，因为长途运输的不多，皮的含水量较大，但皮的油脂含量比片蓝皮的大很多，所以脱脂剂的用量要增加，另外皮内或多或少还含有灰碱，因此在回水时的常规做法是加入无铵脱灰剂 TJ-A3604E 和适量的盐。

(10)水洗。

水洗干净。

(11)复鞣。

技术规定：水(25℃)150%，TJ-R706 2.0%，TJ-F5063 1.0%，TJ-F718 1.0%，TJ-T125 4.0%，甲酸钠 1.5%，碳酸氢钠 0.8%。

操作方法：调好水量和水温后，先加入脂肪醛 TJ-R706 和抗撕裂油 TJ-F5063，转动 30min，再加入阳离子油 TJ-F718，转动 15min，后加入铬粉 TJ-T125，转动 90min，加入甲酸钠和 0.4%碳酸氢钠，转动 30min，再加入 0.8%碳酸氢钠，转动 60min。

复鞣对二层皮来说非常重要，它可以弥补前面工序所带来的不足，特别影响成品革的皮性。尤其是外购的片灰碱皮的二层蓝湿皮，由于每个厂家对成本的控制都非常严格，化工材料的使用常出现问题，如单卖灰碱皮的厂家为了增加皮的质量大多去肉不干净，皮的油脂含量很大，颈部易产生皱纹。片灰碱皮鞣制的蓝皮主要存在脱灰不干净和铬粉用量太少造成蓝湿皮严重的品质缺陷。所以片灰碱皮的二层制作绒面革要特别小心。首先是脱脂剂的用量要增加，甚至是分步脱脂，加入脂肪醛 TJ-R706 除增加皮的丰满性外，还可以分散天然油脂；铬粉的用量相比片蓝皮的二层要成倍增加，一般不低于 8.0%；还须用碳酸氢钠提碱，注意要分多次加入，将 pH 控制在 4.0～4.2。能耐沸水煮，沸煮 3min 不收缩即可。

(12)水洗。

水洗干净。

(13)中和。

技术规定：水(25℃)150%，TJ-R819 3.0%，甲酸钠 2.0%，碳酸氢钠 1.0%，碳酸氢铵 0.8%，TJ-F5063 0.5%，TJ-R6014 2.5%。

操作方法：调好水量后，先加入高效中和剂 TJ-R819 和甲酸钠，转动 30min，再加入碳酸氢钠、碳酸氢铵、抗撕裂油 TJ-F5063 和发泡复鞣剂 TJ-R6014，转动 2h。

中和就是用弱碱和碱式盐除去皮内的酸，为后继化工材料的渗透打好基础。现在很多工厂由于氨氮问题而严禁使用碳酸氢铵，这样只能增加中和剂和碳酸氢钠的用量，另外延长转动时间也是很多工厂采取的有效方法，因为碳酸氢钠用量大时，绒面革的绒会变粗。在中和过程中，加入发泡复鞣剂 TJ-R6014 可增加皮革的丰满性，也能提高皮革的均匀度，该材料在 pH 较低时以发泡为主，在 pH 较高时既有发泡性也有一定的填充性。加入抗撕裂油 TJ-F5063 能明显提高皮革的强度，同时也能保持皮革表面的油润感。中和结束时要用溴甲酚绿指示剂检查臀部切口，一定要中和透心。pH 控制在 5.5～6.0 为宜，注意在中和透心的情况下，pH 偏低成品革皮身紧实性好，pH 偏高成品革皮身偏软。

(14)水洗。

一定要水洗干净，除去皮内的盐。

(15)染色填充。

技术规定：水(25℃)50%，TWT5218 2.5%，TWT7898 2.5%，TJ-R308 2.0%，TJ-R957 1.5%，染料 $x$%。

操作方法：调好水量后，先加入中分子丙烯酸 TWT5218，转动 30min，再加入粉状环保型合成鞣剂 TWT7898、匀染及分散单宁 TJ-R308、液体动物蛋白 TJ-R957 和染料，转动 2h。

填充是做好二层绒面革的关键工序之一，皮革的物性、颜色甚至风格都取决于填充工序。先加入的中分子丙烯酸 TWT5218(一种性能非常优异的填充树脂，渗透性非常好，填充性极强，尤其是皮的边腹部位)，经该材料填充的皮其均匀度可大幅提高，使成品革丰满紧实，具有非常好的弹性，用量大时皮心也不会变得僵硬。另一种环保型合成鞣剂 TWT7898(一种完全不含甲醛的填充剂，可以完全替代三聚氰胺和双氰胺树脂，该材料吸净率很高，故渗透性非常好，同时具有很好的填充性和选择填充性，可有效增加皮革的紧实度，磨绒效果优良)。液体动物蛋白 TJ-R957 的加入可增加皮革的表面填充，进一步增加皮革的紧实度从而提高二层绒面革的磨绒性，使绒毛细致，均匀性也有明显的提高。染色对于二层绒面革来说很重要，体现在颜色的准确性和均匀性，因为最后是由干燥后并经过多次磨革后才来确认最终颜色染得是否准确，这和面皮的染色是不同的，另外染色必须要透心。

(16)加脂固定。

技术规定：同浴(50℃)120%，TJ-F203 2.0%，TJ-F5055 2.0%，TJ-F5193 2.0%，TJ-F114 2.0%，TJ-A2233 0.1%，TWT5218 1.5%，甲酸 2.0%。

操作方法：调好水量及水温，加入已充分乳化好的油脂乳液，转动 60min，再加入丙烯酸填充树脂 TWT5218，转动 30min，接着加入甲酸固定，甲酸分三次加入，每次间隔 15min。

加脂的最主要作用是使皮变软，利用油脂进入皮革后包裹在皮纤维之间，从而阻止皮纤维之间的相互黏结，使皮革在经过干燥后，其皮纤维结构仍然处于较好的分离状态，防止皮革在干燥过程中的强烈收缩。在实际操作时，油脂的乳化非常重要，要加强搅拌，使油乳液的粒子变小，这样能增加油脂的渗透性。油脂的用量和油脂品种的搭配是根据成品革的风格来决定的。TJ-F203 是一种通用型加脂剂，适用性非常广泛，可用于各个工段的加脂，对水质的要求也不高，渗透性较佳，可渗透到皮胶原纤维之间，且不容易迁移，使成品革能保持长期的柔软度，与其他油脂的配伍性很好，还能乳化自身重 30%左右的天然生油；TJ-F5055 是一种合成聚合物柔软剂，渗透性优异，可使皮心变得非常柔软，用量大时也不会使皮变得油腻，轻、飘是该加脂剂的最大特点；TJ-F5193 是一种含硅有机化合物和合成酯的配合物，可明显增加皮革的绵软感，特别是表面手感滋润、舒适，具有良好的耐光性；TJ-F114 是一种硫酸化合成鲸脑油，与皮纤维有很好的结合性，降低油脂的迁移，从而有效保持成品革的柔软度，使手感细腻有绵蜡感，还可增加绒毛的弹性；TJ-A2233 是一种广谱、高效和环保的防霉剂，能有效防止微生物对皮革的损害，如长霉现象的发生；加油结束后再用丙烯酸树脂 TWT5218 进行补充填充，可进一步缩小部位差，提高成品革的丰满度和增加磨绒性。用甲酸固定油脂最好分三次加入，将浴液的 pH 控制在 3.6～3.8 为宜。在此再提一下，皮革厂所在地水质的好坏对油脂的渗透和吸收有很大的影响，特别是靠海边较近的皮革厂，水中钙、镁、铁等金属离子普遍偏高，即常说的水的硬度大，严重时油脂很难加入皮内，导致成品革发干。软水剂 TJ-A101 的加入就能很好地解决这一问题，TJ-A101 对钙、镁、铁及其他金属离子有极强的螯合能力，使水质的硬度大幅度降低，可用在染色前或加脂前，用量 0.3%即可。

(17)排水。

将加脂废液排去。

（18）固定。

技术规定：水（35℃）150%，TJ-F719 1.0%。

操作方法：调好水量和水温后，加入已充分乳化好的 TJ-F719，转动 20min。增加皮革表面的油润感，对染料有很好的增深、增艳作用。

（19）水洗。

水洗一次。

（20）出鼓搭马。

（21）干燥。

现在的皮革厂大多采用两种干燥方法：贴板干燥或真空干燥。这两种干燥方法各有长处，但从皮性、得革率及干燥时间来看，真空干燥都要优于贴板干燥，只是设备投入成本较高。

（22）挂晾。

挂晾至全干，水分控制在 15%～20%。

（23）振荡拉软。

用振荡拉软机进行，使皮革在变软的同时也增加了平整度。

（24）磨革。

用磨革机分两次进行操作，首先用 180 目磨里面，接着磨正面，再换成 240～280 目磨边腹部和正身。

磨革是技术性要求很高的工序，绒面革的绒毛长短及绒毛均匀度都取决于此工序的操作。通常二层绒面革的制作存在的问题主要是边腹部绒毛偏长而导致整张皮绒毛不均匀。要解决这个问题的基础就是水场的填充要加强，接下来就是怎样将边腹部位磨细，砂纸型号的选择就非常关键了，记住砂纸的砂粒粗有利于起绒，砂纸的砂粒细有利于切绒，即将长的绒毛磨细。

（25）扫灰。

用扫灰机进行，尽量将磨革皮粉去除干净。

（26）摔软。

用摔软转鼓进行，约 1h，具体摔软时间视皮的软度而定。

（27）喷色。

喷色的目的主要是调整绒面革表面的色光，轻度修正颜色。常规方法是用染料粉，稀释浓度由颜色的深浅决定，喷的时候要严格按照细、密、匀来进行，喷量不能太大，反之表面复色严重。

（28）固定。

用喷浆机进行操作，采用中软聚氨酯 TJ-C407 作为固色剂，辅以有机硅滑爽剂 TJ-A8560 调整表面手感。

（29）手感层。

技术规定：水（25℃）100 份，TJ-C407 10～15 份，TJ-A8560 2～5 份。

如果能够良好地控制，可以将染料化开后直接加在固定液中一起喷，根据需要的颜色浓度决定用量。

（30）摔软。

用转鼓进行操作，时间 15min 左右。

（31）成品。

#### 7.2.13.2　二层 PU 贴膜鞋面革生产工艺

1) 主干流程

分类组批→分割头部→回软→挤水→片皮→削匀→修边→称量→回水→水洗→复鞣→水洗→中和→水洗→填充→加脂→水洗→出鼓搭马→(贴板或真空)干燥→挂晾→干填充→干燥→振荡拉软→磨革→扫灰→贴膜→成品。

2) 工艺规程要点

(1) 分类组批。

按照质量大小及产地进行组批。

(2) 分割头部。

常规方法是将头部割下分开制作，也有部分工厂是带头部制作。

(3) 回软。

因长途运输和存放时间长，皮含水量低。

(4) 挤水。

用通过式挤水机进行操作。

(5) 片皮。

用精密片皮机按照品种厚度要求进行操作。

(6) 削匀。

用削匀机按照品种厚度要求进行操作，削底面。

(7) 修边。

用剪刀修去无用之物。

(8) 称量。

作为后继工序的用料基准。

(9) 回水。

技术规定：水(30～35℃) 150%，TJ-A124 0.3%，TJ-A9811 0.5%，甲酸 0.3%。

操作方法：调好水量和水温后，先加入环保型脱脂剂 TJ-A124 和消斑剂 TJ-A9811，转动 60min 后再加入甲酸转动 60min。

注意事项：消斑剂 TJ-A9811 与甲酸一定要分开加入。

二层 PU 贴膜革的选材对象普遍较差，主要是不能做绒面革的大皮，尤以重磅的巴西皮居多，其纤维粗松，部位差较大，回水程度要严格控制，绝不能回水过度。pH 控制在 3.6 左右。

(10) 水洗。

水洗干净。

(11) 复鞣。

技术规定：水(25℃) 150%，TJ-F718 0.5%，TJ-T125 4.0%，甲酸钠 0.6%，碳酸氢钠 0.8%。

操作方法：调好水量后，先加入阳离子油 TJ-F718 转动 15min，再加入铬粉 TJ-T125 转动 60min，接着加入甲酸钠转动 20min，碳酸氢钠分两次加入，先加 0.4%转动 15min，再加 0.4%转动 60min，此时 pH 要求控制在 4.0～4.2。

二层 PU 贴膜革的回水和复鞣相对于二层绒面革来说要简单很多，由于皮的张幅大造成皮纤维粗松，化工材料的使用及转鼓的转动都要相应降低。

(12)水洗。

水洗干净。

(13)中和。

技术规定：水(25℃)150%，TJ-R819 2.0%，甲酸钠 1.5%，碳酸氢钠 0.8%，碳酸氢铵 0.5%，TJ-R5034 2.0%。

操作方法：调好水量后，先加入高效中和剂 TJ-R819 和甲酸钠转动 30min，再加入碳酸氢钠、碳酸氢铵和大分子丙烯酸树脂 TJ-R5034 转动 90min。

二层 PU 贴膜革的中和要求在中和透心(用溴甲酚绿指示剂检查)的情况下，pH 尽量偏低，控制在 5.0 左右为宜，这样可使皮纤维不要过度松散。大分子丙烯酸树脂 TJ-R5034 此时加入可保证很好的渗透性从而使皮的紧实度增加。另外，大部分二层贴膜革都是制作白色革，为使皮的白度增加，中和时可加入钛白粉 0.3%左右。

(14)水洗。

水洗干净。

(15)填充。

技术规定：水(25℃)80%，TWT5218 3.0%，TWT7898 3.0%，TJ-R308 1.5%，TJ-R957 2.0%。

操作方法：调好水量后，先加入中分子丙烯酸 TWT5218 转动 30min，再加入粉状环保型合成鞣剂 TWT7898、分散单宁 TJ-R308 和液体动物蛋白 TJ-R957，转动 90min。

在前面二层绒面革的制作中已经提到填充的重要性，在此特别说明二层 PU 贴膜革在填充工序中的不同之处。由于二层 PU 贴膜革大多采用大皮来制作，所以皮的部位差大，纤维特别疏松，填充性能优良的丙烯酸树脂的使用就显得尤为重要。选择时一般是大分子与中分子的丙烯酸搭配使用，因为大分子的丙烯酸树脂填充性能强，但渗透性较差，还有用量大时会大幅度增加皮的厚度，而中分子的丙烯酸树脂虽然填充性次于大分子的丙烯酸树脂，但渗透性好，特别是选择填充性(如纤维松的边腹部位)明显好于大分子丙烯酸树脂，再配合液体纯动物蛋白填料 TJ-R957 的使用，能更进一步增加对边腹部位的填充，也有利于后面的磨革。

(16)加脂。

技术规定：同浴(46～50℃)100%，TJ-F203 3.0%，TJ-F929 2.0%，TJ-A2233 0.1%，TWT5218 1.5%，甲酸 2.0%，TJ-R660 1.5%。

操作方法：调好水量及水温，先加入已充分乳化好的油脂及防霉剂转动 40min，再加入丙烯酸树脂 TWT5218 转动 30min，接着加入甲酸固定，甲酸分三次加入，每次间隔 15min，最后加入脆绒剂 TJ-R660 转动 20min。

二层 PU 贴膜革的油脂用量一般较少，在保持适当软度的同时尽量使皮表面干爽，油润感不能太强，以免影响后面贴膜时的黏结性能。TJ-F203 是一种乳化性及渗透性非常好的加脂剂，在保持软度的同时表面不会产生太重的油润感；TJ-F929 是一种卵磷脂加脂剂，乳液非常稳定，能耐酸、耐电解质及耐栲胶，能使皮革丰满柔软，手感舒适，与皮纤维结合性好，不易迁移。在加脂结束后加入中小分子丙烯酸树脂 TWT5218 可起到补充填充的作用，进一步增加皮身的紧实度。在经过甲酸固定后加入脆绒剂 TJ-R660，这是一种乙酸乙烯树脂，填充性极强，硬度非常好，此时加入 TJ-R660 主要是利用其发硬和发脆的特性，有利于后面的磨革，使绒毛短而且均匀。

(17) 水洗。

水洗一次。

(18) 出鼓搭马。

(19) 干燥。

采用贴板或者真空干燥。

(20) 挂晾。

(21) 干填充。

采用机器喷或者手工刷填的方法进行，材料选用聚氨酯填充剂和丙烯酸填充剂搭配使用，配比比例各 50%即可，加入适量的渗透剂。聚氨酯填充剂使用 TJ-C8012，丙烯酸填充剂使用 TJ-C8084。

(22) 干燥。

挂晾或烘干，要求完全干燥。

(23) 振荡拉软。

用振荡拉软机进行。

(24) 磨革。

用磨革机分两次进行操作，第一次用 180#砂纸先磨底面再磨正面，第二次用 220#砂纸磨正面。

(25) 扫灰。

(26) 贴膜。

用扫灰机进行。

(27) 成品。

## 7.3　装饰家具革

### 7.3.1　装饰家具革分类

随着消费观念的不断提高，人们对于皮革饰品的需求不再局限于鞋类、箱包类，更多的人将皮革用在家庭摆设中，皮革沙发成为人们的时尚选择。

装饰家具革现已发展成为仅次于鞋用革的第二大宗革品种，且其发展潜力不可低估。根据装饰家具革的用途，可以将其分类，详见表 7-3。

表 7-3 所列的装饰家具革中，又以普通沙发革和汽车坐垫革的应用最为普遍，具有极其广阔的市场前景。国内一些中大型企业主要以生产沙发革为主，并且多为一些 U 形企业(进出口两头在外)。本节主要介绍普通沙发革和汽车坐垫革的染整生产工艺。

**表 7-3　装饰家具革分类一览表**

| 种类 | 用途 |
|---|---|
| 普通沙发革 | |
| 装饰用革 | |
| 汽车用革 | 汽车坐垫革 |
| | 汽车装饰革 |

续表

| 种类 | 用途 |
|---|---|
| 飞机、轮船用革 | 飞机坐垫革 |
| | 轮船坐垫革 |
| | 飞机装饰用革 |
| 火车用革 | 火车坐垫革 |
| | 火车装饰革 |

### 7.3.2 普通沙发革特征

目前，国际上尚无统一的沙发革的质量标准。许多沙发、家具生产厂家都有各自的沙发革的测试标准。然而，根据沙发革的使用特征，成品沙发革的质量具有基本要求。国际上还是有一些沙发生产厂家都认可并采用的测试方法。

随着近十年的发展，已形成种类繁多、花样翻新的庞大的一类革制品。甚至一些鞋面革、包袋革、服装革的概念和效应都被应用到沙发革上，其标准的制定甚至赶不上沙发革种类的变化。

现在列举美国某知名品牌沙发生产厂家对沙发革的部分品种名称及质量标准，以供参考。

#### 7.3.2.1 普通沙发革的品种

原料要求：普通沙发革的生产制作，主要是采用国产或进口的、价格较便宜的、张幅面积大的盐湿奶牛皮、盐湿母牛皮等，其粒面允许有小的伤残，但皮形要完整，不得有掉毛或腐烂等生皮保管不当的情况。

产品种类：沙发革的种类很多，分类标准也有很多，如按皮源、皮种分，按厚度分，按压花与否和压花轻重分，按是否磨面分，按不同的效应及风格分等。

现在按沙发革厂比较常见的分类标准，将沙发革中的一些皮革品种的涂饰制作加以分类：①苯胺、半苯胺沙发革；②重修重压花沙发革；③轻压花摔沙发革；④自然摔纹沙发革；⑤双色或多色效应沙发革；⑥点喷效应沙发革；⑦水洗效应沙发革；⑧擦色效应沙发革；⑨油/蜡变色沙发革；⑩龟裂效应沙发革；⑪其他。

#### 7.3.2.2 普通沙发革的感官质量

一般地说，普通沙发革的基本性能要求可以概括为：①颜色均匀，无明显的色差色花，一致粒面平细；②手感柔软、自然、丰满、无明显松面，回弹性好；③花纹均匀饱满，有低延伸率和良好的定型性(花纹或平纹)；④皮面无明显的残次疤痕，出裁率高；⑤光泽自然，包括消光、自然光和高光等风格；⑥其他指标根据客户或标准确定。

#### 7.3.2.3 普通沙发革的检测质量

表 7-4 为一种普通沙发革的产品检测质量标准。

**表 7-4 沙发革的测试标准**

| 测试内容 | 测试方法 | 苯胺革/油蜡变色革 | 半苯胺革 | 颜料膏涂饰革 |
|---|---|---|---|---|
| 厚度/mm | ISO 2589 | +/−0.1 | +/−0.1 | +/−0.1 |
| | ASTM D 1813 | +/−0.1 | +/−0.1 | +/−0.1 |

续表

| 测试内容 | 测试方法 | 苯胺革/油蜡变色革 | 半苯胺革 | 颜料膏涂饰革 |
|---|---|---|---|---|
| 厚度/mm | ASTM D 1814 | +/–0.1 | +/–0.1 | +/–0.1 |
| 抗张强度/MPa | ISO 3376 | 10 | 10 | 10 |
| | ASTM D 2209 | 10 | 10 | 10 |
| 断裂延伸/% | ISO 3376 | 35～80 | 35～80 | 35～80 |
| | ASTM D 2211 | 35～80 | 35～80 | 35～80 |
| 撕裂强度/(N/mm) | ISO 3377-2 | ≥30 | ≥30 | ≥30 |
| | ASTM D 2212 | ≥30 | ≥30 | ≥30 |
| 耐干擦牢度 | ISO 11640 | 3.5 级 150 循环 | 4.0 级 500 循环 | 4.0 级 500 循环 |
| 耐湿擦牢度 | ISO 11640 | 3.0 级 50 循环 | 3.0 级 150 循环 | 3.5 级 250 循环 |
| 耐汗擦牢度 | ISO 11640 | 3.0 级 20 循环 | 3.0 级 80 循环 | 3.0 级 80 循环 |
| 耐冷裂 | ASTM D 1912 | –15℃不裂浆 | –15℃不裂浆 | –15℃不裂浆 |
| 涂层黏着性能 | ISO 11644 | ≥3N/10mm | ≥3N/10mm | ≥3N/10mm |
| 耐光性能 | ISO 105:B02 | ≥3.0 | ≥3.0 | ≥4.0 |
| 耐曲挠 | ISO 5402 | >50000 | >50000 | >50000 |
| PVC 迁移 | ISO 15701 | ≥3.0 灰卡 | ≥3.0 灰卡 | ≥3.0 灰卡 |
| 耐水性 | ISO 15700 | 30min&4h;不褪色 | 30min&4h;不褪色 | 30min&4h;不褪色 |
| 易燃性 | CA TB-117 | ≤1 级 | ≤1 级 | ≤1 级 |

### 7.3.3　铬鞣水牛沙发革的生产工艺

#### 7.3.3.1　主干流程

挤水→摔皮→剖层→修边→滚锯末→削匀→修边→称量→漂洗→水洗→复鞣→水洗→二次复鞣→水洗→染色、加油→水洗→出鼓搭马→静置→湿绷板→回潮→静置→振荡拉软→转鼓摔软→绷板干燥→修边→补伤→磨面→扫灰→喷底层→挂晾干燥→喷防黏层→压花→摔软→绷板干燥→喷中层→喷顶层→压花→转鼓摔软→喷手感剂→检验分级→量尺→包装→入库。

#### 7.3.3.2　部分工艺规程要点

(1)挤水。

在通过式挤水机上进行。坯革水分含量 55%～60%。

(2)滚锯末。

(3)削匀。

削匀厚度 1.1～1.2mm。

操作方法：宽幅削匀机上进行。要求厚度均匀一致，符合工艺要求、无削伤。

(4)修边。

修出无用边角，直口剪成圆口。

（5）称量。

准确称量，作为以下各工序之计料依据。

（6）漂洗。

技术规定：水（35～40℃）150%～200%，Corilene W385（STAHL）0.2%，甲酸（85%）0.2%。

操作方法：按规定调好液比、内温，加入 Corilene W385，转动中从转鼓轴孔加入事先用8～10 倍冷水稀释过的甲酸，转动 30～40min，测 pH=3.6～3.8。

（7）水洗。

流水洗 10min。

（8）复鞣。

技术规定：水（35～40℃）100%～120%，Synektan CRF（STAHL）2%，Synektan RA（STAHL）1%，Corlene F 275（STAHL）3%。

操作方法：按规定调好液比、内温。加入 Synektan CRF、Synektan RA 和 Corlene F275，转动 30min。加入 Synektan ACNN 和甲酸钠，转动 20min。转动中从转鼓轴孔加入事先用 10～15 倍温水溶解完全的碳酸氢钠，转动 30min。最后，加入 Renektan RS，转动 20～30min。测终点 pH=5.0～5.5。

（9）水洗。

流水洗 10～20min。

（10）二次复鞣。

技术规定：水（30～35℃）50%～80%，Synektan ACCN 0.3%，Corlene F275 0.5%，Renektan RS 2%，Renektan B（STAHL）3%。

操作方法：按规定调好液比、内温，加入 Synektan ACCN 和 Corlene F275，转动 5～10min，然后加入 Renektan RS 和 Renektan B，转动 20min。

Synektan GA 4%，Synektan ZAL 2%，染料（配方另订）*z*%，水（60～65℃）100%，甲酸（85%）1%。

操作方法：在二次复鞣中，加入 Synektan GA、Synektan ZAL 和染料，转动 30min。补热水（60～65℃），使液比达到 1.5～2.0，内温 45～50℃，转动 10min。从转鼓轴孔中加入事先用 8～10 倍常温水稀释过的甲酸，转动 15～20min。终点 pH=4.0～4.2。

（11）染色、加油。

技术规定：水（50～55℃）150%～200%，Fixing Agent FC 0.6%，染料 *x*%，Corilene N-60 1%，Corilene F326 3%，Corilene F339 0.5%，甲酸 1.0%。

操作方法：按规定调好液比、内温，分两次加入 Fixing Agent FC，间隔 10min，加完后转动 5min。加入染料，转动 15min。转动中从转鼓轴孔加入事先用 65～70℃热水乳化完全的加脂剂，转动 30min。分两次从转鼓轴孔加入事先用 8～10 倍常温水稀释过的甲酸，间隔 10min，加完后转动 20min。

（12）水洗。

流水洗 20～30min。要求洗净浮色。

（13）出鼓搭马。

水洗达到要求后，将皮出鼓搭马。要求搭马平整、无压折。

（14）静置。

静置 12h 以上。

(15)湿绷板。

在绷板干燥机上进行。温度 55～60℃。坯革水分含量为 14%～18%。

(16)回潮。

(17)静置。

静置 12h 以上。

(18)振荡拉软。

(19)修边。

修去无用边角，直口剪成圆口。

(20)补伤。

用补伤膏对有凹陷和瑕疵的地方进行修补，如有必要可对整张皮面进行补伤。

(21)磨面。

先用小型磨机 180#或 240#砂布磨颈肩部及粗纹、伤残等部位，然后再用大型磨革机 240#砂布整张磨 1 次，最后用 400#砂布精磨 1 次。要求磨革后皮面均匀起细绒，不可见粗毛孔残留，也不可磨出粗长的绒头来。

(22)扫灰。

用扫灰机扫灰。要求革灰扫净。

(23)喷底浆。

技术规定：水 250 份，复合树脂(EUDERM COMPACT PTR)650 份，颜料膏 100 份。

操作方法：辊涂或者揩浆，手工揩浆要将坯革粒面朝上平铺于工作台上，用专用的揩浆板把底浆均匀揩涂于坯革的粒面上，要求揩涂均匀，无漏揩，浆道及流浆等缺陷。底浆用量 60～100g/$m^2$。

(24)挂晾干燥。

(25)喷防黏层。

技术规定：水 2 份，硝化棉 1 份。

操作方法：在喷浆干燥机上进行，均匀喷涂 1 次。

(26)压花。

辊压花或板式压花，温度一般 100～110℃，压力 200bar，辊压速度 3～4m/min，板压时间 4～5s。要求花纹清晰均匀，涂层无切浆发黏。

(27)摔软。

在摔软转鼓中进行，一般摔软时间 8～12h。要求手感柔软，花纹饱满自然。

(28)绷板干燥。

让摔软后的皮平整，温度 35～45℃。

(29)喷中层。

技术规定：水 300 份，颜料膏 100 份，复合树脂 200 份，聚胺酯 100 份，丙烯酸树脂-SB200 份，填料 100 份。

操作方法：在喷浆干燥机上进行。喷 1～2 次。要求整张喷到、喷均匀。

(30)喷顶层。

技术规定：水 50 份，Corial EM Finish G(BASF)100 份，Corial WAX EG 15 份，交联剂 AKU 3 份。

操作方法：在喷浆干燥机上进行。喷 1～2 次。要求同前。

(31)量尺。

(32)入库。

### 7.3.4　铬鞣黄牛头层沙发革的生产工艺

#### 7.3.4.1　主干流程

挑选分批→挤水→削匀→修边→称量→回软→水洗→铬复鞣→中和→水洗→复鞣填充染色→加脂→水洗→出鼓搭马→挤水平展→湿绷板干燥→回潮→振荡拉软→绷板→修边→点补→磨革→扫灰→刮补伤膏→磨革→扫灰→揩底浆→挂晾干燥→喷隔离层→压花→摔软→绷板→揩中层浆→喷中层浆→喷光亮层→烫光→成品修边→检验→量尺→打包→入库。

#### 7.3.4.2　工艺规程要点

(1)挑选分批。

按照黄牛沙发蓝湿革挑选分类标准执行。

(2)挤水。

在挤水伸展机上进行，要求皮张平展，无挤水伤，无死折，坯革水分约 50%，为下一步削匀做准备。

(3)削匀。

削匀厚度根据客户及订单要求进行，一般厚度为 1.0～1.2mm。

要求：厚度均匀一致，符合工艺要求，无削匀伤，无刮印。

注意事项：在削匀过程中皮不要风干，以免引起质量问题。

(4)修边。

剪去无用的边角，直口剪或圆口剪。

(5)称量。

准确点数称量，作为以下工序的计料依据。

(6)回软。

技术规定：水(40℃)200%，脱脂剂 TJ-A124 0.3%，甲酸 0.3%，消斑剂 TJ-A971 0.5%。

操作方法：调好液比和水温，加入脱脂剂、甲酸和消斑剂，转动 60～90min。

质量要求：坯革完全恢复到柔软状态，无硬边和硬心。

回软看似是简单的一个工序，在许多厂并没有引起足够的重视。一方面大生产的蓝湿革堆放时间并不固定(因订单状况)；另一方面有许多厂是外购的蓝湿革或进口蓝湿革，因此蓝湿革的含水状况差异较大。回软就是要求各种蓝湿革回软到统一的状态。此外，制革水场一直在水浴中进行，回软质量的好坏关系到下一步材料渗透的通畅问题。因此回软不能只是以时间为准，一定要以皮的状态为依据。甲酸的加入是为了清洗皮粒面，加速回软，脱脂剂是为了去除皮革残余油脂，同时加速水向皮内的渗透，消斑剂 TJ-A971 是为了清洁皮粒面，调整蓝湿革表面的清洁度及不同批次蓝湿革颜色上的差异，以利于该整鼓皮颜色的均匀一致，为后面的染色做准备。

(7)水洗。

技术规定：水(25℃)300%，洗 10min，排液。

(8) 铬复鞣。

技术规定：水 (35℃) 150%，抗撕裂加脂剂 TJ-F5063 1.0%，脂肪醛 TJ-R706 2.0%～3.0%，铬粉 3.0%～5.0%，含铬复鞣剂 1.0%～2.0%，甲酸钠 1.0%，碳酸氢钠 0.5%。

操作方法：调好液比和水温，先加入抗撕裂加脂剂 TJ-F5063 和脂肪醛 TJ-R706，转动 40～60min，加入铬粉和含铬复鞣剂转动 90min，之后用甲酸钠和碳酸氢钠提碱，调 pH 至 4.0，补水 100%升温至 40℃，转 60min，停鼓过夜。

质量要求：坯革粒面细致，手感柔软丰满，整体均匀，稍有发泡感。

注意事项：铬复鞣时温度一般选择 30～35℃，太低则作用时间长，结合缓慢，太高则容易结合太快，不均匀，初期 pH 控制在 3.5～3.7 为宜，终点 pH 控制在 4.0～4.2 为宜，太高容易形成粗面。

铬复鞣是现代制革中重要的一个工序，能进一步提高铬鞣程度，弥补蓝湿革在初鞣过程中存在的不足(如鞣制不均匀等)，强化铬鞣革的特征，增加革中铬的含量，便于其他阴离子型复鞣剂、染料及加脂剂的结合。此外，复鞣结合其他类型的复鞣剂如醛类等具有进一步改善皮革的柔软度、丰满度及沙发革要求的轻飘、弹性好的特点。

本工艺中在铬复鞣初期添加抗撕裂加脂剂和脂肪醛就是为了提高皮革的强度，润滑纤维，与脂肪醛 TJ-R706 共同作用，提高皮革的柔软度、强度，并为铬复鞣的渗透打下基础，之后添加铬鞣剂及含铬合成鞣剂，是为了补充铬鞣的特征，提高皮革的丰满度及均匀度，从而提升皮革的品质。

铬鞣一般要根据蓝湿革的状况来制订具体的方案。若前处理较弱，则在铬复鞣前回软后加大处理纤维的工序，如加强漂洗，之后进行酸性酶软化，在铬复鞣时多添加分散性的油脂，使纤维充分分散。如前处理较重，则铬复鞣时适当添加收敛和紧实性的复鞣剂来弥补前处理不足的方面。

(9) 中和。

技术规定：水 (30～35℃) 150%，中和单宁 2.0%，甲酸钠 1.0%，碳酸氢钠 0.8%，碳酸氢铵 1.2%～1.5%。

操作方法：调好液比和水温，先加入中和单宁和甲酸钠转动 30min，再加碳酸氢钠和碳酸氢铵转动 90～120min。

质量要求：中和均匀，全透，用溴甲酚绿指示剂检查切口变蓝，终点浴液 pH 控制在 5.8～6.0。

注意事项：中和温度应严格控制，切忌过高，不能超过 35℃。

中和的目的是清除与胶原结合的酸及与铬鞣剂结合的酸，提高 pH，以利于后工序染料、油脂、单宁的渗透。

不理想的中和将导致染料渗透差、不均匀、油脂渗透不均、松面、部位差、表面粗糙等问题的发生。

先加入中和单宁和甲酸钠是因为它们都有缓冲作用，不会过度中和，中和单宁的加入可避免后继加入的碳酸氢钠和碳酸氢铵引起表面中和，使中和更缓和、深透、均匀。

现环保压力增加，对氨氮排放要求较高，碳酸氢铵的使用受到较大的限制，应根据情况少用或不用。

（10）复鞣填充染色。

技术规定：水（30～35℃）50%～60%，丙烯酸复鞣剂 TJ-R5054 1.5%，合成鞣剂 TJ-R7299L 2.5%，氨基树脂 TJ-R428 3.0%，分散单宁 TJ-R308 1.0%，染料 2.5%，软性栲胶 TJ-R2160 1.5%，甲酸 0.6%～0.8%。

操作方法：调好液比和水温，加入丙烯酸复鞣剂 TJ-R5054，转动 40～60min，再加入合成鞣剂 TJ-R7299L、氨基树脂 TJ-R428、染料和分散单宁 TJ-R308，转动 90min，之后补水升温至 50℃，转动 10min，加甲酸固定填料，pH 控制在 4.3～4.5。

质量要求：丙烯酸复鞣剂吸收良好，染料透心，整张皮丰满均匀。

注意事项：丙烯酸复鞣剂需用 5～10 倍温水稀释后加入，其他合成鞣剂、分散单宁及栲胶可不溶解，粉状直接加入，染料最好事先溶解再加入转鼓中。

复鞣填充是现代制革工业中特别重要的一个工序，复鞣方案及复鞣剂的选择可以说是成功之路的生命线，要采取的原则是简单而又合理地选择复鞣方法及材料种类。

丙烯酸复鞣剂可赋予皮革丰满的手感和良好的弹性，增加皮革的耐光性能，对其他阴离子材料有均匀分散的作用，有较强的填充性及选择填充性。

氨基树脂填充主要是选择性地对皮革的腹边部位进行填充，因此可大大降低皮革空松部位的可压缩性（空松状态），改善压花效果。

合成鞣剂复鞣耐光性良好，提升皮革的柔软度、丰满度，使粒面细致。

栲胶复鞣明显增加皮革的丰满度和紧实度，改善磨革性能，增加皮革的可塑性即压花定型性，增加革的亲水性，有利于染料的渗透及均匀分布。

沙发革的前处理较重，部位差大，所以复鞣填充是提高沙发革品质的关键。合理选择复鞣材料复鞣填充是充实边腹部位使整张皮革手感趋于一致的保证，即在保持粒面紧实、延伸率小的情况下，尽可能选用对皮革具有丰满、柔软并对边腹部位纤维有改善作用的复鞣剂。

单独使用某种复鞣剂不能满足沙发革所需的柔软、丰满的手感，多种复鞣剂的共同作用才能满足要求。

沙发革的复鞣填充要求丰满、柔软、质轻，同时要考虑后期涂饰时要压花，因此耐压性也要求较高。为满足上述要求，采取先用丙烯酸复鞣剂填充，提高皮革的丰满度，同时要有较好的边腹部位选填性，又不能使皮革变硬，本工艺中使用 TJ-R5054 大分子丙烯酸复鞣剂来进行，其具有很好的填充性及选填性，柔软、丰满，吸收良好，满足要求。之后为进一步提高丰满度，改善部位差及耐压性，又添加了软泡型合成鞣剂 TJ-R7299L、氨基树脂 TJ-R428、栲胶 TJ-R2160 来满足沙发革填充的要求，同时在填充中添加染料及分散单宁，使染料快速均匀地渗透。

（11）加脂。

技术规定：水（50℃）150%，亚硫酸化鱼油 TJ-F214 2.0%，磷脂加脂剂 BA（司马）2.0%，合成加脂剂 TJ-F5193 5.0%，聚合物柔软剂 TJ-F5055 4.0%，抗撕裂加脂剂 TJ-F5063 3.0%，甲酸 1.5%～2.0%。

操作方法：调好液比和水温，加入事先用热水乳化好的混合油脂转动 60～90min，检查渗透吸收状态后加甲酸固定至 pH=3.6。

注意事项：所有加脂剂要事先混合均匀，然后再用 4～5 倍 60～65℃热水充分乳化，后加入转鼓中。加脂结束后检查，无浮油，皮面无油腻感，皮身不能有油软感。

加脂就是将酯类物质引入革内，均匀分布在革的纤维之间，防止革在干燥后纤维之间发生黏联，增加纤维之间的润滑性，防止革变硬变脆，从而使革柔然，耐弯折，具有良好的物理机械性能。

加脂是制革的重要工序，合理选择使用加脂材料，使之起到润滑作用保护皮革纤维，并能长期留在革内，这样成革的柔软度、丰满度和油润感更好。

沙发革在后期干燥时需要用湿绷板的干燥方式，所以配方中就要注意挥发性大的加脂剂少用或不用，防止在干燥时遗失造成手感不佳。

沙发革一般多选用亚硫酸化鱼油、磷脂加脂剂、合成加脂剂及结合性加脂剂等混合使用。动物性油脂的用量不能太多，若太多一方面皮革的质量会很重；另一方面会造成皮身空松感、柔软持久性差、弹性不足等。

TJ-F214 即亚硫酸化鱼油，含量高，有优良的渗透性及柔软纤维的作用，气味佳，耐酸、耐铬，是沙发革生产必不可少的加脂剂。TJ-F5193 是合成加脂剂，具有优良的柔软作用，尤其是对皮心的柔软作用很突出，此外密度较轻，不会增加沙发革的质量，还具有良好的耐酸、耐电解质性能。TJ-F5055 是聚合物加脂剂，与皮纤维有很好的结合能力，柔软丰满，回弹性突出，能很好地满足沙发革回弹性的要求，即使大量使用也不会引起松面，同样质量较轻，尤其适合沙发革使用。TJ-F5063 是抗撕裂加脂剂，能明显改善皮革的撕裂强度，同时具有丰满感。

(12)出鼓搭马。

坯革出鼓后立即搭马，要求平整，切勿压折。

(13)挤水平展。

在挤水平展机上进行，伸干伸平，挤去多余的水分。

(14)湿绷板干燥。

在绷板干燥机上进行，温度 50～60℃，绷开距离 8～10cm，坯革全干。

质量要求：坯革水分含量符合规定，整张平展，无折皱，无荷叶边，臀部无皂，无起破皮现象。

注意事项：绷板干燥后的坯革要码放整齐，不得压折。

(15)回潮。

喷水回潮，回潮后坯革水分含量要求 20%～25%。

注意事项：喷水回潮后不能露天堆放，需用塑料布包裹堆放 4～6h 以上，使其水分平衡、均匀。

(16)振荡拉软。

在振荡拉软机上进行，以中等或稍重的振软力通过 2 次，并平整铺放。

(17)绷板。

在绷板机上进行，温度 40～50℃，坯革水分 14%～17%。

操作方法：将坯革粒面朝上，背脊线对准中间间隙，先固定头尾，其次腹部中间对拉，最后补充夹子绷平其他部位。

质量要求：坯革水分符合技术规定，平整，无皱折，无荷叶边，无起破皮现象。

(18)修边。

剪去无用边角，用直口剪或圆口剪。

（19）点补。

手工刮补伤膏 MN，点补在坯革伤残较深部位，刮平，放置，烘干。

（20）磨革。

320#砂纸，一次，扫灰，要求革灰扫净。

（21）刮补伤膏。

补伤膏 TJ-C989 100 份，综合树脂 TJ-C5911 15 份，手感蜡 80 5 份，水 15 份。

操作方法：搅拌均匀，手工整张刮补。挂晾干燥。

磨革：600#砂纸，一次，扫灰，要求革灰扫净。

（22）揩底浆。

技术规定：水 150 份，综合树脂 TJ-C5911 350 份，丙烯酸树脂 TJ-C2150 100 份，脂肪族聚氨酯 TJ-C4201 100 份，中软脂肪族聚氨酯 TJ-C4330 50 份，蜡乳液 TJ-A859 100 份，消光填料 TJ-A863 80 份，颜料膏 120 份。

操作方法：将坯革粒面朝上平铺于工作台上，用刷子蘸底浆均匀揩涂于坯革的正面，要求揩涂均匀，无漏揩、浆道及流浆等缺陷。

（23）挂晾干燥。

（24）喷隔离层。

技术规定：水 100 份，硝化棉光亮剂 TJ-C6337 100 份，手感剂 TJ-A830 2 份。

操作方法：喷浆机喷 1 遍。

（25）压花。

压中荔枝纹板，110℃，160kg，4s，静置 2h 以上。

（26）摔软。

摔软鼓中加入胶球，摔软 8～10h，检查摔软程度符合要求才能出鼓。

（27）绷板。

要求坯革绷平，温度 45～50℃，相邻夹子间距不超过 20cm。

（28）揩中层浆。

技术规定：水 150 份，综合树脂 TJ-C5911 250 份，丙烯酸树脂 TJ-C2150 150 份，聚氨酯树脂 TJ-C4201 100 份，中软聚氨酯树脂 TJ-C4330 80 份，蜡乳液 TJ-A859 120 份，消光填料 TJ-A863 60 份，颜料膏 120 份。

操作方法：将坯革粒面朝上平铺于工作台上，用刷子蘸中层浆均匀揩涂于坯革的正面上，要求揩涂均匀，无漏揩、浆道及流浆等缺陷。挂晾干燥。

（29）喷中层浆。

配方同揩中层浆配方。

操作方法：在喷浆机上进行。喷 2 次。要求整张喷到、喷均匀。

（30）喷光亮层。

技术规定：水 150 份，消光聚氨酯光油 120 份，透明聚氨酯光油 TJ-C650A 30 份，滑爽感手感剂 TJ-A8001 10 份，油滑感手感剂 TJ-A830 5 份，交联剂 5 份。

操作方法：在喷浆干燥机上进行，喷 2 次。要求同前。

（31）烫光。

在滚筒式烫光机上进行，90℃，30kg。

(32)成品修边。

(33)检验。

(34)量尺。

(35)打包。

(36)入库。

沙发革坯革一般等级较差，皮面伤残较多。点补主要针对大伤残，要求补伤膏干燥后体积收缩要小，接着力要好并且压花抗切浆性能要好。整张刮补则主要针对细微的小伤残。

TJ-C989：可刮可磨，补伤效果好。沙发革的底浆要求树脂的压花定型要好，抗切浆性能好，耐摔软性能要好。综合树脂 TJ-C5911：手感柔软，耐摔软性能好。中软脂肪族聚氨酯 TJ-C4330：耐黄变性能优异，压花定型好，离板性好，耐干湿擦性能优异。现在也有很多工厂将揩底浆改为用滚涂机辊底浆，效率更高。

揩底浆之后的隔离层主要有两个作用。

(1)增加坯革的离板性，压花时不粘板，易于操作。

(2)作为底浆层的保护层，摔软时保护底浆，防止摔软时皮面擦伤或粘上皮屑。中层浆的配方中适当减少综合树脂的用量，增加高物性的中软聚氨酯的用量可提高涂层的耐干、湿擦性能。为保证沙发革的物性，顶层配方通常用聚氨酯消光光油和透明光油搭配使用，并加入交联剂进一步提高涂层的物理性能。

近年来类似于服装革手感的软型沙发革也开始流行，这类皮从水场开始就要求坯革的身骨处理要软。涂饰方法也同上面的传统方法有所不同。首先坯革点补后，磨革(320#砂纸)，整张辊补伤膏或手工刮补伤膏，静置，干燥，磨革(600#砂纸)，磨革比传统重涂沙发革要轻。这使得较轻的涂饰就能够形成很好的封闭，坯革涂饰后顶拉底层不会泛粗。之后用阳离子材料或阴离子材料喷一遍作为封底层，烫光，目的是降低后继涂层中树脂的过多渗透，有利于保持坯革的软度，之后揩底浆或湿喷底浆。后面工序同传统工艺类似，但配方中所用成膜材料则要选择成膜薄、手感软的树脂，才能达到理想效果。

常见的水洗效应革(wash off effect)、手工擦双色效应革(dipping effect)或机喷双色效应革(two tone effect)通常是在喷中层浆后，再做一个效应层，或擦或喷，也可以用印花机辊印双色，之后喷光亮层。对于二层沙发革，可以进行以下涂饰操作。

(1)磨革。

240#砂纸磨革一次，扫灰，要求革灰扫净。

(2)刮补伤。

补伤膏 TJ-C989 100 份，综合树脂 TJ-C5911 10 份，填充树脂 TJ-C408 10 份，颜料膏 10 份。

操作要求：搅拌均匀，整张刮补，挂晾干燥。对于绒头长的坯革，则再挂一遍补伤膏，挂晾，磨革。

(3)揩底浆。

技术规定：水 100 份，综合树脂 TJ-C5911 200 份，丙烯酸树脂 TJ-C2150 120 份，中软聚氨酯 TJ-C408 180 份，蜡乳液 TJ-A859 80 份，消光填料 TJ-A863 60 份，颜料膏 100 份。揩浆 2 遍，挂晾干燥。

操作方法：将坯革粒面朝上平铺于工作台上，用刷子蘸底浆均匀揩涂于坯革的面上，要求揩涂均匀，无漏揩、浆道及流浆等缺陷。

(4)喷隔离层。

技术规定：水 100 份，硝化棉光 TJ-C6337 100 份，手感剂 TJ-C830 2 份，喷浆机喷 1 遍。

(5)压花。

压中荔枝纹，110℃，160kg，3s。

(6)揩中层浆。

技术规定：水 100 份，综合树脂 TJ-C5911 200 份，丙烯酸树脂 TJ-C2150 150 份，中软聚氨酯树脂 TJ-C4330 100 份，中软聚氨酯 TJ-C408 50 份，蜡乳液 TJ-A859 80 份，消光填料 TJ-A863 60 份，颜料膏 120 份。

操作方法：将坯革粒面朝上平铺于工作台上，用刷子蘸中层浆均匀揩涂于坯革的面上，要求揩涂均匀，无漏揩、浆道及流浆等缺陷。挂晾干燥。用喷浆机喷中层浆 2 遍。

(7)喷顶层。

技术规定：水 100 份，消光聚氨酯光 TJ-C6511 70 份，透明聚氨酯光 TJ-C650A 30 份，油滑感手感剂 TJ-A830 6 份，滑爽感手感剂 TJ-A8001 4 份，交联剂 3 份。

用喷浆机喷 2 遍。要求整张喷到，喷均匀。

(8)修边。

(9)检验。

(10)量尺。

(11)打包。

(12)入库。

二层沙发革制作过程中补伤磨革是一个重要的环节，保证补伤磨革后坯革绒头平细是成品顶拉不会泛粗的基础。补伤膏 TJ-C989 搭配少量的综合树脂 TJ-C5911 和中软聚氨酯 TJ-C408，除了具有较好的补伤效果外，还具有封闭坯革绒头的作用，并且不会影响磨革性能。涂层中选用的树脂要求有优良的压花定型性和抗切浆性能。二层沙发革的坯革的纤维结构不同于头层，一般压花后或喷顶光后都不能摔软，否则影响纹路定型。

### 7.3.5 苯胺沙发革的涂饰生产工艺

产品描述：沙发革的苯胺、半苯胺涂饰要求粒纹清晰、平细，纹路自然，涂层较薄，通透，手感舒适，真皮感强。为全粒面或轻修面，多为单色，有部分带有油蜡效果、植鞣效果或浅淡的双色效果。

坯革要求：做苯胺、半苯胺涂饰的沙发革要求革胚毛孔清晰，纹路平细，手感柔软、丰满，颜色浓艳，染色均匀、深透，不能有色花等。

#### 7.3.5.1 主干流程

阳离子封底→熨平→喷底浆→喷隔离层→摔软→绷板干燥→喷面浆→喷顶层→摔软→熨平→振软→检验分级→量尺→包装→入库。

#### 7.3.5.2 部分工艺规程要点

(1)阳离子封底。

技术规定：水 500 份，Euderm Direr MOP-C 100 份，Euderm Oil KWO-C 180 份，Euderm

Wax KWS-C 100 份，Bayderm Bottom 10UD 120 份。

操作方法：喷浆机上喷 1 次。

(2) 熨平。

用熨平机熨平，温度 100℃，压力 40bar，速度 6m/min。

(3) 喷底浆。

技术规定：水 400 份，Euderm Direr MOP-C 50 份，Primal Compact UP-FP 200 份，Primal 863 40 份，Primal SB-100 80 份，Bayderm Bottom 10UD 80 份，Euderm Nappa Soft S-C 60 份，Euderm Matt SN-C 30 份，Euderm Wax CL-C 40 份，染料水 10 份。

操作方法：喷浆机上喷 2 次。

(4) 喷隔离层。

技术规定：水 150 份，Isoderm LA 85-N-C 100 份。

操作方法：喷浆机上喷 2 次。

(5) 摔软。

在摔软转鼓中进行，摔软时间 6～8h。

(6) 绷板干燥。

在绷板干燥机上进行。温度 40℃，开绷板间隙 20mm。

(7) 喷面浆。

技术规定：水 400 份，Euderm Direr MOP-C 50 份，Primal Compact UP-FP 200 份，Primal 863 40 份，Primal SB-100 80 份，Bayderm Bottom 10UD 80 份，Euderm Nappa Soft S-C 60 份，Baysin Lustre 2061-C 60 份，Euderm Wax CL-C 40 份，染料水 10 份。

操作方法：喷浆机上喷 2～3 次。

(8) 喷顶层。

技术规定：Isoderm Base HGN 300 份，Euderm Direr MOP-C 600 份。

操作方法：喷浆机上喷 1 次。

(9) 摔软。

在摔软转鼓中进行，摔软 0.5h。

(10) 熨平。

用熨平机熨平，温度 100℃，压力 20bar，速度 8m/min。

(11) 振软。

在振软机上振软，压力 4 级。

苯胺沙发革是高档的沙发革。做苯胺沙发革，关键是涂层不能太厚，在保证适当的遮盖伤残的情况下，尽可能的凸显皮革本身的特点，要求成品真皮感强，毛孔清晰，颜色均匀、饱满，手感平细、滋润，涂层通透，光泽自然。在每次喷涂时，注意喷涂量，尽量少量多次，并且一般不用遮盖性的颜料膏，由于苯胺革物理性能要求不高，在此选用了水油两性的硝化棉光油作为顶层，可达到光亮通透的观感和愉悦的触感。

### 7.3.6　重修重压沙发革的涂饰生产工艺

产品描述：重修重压沙发革是最普通的一类沙发革，也就是我们通常所说的涂料皮。一般要求成品外观均匀一致，伤残遮盖好，利用率高，纹路定型、饱满、自然，物理性能要求高。

坯革要求：此类皮革一般选用等级比较低的皮胚，通过补伤、磨革、涂层材料的选择、压花定型等来提高皮胚的等级及利用率。一般要求皮胚紧实，丰满，有一定的弹性，不能太空松，并且皮性均匀一致，部位差小。

#### 7.3.6.1　主干流程

补伤→磨革→滚涂底浆→喷隔离层→压花→摔软→绷板→喷面浆→喷顶层→振软→检验分级→量尺→包装→入库。

#### 7.3.6.2　部分工艺规程要点

(1)补伤。

技术规定：Euderm X-Grade CGS2 100 份。

操作方法：采用辊涂方法补伤，补伤辊 14SS，反向辊涂 1 次，然后静置等补伤膏干透。

滚涂补伤要注意补伤时，补伤辊和输送带之间的间隙要尽可能小，补伤辊的速度一般调到 55～65r/min。采用辊涂补伤后，有时需要对比较大，比较深的伤残再点补一下。

(2)磨革。

用磨革机磨革。

磨革时，砂纸一般选用 320～400#砂纸，要求磨革均匀，既要磨掉伤残和多余的补伤膏，又不能磨重，如需要可选用 600#砂纸再细磨一次。

(3)滚涂底浆。

技术规定：水 100 份，Euderm Compact FFN 450 份，Primal SB-150 100 份，Bayderm Bottom 51UD 50 份，Euderm Nappa Soft S-C 60 份，Euderm Matt SN-C 40 份，颜料膏 100 份。

操作方法：滚涂机逆向滚涂 1 次，80～100g/m$^2$。

(4)喷隔离层。

技术规定：水 100 份，Isoderm LA 85-N-C 100 份。

操作方法：喷浆机上喷 1 次。

(5)压花。

用通过式压花机压花，温度 120℃，压力 200bar，速度 3.2m/min。

(6)摔软。

在摔软转鼓中进行，摔软时间 10～12h。

(7)绷板。

在绷板机上进行，温度 40℃，不开绷板间隙。

(8)喷面浆。

技术规定：水 100 份，Primal Compact UP-FP 400 份，Primal SB-100 120 份，Primal SB-150 80 份，Bayderm Bottom 51UD 80 份，Euderm Nappa Soft S-C 60 份，Euderm Matt SN-C 40 份，Euderm Wax CL-C 40 份，颜料膏 120 份。

操作方法：喷浆机上喷 2～3 次。

(9)喷顶层。

技术规定：水 350 份，Bayderm Finish 3041-C 400 份，OPTI-Matt A-2000 LV 250 份，Rosilk 2229 Feel Modifier 15 份，Aquaderm XL 50 30 份。

操作方法：喷浆机上喷 2 次。

(10)振软。

在振软机上振软，压力 4 级。

此类沙发革主要要求是伤残遮盖好，利用率高。涂层一般比较厚，制作的关键是涂饰材料的选择，本工艺选用的是 Lanxess 公司的产品，其底浆遮盖性好，涂层耐压切，压花后花纹定型。此类沙发革物理性能要求很高，Lanxess 的 2229 手感剂的应用，除了提供非常独特的平滑，舒适的手感外，更能极大地提高沙发革的耐干、湿擦性能和耐磨耗性能。

### 7.3.7 双色效应沙发革的涂饰生产工艺

产品描述：普通双色效应沙发革主要是靠调整喷浆机的参数，如调整喷枪转动的速度、输送带送皮的速度、喷枪扇面的大小、喷射气压、喷涂量等，来达到不同的双色效应的疏密、浓淡、大小、形状等的一类沙发革。一般要求成品沙发革丰满、柔软，皮面平细，纹路均匀、自然，颜色一致，不能有大的色差。此类沙发革涂层厚度中等，主要是靠双色效果在人的视觉上来遮盖伤残，成品光泽一般为中等偏亮。

坯革要求：皮胚要求柔软度，丰满度较高，部位差小，皮性均匀。

#### 7.3.7.1 主干流程

补伤→磨革→阳离子封底→熨平→滚涂底浆→喷隔离层→压花→摔软→绷板→喷面浆→喷效应层→喷顶层→振软→检验分级→量尺→包装→入库。

#### 7.3.7.2 部分工艺规程要点

(1)补伤。

技术规定：Euderm X-Grade CGS2 100 份。

操作方法：采用辊涂方法补伤，补伤辊 14SS，反向辊涂 1 次，然后静置等补伤膏干透。

滚涂补伤要注意补伤时，补伤辊和输送带之间的间隙要尽可能小，补伤辊的速度一般调到 55～65r/min。采用辊涂补伤后，有时需要对比较大，比较深的伤残再点补一下。

(2)磨革。

用磨革机磨革。

磨革时，砂纸一般选用 320～400#砂纸，要求磨革均匀，既要磨掉伤残和多余的补伤膏，又不能磨重，如需要可选用 600#砂纸再细磨一次。

(3)阳离子封底。

技术规定：水 500 份，Euderm Direr MOP-C 100 份，Euderm Oil KWO-C 160 份，Euderm Wax KWS-C 80 份，Bayderm Bottom 10UD 160 份。

操作方法：喷浆机上喷 1 次。

(4)熨平。

用熨平机熨平，温度 100℃，压力 40bar，速度 6m/min。

(5)滚涂底浆。

技术规定：水 100 份，Primal Compact UP-FP 450 份，Primal SB-150 100 份，Bayderm Bottom 10UD 50 份，Euderm Nappa Soft S-C 70 份，Euderm Matt SN-C 30 份，颜料膏 100 份。

操作方法：滚涂机逆向滚涂 1 次，50～60g/m$^2$。

(6)喷隔离层。

技术规定：水 100 份，Isoderm LA 85-N-C 100 份。

操作方法：喷浆机上喷 1 次。

(7)压花。

用通过式压花机压花，温度 100℃，压力 120bar，速度 5m/min。

(8)摔软。

在摔软转鼓中进行，摔软时间 10～12h。

(9)绷板。

在绷板机上进行，温度 40℃，开绷板间隙 20mm。

(10)喷面浆。

技术规定：水 100 份，Primal Compact UP-FP 400 份，Primal SB-100 120 份，Primal SB-150 80 份，Bayderm Bottom 10UD 80 份，Euderm Nappa Soft S-C 70 份，Euderm Matt SN-C 30 份，Euderm Wax CL-C 40 份，颜料膏 120 份。

操作方法：喷浆机上喷 2～3 次。

(11)喷效应层。

技术规定：水 200 份，Primal Compact UP-FP 200 份，Primal SB-100 100 份，Bayderm Bottom 10UD 100 份，Baysin Lustre 2061-C 80 份，Euderm Wax CL-C 40 份，颜料膏 30～50 份。

操作方法：喷浆机上喷 2～3 次。

喷效应层时，请注意调整喷浆机的参数，如喷枪转动的速度、输送带送皮的速度、喷枪扇面的大小、喷射气压、喷涂量等，以达到所需的效果及颜色。

(12)喷顶层。

技术规定：水 400 份，Bayderm Finish 3041-C 400 份，Bayderm X-Tra TV 200 份，Rosilk 2229 Feel Modifier 15 份，Aquaderm XL 50 30 份。

操作方法：喷浆机上喷 2 次。

(13)振软。

在振软机上振软，压力 4 级。

双色效应沙发革一般涂层厚度中等，压花较轻，要求成品纹路轻松、自然，手感绵软，主要靠双色在视觉上遮盖伤残。工艺中通过阳离子封底来提高皮革的平细度，同时也减小了涂层对皮性的影响，并且较少的底浆也能产生较好的遮盖。

### 7.3.8　澳洲黄牛皮修面小荔枝家具革

#### 7.3.8.1　主干流程

蓝湿革分类组批→挤水→削匀→修边→称量→回软→漂洗→水洗→复鞣→中和→水洗→填染→加脂→水洗→套色→出鼓搭马→静置→挤水平展→绷板干燥→回潮→振软→补伤→静置→磨革除尘→刷底浆→喷隔离层→静置→压小荔枝纹→静置→摔软→刷中层浆Ⅰ→喷中层浆Ⅱ→喷顶光→烫光→摔软→烫光。

#### 7.3.8.2　部分工艺规程要点

(1)挤水。

在蓝皮挤水机上进行。

(2)削匀。

厚度 1.20～1.25mm，在削匀机上进行。

(3)回软。

技术规定：水(38℃)100%，DESOBATE U5 1.5%，碳酸氢铵 2.5%。

操作方法：按规定调好液比、内温，从鼓门加入 DESOBATE U5 和碳酸氢铵，转动 90min，终点 pH 为 6.4 左右。

(4)漂洗。

技术规定：草酸 1.0%，甲酸(85%)1.0%，硫酸 0.5%。

操作方法：在回软液中进行，从鼓门加入草酸，待转鼓转动起来从鼓轴孔加入用 8～10 倍冷水稀释好的甲酸和用 20 倍水稀释的硫酸，转动 60min，终点 pH 为 3.0 左右，排液。

(5)复鞣。

技术规定：水(36℃)150%，DESOPON LB 1.5%，DESOATEN DC 1.5%，液态三聚氰胺 MAU 3.0%，DESOATEN GTW-45 2.0%，铬粉($B$=33%)6.0%，碳酸氢钠 1.0%，DESOATEN NHK 2.0%，碳酸氢铵 2.0%。

操作方法：按规定调好液比、内温，待转鼓转动起来从鼓轴孔加入事先乳化好的 DESOPON LB 油乳液及用 5 倍水稀释的 DESOATEN DC，转动 20min；加入事先用 2 倍水稀释好的液态三聚氰胺 MAU，转动 30min；然后从鼓门加入铬粉，从鼓轴孔加入 DESOATEN GTW-45，转动 60min；分 3 次加入用温水完全溶解的碳酸氢钠，转动 45min，测得 pH 为 4.2 左右；从鼓轴孔加入用 2 倍水稀释的 DESOATEN NHK，转动 40min，从鼓门加入碳酸氢铵，转动 40min，终点 pH=5.5，停鼓过夜，次日转动 20min。

(6)中和。

技术规定：400R 1.0%，碳酸氢铵 0.3%。

操作方法：在复鞣液中进行，从鼓门加入碳酸氢铵，待转鼓转动起来从鼓轴孔加入事先乳化好的 400R，转动 90min。

(7)填染。

技术规定：水(36℃)50%，DESOPON SO 2%，RELUGAN RE 4%，DESOATEN RST 6%，OS 2%，甲酸 1%，RELUGAN D 4%，DESOATEN C 5%，DESOATEN A-15 6%，JM 2%，DESOATEN FB 2%，阴离子染料(配方另订)$x$%，DESOATEN SS 6%，栲胶 X8 6%，DESOATEN SUB 4%，热水(70℃)150%，甲酸 0.6%。

操作方法：调好液比、内温，待转鼓转动起来从鼓轴孔加入事先乳化好的 DESOPON SO 和 2 倍水稀释的 DESOATEN RST 和 RELUGAN RE，转动 30min；从鼓门加入分散单宁 OS，转动 30min；从鼓轴孔分 2 次加入用 8～10 倍冷水稀释好的甲酸，转动 30min，测得 pH=4.1；从鼓门加入 RELUGAN D、DESOATEN C 和双氰胺树脂 DESOATEN A-15，转动 30min；从鼓门加入 DESOATEN SS、栲胶 X8 和 DESOATEN FB，待转鼓转动起来从鼓轴孔用 2 倍水稀释的 JM 和事先化好的阴离子染料，转动 30min；从鼓轴孔加入用 2 倍水稀释的 DESOATEN SUB，转动 60min；补热水，升内温至 55℃，鼓轴孔加入用 8～10 倍冷水稀释好的甲酸。终点 pH 为 4.2 左右。

(8) 加脂。

技术规定：DESOPON SO 1.0%，DESOPON QL 3.0%，AMK 3.0%，DESOPON LB 2.0%，DESOATEN SS 2.0%，JRD 3.0%，甲酸 1.5%。

操作方法：在填充染色液中进行，加入事先乳化好的 DESOPON SO、DESOPON QL、DESOPON LB 和 AMK 混合油乳液，转动 30min；从鼓门加入 DESOATEN SS 和 JRD，转动 30min，分两次加用 8～10 倍冷水稀释好的甲酸，转动 40min，终点 pH 为 3.5 左右。

(9) 套色。

技术规定：水(50℃)150%，阴离子染料 0.5%，甲酸 1.0%。

操作方法：按规定调好液比、内温，从鼓轴孔加入事先化开的阴离子染料，转动 20min；加入 8～10 倍冷水稀释好的甲酸，转动 20min，终点 pH 为 3.3 左右。

(10) 挤水平展。

在挤水平展机上进行。

(11) 绷板干燥。

温度 55℃，时间 5h，绷距 10cm 左右，在绷板干燥机上进行。

(12) 振软。

速度 6m/min，挡位 3 挡，在振荡拉软机上进行。

(13) 补伤。

技术规定：补伤膏 1000 份。

操作方法：在补伤台上进行，刮补 2 遍，静置。

(14) 磨革除尘。

$400^{\#}$砂纸，磨 2 遍，在带除尘装置的磨革机上进行。

(15) 刷底浆。

技术规定：水 70 份，DESORIN DA3120 150 份，DESORIN DA3130 200 份，DESORIN DU3230 80 份，DESOADDI AW5110 60 份，DESOADDI AF5220 100 份，柔软助剂 40 份，颜料膏 100 份。

操作方法：在刷浆台上操作，刷 1 遍。

(16) 喷隔离层。

技术规定：水 100 份，硝化棉 100 份。

操作方法：在喷浆干燥机上进行，喷 1 遍，静置 4h。

(17) 压小荔枝纹。

温度 140℃，压力 200bar，时间 4s，静置 4h 以上。在压花机上操作。

(18) 摔软。

摔软转鼓进行，时间 8h。

(19) 刷中层浆Ⅰ。

技术规定：水 120 份，DESORIN DA3120 100 份，DESORIN DA3130 180 份，DESORIN DU3230 50 份，DESOADDI AW5110 50 份，DESOADDI AF5220 80 份，DESORIN DA3110 50 份，颜料膏 100 份。

操作方法：在刷浆台上进行，刷 1 遍。

(20)喷中层浆Ⅱ。

技术规定：水 200 份，DESORIN DA3120 120 份，DESORIN DA3130 180 份，DESORIN DU3230 100 份，DESOADDI AW5110 50 份，DESOADDI AF5220 50 份，柔软助剂 50 份，颜料膏 100 份。

操作方法：在喷浆干燥机上进行，喷 2 遍。

(21)喷顶光。

技术规定:水 100 份,DESOCOR CH6102 3 份,DESOCOR CH6103 5 份,DESOTOP TU4240 60 份，DESOTOP TU4245 40 份，交联剂 3 份。

操作方法：在喷浆干燥机上进行，喷 2 遍。

(22)烫光。

温度 100℃，压力 30bar，在通过式烫光机上进行。

(23)摔软。

在摔软转鼓进行，时间 2h。

(24)烫光。

温度 120℃，压力 20bar，在通过式烫光机上进行。

### 7.3.9　自然摔黄牛沙发革干整理及涂饰生产工艺

#### 7.3.9.1　主干流程

干坯革回潮→振软→摔软→静置→绷板干燥→振软→补伤 1→补伤 2→磨革→除尘→封底→静置→烫平→辊或喷底浆→喷硝化棉*→摔软→绷板→喷面浆→喷顶层光油→烫平(80℃，20 压力)→修边→成品。

#### 7.3.9.2　部分工艺规程要点

(1)干坯革回潮。

24h。

(2)振软。

1 次，速度 6m/min，挡位 3 挡，在振荡拉软机上进行。

(3)摔软。

转鼓摔软 5～8h。

(4)静置。

搭马平整堆置 2～5h。

(5)绷板干燥。

温度 55℃，时间 5h，绷距 10cm 左右，在绷板干燥机上进行。

(6)振软。

1 次，速度 6m/min，挡位 3 挡，在振荡拉软机上进行。

(7)补伤 1。

点补残 2 次。

(8)补伤 2。

手工刮补或机器辊补 1 次。

(9)磨革。

400#砂纸 1 次，600#砂纸 2 次，通过式磨革机进行，磨后除尘。

(10)封底。

技术规定：水 250 份，Resin PU 1616K 100 份，Filler KS 35 份，Wax KH 35 份。

(11)静置。

搭马平整静置 5～8h。

(12)烫平。

温度 120℃，压力 80bar，时间 3s，在通过式烫光机上进行。

(13)辊或喷底浆。

技术规定：水 150 份，Compact FL 250 份，Resin A 1818 150 份，Resin PU 1515 100 份，Resin A 1019 30 份，Mattfiller LS 15 份，Wax 18 45 份，Softfiller WS 35 份，ECS 溶剂 10 份，颜料膏 80 份。

(14)摔软。

(15)绷板。

(16)喷面浆。

技术规定：水 150～180 份，Compact FL 200 份，RE-5022 100 份，PERIFIN BU 2023 150 份，Resin A 1520 50 份，Resin PU 1515 50 份，Wax 18 45 份，Mattfiller LS 15～20 份，ECS 溶剂 15 份，颜料膏 100 份。

操作方法：喷 2～3 次。

(17)喷顶层光油。

技术规定：水 100 份，PERIFIN TU-2618 80 份，PERIFIN TU-2621 20 份，Soft SW 4 份，Hardener A 3 份。

操作方法：喷 2 次。

(18)烫平。

温度 80℃，压力 20bar，时间 3s，在通过式烫光机上进行。

(19)修边。

(20)成品。

### 7.3.10　黄牛全粒面汽车坐垫革生产工艺

#### 7.3.10.1　汽车革的质量要求特征

目前，国际尚无统一的汽车坐垫革的质量标准。许多汽车生产厂家都有各自汽车坐垫革的测试方法与标准。然而，随着世界经济一体化及汽车工业的国际网络化的实现，建立汽车坐垫革的国际通用标准和检测方法势在必行。本节列举了美国某一汽车生产厂家对汽车坐垫革坯革的规格要求和国内某汽车公司对轿车真皮材料的规格要求(表 7-5 和表 7-6)，供参考。

**表 7-5　汽车坐垫革坯革的一些测试要求(1)**

| 测试内容 | 测试方法 | 测试结果要求 |
|---|---|---|
| pH | ASTM D2810/ DIN 53312 | 3.2～4.2 |
| 含水量/% | ASTM D3790/ DIN 53304 | 3.0～4.5 |

续表

| 测试内容 | 测试方法 | 测试结果要求 |
|---|---|---|
| 铬含量/% | C3.03IP/ DIN 53301 | 3.0～4.5 |
| 油含量/% | ASTM D3495/ DIN 53306 | 6～14 |
| 灰分含量/% | ASTM D2617/ DIN 53306 | 4～8 |
| 水或溶剂渗色 | C1.03IP | 清(或轻微渗色) |
| 厚度/mm | ASSTM D1813 | 0.8～1.2 |
| 抗张强度/MPa | ASTM D 5034 | >355 |
| 伸长率/% | ASTM D5034(断裂伸长) | 40～60 |
| ASTM D2212 | 撕裂强度/N | >35 |
| 收缩率/% | 100℃热水中煮沸 1h | <5 |
| 雾化值/mg | 哈克雾化测试机(100℃,16h) | <3 |
| 颜色 | 用肉眼判断 | 切口均匀一致 |
| 耐汗性 | ISO-105-E04 | ≥5 级 |
| 气味 |  | 皮革天然气味，不令人难受 |
| 热老化性 | 120℃，100h | 不超出正常变化 |
| 崩裂强度/MPa | ASTM D4704 | >5 |
| 迁移性 | LB1005 | 4～5(涂层) |

**表 7-6　汽车坐垫革坯革的一些测试要求(2)**

| 文件号 | | 特性 | 测量单位 | 参考值 |
|---|---|---|---|---|
| D47 | 1431 | 氙光老化色牢度(90℃/150h) | 灰度卡 | ≥4 |
| D45 | 1025 | 摩擦牢度(a)变色；(b)黏色 | 灰度卡 | 干态(a)5，(b)5 |
| D47 | 1025 | 耐汗色牢度(a)变色；(b)黏色 | 灰度卡 | 湿态(a)5，(b)5 |
| D47 | 1217 | 耐天气性能：湿 40℃/7h；80℃/24h | — | 无坏气味；无坏气味 |
| D45 | 1139 | 尺寸变化(85℃/4h) | % | ≤3 |
| D44 | 5213 | MIE 磨损后光泽变化 |  | Δ≤1.5 |
| D45 | 1333 | 阻燃性：新状态；100℃/100h 后；40℃/95h/100h 后 | Bax/min | ≤100；≤100；≤100 |
| D45 | 1013A | 厚度 | mm | 1.2±0.1 |
| D41 | 1029 | 拉伸断裂强度：纵向；横向 | N；N | ≥600；≥600 |
| | | 100N 伸长率：纵向；横向 | %；% | 10～22；10～22 |
| | | 折裂伸长度：纵向；横向 | | 20～55；20～55 |
| D41 | 1126 | 撕裂强度：纵向；横向 | N；N | ≥25；≥25 |
| | | 环形柔性：纵向；横向 | N；N | 2.8～4.0；2.8～4.0 |

在如表所列的系列指标中，汽车商家最为关心的雾化值、耐老化性、热稳定性、收缩性能、迁移性及气味等。而在这些指标中，最关键的是雾化值指标，各汽车公司对雾化值指标的要求各不相同。表7-7列出了全球若干知名汽车公司对雾化值指标的规定及相应的测试方法。

**表7-7　汽车坐垫革的雾化测试及要求**

| 汽车公司 | 相关资料 | 结果要求 | 测试方法 |
|---|---|---|---|
| CJRUSER | MS-JK4-5 (2/14/1995) | 85℃，>75% | SAE J1756 |
| CHRYSLER | MS-JK4001 (4/6/1998) | <3mg，16h (条件：85℃雾化，38℃冷却干燥16h) | SAE J1756F (重量法) |
| FORD | WSB-,OF17-B；WSS-1 ME17-CDEF (12/1995) | 方法A：>60%<br>方法B：<5mg | A：100℃下3h，20℃冷却，干燥16h<br>B：100℃下16h，21℃冷却，干燥4h |
| GM | GM 2756M (6/1998) | — | PV 3015 |
| HONDA | SE-Z60453 (4/1994) | 雾化值<15%；凝结物<10mg | ES-Z6040533.23 |
| TOYOTA | 22M-90-42 (6/1990) | — | PV 3015 |
| BMW | QV51033 (IV) (7/1997) | 凝结物<7mg | DIN75201B |
| MERCEDES | DBL5310-21 (坐垫革) | 100℃，<3mg | DIN75-102B |
| SAAB | STD518436 (7/1995) | 75℃：>80% | STD1082 |
| NISSAN | M7102 (1994) | <6mg | NES MD155-25 |

近年来，汽车商家对TVOC值开始注重，各汽车公司对TVOC指标的要求各不相同。如表7-8所列的系列指标中，为我国乘用车空气质量标准限值。

**表7-8　我国乘用车有机挥发物限值(GB/T 27631—2011)**

| 化学品名 | 限值/(mg/m$^3$) |
|---|---|
| 苯 | ≤0.11 |
| 甲苯 | ≤1.10 |
| 二甲苯 | ≤1.50 |
| 乙苯 | ≤1.50 |
| 苯乙烯 | ≤0.26 |
| 甲醛 | ≤0.10 |
| 乙醛 | ≤0.05 |
| 丙烯醛 | ≤0.05 |

### 7.3.10.2　主干流程

分类组批→挤水→削匀→修边→称量→复鞣，中和，染色→加脂→水洗→出鼓搭马→静置→挤水平展→湿绷板干燥→回潮→转鼓摔软→绷板干燥→修边→底浆辊涂→压花→转鼓摔软→辊半顶层→喷顶层→修边→检验分级→量尺→包装→入库。

#### 7.3.10.3　全粒面工艺规程要点

(1)分类组批。

按照《蓝湿革分类组批规定》执行。

(2)挤水。

在通过式挤水机上进行。要求喂皮平整，无压折、无挤爆等缺陷。

(3)削匀。

削匀厚度 1.1～1.2mm。

操作方法：在削匀机上进行。要求厚度均匀一致，无跳刀、削破等缺陷。

(4)修边。

修去无用边角，直口剪成圆口。

(5)称量。

准确称量，作为以下各工序的计料依据。

(6)复鞣，中和，染色。

技术规定：水(35～40℃)150%～200%，Baytigan AR 2.0%，Levotan C-C 1.0%，甲酸钠 2%，碳酸氢钠 0.7%，Tanigan PAK-N-C liq 2%，Tanigan OS 3%，Tanigan VR 6%，Retigan R5 3%，染料 $x$%。

操作方法：按规定调好液比、内温，加入 Baytigan AR 和事先用 3 倍常温水稀释过的 Levotan C-C，转动 30～40min。加入 Tanigan PAK-N-C liq、甲酸钠、碳酸氢钠，转动 60min，测浴液 pH=5.0～5.1。加入 Tanigan OS、Tanigan VR 和 Retingan R5、染料等材料，转动 60min。查透心。

黄牛汽车座垫革既要求具有一定的柔软度，又要求革身丰满、紧实。在复鞣工序，采用聚氨酯复鞣剂 Levotan C-C，对其他树脂鞣剂、植物鞣剂和染料等具有很好的分散作用，可使坯革以手感柔软、粒面紧实，但革身较扁薄。选用具有较强的填充作用的 Baytigan AR 与之配伍使用，即可获得丰满、紧实的革身。复鞣与中和同浴进行，属于紧密型工艺。中和时，选用甲酸钠作为辅助中和剂，并配合具有良好中和效应的复鞣剂 Tanigan PAK-N-C liq，能使粒面细致。进一步，使用 Retigan R5、Tanigan VR 复鞣，它对革的松软部位具有选择填充作用，促进粒面紧实，改善成革的部位差，同时，还有助于改善成革的磨革和压花性能。

(7)加脂。

技术规定：水(50～55℃)150%，975-ES 3%，SLG 6%，PROVOL 100(Z&S) 2%。

操作方法：按规定调好液比、内温，然后加入事先乳化完全的亚硫酸化鱼油，转动 90min。再在转动中从转鼓分次加入事先用 8～10 倍常温水稀释过的甲酸 2.5%。转动 30min+10min+10min。浴液 pH=3.5，排液。

(8)水洗。

技术规定：水(25℃)200%转动 10min。

(9)出鼓搭马。

(10)静置。

12h 以上。

(11)挤水平展。

在挤水平展机上进行。要求伸开、伸平。坯革水分含量为 40%～50%。

（12）湿绷板干燥。

将经挤水平展过的湿坯革直接在绷板干燥机上进行绷板干燥。在湿绷板干燥的过程中，要注意控制干燥速率。坯革水分含量为 14%～18%。

（13）回潮。

（14）转鼓摔软。

在摔软转鼓中进行，不加任何助软物，摔软时间 8～10h。

（15）绷板干燥。

在绷板干燥机上进行。要求绷开、绷平，使坯革定型。坯革水分为 14%～18%。

（16）修边。

修去无用边角，修出皮形来。

（17）底浆辊涂。

技术规定：水 85 份，颜料膏 110 份，AQUADERM X-Grade SF（LANXESS）100 份，EUDERM Matt SN-C（LANXESS）40 份，BAYDERM Bottom PR（LANXESS）80 份，BAYDERM Finish LB（LANXESS）70 份，PRIMAL SB-155（LANXESS）180 份，BAYDERM Compact CHT-C（LANXESS）300 份，ROSILK Feel Modifier 2229W（LANXESS）5 份，AQUADERM XL-50（LANXESS）30 份。

操作方法：在辊涂机上进行。采用逆向辊涂的方法，辊涂 1 次。辊涂量 80～100g/m$^2$。

（18）压花。

根据要求进行。

（19）转鼓摔软。

摔软 30～120min。

（20）辊半顶层。

技术规定：水 170 份，颜料膏 100 份，AQUADERM X-Grade SF（LANXESS）60 份，BAYDERM Bottom PR（LANXESS）100 份，BAYDERM Finish LB（LANXESS）60 份，PRIMAL SB-155（LANXESS）100 份，ROSILK Feel Modifier 2229W（LANXESS）60 份，OPTI-MATT UD4（LANXESS）300 份，HYDRHOLAC CL-1（LANXESS）100 份，AQUADERM XL-50（LANXESS）100 份。

操作方法：在喷浆干燥机上进行。先喷 1 次，喷量 24～26g/m$^2$。

（21）喷顶层。

技术规定：水 170 份，颜料膏 20 份，AQUADERM Matt 200（LANXESS）300 份，AQUADERM Matt 102（LANXESS）120 份，AQUADERM Finish HW2（LANXESS）180 份，ROSILK Feel Modifier 2229W（LANXESS）60 份，AQUADERM Additive GF（LANXESS）30 份，AQUADERM Additive SF（LANXESS）10 份，AQUADERM Fluid H（LANXESS）10 份，AQUADERM XL-80（LANXESS）80 份。

操作方法：在喷浆干燥机上进行，喷 1 次，喷量 22～24g/m$^2$。

汽车座革的涂饰中，树脂的选择很重要。选择树脂应注意以下几点：①具有优良的物理机械性能，如耐摩擦（包括干摩擦和湿摩擦）、耐刮性和耐曲折性等；②具有较强遮盖性能；③具有良好的压花性能；④具有优良的耐光性。涂饰各层对树脂的要求不一样，底层浆应侧重考虑黏着力、柔韧性和填充性。底层浆树脂选用了 BAYDERM Bottom PR 和 BAYDERM Compact CHT-C，其中 BAYDERM Bottom PR 是不含 NMP 的水性聚氨酯，可提高涂层与坯革的黏着力，同时也具有很好的抗切性能。BAYDERM Compact CHT-C 是复合树脂，适合于汽车坐垫革的底层涂饰，具有非常好的遮盖性、优秀的压花性能及优异的常温曲挠和耐冷折性能。中层浆侧重考虑耐刮性、耐曲折性和遮盖性能等。工艺中采用喷 1 道中层浆来达到预期效果。中层浆 A 选用 BAYDERM Finish LB、OPTI-MATT UD4 和 HYDRHOLAC CL-1 作为主要成膜剂，可提高涂层的物理机械性能和遮盖性能。

(22)修边。

修去无用边角，修成皮形。

(23)检验分级。

(24)量尺。

(25)包装。

(26)入库。

7.3.10.4　修饰面工艺规程要点

(1)绷板干燥。

(2)修边。

(3)挑选分类。

(4)磨面。

在磨革机上进行。用 220～280#砂纸磨面，要求全皮磨到，深浅一致，无漏磨。

(5)辊涂补伤。

技术规定：颜料膏 50 份，EUDERM X-Grade CGS(LANXESS)950 份。

操作方法：采用辊涂方法补伤，逆向辊涂 1 次，通道干燥。

(6)磨革。

在磨革机上进行。用 320#砂纸磨面，除尘。

(7)摔软。

摔软 2～3h。

(8)辊涂底浆。

技术规定：水 80 份，颜料膏 100 份，AQUADERM X-Grade SF(LANXESS)90 份，EUDERM Matt SN-C(LANXESS)40 份，BAYDERM Bottom PR(LANXESS)80 份，BAYDERM Finish LB(LANXESS)120 份，PRIMAL FGR(LANXESS)20 份，BAYDERM CompactCHT-C(LANXESS)450 份。

操作方法：在辊涂机上进行。采用逆向辊涂的方法，辊涂 1 次，辊涂量 100g/m$^2$。

(9)压花。

(10)摔软。

(11)辊半顶光。

技术规定：水 80 份，颜料膏 120 份，BAYDERM Bottom 51UD(LANXESS)110 份，AQUADERM Matt 200(LANXESS)250 份，AQUADERM Finish HAT(LANXESS)150 份，BAYDERM Finish DLV-N(LANXESS)40 份，ROSILK Feel Modifier 2229W(LANXESS)60 份，HYDRHOLAC AD-1(LANXESS)80 份，AQUADERM Fluid H(LANXESS)10 份，AQUADERM XL-50(LANXESS)100 份。

操作方法：在 Topstar 上辊涂 1 遍，辊涂量 30～32g/m$^2$。

(12)顶层浆喷涂。

技术规定：水 150 份，颜料膏 10 份，AQUADERM Matt 200(LANXESS)300 份，AQUADERM Matt 102(LANXESS)100 份，AQUADERM Finish HAT(LANXESS)150 份，BAYDERM Finish DLV-N(LANXESS)50 份，ROSILK Feel Modifier 2229W(LANXESS)70 份，AQUADERM Additive GF(LANXESS)30 份，AQUADERM Additive F(LANXESS)10 份，AQUADERM Fluid H(LANXESS)10 份，AQUADERM XL-50(LANXESS)140 份。

操作方法：在喷浆干燥机上进行，喷 1 次，喷量 22～24g/m$^2$。

(13)检验分级。

(14)量尺。

(15)包装。

(16)入库。

# 7.4　牛皮包袋革

## 7.4.1　牛皮包袋革基本特征

包袋革从皮性方面来讲是介于鞋面革和沙发革之间的一个品种，某些品种可以完全用鞋面革来生产包袋，如纯植鞣革(栲皮)，某些品种可以完全用沙发革来生产包袋，如重修面压花摔纹革，当然也有些品种是包袋特有而沙发、鞋面不太会使用的，如压稀有动物皮纹路的压花皮，二层贴膜后再压花做效应的皮革等。

对于包袋革而言，时尚、物性是其最重要的两个基本关注点。时尚即是紧跟流行的要求，如颜色越来越丰富多彩，个性化风格越来越多；物性即是要在时尚的色彩和风格下，保证其使用性能，如在使用过程中耐用、耐磨等。

根据牛皮包袋革的时尚要求，包袋革皮坯可以主要分为三大类：①泡软类的自然摔纹和压花摔纹皮坯；②紧实挺括的类似鞋面革的皮坯；③纯植鞣和半植鞣皮坯。

包袋革的涂饰可以从水染(无涂饰、轻涂饰)、油蜡效应(低遮盖涂饰)到重修、漆皮(非常重的涂饰)。

根据牛皮包袋革的物性要求，涂层在使用过程中的耐磨性能越来越受到关注，尤其是非流行风格的常规品种。

由于流行颜色艳度要求的提高，部分包袋革开始使用一些无铬鞣的白湿皮，虽然是一个方向，但并没有成为主流，所以在此我们仍然以常规铬鞣革作为讨论。

## 7.4.2　黄牛包袋革的生产工艺

根据包袋革的一般要求，包袋革对蓝湿皮具有以下一些基本的要求：蓝湿皮纹开，紧实度较好，均匀度好。包袋革蓝湿皮的性能介于鞋面革蓝湿皮和沙发革之间，接近鞋面革。而对于复鞣则会根据最终产品的要求而千差万别。对涂饰风格则随季节和流行趋势的变化，一种皮坯可以变化出非常多的最终成品风格。

包袋革的涂饰变化多端，常见的除常规涂饰外，水性油蜡涂饰、高光水性仿漆皮涂饰、油性漆皮涂饰等也在包袋革上越来越常见，压各种各样的花纹也越来越多。二层贴膜皮在贴膜后再进行进一步涂饰，然后用于包袋的比例相对二层绒面也逐年增加。

#### 7.4.2.1　主干流程

选取适合成品要求的路分、等级和质量的蓝湿皮：挑选分级→挤水→静置→剖层(片灰皮工艺不需要)→修边→削匀→修边→称量→回水→水洗→铬复鞣→中和→水洗→填充染色→加脂→固定→套色→水洗→出鼓搭马→挤水平展→真空干燥/绷板干燥→挂晾干燥或烘干→回潮→振软→摔软(或压花后摔软)→干绷板→修边→放置待涂饰。

高等级皮坯基本步骤：喷染调色→阳离子底涂层→静置→抛光→烫光→喷中层→喷顶光→轻烫光→轻摔软→轻烫光(或真空)→检验分级→量尺→包装→入库。

较低等级皮坯基本步骤：喷或者刷阳离子发泡层→静置→高温发泡→阳离子底涂层→抛光、烫光→喷阴离子发泡层→发泡→刷阳离子(或者阴离子)中层→喷顶光→轻烫光→轻摔软→轻烫光(或真空)→检验分级→量尺→包装→入库。

#### 7.4.2.2　部分工艺规程要点

(1)挤水。

按一般挤水要求，条件许可挤水后放置过夜，使皮身各部分含水量均衡，保证削匀厚度更为均一。

(2)削匀。

削匀厚度根据成品要求和复鞣工艺条件决定，要求厚度均匀一致。

(3)回水。

技术规定：水(35～40℃)150%～200%，脱脂剂或回湿剂 0.1%～0.3%，甲酸(85%)0.2%～0.5%。

操作方法：调好液比、内温，将脱脂剂或回湿剂、甲酸(先 1∶10 稀释好)转动中从转鼓轴分别缓缓加入，转动 30～60min，终点 pH=3.4～3.6，排水，2 倍水闷水洗一次。

(4)铬复鞣。

技术规定：水(35～40℃)100%～120%，LEVOTAN GTA-C 1.0%，铬粉($B$=30%)3%，含铬单宁 2%～3%，耐酸耐铬油脂 0.5%～1.0%，甲酸钠 1%，碳酸氢钠 0.5%～0.8%。

操作方法：按规定调好液比、内温，加入 LEVOTAN GTA-C 30min，再加入铬粉、铬单宁及油脂，转动 60～120min，加入甲酸钠，转动 30min，加入碳酸氢钠，转动 60min，pH=3.8～4.2，停鼓过夜。次日，转动 30min，排水，换浴。

(5)中和。

技术规定：水(30～35℃)120%～150%，TANIGAN PAK-S 2%，甲酸钠 1.0%，碳酸氢钠 1.0%～2.0%，油脂 1%～2%。

操作方法：按规定调好液比、内温，将 TANIGAN PAK-S、甲酸钠直接从鼓门加入，转动 30min，从转鼓轴孔加入用常温水化开的碳酸氢钠和 50～60℃水乳化好的油脂，转动 60min。pH=5.5～6.5，切口溴甲酚绿检查全透，均匀。排水，然后用 2 倍 35～40℃水闷水洗 10～15min，排水。

(6)填充染色。

技术规定：水(35～40℃)50%～80%。

操作方法：调液比 0.5～0.8，内温 35～40℃，从鼓轴孔加入 LEVOTAN C-C01 1%，油脂 2%～4%，转动 20min，加入 LEUKOTAN 1084 2%～4%，转动 30min，打开鼓门，加入 TANIGAN OS 3%、TANIGAN BN 3%、坚木栲胶 2%，以及调配好并准确称量的染料，关门转动 60min，补 1 倍的 65℃左右的热水，分 2～3 次从鼓轴孔加入 1.0%～1.5%的甲酸，每次转动 10～15min，加完后转动 20～30min，根据颜色、材料吸收情况控制 pH=3.6～4.2。排水。

(7)加脂。

技术规定：水(50～55℃)100%～120%，PROVOL BA 4%，TRUPON OSL 2%，CORIPOL MK 4%，POLYOL AK 2%，防霉剂 0.05%～0.15%，荆树皮或坚木栲胶 1%～2%，甲酸 0.8%～1.5%。

操作方法：按规定调好液比、内温，油脂称量后一起用 4 倍左右 50～60℃水化好，从鼓轴孔加入，防霉剂同油脂一起或者加完油脂后单独加入，加料完后转动 60min，从鼓门加入栲胶，转动 15～20min，分两次加入常温水稀释好的甲酸，第一次转动 15min，第二次转动 20～30min。终点 pH=3.4～3.8，油脂吸收干净。排水，如果不需要进行套色，用 2～3 倍常温水闷洗 15min，倒皮出鼓搭马过夜。

乳液加脂基本要求有 4%～6%天然油，4%～6%合成油，总量 10%～14%。对于黑色和深色，可以采用表面套色。套色可以增加表面颜色深度，同时调整色调，方便后继的涂饰，对于艳丽颜色可以通过增加表面染色同时增加颜色的浓度和艳度。套色并不是必需的。

(8)套色。

技术规定：水(50～55℃)150%～200%，增色剂(固色剂)0.5%～1.0%，染料 1.0%。

(9)水洗。

技术规定：水(25℃)200%～300%，转动 15min。

操作方法：从鼓轴孔加入增色剂(固色剂)0.5～1.0%，转动 10～15min，加入设定量的化开的染料，转动 10～15min，加入 0.5～1.0%甲酸，转动 15～30min。检查颜色及染料吸收，达到要求后，排水，用 2～3 倍常温水闷洗 15min，倒皮出鼓搭马过夜。

(10)挤水平展。

正常是粒面向上，对于开片的大牛皮，一般是先对头颈部进行往复平展，将勃头纹通过机械处理拉平，然后将背脊线方向与平展机送料辊平行，先从背部到腹部方向平展，如果肚边腹纹重，也可以采用往复平展处理，再从腹部往背部平展，相交部分部分尽可能小，平展后皮面平整，无死折，见图 7-1。

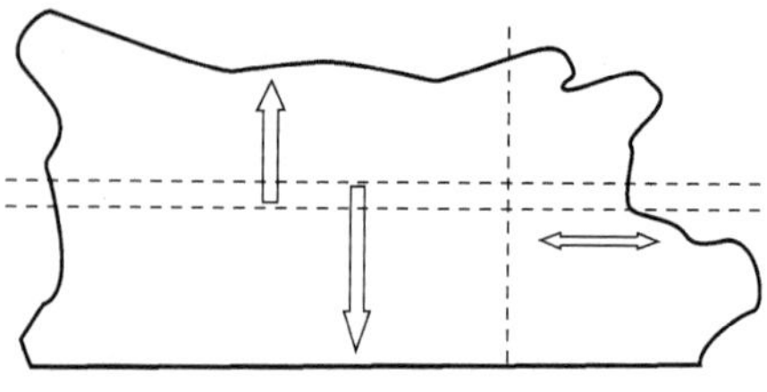

图 7-1　挤水平展顺序与方向

(11)真空干燥。

在真空干燥机上进行，一般会根据成品革的皮性要求、真空机性能及工厂的生产条件(产量、效率等)综合考虑设定真空条件，对于软包袋，真空条件通常为 40～60℃，150～60s。真空后的皮面平整，对折用力挤压仍可有水析出。

(12)绷板干燥。

绷板是通过机械作用将皮拉开，并在绷紧的条件下干燥，保证最大的得革率。绷板可以在真空后进行，也可以伸展后不用真空直接绷板。绷板应注意各个部位绷紧程度一致，然后根据设定条件调节张开的程度。绷板后可以加温或者不加温干燥，对于大多数自然摔和压花摔而言，40℃左右烘干是比较常见的做法。

(13) 回潮。

皮完全干透以后，需要进行回潮。常见的办法是使用自制的回潮设备，将一定量常温清水均匀地喷淋在皮坯肉面，然后用塑料薄膜包裹，放置过夜，第二天早上检查湿度，再进入振软工序。

(14) 振软。

振软也称打软，是通过机械作用将皮拉软，根据不同的机器、设定的条件差别很大，通过设定机器的咬合程度和输送带的传输速度来达到预期的柔软度。

(15) 摔软。

将皮放入摔软转鼓中，通过机械作用使皮身柔软，纹路均匀。目前的摔软转鼓大部分都是专用的摔软时能控温，控湿及喷入化工材料的特制转鼓，对保证摔软效果及批次之间的稳定性有很大帮助。

(16) 干绷板。

干绷板能够使皮身更平整，能保证后继化工材料能更均匀地涂布在皮表面，尤其对于有摔纹纹路的皮，绷板能使纹路平整，在后继涂饰中纹路凹沟和凸顶之间化料涂布量相同或接近。

(17) 修边。

修去不能使用的边角碎片和非常容易导致后继机械作用打折等引起皮更大损失的部分，严格控制修边以保证成品得率。

(18) 喷染调色。

技术规定：水 700 份，Euderm driver MOP 200 份，Levaderm 染料水 100 份。

操作要求：喷浆机上均匀喷涂，达到要求的颜色。

(19) 阳离子底涂。

技术规定：水 600 份，K619 100 份，AC7531 50 份，K4080 50 份，Oil KWO 30 份，K8727 100 份。

操作要求：喷涂或则刷涂，改善和均匀革坯表面的封闭性，以降低后继涂层的渗透深度，从而改善涂层的手感和遮盖性。如果有必要可以加入部分阳离子颜料膏以提高遮盖。

(20) 静置。

阳离子涂层需要静置至少 2～4h，才能进行后继涂饰。

(21) 抛光。

(22) 烫光。

操作要求：为了改善粒面的平细度和阳离子层的封闭性及提高涂层底光，需要在专用抛光机上进行抛光，或烫光机上烫光，通常温度 100℃，压力 50bar。

(23) 阴离子底涂层。

技术规定：水 350 份，EUDERM Compact 2029 (LANXESS) 200 份，RU3901 (Stahl) 80 份，Primal SB150 (Dow) 100 份，EUDERM Nappa Soft S-C (Lanxess) 60 份，EUDERM Compact MP2 60 份，FI50 (Stahl) 50 份，颜料膏 100 份。

操作要求：底涂层可以均匀喷涂或则手工刷涂。高温发泡，用毛孔纹辊压高温发泡，温度 120℃，压力 150bar，然后静置，摔软，绷板。

(24) 阳离子中层。

技术规定：水 500 份，K619 100 份，K4080 200 份，K8727 150 份，ECS 50 份。

操作要求：用手工刷涂或则均匀喷涂。

(25)烫光。

温度 110℃，压力 50bar，目的是提高底光。

(26)效应层。

技术规定：水 400 份，Compact2029（复合树脂）120 份，ST28(丙烯酸树脂)80 份，RU3901(聚氨酯树脂)100 份，EUDERM Nappa Soft S-C(填料)30 份，FI50(填料)70 份，UT(酪素)80 份，颜料膏 100 份，ECS(溶剂)20 份。

操作要求：均匀喷涂，颜色校正。

(27)光亮。

技术规定：水 512 份，Finish TV(聚氨酯)300 份，P21(酪素)100 份，PS3(聚氨酯)80 份，S1(手感剂)5 份，AKU(交联剂)3 份。

操作要求：均匀喷涂，提高皮面涂层的物理性能。

(28)烫光。

温度 110℃，压力 20bar，提高亮度和通透感，改善平滑的手感。

(29)检验分级。

(30)入库。

对于常规自然摔、压花摔而言则相对固定。一般而言是阳离子作底涂，阴离子作中层(阳离子作中层也越来越常见)，聚氨酯作顶光(也有油性硝化棉作顶涂)，水性硝化棉顶涂相对较少，主要是因为不一定能达到物性要求。

### 7.4.3　国产黄牛皮半植鞣水晶包袋革工艺

#### 7.4.3.1　主干流程

蓝湿革分类组批→挤水→削匀→修边→称量→回湿→水洗→中和→填充染色→加脂→水洗→表面加脂→出鼓搭马→静置→挤水平展→真空干燥→挂晾干燥→回潮→振软→摔软→绷板干燥→真空干燥→喷染→喷油→喷蜡→静置→喷蜡→烫光→摔软→喷树脂层→烫光→喷顶光→烫光→摔软。

#### 7.4.3.2　部分工艺规程要点

(1)挤水。

在蓝皮挤水机上进行。

(2)削匀。

厚度 0.95～1.0mm，在削匀机上进行。

(3)回湿。

技术规定：水(35℃)250%，甲酸 0.3%，除铁剂 M-2 0.3%，草酸 1.5%，DESORAUX SHN 0.2%，盐 3.0%，DESOPON SK70 1.0%。

操作方法：按规定调好液比、内温，加入草酸、盐、除铁剂 M-2 和 DESOAGEN SHN，等转鼓转动起来从鼓轴孔加入事先用 8～10 倍冷水稀释好的甲酸和乳化好 DESOPON SK70，转动 120min；终点 pH=2.6，排液。

(4)中和。

技术规定：水(35℃)120%，DESOATEN DC 2.0%，DESOATEN FB 2.0%，DESOATEN NP 2.0%，甲酸钠 2.0%，碳酸氢钠 1.0%，DESOATEN RST 3.0%。

操作方法：按规定调好液比、内温，从鼓门加 DESOATEN FB，待鼓转动起来从鼓轴孔加入事先用 5 倍水稀释的 DESOATEN DC，转动 20min；从鼓门加入 DESOATEN NP 和甲酸钠，转动 15min；从鼓轴孔加事先用温水完全溶解的碳酸氢钠和用 2 倍水稀释好的 DESOATEN RST，转动 60min；终点 pH 为 4.5 左右。

(5)填充染色。

技术规定：水(35℃)50%，DESOPON SK70 1.0%，DESOPON LB 1.0%，DESOATEN HPS 2.0%，DESOATEN SS 3.0%，栲胶 AM 8.0%，栲胶 250M 8.0%，栲胶 FS 5.0%，DESOATEN A-15 4.0%，DESOATEN FB 2.0%，DESOATEN SUB 1.5%，阴离子染料(配方另订)$x$%，热水(70℃)100%，匀染剂 DESORAUX UP 0.3%，草酸 0.5%，DESOATEN A-17 2.0%，甲酸 1.0%。

操作方法：按规定调好液比、内温，待转鼓转动起来从鼓轴孔加入事先乳化好的 DESOPON SK70 和 DESOPON LB 混合油乳液和 2 倍水稀释的聚氨酯树脂复鞣剂 DESOATEN HPS，转动 10min；从鼓门加入 DESOATEN SS 和栲胶 AM，转动 30min；从鼓门加入栲胶 250M、栲胶 FS、DESOATEN A-15 和 DESOATEN FB，待转鼓转动起来从鼓轴孔加入 DESOATEN SUB 和事先化好的阴离子染料，转动 60min；停鼓过夜。次日转 20min，补热水，升内温至 40℃后从鼓轴孔加入温水化开的匀染剂 DESORAUX UP 和草酸，转动 20min；从鼓门加入 DESOATEN A-17，转动 20min；从鼓轴孔加入事先用 8～10 倍冷水稀释好的甲酸，转动 30min，终点 pH 为 4.0 左右。

(6)加脂。

技术规定：水(46℃)150%，DESOATEN A-15 2.0%，DESOATEN HPS 2.0%，DESOPON SO 1.5%，DESOPON QL 1.5%，DESOPON SK70 1.5%，DESOPON LB 1.5%，DESOPON PM 1.0%，BROWN CG 0.4%，BIO-03L 2.0%，甲酸 1.6%。

操作方法：按规定调好液比、内温，从鼓门加入 DESOATEN A-15，待转鼓转动起来以后从鼓轴孔加入用 2 倍水稀释的 DESOATEN HPS，转动 20min；从鼓轴孔加入事先乳化好的 DESOPON SO、DESOPON QL、DESOPON SK70、DESOPON LB 和 DESOPON PM 混合油乳液及用温水化开的阴离子染料，转动 40min；加入 BIO-03L，转动 30min；分 2 次加用 8～10 倍冷水稀释好的甲酸，转动 30min，终点 pH 为 3.4 左右。

(7)表面加脂。

技术规定：水(50℃)200%，DESOPON EF 1.0%，TJ-F747 3.0%，栲胶 2404 1.5%。

操作方法：按规定调好液比、内温，等转鼓转动起来从鼓轴孔加入事先乳化好的 DESOPON EF 和 TJ-F747 混合油乳液，转动 20min；加入栲胶 2404，转动 20min。

(8)挤水平展。

在挤水平展机上进行。

(9)真空干燥。

温度 55℃，时间 3min，2 次，在真空干燥机上进行。

(10)振软。

速度 6m/min，挡位 3 挡，在振荡拉软机上进行。

(11)摔软。

在摔软转鼓进行。

(12)绷板干燥。

在绷板干燥机上进行。

(13)真空干燥。

温度 60℃，时间 2min，1 次，在真空干燥机上进行。

(14)喷染。

技术规定：水 750 份，DESOCOR CP6310 200 份，染料水 50 份。

操作方法：在喷浆干燥机上进行，喷 2 遍。

(15)喷油。

技术规定：DESOCOR CO6210 1000 份。

操作方法：在喷浆干燥机上进行，喷 2 遍。

(16)喷蜡。

技术规定：DESOCOR CW6220 1000 份。

操作方法：在喷浆干燥机上进行，喷 2 遍。

静置 4h 以上。

(17)静置。

(18)喷蜡。

技术规定：DESOCOR CW6220 500 份，白蜡 500 份。

操作方法：在喷浆干燥机上进行，喷 3 遍。

(19)烫光。

温度 130℃，压力 70bar，在通过式烫光机上进行。

(20)摔软。

在摔软转鼓进行，时间 4h。

(21)喷树脂层。

技术规定：水 500 份，染料水 20 份，DESORIN DP3440 300 份，DESORIN DU3240 150 份，DESORIN DA3140 150 份。

操作方法：在喷浆干燥机上进行，喷 3 遍。

(22)烫光。

温度 120℃，压力 40bar，在通过式烫光机上进行。

(23)喷顶光。

技术规定：水 500 份，DESOCOR CH6101 10 份，DESOCOR CH6103 20 份，硝化棉 500 份。

操作方法：在喷浆干燥机上进行，喷 2 遍。

(24)烫光。

温度 120℃，压力 50bar，在通过式烫光机上进行。

(25)摔软。

在摔软转鼓进行，时间 20min。

# 7.5 其他皮革

利用某些动物皮的组织构造特点，研究开发出一系列独具特色的皮革产品。本节主要介绍蛇皮革、鱼皮革、鸵鸟皮革、兔皮革、绵羊毛革及油鞣革制造工艺，并对关键技术进行点评。

## 7.5.1 鱼皮革生产工艺及点评

鱼皮是水产品加工的下脚料，可以作为制革工业的优质原料。因此，利用鱼皮制革，可增添制革工业特色。鱼皮具有特有的立体衣纹和色彩图案，其艺术价值很高。鱼皮革可以用来制作靴子、服装、皮带、领带、手套、票夹、名片夹及各种装饰品和艺术品等。

鱼类是终生生活在水中的变温动物，可分为海洋鱼类和淡水鱼类。绝大部分鱼类的皮都可以用来制革。海水鱼类有鳗类、鲑类(包括大西洋鲑、大马哈鱼、鳟鱼等)、鲱类、鳕类、鳍科类、金枪鱼、箭鱼、比目鱼、鲨鱼及生活在海底岩石间的鱼类等；淡水鱼类有草鱼、鲤鱼、黑色(又称乌鱼)及鲢鱼等。

### 7.5.1.1 铬鞣鱼皮主干流程

分类组批→清割→水洗→浸水→水洗→去肉→浸灰→水洗→去鳞→水洗→脱灰→水洗→酶软化→水洗→浸酸→铬鞣→静置→水洗→复鞣→水洗→中和→水洗→染色加油→水洗→出鼓搭马→钉板干燥→喷水回潮→静置→铲软→磨里→除尘→喷染→喷底浆→烘干→喷面浆→烘干→通烫→转鼓摔软→喷顶层浆→检验分级→量尺→包装→入库。

### 7.5.1.2 部分工艺规程要点

(1)分类组批。

(2)清割。

割去无用边角，如头、尾等。

(3)水洗。

流水洗 5～10min，然后浸泡过夜。

(4)浸水。

技术规定：水(20～25℃)150%～200%，渗透剂 JFC 0.3%。

操作方法：调好液比、内温，加入渗透剂 JFC，转动 30min，停 30min，反复 4 次。

(5)水洗。

流水洗 10min。

(6)去肉。

手工刮去肉膜。要求肉膜去净，无操作伤。

(7)浸灰。

技术规定：水(20～25℃)250%～300%，硫化钠(60%)2%，碳酸氢钠 0.8%。

操作方法：按规定调好液比、内温，转动中从转鼓轴孔加入事先溶解完全的硫化钠，转动 30～40min，停鼓过夜。次日转动 10min，换浴。调液比为 2.5～3.0，内温为常温，转动中从转鼓轴孔加入事先用 10～15 倍温水溶解完全的碳酸氢钠，转动 30min 后水洗。

(8) 水洗。

流水洗 5～10min。

(9) 去鳞。

利用手工或机械除去鱼鳞，要求除去干净，不伤皮。

(10) 水洗。

技术规定：水(25～28℃) 200%～250%，洗 20～30min。

(11) 脱灰。

技术规定：水(25～28℃) 120%～150%，氯化铵 2.5%～3.0%，平平加 0.3%。

操作方法：按规定调好液比，内温，加入食盐、明矾，转动 10min。检测溶液浓度，要求盐的浓度≥7Be°（密度 1.05g/mL）。转动中分别从转鼓轴孔加入事先用 8～10 倍常温水稀释过的甲酸，先加甲酸，转动 10min 后再加硫酸，加完硫酸后，转动 60～90min，终点 pH=2.8～3.2。

(12) 铬鞣。

技术规定：浸酸废液(25℃) 100%，KMC 铬鞣剂 2.5%，乙酸钠 0.8%，Preventol CR 0.2%，Baychrom A 2.5%，Baychrom CH 4%，Coripol DZA(斯特豪森) 5%，碳酸氢钠 0.5%。

操作方法：按规定调好液比、内温，加入 KMC 铬鞣粉剂、乙酸钠，转动 120～180min。加入 Baychrom A 和 Preventol CR，转动 150～210min。加入 Baychrom CH，转动 180～240min。转动中从转鼓轴孔加入事先乳化完全的加脂剂 Coripol DZA，转动 5～10min。检查鞣透情况，分两次从转鼓轴孔加入事先用 12～15 倍常温水溶解完全的碳酸氢钠，间隔 20min，加完碳酸氢钠后，补加 40～45℃热水，使液比达到 2.0～2.5，内温 35～38℃，转动 6～10h。

(13) 静置。

12h 以上。

(14) 水洗。

流水洗 5～10min。

(15) 复鞣。

技术规定：水(35～40℃) 150%～200%，KMC 铬鞣粉剂 2%，KRI-A 多金属络合鞣剂 2%～4%。

操作方法：按规定调好液比、内温，加入 KMC 铬鞣粉剂和 KRI-A 多金属络合鞣剂，转动 60～90min。

(16) 水洗。

流水洗 5～10min。

(17) 中和。

技术规定：水(25～30℃) 150%～200%，碳酸氢铵 1.0%～1.2%，乙酸钠 0.8%。

操作方法：按规定调好液比、内温，加入碳酸氢铵、乙酸钠，转动 60～90min。终点 pH=5.5～6.0。

(18) 水洗。

流水洗 5～10min。

(19) 染色加油。

技术规定：水(50～55℃) 150%～200%，Coripol MB(斯特豪森) 10%，Chromopol UFB(斯特豪森) 10%，染料(配方另订) $z$%，甲酸(85%) 1%。

操作方法：按规定调好液比、内温，加入事先用 60～65℃热水乳化完全的加脂剂 Coripol

MB 和 Chromopol UFB，转动 90～120min。加入事先完全溶解的染料，转动 30min。转动中从转鼓轴孔加入事先用 8～10 倍常温水稀释过的甲酸，转动 30～40min。

(20) 水洗。

流水洗 5～10min。

(21) 出鼓搭马。

(22) 钉板干燥。

(23) 喷水回潮。

(24) 静置。

喷水回潮后，用塑料薄膜将坯革盖严，静置 8～12h。

(25) 铲软。

在小型铲软机上逐张铲软，要求整张柔软，无硬边。

(26) 磨里。

在小型磨革机上进行。用 200#砂布磨 1～2 道。

(27) 除尘。

(28) 喷染。

技术规定：水 800～850 份，Eukesolar 150 份，染液 150～200 份，Amollan V 适量。

操作方法：手工喷染。将坯革粒面向上平铺于喷浆台上，用喷枪将染料液均匀喷施于坯革粒面，要求整张喷到、喷均匀。喷染结束后，烘干。

(29) 喷底浆。

技术规定：水 720 份，Lepton 颜料膏 50～100 份，Luviskal K90 (2%) 100 份，Luron Binder U 25 份，Luron Binder UW 25 份，Lepton WAX A 20 份。

操作方法：手工喷底浆，轻喷 1～2 次。要求整张喷到、喷均匀。

(30) 烘干。

将喷底浆后的坯革在烘房烘干。

(31) 喷面浆。

技术规定：水 850 份，Lepton 颜料膏 100 份，Luron Binder U 40 份，Luron Binder UW 15 份，Lepton WAX A 20 份。

操作方法：手工喷面浆，轻喷 1～2 次。要求整张喷到、喷均匀。

(32) 烘干。

将喷面浆后的坯革在烘房烘干。

(33) 通烫。

(34) 转鼓摔软。

在摔软转鼓中进行，加入适量助软物，摔软时间 3～5h。

(35) 喷顶层浆。

技术规定：水 950 份，Luron Binder U 120 份，Luron Binder UW 8～10 份。

操作方法：手工喷顶层浆，轻喷 1～2 次。要求整张喷到、喷均匀。

### 7.5.2 毛革两用生产工艺

#### 7.5.2.1 绵羊毛革生产主干流程

分类组批→清割→称量→预浸水→主浸水→水洗→刮毛→甩水→湿剪毛→去肉→割边→

脱脂→水洗→二次脱脂→水洗→酶软化、浸酸→出鼓搭马静置→铬鞣→酸洗出皮→搭马静置→挂晾干燥→摘皮静置→喷油回潮→拉软→溶剂脱脂→喷油回潮→拉软→梳毛→粗剪毛→烫毛→精剪毛→磨里→除尘→挑选分类→回软→复鞣→出皮搭马→静置→染毛→水洗→染板→水洗→加油→水洗→搭马→甩水→磨里→挂晾干燥→喷油回潮→拉软→梳毛→剪毛→摔软→绷板干燥→烫毛→粗剪毛→修边→封底→喷面浆→熨皮→喷面浆→喷顶层浆→熨皮→轻摔软→检验分级→量尺→包装→入库。

7.5.2.2 部分工艺规程要点

(1)分类组批。

按照《绵羊毛革原料皮分类组批标准》进行。

(2)清割。

割去头、爪、尾等无用之物。

(3)称量。

准确称量，作为以下各工序之计料依据。

(4)预浸水。

技术规定：水(25～28℃)2000%～2500%，Sandoclean MW liq(Clarian)0.5g/L。

操作方法：在划槽中进行，以下同。按规定调好液比、内温，加入 Sandoclean MW liq，划动 120～180min。以后间歇划动，划动 5min/60min。共 4 次，排液。

(5)主浸水。

技术规定：水(25～28℃)2000%～2500%，Sandoclean MW liq 1.5g/L，Tergolix CA 1.5g/L，Diamoll C 0.2g/L，纯碱 0.5g/L。

操作方法：按规定调好液比，内温，加入规定量的 Sandoclean MW liq、Tergolix CA、Diamoll C 及纯碱，划动 360min，以后间歇划动，划动 5min 停 60min，共 4～6 次，排液。要求皮板充分回软，切口无黄心，无溜毛现象。

(6)刮毛。

利用刮毛机刮毛，将黏附在毛被上的草刺、血污及粪便刮去，结毛刮开，如脏污不干净，结毛刮不开，重复刮一次。要求无刮毛伤皮现象。

(7)甩水。

利用离心甩水机甩水。要求水分含量控制在 55%以下。

(8)湿剪毛。

剪毛长度 18～20mm。要求倒顺剪，毛被要剪齐，无剪伤。

(9)去肉。

在小型去肉机上进行。要求油膜、肉渣去净。

(10)割边。

将腿膝盖以下割去，肷窝要求割去半肷，乳头、尾尖、胸尖及周边烂肉、须边等全部割掉。

(11)脱脂。

技术规定：水(38～40℃)2000%～2500%，Sandoclean MW liq 1.0g/L，Tergolix CA 1.2g/L。

操作方法：按规定调好液比、内温，加入规定旱的 Sandoclean MW liq 和 Tergolix CA，划动 60min，排液。

(12)水洗。

技术规定：水(38～40℃)2000%～2500%划动 15min，排液。

(13)二次脱脂。

技术规定：水(38～40℃)200%～250%，Sandoclean MW liq 0.8g/L，Tergolix CA 1.2g/L。

操作方法：按规定调好液比、内温，加入规定量的 Sandoclean MW liq 和 Tergolix CA，划动 60min，排液。

绵羊皮是多脂皮，因此在加工过程中，应加强脱脂。脱脂方法一般采用“分步脱脂法”。本工艺在复浸水时加入了一种耐电解质性能极佳的脱脂剂 Tergolix CA 和纯碱，进行预脱脂。然后，进行两次脱脂。通过三步脱脂，基本上可以达到后继加工的要求。

(14)水洗。

技术规定：水(38～40℃)2000%～2500%，划动 15min，排液。

(15)酶软化、浸酸。

技术规定：水(20～25℃)200%～250%，硫酸(98%)0.5～0.8g/L，食盐 50～60g/L，Unioil SFS(土耳其 United Chemicals)2g/L，Unioil SB 2.5g/L，Unioil EBA 2g/L，甲酸(85%)8g/L。

操作方法：按规定调好液比、内温，先加入规定量的食盐，划动 15min，测浴液中盐的浓度，要求达到 7° Be 以上。加入规定量的 Unioil SFS，划动 30min。加入 Unioil SB，转动 60min，加入 Unioil EBA 划动 90min。加入事先用 8～10 倍常温水稀释过的甲酸，划动 15min，停 15min，共 3 次，然后，划动 60min。终点 pH=2.8～3.2。

毛革产品兼具毛皮和皮革二者的性能特征，在加工过程中，为了保护毛被而不能用碱对皮胶原进行处理，因此，只能较多地依赖于酶制剂和酸对皮胶原的作用。研究表明，采用有机酸(甲酸)浸酸，酸性酶软化的工艺，可以较好地解决皮胶原的分离和松散问题。采用有机酸浸酸，皮板柔软、丰满，延伸性好，手感轻而绵软，部位差小，松面小，磨绒效果好，绒头细致、均匀。酸性蛋白酶对胶原纤维的作用较为充分，能充分除去纤维间质，并能对弹性纤维、网状纤维和肌肉组织和生作用，使皮板柔软、质轻。国产 537 酸性蛋白酶是较为理想的软化剂。也有关于在脱脂后用 1398 中性蛋白酶或 3492 中性蛋白酶软化的报道，但尚无工业化生产的实例。

(16)出鼓搭马静置。

一般静置 4～7d。

(17)铬鞣。

技术规定：水(37～40℃)2000%～2500%，$Cr_2O_3$ 6～6.5g/L(冬季按高限，其他季节按低限)，食盐 45～50g/L，Feliderm CS liq 3g/L。

操作方法：先将划槽中铬鞣液的温度调至 40～42℃，按照检验分析结果计算补加材料(主要是 KMC 铬鞣粉剂、硫酸及食盐)的量，然后补加食盐和硫酸，划动 10min，下皮。下皮后继续划动 10～15min，加入规定量的 Tergolix AN 和 Feliderm CS liq，划动 20min。补加 KMC 铬鞣粉剂 $B$=33%)，划动 120min。加入甲酸钠，划动 60min。再分 3 次加入事先用 10～15 倍温水溶解完全的碳酸氢钠，间隔 20min，加完后继续划动 90～120min。静置过夜。次日划动 15～20min，浴液 pH=3.7～3.9，坯革收缩温度≥98℃。

三价铬是毛革产品生产中的主要污染源之一。本工艺采用了成熟技术——废铬液循环利用技术。该技术可实现铬液循环利用，且对产品质量无不良影响。Tergolix AN 属于天然油脂及铬鞣剂两性分散剂，可以促进铬鞣配合物在毛革内的均匀分布。Fliderm CS liq 则是一种含有特殊添加剂的有机酸，它可提高铬盐的吸净率。减轻或消除三价铬的污染，还可采用高吸收铬鞣法、稀土助鞣法等方法。

(18)酸洗出皮。

技术规定：水(30～35℃)2000%～2500%，甲酸(85%)0.5mL/L。

操作方法：按规定调好液比、内温，缓缓加入事先用 8～10 倍常温水稀释过的甲酸，转动 20min。排液，出皮。要求酸洗后终点 pH=3.6～3.8。

(19)搭马静置。

静置 2～3d。

(20)挂晾干燥。

在通风晾棚中挂晾干燥。要求终点坯革水分为 14%～18%。

(21)摘皮静置。

静置 12h 以上。

(22)喷油回潮。

技术规定：水 9 份，Catalix GS 1 份。

操作方法：用喷枪将回潮液均匀喷于坯革的肉面。要求整张喷到、喷均匀。

(23)拉软。

用拉软机拉软，要求整张拉到，无硬边。

(24)溶剂脱脂。

西德波维 SI-150 型脱脂剂脱脂。装皮量 80～110kg(含 50～70 张)，时间 120min(具体脱脂时间根据皮张的油脂含量灵活掌握)。

操作方法：打开主机门，将称量后的皮装入机内，关好主机门，检查无误后启动脱脂。先启动主机进液泵将液打机内，同时启动主机，倒顺转 2～4min 同时启动蒸馏，高速振荡 3～5min，然后关闭蒸馏，高速振荡，启动干燥 60～80min，最后启动排气 15min，打开主机门，检查合格后出皮。要求溶剂 pH=7.8～8.0。

(25)喷油回潮。

技术规定：水 9 份，Catalix GS 1 份。

(26)拉软。

在拉软机上进行。

(27)梳毛。

利用梳毛机梳毛，要求将皮铺平，防止梳伤。

(28)粗剪毛。

利用剪毛机剪毛，喂皮要平整，毛要剪整齐，防止剪伤。

(29)烫毛。

将 Contripon WP-L(Z&S)倒入容器中，再加入规定量的 SUPPALA 80，搅拌均匀后，加入规定量的常温水，搅拌均匀加入。最后加入乙醇，搅拌均匀。将烫毛液用棕刷均匀刷于坯革的毛被上，然后在烫毛机上烫 3～4 遍，烫毛温度 170～180℃。

烫毛又称烫直毛，是在酸性及有其他材料(如乙醇)等存在的条件下，借助烫毛机的机械拉力及湿、热作用将弯曲的毛拉直的工艺操作，它可以提高毛被的灵活性、弹性和光泽。

传统的烫毛工序一般都要使用甲醛，而甲醛有刺激性气味，且对环境存在污染，有害人体健康。本工艺使用 Z&S 公司的一种不含甲醛的直毛固定剂，可以克服使用甲醛所存在的弊病。

(30)精剪毛。

在精剪机上进行。要求将毛被剪整齐，无剪伤。

(31)磨里。

在磨革机上进行。要求整张磨到，磨均匀。

磨里又称磨绒，对带毛皮来说，是磨里。磨绒不匀，绒毛粗细不一，对毛革成品质量有较大影响，如绒毛长，涂饰成品拉伸时，呈现出粗糙的表面。研究表明，在酸烫精剪毛的实施干态粗磨，而在复鞣甩水后湿态细磨，不仅能使绒头细致均匀，而且能使皮板厚度趋向一致，为涂饰打好基础。

(32)除尘。

利用除尘机除尘。

(33)挑选分类。

根据坯革状况进行分类，一般分为两类，即绒面毛革坯革和光面毛革坯革。

(34)回软。

技术规定：水(40℃)1000%～1500%，甲酸(85%)0.2～0.5mL/L，sandolix SEL liq 2.5g/L，Sandolix WWL Paste 2g/L，KMC 铬鞣粉($B$=33%)5g/L，Tergotan MC 3g/L，甲酸钠 2g/L。

操作方法：按规定调好液比、内温，先加入事先用 8～10 倍常温水稀释过的甲酸，转动 10min，测 pH=3.6～3.8。加入规定量的 Sandolix SEL liq 和 Sandolix WWL Paste，转动 30min，加入规定量的 KMC 铬鞣粉剂，转动 60min，再加入 Tergotan MC，转动 60min，最后加入规定量的甲酸钠，转动 60～90min，测溶液 pH=4.0±0.1。

(35)出皮搭马。

(36)静置。

静置 12h 以上。

(37)染毛。

技术规定：水(60～65℃)1000%～1500%，Catalix L 1.0g/L，Dermagen PC 1.0g/L，Dermafur 染料(配方另订)$z$ g/L，Dermagen PC 1.0g/L，甲酸(85%)1.0mL/L，Leucophor PAT 0.8g/L。

操作方法：按规定调好液比、内温，加入规定量的 Catalix L 和 Dermagen PC，划动 15min。加入规定量的染料，划动 30min。加入 Dermagen PC，分两次加入事先用 8～10 倍常温水稀释过的甲酸，间隔 30min，加入 Leucophor PAT，转动 40min，排液。

(38)水洗。

流水洗 10～20min，要求洗净浮色。

(39)染板。

技术规定：水(20～25℃)1000%～1500%，Sandotan DSN 2g/L，甲酸(85%)0.5mL/L。

操作方法：按规定调好液比、内温，加入 Sandotan DSN，转动 60min，加入 Dermagen PR、Sandolix SEL liq 和 Sandolix WWL Paste，转动 15min。加入 Dermafur 染料，转动 30～60min。加入甲酸和 Dermagen PR，转动 30min。加入甲酸，转动 30min。排液。

(40) 水洗。

流水洗 10～20min。

(41) 加油。

技术规定：水 (35～40℃) 1000%～1500%，Catalix GS 1.0g/L、Dermafanish LB 1.0g/L。

操作方法：按规定调好液比、内温，加入 Catalix GS 和 Dermafanish LB，转动 45min，排液。

#### 7.5.2.3 毛革分染工艺规程

毛革染色的工艺复杂多变，主要有染板不染毛、毛板同色、毛异色、染毛不染板及毛被效应染色等类型。

1) 染板不染毛

其染色方法有三种，即刷染法、灑染法和浸染法，一般以浸染法为主。用于染板不染毛的染料主要有直接性染料、金属络合染料和活性染料等。美国 Lowenstein 公司推荐工艺示例如下 (皮板染棕色工艺)。

防染预处理技术规定：水 (28～32℃) 1500～2000%，Reserren PW (防腐剂) 1g/L，氨水 (25%) 2g/L，Pentrex 棕 DB 0.315g/L，Pentrex 灰 N 0.075g/L，Pentrex 黄 YO 0.035g/L，Suedol SP (加脂剂) 1mL/L，甲酸 (85%) 2mL/L。

操作方法：按规定调好液比、内温，加入 Dermax TS 和氨水，划动 30min，加入事先用 65～70℃热水溶解完全的染料，划动 120min，加入事先用 8～10 倍常温水稀释过的甲酸，转动 60min，水洗，出皮，干燥。

2) 毛板同色

考虑到毛的结构比皮板紧密，不易上染，故必须对毛被进行预处理，并选用染色效果良好的酸性染料，金属络合染料及中性染料进行染色，其中以金属络合染料最为理想。Clariant 公司推荐的工艺示例如下 (绵羊毛革染枣红色工艺)。

(1) 中和。

技术规定：水 (50～55℃) 2000～2500%，碳酸氢钠 1.0g/L，Sandolix NIL (匀染剂) 0.3mL/L，Sandolix A (加脂剂) 0.5g/L，Cartan O (加脂剂) 0.5g/L。

操作方法：按规定调好液比、内温，加入碳酸氢钠、Sandolix NIL，转动 10min，再加入事先用乳化完全的两种加脂剂 Sandolix A 与 Cartan O，转动 90min。

(2) 同色染色：水 (55～60℃) 2000～2500%，纯碱 1～2g/L，Sandopan DTC (洗涤剂) 0.5g/L，Sandolix WWL (加脂剂) 1g/L，Dermafur 染料耐光紫红 RT1.5g/L，甲酸 (85%) 1.5g/L。

操作方法：按规定调好液比、内温，加入纯碱、Sandopan DTC、Sandolix WWL 和 Derma 染料，转动 90min，然后，转动中加入事先用 8～10 倍常温水稀释过的甲酸，转动 60min，出皮，水洗，干燥。

3) 毛板异色

一般采用二浴法染色，其基本方法是：先用染毛不染板的酸性染料、茜素染料在 60～70℃下染毛，经水洗后，再用染板不染毛的染料染板。由于绝对染毛不染板的染料几乎不存在，在实际生产中，我们只能选用那些染毛色浓而染板色淡且能被还原剂拨白 (脱色) 的酸性染料染毛，再用还原剂将皮板色，最后用染板不染毛的染料染皮板。当然，较为简单的方法是，根据皮板的底色色调，按照成品毛革的色调要求和配色原理来进行调节，这样，可以摆脱还原脱色的烦恼。本工艺所采用的就是此法。

染毛不染板的染料多为酸性染料，其分子小、渗透性强，对毛的亲和力大，对皮板的亲和力小。浸染后毛色浓、板色淡，再用还原法处理使皮板脱色，即达到目的。此外，也可以采用刷染的方法，就是直接用染料(如氧化染料)刷于毛被上。毛尖刷染棕色的工艺示例如下。

(1)染料液配方：水 2L，硫脲 50～100g，金属络合黄 B-RD(110%)5.64g，酸性红 AR 3.36g，金属络合蓝 A-G 1.44g，甲酸(85%)2L。

(2)操作方法：用热水将上述材料配成溶液刷于毛尖，然后在烫毛机上烫毛，从则达到尖上染的目的。

4)毛被效应染色及工艺规程

采用特殊的染色方法，可以在毛被上形成一毛双色或多色效应。市面上流行的“草上霜”，实际上就是毛被效应染色，其具体方法有以下两种：一是将染过色的毛尖颜色拨去，如同白霜凝结在草地一样，煞是美观，因而颇受欢迎；二是先对毛尖进行防染处理后再对毛被染色(微风效应)。

(1)复鞣。

技术规定：水(30～35℃)2000～2500%，食盐 40g/L，甲酸(85%)2g/L，Moutotan(自动碱化铬鞣剂)20g/L。

操作方法：按规定调好液比、内温，加入食盐和事先用 8～10 倍常温水稀释过的甲酸，转动 60min。然后加入 Moutotan，转动 60～90min，静置过夜，次日转动 20min，水洗。

(2)水洗。

流水洗 10～20min。

(3)染色。

技术规定：水(55～60℃)2000～2500%，元明粉 5g/L，匀染剂 A 0.5g/L，Dye Assist EL(阴离子匀染剂)1g/L，Lowacene 灰 N 1g/L，甲酸(85%)1mL/L。

操作方法：按规定调好液比、内温，加入元明粉、匀染剂 A 和 Dye Assist EL，转动 15min。然后加入 Lowacene 灰 N，转动 60min，加入事先用 8～10 倍常温水稀释过的甲酸，转动 15min 后出皮水洗。

(4)水洗。

常温流水洗 10～20min。

(5)干燥。

采用旋转热风干燥的方法。

(6)拨色。

技术规定：水(30～34℃)800mL，Bleach A(还原拨色剂)110g，Louacene Strip Assist B(拨色剂)60mL/L，硫酸(98%)32mL。

操作方法：棕刷将拨色液轻刷于毛被上，在 43～35℃的条件下，在空气中停放 5min，然后毛被对毛被叠放，在 32℃的条件下静置过夜。

(7)挂晾干燥。

转鼓/转笼摔软：将毛革置于转鼓/转笼中，在旧锯末中转 120～180min 后，换新锯末再转 120min。然后，每 35kg 锯末中加入 200mL 格罗莫光亮剂，转动 60min，将皮出转鼓/转笼。

(8)拉软。

(9)整理。

(10)成品。

(11)水洗。

常温水流水洗 10～5min。

(12)出皮搭马。

(13)甩水。

(14)磨里。

在磨革机上进行湿磨，要求整张磨到，颈脊部适当多磨、重磨，起绒细致、均匀。

(15)挂晾干燥。

(16)喷油回潮。

(17)拉软。

(18)梳毛。

(19)剪毛。

(20)磨革。

(21)除尘。

(22)转鼓/转笼摔软。

摔软时间 3～5h。

(23)绷板干燥。

在自动绷板机上进行，温度：45～55℃。要求将皮铺平、绷开，小皮绷板每张不得少于16 个夹子，大皮绷板不得少于 20 个夹子。坯革水分含量为 14%～18%。

绷板干燥是毛革坯革定型的重要工序。用于涂饰的毛革坯革，革身柔软，腹肷部延伸性较大，若直接涂饰，容易出现因坯革延伸性过大而引起的散光、露底甚至裂浆等缺陷。因此，应高度重视毛革一体坯革的定型。定型的方法主要有钉板干燥、绷板干燥和铁网绷平等方法。从涂饰角度考虑，坯革定型难以一步到位，一般宜采用“组合定型”，即分阶段多次定型。

(24)烫毛。

技术规定：水 88 份，乙酸(80%)5 份，乙醇 5 份，Luster Silk WA liq 2 份。

操作方法：将烫毛液用棕刷均匀刷于坯革的毛被上，然后在烫毛机上烫 2～3 遍，烫毛温度 170～180℃。

(25)精剪毛。

(26)修边。

修去无用边角。

(27)封底。

技术规定：水 500 份，Melio WF-5242 500 份。

操作方法：手工喷封底浆，喷一个交叉。

光面毛革生产的关键在于涂饰，而涂饰的关键在于封底。封底是在毛革产品的底涂之前进行预处理，以防止底涂浆料中的树脂成分过多地向皮板内渗入，促使树脂在绒面毛革的表面成膜。若封底不当，往往会造成涂层厚、皮板厚、皮板硬或涂层黏着不牢等缺陷。因此，封底成为涂饰技术研究的重点。据资料介绍，从目前的情况看，封底的方法有以下三种：①采用疏水或防不水材料封底，常用的防水剂或具有疏水性结构的材料有阳离子羟基硅油、含氮防水剂等。该法虽然能有效地防止过多的涂饰剂渗入皮板深处，但成本较高，而且会给中层的水性涂饰造成困难，如底层拒水性过强，则中层的水性涂饰剂难以铺展，也难以形成均匀一致的涂层。②阳离子树脂封底，用于封底的阳离子树脂主要有国产的阳离子聚氨酯成膜剂，荷兰斯塔尔(Stall)公司的阳离子涂饰系统。该法可有效地防止中层的阴离子涂饰剂渗入皮板深处，并形成黏合牢固的涂层，其成本较低，效果良好。③采用毛革专用的封底材料进行封底。目前毛革一体专用的封底材料主要是阳离子有机硅乳液。由于所使用的材料本身不成膜，且具有拒水性，因而可以减少成膜材料渗入皮内的量，使涂层较薄，能减少涂膜的质量。同时，因为有机硅乳液具有润滑性，进入革纤维之间后便可以润滑纤维，从而赋予毛革一体以柔软舒适的手感。

(28)喷面浆。

技术规定：水 100 份，颜料膏 50 份，Melio Resin A-816 450 份，Melio 06-M-08 150 份，Melio WAX 180 80 份，Melio Resin A-775 50 份。

操作方法：手工喷面浆，喷两个交叉。

(29)熨革。

在熨平机上进行。温度 70～80℃，压力 4MPa，保压时间 3s。

光面毛革在涂饰的过程中要穿插进行必要的熨烫处理，以提高成膜性，增强涂层与革表面的黏着牢度，赋予成膜以平整、光滑的外观，熨烫多采用平板熨平机。熨烫一般分为过程熨烫和顶层熨烫，前者 1～2 次，后者 1 次，工艺条件分别如下所述。

过程熨烫：温度 70～70℃，压力 3.0～5.0MPa，保压时间 2～3s。

顶层熨烫：温度 70～90℃，压力 2.0～3.0MPa，保压时间 5～5s。

(30)喷面浆。

配方同上。

操作方法：手工喷面浆，轻喷一个交叉。

(31)喷顶层浆。

技术规定：水 100 份，Melio EW-364 40 份，Melio EW-348 60 份，Melio WF-5230 7 份，Melio WF-5226 3 份。

操作方法：手工喷面浆，喷一个交叉。

(32)熨皮。

在熨平机上进行。温度 95～100℃，压力 40～45bar，保压时间 2s。

(33)轻摔软。

在转鼓/转笼中进行。摔软时间 30～40min。

## 7.6　本章参考资料阅读

1)阅读有关制革工艺学资料

出版书：制革工艺专著及相关教材。

出版期刊：《中国皮革》、《皮革科学与工程》、*World Leather*、*JALCA*、*JSLTC*。

其他参考资料：皮革化学品公司产品说明书。

2)查询电子资料

查询关键词：制革；工艺；服装革；鞋面革；家具革；沙发革；箱包革；全粒面；修面；二层革。